奠基

Laying the Foundation

苏联援华156项工程始末

⟨ I ⟩

（综述 专题研究 回忆录 大事记）

陈夕 主编

天地出版社 | TIANDI PRESS

图书在版编目（CIP）数据

奠基：苏联援华156项工程始末 / 陈夕主编. —成都：天地出版社，2020.5
ISBN 978-7-5455-5303-1

Ⅰ. ①奠… Ⅱ. ①陈… Ⅲ. ①苏"援" – 中国 – 1949-1960 Ⅳ. ①D822.351.2

中国版本图书馆CIP数据核字（2019）第229098号

DIANJI: SULIAN YUANHUA 156 XIANG GONGCHENG SHIMO

奠基：苏联援华156项工程始末

出 品 人	杨　政
主　　编	陈　夕
责任编辑	杨永龙　李晓娟
封面设计	思想工社
内文排版	尚上文化
责任印制	葛红梅

出版发行	天地出版社 （成都市槐树街2号 邮政编码：610014） （北京市方庄芳群园3区3号 邮政编码：100078）
网　　址	http://www.tiandiph.com
电子邮箱	tianditg@163.com
经　　销	新华文轩出版传媒股份有限公司

印　　刷	北京文昌阁彩色印刷有限责任公司
版　　次	2020年5月第1版
印　　次	2020年5月第1次印刷
开　　本	710mm×1000mm　1/16
印　　张	52.5
字　　数	833千字
定　　价	128.00元（全二册）
书　　号	ISBN 978-7-5455-5303-1

版权所有◆违者必究

咨询电话：(028) 87734639（总编室）
购书热线：(010) 67693207（营销中心）

本版图书凡印刷、装订错误，可及时向我社营销中心调换

前　言

中共党史资料是中共党史研究的基础，任何一项有价值的党史研究成果，无不是在充分占有相关资料的基础上取得的。

改革开放以来，党史资料征集工作在党中央的领导下，首先由省、地（市）、县三级党史机构开展立体网络式的全面征集，而后又开展专题征集、重点征集，由此将新民主主义革命时期在战争和白色恐怖环境下散失的大量党史资料收集、整理、编撰起来，为进一步研究这一时期的党史奠定了坚实的基础。

进入21世纪后，为了推动社会主义革命、建设和改革开放新时期党史的研究，党中央在适时公布历史档案的同时，要求党史工作部门对领导干部和重大事件当事人手中留存的党史资料及口述史料展开征集。这一工作得到了各级领导干部、广大群众的热烈响应，取得了可喜的成果。

党的十八大以后，2013年6月25日，习近平总书记在主持中央政治局第七次集体学习时强调："学习党史、国史，是坚持和发展中国特色社会主义、把党和国家各项事业继续推向前进的必修课。这门功课不仅必修，而且必须修好。"推动党史研究走向深入，为广大党员干部群众提供高质量的教科书，是党史工作者的神圣职责。

为了贯彻党中央的上述指示精神，进一步推动党史的学习、研究和宣传工作，我们在以往党史资料征集工作的基础上，按专题编辑、出版中共党史资料专题丛书，陆续推出关于新中国成立以来的重大党史事件的资料。

156项工程建设是新中国首次通过利用国外资金、技术和设备开展的大规模的工业建设，为实现社会主义工业化打下了牢固的基础。对这一重大历史事件的研究和经验总结，对今天仍有着重要的借鉴作用。在全面建成小康社会之际出版此书，以纪念这一伟大的历史性的时刻。

编　者

2020年1月

目 录

综 述

156项工程建设历史概述 3

专题研究

156项工程的行业结构与地区布局 / 董志凯 33
中国工业化基础的奠定 / 陈 夕 123
关于156项工程研究综述 / 隋福民 137

回忆录

赴苏联谈判的日日夜夜 / 袁宝华 165
周总理和我国第一个五年计划 / 宋劭文 180
"一五"计划奠定了工业化的初步基础 / 薄一波 188
一汽——祖国汽车工业的摇篮 / 李岚清 204

关于50年代我国从苏联进口技术和成套设备的回顾 / 宿世芳 209
我所了解的一汽选址工作 / 吴式铎 213
我参加了新中国汽车工业的筹建 / 陈祖涛 216
忆一汽筹建前期的驻莫斯科工作小组 / 李　刚 222
中国要建一座汽车厂 / 孟少农 233
洛阳矿山机器厂建厂回忆 / 江　风 238
建厂初期的"从头学起" / 纪登奎 241
洛阳轴承厂建厂回忆 / 阎济民 244
周恩来总理视察洛阳第一拖拉机厂 / 段国栋 254
株洲发电厂创建经过 / 朱远明 256
我在331厂任职期间的工作 / 牛荫冠 263
回顾包钢建设 / 苏晓明　苏小河　云世英 270

大事记

大事记（1949—1969）......279

综 述

奠基：苏联援华156项工程始末

156

156项工程建设历史概述

1953—1957年，新中国实施了第一个五年计划，这是中华人民共和国奠定工业化初步基础的重要时期。以这个时期为主，苏联帮助中国建设了156项工业项目，使中国以能源、机械、原材料为主要内容的重工业在现代化的道路上迈进了一大步。以这些项目为核心，以900余个大中型项目（限额以上项目）为重点，中国大地上史无前例地形成了独立自主工业体系的雏形。

半个多世纪之后的今日，在中俄两国历史档案逐步开放、中国军工企业大量转产民品、中国国有企业改革日益深化的今日，我们有必要也有可能对这段值得彪炳史册的历程作一清晰的史料记载，并在此基础上形成更加丰富的研究成果。

一、建设背景

19世纪中叶，西方资本主义以炮舰打开了中国的大门。此后，中国于19世纪后半期创建新式工业。当时，西方拼命向中国推销纺织品和鸦片，而中国人向西方寻求的是如洋务派所说的"机船矿路"。"机"主要指兵器，"船"主要指战船，"矿"主要指煤矿，"路"指铁路。为了制造"机""船"、修筑铁路，钢铁生产的重要性就突出出来。这些基础产业和基础设施都是追赶时代的。然而，它们是一些投资高昂的产业，其中除了铁路，大部分是资本主义国家商品输出的项目。因此外国资本不肯在中国设置机械制造、钢铁冶炼等厂矿；中国的私人资本则功力不足；官办企业又管理混乱、风气腐败，不能正常生产；及至20世纪初叶，"机船矿路"建设归于失败。19世纪中叶以来的一百年间，中国战乱不断。虽有志士仁人的不懈追求，但直至20世纪40年代末，中国的工业尚未形成规模和体系。近代工业产值在工农业总产值中仅占17%。[1] 工厂规模很小，纺织和饮食烟草业的产值占了工业产值的58.4%，能源、原材料和机械工业（重工业）产值比重很低，1933年仅占工业产值的23%左右。日本侵华战争爆发后，中国的工业受到摧残，战争对重工业的破坏比对轻工业和农业的破坏更为严重。1949年重工业产值比战前降低约70%[2]，明显成为"比较劣势"。国民党官僚资本在大后方开办了一些兵器制造、修理厂，规模和技术水平有限。成渝铁路则自清末筹建至国民党时代终结近50年都没有建成。

  由于基础工业和设施对于近现代化十分要紧，而发展起来又屡遭挫折，无数志士奋斗不息，矢志在新的社会条件下攻克这一难题。代表人物如民主革命的先驱孙中山立志修5万公里铁路，新民主主义革命的领袖毛泽东等决心建设独立完整的工业体系。中华人民共和国的成立为此提供了新的契机。1949年9月29日，中国人民政治协商会议通过的《共同纲领》规定：应以有计划有步骤地恢复和发展重工业为重点，例如矿业、钢铁工业、动力工业、机械制造业、电器工业和主要化学工业等，以创立国家工业化的基础。同时，应恢复和增加纺织业及其他有利于国计民生的轻工业的生产，以供应人民日常消费的需要。必须迅速恢复并逐步增建铁路和公路，疏浚河流，推广水运，改善并发展邮政和电信事业，有计划有步骤地建造各种交通工具和创办民用航空。在这个曾经起过临时宪法作用的纲领性文件中，把变农业国为工业国作为奋斗目标，把恢复和发展重工业、发展交通等基础设施作为建设重点。这与近百年前的"机船矿路"追求何其相似！这种选择来自对国情和对中国工业化途径的一种共识，其中有继承也有发展。

  由于兴建这些基础工业投资多、周期长、资金回流慢，所以建设起来困难重重。外国资本不肯建，中国私人资本建不起。1952年，中国国内生产总值（不含港、澳、台地区）为679亿元，按1952年底总人口数5.7亿计算，

---

[1] 中国社会科学院、中央档案馆编：《1949—1952中华人民共和国经济档案资料选编·综合卷》，中国城市经济社会出版社1990年版，第63页。

[2] 郭瑞楚：《恢复时期的中国经济》，三联书店1953年版，第60页。

人均仅119元，按当时的比价，约合30多美元[1]。由于生产力水平低，单户农民维持最低生活水平之后很少有剩余。资本主义工商业的资金也很分散，在私营工商业最发达的上海市，工业企业1950年户均流动资产10.7万元；商业企业户均自有资金2.38万元。[2]要建设平均投资5000万元以上的重工业企业，私人财力可谓杯水车薪。在物资与技术力量匮乏的背景下，国际环境又相当恶劣。1949年12月，中华人民共和国成立不久，美国政府即宣布"美国不应给共产党中国以官方的经济援助，也不应鼓励私人在共产党中国投资"[3]，并将中国列入巴黎统筹委员会管制的国家之中。[4]朝鲜战争爆发后，美国操纵联合国，进一步全面升级对华经济封锁。

面对国内外巨大压力，中国选择了集中财力、物力优先发展重工业。

二、项目确立

对于第二次世界大战后中国经济如何发展，毛泽东于1944年在同美军观察组成员谢韦思的多次谈话中，曾经设想中美两国经济合作。他认为：在中国，工业化只能通过自由企业和在外国资本帮助之下才能做到；中国可以为美国提供"投资场所"和重工业产品的"出口市场"，并以工业原料和农产品作为美国投资和贸易的"补偿"。[5]但是"二战"后国内外形势的发展使得中国共产党于1949年确立了向苏联"一边倒"的外交方针，相应形成了从苏联引进资金和技术的经济建设方针。

这一方针的实施是从新中国建立前夕，1949年1月苏共中央政治局委员米高扬来华与中共领导人会谈协商开始的。1949年1月30日，米高扬同

---

[1] GDP值来自国家统计局国民经济核算局编：《中国国内生产总值核算历史资料（1952—1995）》，东北财经大学出版社1997年版，第25页；人口数来自国家统计局编：《中国统计年鉴（1981）》，中国统计出版社1982年版，第5页。

[2] 中国社会科学院、中央档案馆编：《1949—1952中华人民共和国经济档案资料选编·工商体制卷》，中国社会科学出版社1993年版，第708页。

[3]《战后国际关系史料》第一辑，上海市国际关系学会编印，第75页。

[4] 详见董志凯著：《跻身国际市场的艰辛起步》，经济管理出版社1993年版，第6页。

[5] 参见董志凯等：《延安时期毛泽东经济思想》，陕西人民教育出版社1993年版，第114—115页。

来华帮助修复东北地区铁路桥梁的苏联铁道部部长柯瓦廖夫（又译作柯瓦洛夫）应中共中央邀请，一同来到当时中共中央所在地河北西柏坡，与中共中央领导人会谈。

2月2日，会谈讨论苏联在中国军事工业以及其他工业发展中的作用问题。中方参加者为朱德和任弼时。任弼时强调，在制订国民经济计划中，中国尤其重视东北的重要作用，争取把它变成中国的国防基地。东北应该能够生产汽车、飞机、坦克和其他武器。并指出，中国希望苏联帮助东北的工业开发，并列举了提供帮助的以下几种方式：（1）苏中经济联合体；（2）苏联贷款；（3）由苏联办租让企业。任弼时说，开采沈阳、锦州和热河省的稀有矿藏，如铀、镁、钼和铝，需要苏联的帮助。过去日本从中国掠夺了1吨铀矿。如果苏联对这些矿藏感兴趣，可以考虑合作开发或请苏联来办专门的租让企业。他还指出，东北的工业开发需要高水平的专家。在鞍山钢铁公司，中国不得不聘用日本专家。因此，请求苏联向中国派遣不少于500名国民经济各领域的专家。

在2月3日的会谈中，刘少奇再度提到了苏联援助的问题。他明确指出："如果没有苏联和其他人民民主国家的帮助，解放后中国工业基础的建立是不可想象的。这种帮助将对我们起决定作用。我们相信，它可以采取这样几种形式：（1）传授你们的社会主义经济改革的经验；（2）向中国提供相应的书籍，以及派出各经济部门的专家和技术人员；（3）向中国提供资金。……我们清楚，如果没有苏联的帮助，不可能在东北恢复一个鞍山公司。因此，我们想早一点知道，苏联究竟能给予我们多大规模的帮助，以供我们在制定国民经济计划时考虑。"

毛泽东主持了最后两天的会谈，即6日和7日的会谈。在6日的谈话中，毛泽东提出中共需要3亿美元贷款、300辆汽车，以及各种必要的物资、机器、石油产品和造币用的银子等援助。如果苏联可以提供这笔贷款，希望能够从1949年起在三年内分期提供，中国会连本带息如数归还。[1]

1949年6月21日，刘少奇率中共中央代表团离开北平赴苏联访问。代表团成员有高岗、王稼祥。6月26日到达莫斯科。在6月下旬至7月上旬

---

[1] 邱路：《斯大林特使密访西柏坡——来自俄国档案的秘密》，《百年潮》1998年第1期。

的初步会谈中，为了获得苏联3亿美元的贷款，中方同意斯大林提出的条件，包括中国向苏联提供其所需要的茶叶、桐油、大米、钨砂、猪鬃及植物油等，并感谢苏联对中国的帮助。[1]7月11日，刘少奇列席苏共中央政治局会议。双方商定组织一个借款条约共同起草委员会，苏共方面米高扬、柯瓦廖夫参加，中共方面刘少奇、高岗、王稼祥参加。7月25日，毛泽东复电刘少奇等，赞同其对借款协定原则上同意、具体文字待译好后再谈的态度和做法。7月30日，刘少奇和马林科夫分别代表中国和苏联签订贷款协定。8月4日，毛泽东复电刘少奇等，表示同意苏中两方组织共同委员会来把借款和订货等问题具体化；但是由于当时国内正在建立统一管理经济的机关，解放的地区正在不断扩大，而且缺乏专家与资料，一时无法向苏联提出全部货单，所以商请联共中央同意将共同委员会设在中国，由柯瓦廖夫先带主要专家来华与我国共同商定全部或主要部分货单。并提出：如斯大林同意先派人来华组织共同委员会，最好先带铁路、电力、钢铁、煤矿、煤油矿、军事等方面的专家同来。苏共中央同意了这个提议。8月14日，刘少奇与来华苏联专家的负责人柯瓦廖夫及苏联专家220人一起离开莫斯科回国。[2]此后，中苏两国专家共同研究苏联帮助中国建设的具体项目。

新中国刚一建立，10月2日，苏联政府即宣布承认中华人民共和国，决定与中国建立外交关系，成为第一个承认中华人民共和国的外国政府。1949年12月1日，毛泽东、朱德、周恩来、林伯渠同张澜、李济深、郭沫若、黄炎培、沈钧儒等12位民主人士座谈，磋商毛泽东访苏签订中苏条约事宜。接着由周恩来指导有关部门编写访苏材料，协助毛泽东作访苏的准备工作。12月16日，毛泽东抵达莫斯科。1950年1月5日，全国政协常委会、中央人民政府委员会组织座谈会，协商中共中央提出的关于中国同苏联签订新的友好条约和贷款、通商、民航合作等协定的建议。7日，中央人民政府委员会第五次会议一致通过以上建议。

1950年1月初，毛泽东在莫斯科向斯大林提出，希望命令有关部门速

---

[1] 中共中央文献研究室编：《建国以来刘少奇文稿》第一册，中央文献出版社1998年版，第17、26页。

[2] 中共中央文献研究室编：《刘少奇年谱（1898—1969）》下卷，中央文献出版社1996年版，第217—221页。

派水电站方面的专家前往东北松花江小丰满水电站，现场调查那里堤坝遭到破坏的情况，并采取必要的措施。1月10日凌晨，周恩来率领由李富春、叶季壮、欧阳钦、吕东、张化东、伍修权、赖亚力等组成的中国政府代表团乘火车赴莫斯科会同毛泽东同苏联政府谈判。1月22日，在毛泽东与斯大林的第三次会谈中，毛泽东又提出，在中苏即将签订的条约中，最重要的问题是经济合作。[1] 此后，对于中苏贷款协定所属附件规定在借款和还款期内，由中国以其剩余的战略物资供给苏联的条款，苏联要求供应钨、锑、锡、铅四种。中方回答说除铅为中国入口货，其余三种物资剩余后愿首先满足苏联需要。2月14日中苏两国正式签订了《中华人民共和国中央人民政府 苏维埃社会主义共和国联盟政府关于贷款给中华人民共和国的协定》。其中规定，苏联以年利1%的优惠条件贷款给中国3亿美元，货款用以偿付为恢复和发展中华人民共和国经济而由苏联交付的机器设备与器材，中华人民共和国政府以原料、茶、现金、美元等分十年付还贷款及利息。1950年9月30日，两国互换协议批准书。[2]

条约签订以后，2月17日，毛泽东、周恩来等一行14人启程回国。由李富春、王稼祥、叶季壮、刘亚楼、赛福鼎·艾则孜、伍修权组成新的代表团，留苏继续进行谈判并签订一些单项经济贸易协定。4月，中共中央就经济贸易协定签订的一系列具体方针致电在莫斯科继续谈判的代表团。关于工业建设的具体项目，决定先同苏联政府谈判设计合同，在设计制图的基础上，"提出准确而需要的订货单"。在聘请专家的问题上，周恩来致电代表团，提出："必须请好的、必要的，一改过去多请、滥请而又想讨便宜的作风；同时，也逼得请专家的部门赶快在一两年内向专家学好本事，免得专家走了仍然不能自立。"在贸易价格问题上，双方争执较多，最后为了既不影响国内建设，又避免长期吃亏，中方在签订中苏贸易协定和有关文件时声明：中方同意按最后商定的价格定价，但是有些进口货价定高了，出口货价定低了，对于中国来说，这样做的确是赔本的，"故愿保留将来对这一部分

---

[1] 丹童：《中苏条约谈判纪事——来自俄国档案的秘密》，《百年潮》1997年第4期。

[2] 中国社会科学院、中央档案馆编：《1949—1952中华人民共和国经济档案资料选编·基本建设投资和建筑业卷》，中国城市经济社会出版社1989年版，第87—88页。

货物价格的声明权,以便作为中苏双方今后谈判新的易货协定时的参考"[1]。

在苏联帮助建设的项目当中,机械和军工占了很大比重。项目的初步确立经历了一年左右的时间,其间做了大量的调查研究工作。

为了适应大规模经济建设的需要,特别是从苏联引进技术设备的需要,1951年8月,中国派遣370名学生和88名干部赴苏联学习和实习。

1950—1952年初,苏联帮助设计的项目共42个,第一批16个设计组是1950年毛泽东、周恩来在苏时聘请的,第二批3个设计组是朝鲜战争爆发后为建立北满基地而聘请的,第三批设计组是1951年内聘请的。在42个项目中,东北30个,关内6个,新疆5个,内蒙古1个。东北30个项目中,电力、钢铁、煤炭、制铝等占20个,其他10个是机械、化学、造纸等。关内6个是太原、重庆、西安、郑州4个电站及太原肥料厂和染料厂,新疆5个是电厂和医院。总投资额仅东北和关内36个项目估算为34亿元,其中国外订货占30%。至1952年1月,已作出初步设计并已经批准的有15个。[2]

经过大量的准备工作和与苏联协商,至1952年底,陆续商定了苏联帮助中国恢复与建设的50个重点项目。在1950年使用的6000万美元借款中,有2000余万美元用于海军、空军的军事订货。

1952年8月,以周恩来总理为首的我国政府代表团,到莫斯科与苏联政府进一步商谈请苏联政府对我国经济建设予以援助的问题。在原则确定后,周恩来总理、陈云副总理等先行回国,李富春同若干助手继续与苏方商谈对我国经济建设援助的具体细节,历时八个月。

中国代表团以1952年中财委拟出的关于第一个五年计划中重要的工业建设项目草案为依据,向苏联政府提出商谈。于1953年5月15日由李富春和米高扬分别代表两国政府签订《关于苏维埃社会主义共和国联盟政府援助中华人民共和国中央人民政府发展中国国民经济的协定》(简称《协定》)。

《协定》内容包括在1953年至1959年内,援助中国建设与改建91个企业。上述91个企业,加上1953年4月以前,在1950—1952年3年中陆续委

---

[1] 中共中央文献研究室编:《周恩来年谱(1949—1976)》上卷,中央文献出版社1997年版,第31页。

[2] 中财委向中共中央报告:两年来聘请苏联帮助改建和新建工厂的设计情况,1952年2月9日。

托苏联设计，并经苏方同意援助我国建设与改建的 50 个企业，共 141 个企业。对于这些企业的建设与改建，苏方完成各项设计工作、设备供应，在施工过程中给予技术援助，帮助培养这些企业所需的中国干部，并提交组织生产所需的制造特许权及资料。中国政府则在现有企业中组织生产一部分配套用的和辅助性的半制品、成品和材料。此种半制品、成品和材料的清单及其技术规格，以及有关安排其生产的建议，在批准初步设计后由苏联提交。苏联协助中国建立工业企业设计部门，并协助这些部门完成其所承担的上述企业的技术设计与施工图的 20%—30% 的设计工作。苏联提供上述企业所需的按价值计 50%—70% 的设备，其余设备由中国制造，为此苏联派专家去中国提交技术资料，并对组织生产提出建议。

以上内容中，产品制造特许权为苏联无偿提供，其余部分总值为 30 亿—35 亿卢布。

此外，苏联派遣专家来中国帮助解决总体利用黄河、汉水的水利和水力资源的规划勘测工作；派遣四个专家组帮助中国政府制订电气化、发展黑色冶金与有色冶金、机器制造工业、造船业的远景计划；增派 50 名地质专家帮助组织地质勘探工作和地质人员的训练；在选择连挂用的农业机器型号方面提供建议和技术资料；对由中国设计部门所完成的建设长江大桥的设计进行鉴定；帮助中国进行内蒙古、东北、西南林区的森林航测。中国政府为偿付以上设备和技术援助，将按质按量对苏联供给以下货物：钨精矿 16 万吨、锡 11 万吨、钼精矿 3.5 万吨、锑 3 万吨、橡胶 9 万吨以及羊毛、黄麻、大米、猪肉、茶叶等。经双方协议后，部分偿付可用自由兑换的外汇实施。[1]

按照协定，在 1953 年至 1959 年的 7 年期间，上述 141 个企业建成后，我国的工业生产能力将大大增长，不论在黑色冶金方面，有色金属方面，煤炭、电力、石油方面，机器制造工业方面，动力机械制造方面，化学工业方面，都在原有生产能力的一倍以上；中国将有自己的汽车工业和拖拉机工业；机械方面和国防工业方面将有许多新的产品出现。到 1959 年，中国钢铁、煤炭、电力、石油等主要重工业产品，大约等于苏联第一个五年计划时

---

[1] 中国社会科学院、中央档案馆编：《1953—1957 中华人民共和国经济档案资料选编·固定资产投资和建筑业卷》，中国物价出版社 1998 年版，第 332 页。

期的水平，接近或超过日本全面发动侵略中国战争时（1937年）的水平，即钢的产量超过500万吨、煤达到1亿吨、电力在200亿度以上、石油250万吨左右。上述主要产品的生产状况，是国家工业水平的主要标志。这些企业建设完成后，中国将成为一个有自己独立的工业体系的国家，中国的工业化将有一个稳固的基础。

141项企业将在1953年至1959年期间分别开工，其中包括了在建设和改建国防工业企业方面苏联援助中国建设的35个国防工业企业。苏方保证完成这些企业的各项设计工作、设备供应，并给予其他各种技术援助。此外，苏方同意完成军舰制造厂的设计工作，提供鞍山钢铁厂生产坦克用甲板的设计和补充设备，等等。

1953年"5·15"协定之后，将前50项的沈阳飞机修理厂、洛阳航空发动机修理厂、南昌飞机修理厂、株洲航空发动机修理厂等四个项目合并在后91项；停止牙克石纸厂、营城子银矿山八号竖井等两个项目的设计，将兴安台选煤厂自兴安台一号竖井的项目中分出，如此141项变成了136项。1954年8月备忘录及其他文件中又取消了91项中的武汉电站。将避雷器车间并入西安高压电瓷厂内，将抚顺镁厂并入抚顺铝厂，并新增加了11项。经过这次变动，形成144个建设项目。

1954年10月12日，中苏两国政府又达成《对于1953年5月15日关于苏联政府援助中华人民共和国中央人民政府发展中国国民经济的协定的议定书》。其中苏联政府同意援助中华人民共和国政府新建12个企业和改建1个滚珠轴承工厂。这13个企业包括上述前10个企业和1个选煤厂、两个煤井。对于苏联所供应的设备和所给予的技术援助的偿付，按照当时实行的中苏贸易协定进行。前述144项，加此次新增的3项，形成了147项。1954年10月12日在中苏两国政府达成的《对于1953年5月15日关于苏联政府援助中华人民共和国中央人民政府发展中国国民经济的协定的议定书》的备忘录中又新增加了15项[1]，以上项目共计162个，其中35个为国防项目。这些项目在实施的过程中有的取消了，有的分成两期实施，即被视为两个项目。至1954年底被确定为156项建设项目。这也就是第一个五年计划中提出的建设

---

[1] 国家建设委员会办公厅：《苏联设计项目（141项）的演变情况》，1955年2月1日。

重点。这些项目确定以后，又随着形势和认识的发展变化有所调整，但在公开宣传中就将此 156 项作为一个标志而不加改动了。

三、项目实施

156 项工程建设是新中国首次通过利用国外资金、技术和设备开展的大规模的工业建设。在工业基础极端薄弱、建设经验近乎空白的条件下，新中国第一代党和国家领导人以高度认真负责的态度开展了建设项目的立项和实施工作。为了提高建设效益，国家有关部门从 1950 年至 1955 年进行了大量调查、勘查勘测、综合配套、反复比较等研究工作；经过多次调整修订，方最后落实项目方案；在实施的过程中，又多次根据变化了的情况，及时加以调整，从而为项目的高效建设与投产奠定了基础。从 1950 年第一个项目开始建设，到 1969 年 156 项工程实际实施的 150 项全部建成，历时 19 年。其中建设的高潮在第一个五年计划期间，至 1957 年底，156 项工程中有一半以上的项目已按期全部建成或部分建成投产，在社会主义建设中发挥了重要作用。

（一）地质勘探工作

在实施 156 项建设的过程中，首先进行了地质勘探工作。

1949—1952 年，新中国对一部分矿区进行了勘探，但远远不能适应"一五"时期工业建设的需要。相当大一部分建设项目所需要的矿产资源仍然不清楚，需要在 1953 年至 1955 年内进行大量的地质工作，才能从事设计，开始建设。

因此，1952 年 11 月 17 日至 12 月 8 日，在北京召开了全国地质工作计划会议。参加这次会议的除了地质部所属各单位负责人，还有中央人民政府各有关工业部门的代表。中央人民政府政务院副总理、政务院财政经济委员会主任陈云，于 12 月 4 日到会作了重要指示。针对迫切的需求，陈云强调："地质事业在国家经济建设中已成了一项最重要的事业了。"他向地质部门提出："1953 年我国将开始大规模的经济建设。为了适应国家新的需要，明年的地质工作,也要进行一个大的转变。"[1]地质工作,不能再像过去那样做多少算多少,国家没有整体计划;而要根据国家建设的需要,"在一定时间以内,探明一定的储量"。陈云指出:"大批地质工作人员到野外工作,大批训练地质人才,这标志着我们国家开始了大的转变——由经济的破坏和停滞状态转变到大规模的经济建设,由落后转向先进。"[2]这次会议决定,1953年要使地质技术力量增长10倍。为了加速培养地质人才,在1953年地质部的预算中,投入学校建设的资金比地质勘探费还多了近30%;计划在"一五"计划期间,大学、专科和中等技术学校地质专业毕业生的年平均增长率,达到接近70%。1953年7月,毛泽东等中央领导人听取了地质部的工作汇报,做出指示:要重视群众报矿,要逐步加强科学研究以及区域地质调查。毛泽东还在1956年对地质工作指出:在国民经济建设中,地质工作要提早一个五年,一个十年计划。地质工作必须先行,走在国民经济建设的前面。

第一个五年计划规定地质工作的任务是:

第一,保证五年内开始新建企业的设计所必需的矿产储量。

第二,加强对某些从前没有发现或者很少发现的和目前特别缺乏的资源(例如石油)和地区分布上不平衡的资源的普查工作和勘探工作。

第三,有计划地展开全国矿产的普查工作,进行部分的区域地质调查等工作,保证第二个五年计划所需的矿产储量,并为第三个五年计划所需的矿产储量准备资源条件。

第四,加强水利资源和综合流域开发的地质勘查工作,保证第一个五年计划期间重要水利工程和水力发电工程所需的地质资料,并为第二个五年计划所需的水利资源开发做好准备工作。

五年内,计划探明可供设计的煤的矿产储量为202.7亿吨,铁的矿产储量为24.7亿吨。计划完成的地质勘探的钻探工作量为923万米。国家为地质勘探工作提供的经费,五年总计达到16.7亿元。

"一五"计划为地质工作规定的任务使地质工作面临巨大的挑战。为

---

[1] 陈云:《建设一支强大的地质工作队伍》,《陈云文选(1949—1956)》,人民出版社1984年第1版,第182页。

[2] 陈云:《建设一支强大的地质工作队伍》,《陈云文选(1949—1956)》,人民出版社1984年第1版,第183页。

此，"一五"计划要求加强地质工作的计划性和组织性，加强协作，鼓励群众报矿；合理地使用和提高现有的技术人才，积极培养新的地质和勘查人才。为了解决探矿装备，1953年着手将张家口铁路工厂改建为张家口探矿机械厂；"一五"计划后期，衡阳、上海、北京等探矿机械厂陆续筹建。中国地质事业从此开始自己生产探矿机械。

1953年，地质部确定以60%的力量保证有色金属、黑色金属及煤炭的重点勘探任务，以16%的力量有重点地开展普查。这一年地质部和有关工业生产部门的地质机构，把大部分力量放在野外工作上。在地质部门，77%以上的地质人员到了野外；以科学研究任务为主的地质研究所和古生物研究所，也派出了很多科技人员密切配合。

当时，重点勘探项目多是国家工业建设的命脉，如鞍山、包头、大冶等钢铁基地所需矿产资源，大同、开滦、抚顺、平顶山等重要煤田，还有东川、白银厂、中条山、铜官山、寿王坟等处的铜，桃林、水口山、泗顶厂的铅锌，个旧的锡，赣南的钨，昆阳的磷等。这些矿产地历史上已经被发现或被开采过，但地下的资源情况并未查清，不能满足工业设计的要求。把它们作为地质勘探工作重点，有希望保证国家当时急需的矿产资源供应，使社会主义经济建设顺利进行。

"一五"计划期间，还在华北、松嫩、关中等平原，内蒙古、河西走廊、四川、新疆等地，开展了综合性的区域水文地质调查工作，为实现农田水利化提供了一部分必要的资料。同时对北京等15个城市的地下水进行供水勘查工作，并建立了一批地下水长期观测站，提供了工业与居民用水的地下水资源；提供了对矿区用水和井下排水所需的水文地质资料，为矿山的安全生产创造了条件。在工程地质方面，进行了长江、淮河、黑龙江等流域的规划工作；进行了长江三峡、黄河三门峡、汉水丹江口等200多个大中型水库工程的地质工作；完成了宝成、集二等8条铁路和武汉长江大桥桥基工程的地质勘查工作；还进行了一些海港、工厂厂基和国防工程的勘察工作。

（二）勘察设计工作与确立建设程序

勘察工作是正确设计、良好施工的基础。为此，在第一个五年计划期间就提出"没有勘察就不能设计，没有设计就不能施工"的口号。在不断总结实践经验的基础上，明确提出了勘察—设计—施工这一科学的建设程序和三位一体的关系。

新中国成立前的勘察设计是附属于施工部门，没有独立的勘察设计机构的。为了迎接从1953年开始的建设高潮，中国政府决定积极发展自己的勘察设计和施工力量。1952年10月，中央人民政府政务院财政经济委员会（简称"中财委"）召开会议，专门讨论基本建设工作。陈云在会上指出：1953年即将是大规模经济建设的一年，其任务较以往任何一年都要复杂繁重。基本建设中的主要矛盾是基本建设任务十分之大，而基本建设力量则十分薄弱，因此必须迅速使这方面的力量增长起来，迅速建立和充实基本建设机构——设计机构和施工机构，必须下定决心迅速调集人员建立各部专业的设计和施工组织，并充实它。

1952年11月，中财委通知东北人民政府计委和其他各大区财委：必须迅速建立集中、统一的设计机构。集中一切可能集中的力量，组织各级设计部门。根据这个要求，各主管部门和各地区迅速行动，一方面把私营的土木和建筑设计事务所收归国有，另一方面从国营工业企业中抽调一批有设计经验的技术人员，配备了一批管理干部，分配了一批大专学生，组成了机械、冶金、铁道等行业的勘察设计机构。例如，第一机械工业部成立了设计总局，下设4个设计分局和6个勘察队，有技术人员2885人。至1952年年末，全国的勘察设计职工达到2.3万人。1952年建筑工程部成立，1953年成立了中央设计院，其下成立了勘测室。1954年勘测室改为勘察公司，在此基础上，于1956年成立了建筑工程部综合勘察院，全国各省、自治区、直辖市的建筑行业也先后建立了不同规模的勘察队伍。为了加强领导和协调工作，建筑工程部决定在华东、中南、西北、西南、东北等几个大区成立由综合勘察院领导的分院，并在云南、贵州、宁夏成立了勘察工作站。到1957年，建筑工程部直属的综合勘察院系统已发展到近4000人。全国承担建筑工程勘察任务的机构（包括专区及县级单位）已在100个以上。

在建立健全勘察机构的同时，各个部门都十分重视培养专业人才，并努力提高全体人员的技术水平。1952年建筑工程部与清华大学联合举办了土工试验训练班，有11个中央部门和两个北京市单位选派了技术骨干参加培训。与此同时，一些高等院校积极地培养有关人才，如北京地质学院设立了水文地质工程地质系本科，南京大学地质系也开办了水文地质与工程地质大专班。到了1954年，中国已经从多种渠道培育出自己的勘察技术专门人才，形成了一支较正规的勘察队伍。

在相关大专院校及中等专科技术学校里，都相继开设了工程地质、水文地质、工程测量、工程物探等与工程勘察有关的专业，并在高等院校与科研单位招收研究生。这些经过培训的专业人员、大学生、研究生、留学生，以及早期毕业的技术人员，后来绝大部分都成了工程勘察领域颇有威望的技术骨干、专家，对中国各部门的工程勘察事业做出了卓越的贡献。

"一五"计划开始建设的156项骨干工程中包括煤矿和洗煤厂27个，电站和水利枢纽25个，钢铁企业7个，有色冶金企业13个，化工企业7个，机械工厂26个，制药厂2个，军事工厂44个，炼油厂2个，轻工业工厂1个。在这些项目的设计中，中国的勘察设计人员主要担负收集提供勘察资料、配合工艺设计、参加部分施工图设计的任务，并在苏联专家指导下工作。当时中国主要的设计机构都聘请了苏联专家，负责设计交底和解答技术问题，为中国的技术人员掌握这些项目的设计技术提供了方便的条件。

到1956年底，我国已有独立的勘察设计机构139个，其中工业系统56个，铁道、交通、邮电系统18个，水利系统8个，民用建筑及其他系统57个。全国有勘察设计职工10万余人，其中：工程技术人员近5万人，约占全部职工的44.5%。在全部职工中，工业系统占49.1%，铁道、交通邮电系统占22.1%，水利系统占13.5%，民用建筑及其他系统占15.3%。与1953年相比，职工人数增长130%，其中工业系统增长110%，铁道、交通、邮电系统增长143%，水利系统增长152%，民用建筑及其他系统增长196%。

经过"一五"计划，中国的勘察设计事业有了迅速的发展。到1957年末，全国独立的勘察设计机构已发展到198个，职工总数达15万人，比1952年增加5倍多，初步建立起了集中、统一的勘察设计机构。国务院主要部门都建立了自己的勘察设计队伍。冶金、水电、建筑、铁道等部门的勘察设计力量都达到1万多人；机械、煤炭、石油、化工、纺织、轻工、交通、邮电和林业部门的勘察设计力量分别达到2000多人。全国勘察设计队伍按行政区分布，其中华北区5.1万人，东北区2.2万人，华东区1.7万人，中南区2.9万人，西南区1.8万人，西北区1.5万人。铁道部下属4个千人以上的大设计院，分布在西北、西南、华北和中南4个大区。建筑工程部下属6个工业建筑设计院，每个大区有1个。勘察设计队伍的技术水平也有了提高。技术人员虚心好学、刻苦钻研、边干边学，较快地掌握了各主要工业项目的设计技术。"一五"计划后期，中国自行设计的大冶特殊钢厂、寿王坟铜矿、淮南谢家集二号矿井等项目，都已经接近和达到156项工程的技术水平。

1956年全国基本建设会议以后，广泛采用了两阶段设计、标准设计和重复使用图纸。1957年各设计部门在施工图中采用标准设计和重复使用图纸的百分率已达40.7%，在新设计的项目中采用两阶段设计的占60%。这对于缩短设计时间、保证设计质量、加速建设进度，起了促进作用。

在这几年中，勘察设计部门坚持贯彻了"勤俭建国"的方针。在经费紧缺的背景下，1954年批判了不重视经济适用的原则、单纯追求美观的复古主义和形式主义思想，降低了非生产性建设的标准。1957年又根据实际情况对安全系数、建筑标准、技术经济定额等进行了修改，使建设项目的投资有所降低。1957年各部门根据全国设计会议的精神对限额以上项目的设计文件进行了重点复查，节约了资金。1958年反浪费反保守运动以后，在设计方法上采取了简化设计程序、精简图纸等措施，使新的设计项目与过去设计同等规模的项目相比，投资可节约一半左右。

（三）选址与征地

早在国民经济恢复时期，中央各工业部即派出人员在全国200多个城镇收集资料，踏勘地形，分析各项建厂条件，为"一五"计划的工业建设项目选择合适的建厂地点。1953年4月，国家计委主任李富春率领由各工业部和铁道、卫生、水利、电力、公安、文化、城建等部的领导、技术人员和苏联专家近百人组成的联合选厂组，到郑州、洛阳、西安、兰州等城市，分别与中共中央西北局和中共河南、陕西、甘肃省委的领导一起，实地踏勘。到1953年10月，在1954年第一季度应确定设计任务书的79个项目中，已有74个项目有了初步的厂址，其中29个项目并有1个至3个预备厂址。联合选厂组在各部门提出的厂址方案的基础上，进行综合技术经济分析，经过反复的讨论，提出了在西安、兰州、洛阳等地设置35项重点工程方案。之后于1953年底至1954年初，国家计委先后组织华北、中南、西南联合选厂组，分别到大同、太原、包头、武汉、重庆、成都等城市进行选厂，与地方党政部门共同研究，确定了包头、武汉大型钢铁联合企业的具体厂址，确定了在太原新建机械工业、化学工业的厂址，在成都市及其附近地区布置电子工业的厂址等。

在第一个五年计划时期以156项工程为中心的工业建设中，开始了国家工业建设大量征用城市和农村土地的历程。1953年11月5日，政务院通过《国家建设征用土地办法》，于同年12月5日公布实行。与此同时，政务院还颁发了《关于在基本建设工程中保护历史及革命文物的指示》。这些规定与措施保证了建设征地的实施与社会安定。

（四）厂外工程与城市建设

苏联帮助我国设计与建设的141个项目的厂址，有一半以上（98个项目，因有些项目是分两期进行的工程，实际是91个企业）集中在北京、太原、西安、郑州、兰州、包头、武汉、成都、沈阳、吉林、哈尔滨、富拉尔基等15个重点城市中。由于这些企业的设计与建设和城市建设有密切的关系，必须统一考虑供电、供水、排水、运输、住宅区等以及其他公用事业的建设，因此，在确定企业的厂址时，必须考虑整个城市建设的规划，另一方面城市建设的规划也必须考虑各个企业的具体要求，否则势必产生返工、浪费和建设上长期不合理的现象。因此，为了配合新厂的建设，必须加速各个重点城市的规划工作。同时，为了密切各方面的联系和配合，还以各重点城市的市委为主，组织有关各方来统一考虑和合理安排各新建企业的具体厂址，组织各新建企业之间、新建企业与原有企业之间以及各个企业与城市建设部门之间在勘察、设计和建设过程中的各种协作。

为了迎接有计划的大规模的经济建设，使城市建设工作适应国家由恢复向建设的转变，为大规模的经济建设做好准备，1952年8月，中央人民政府建筑工程部（简称建工部）成立，主管全国建筑工程和城市建设工作，并专设了城市建设处。1952年9月，由副秘书长周荣鑫主持，召开了新中国成立以来第一次城市建设座谈会。会议提出，城市建设要根据国家的长期计划，分别不同城市，有计划有步骤地进行新建或改建，加强规划设计工作，加强统一领导，克服盲目性，以适应大规模经济建设的需要。

按照"一五"时期的计划体制,在城市建设中,各企业单独使用的工程项目,有计划有投资;而各企业共同使用的项目,则无计划无投资。但是这些项目又不能缺少,因此,这些公共项目由谁来投资、由谁来建设,成为重点城市建设中的又一难题。为了保证156项重点工程和重点城市的建设,国家计委在1954年10月作出了《关于厂外工程投资划分的规定》(简称《规定》)。《规定》对共同性工程投资,包括铁路专用线与站场、供电工程、供热工程、电话中继线、市政工程、公用事业、职工住宅、生活福利设施、中小学校等工程的投资,作了明确规定:凡是工业企业专用的,由工业企业投资;地区性和全市性的,分别由铁路、燃料、邮电、城市、商业、教育等部门投资;对于上下水道、城市污水处理场、市区道路、桥梁、涵洞等工程,在厂区内者由工业企业投资,厂区以外者由城市投资,但厂区外单纯属于一个部门专用者,由使用部门投资;对于新建工业城市住宅区,应将职工最低限度需要的商店、合作社、理发室等生活服务设施考虑在内,其建筑费用由该住宅区所属单位负责;大型百货公司由商业部门投资;职工小学由工业企业投资,中学由教育部门投资建设。生活服务设施由城市统一建设、统一组织协调的做法,比较妥善地解决了条块之间的矛盾。

(五)全国支援重点城市建设

新工业城市,大都是在经济比较落后的西北、内蒙古地区建立的。新工业又大都建在城市郊外。这些城市原有的工业和市政设施都相当落后,技术力量和干部力量都很缺乏,与繁重的工业建设和城市建设的任务极不相称。为了保证重点城市的建设,中央发动沿海城市支援国家重点建设的城市。1954年6月,经中共中央批准,在建工部召开的第一次全国城市建设会议上,专门研究了沿海城市如何支援重点城市建设的问题。会上,李富春指示:"全国各城市要相互援助,本钱大的任务少的城市应挺身而出,支援本钱小的工业任务大的城市。东北自力更生,以沈阳、哈尔滨支援东北其他城市;西南以重庆支援成都;华北支援西北;华东很慷慨,已经包下洛阳的任务,仍需包西安、兰州两个城市;中南区的武汉由广州支援;包头、太原由北京、天津支援,大家可以订支援合同。"会议以后,中央动员了全国50多个城市、近千个企业,对重点城市进行了大力支援。建工部抽调了华东第五建筑工程公司和中国人民解放军建筑第八师，组成建工部洛阳工程局，担负洛阳的建设任务。建工部还抽调中国人民解放军建筑第三师、六师、七师约3万人支援西安，并与北京、上海、武汉支援西安的建筑施工力量共同组成西北建筑工程局，承担西安的建设任务。为了解决城市的水源问题，1954年开始，地质部和水利部抽调水文地质勘探队，在包头地区勘察水源。在支援重点城市的建设中，数以万计的工人、干部和工程技术人员，响应祖国的号召，怀着建设新中国的满腔热情，积极奔赴经济落后、生活条件艰苦的内地，投入伟大的社会主义建设事业中。许多工程技术人员放弃了大城市优越的生活条件，毅然举家迁往内地，为开发和建设内地做出了贡献。如西安市自来水公司的工程师孙季华，就是在"一五"建设初期从上海应招去西安的，他对西安市自来水、城市交通的建设和发展做出了卓有成效的贡献。

"一五"时期，由于国家财力有限，城市建设资金主要用于重点城市和部分城市新工业区的建设。对于大多数城市和重点城市旧城区的建设，只能按照"充分利用、逐步改造"的方针，充分利用原有房屋、市政公用设施，进行维修养护和局部的改建或扩建。

（六）建筑业与建筑施工

为了适应大规模经济建设的需要，国营建筑职工的数量迅速发展，平均以每年19.7%的速度递增，至"一五"末期，全国国营建筑职工达到244.6万人，比1952年增加1.5倍，占全国各行各业国营企业事业单位职工人数的10%。

156项重点工程在中国东北、西北、华北和其他相关地区的陆续开工，使中国工业建筑施工技术水平大大提高了。最早是鞍山钢铁联合企业的改建、扩建工程，接着是长春第一汽车制造厂于1953年开工，以后在富拉尔基、兰州、洛阳、包头、武汉、太原、西安、沈阳等地，以较快的速度和较高的质量，胜利地完成了飞机、汽车、拖拉机、坦克、大炮、仪表、新式机床、电工、化工、冶金、电站和重型机械设备制造等各种新型厂矿企业的建设任务。

在此期间，施工技术发展的特点是：1. 大型工业厂房机械化施工技术从无到有，有了普遍的发展。2. 混凝土预制技术和工厂化程度有了很大发展。

3.掌握了大型地基基础施工技术。4.学会了工业设备安装技术。5.提高了冬季施工技术。

四、项目建设效益

（一）反对浪费和增产节约

1954年9月15日，第一届全国人民代表大会第一次会议在北京召开。国务院总理周恩来在9月23日的政府工作报告中回顾了几年来的建设成就，也指出了许多困难和缺点，并批评了基建中的浪费。他指出："不少的基本建设工程还没有规定适当的建设标准，而不少城市、机关、学校、企业又常常进行一些不急需的或者过于豪华的建筑，任意耗费国家有限的资金。"他特别举了太原热电站的例子。"这个工程因盲目采购而积压资金144亿余元（旧币，与新币之比为10000∶1，下同），因为没有及时向国家申请调拨物资损失25.7亿多元，因为材料使用的浪费损失18亿余元，因为劳动效率过低损失23.5亿多元，因为工地临时建筑标准过高浪费23亿元，而因为工地物资散失和购置家具的浪费所造成的损失还不在内。这种情形在目前的基本建设工程中还远不是少数。"这些批评反映了基本建设投资中的浪费往往比其他领域的浪费数额更大。因此，继1953年全国范围的增产节约运动之后，1955年初开始了全国性的反浪费运动。这也是基本建设领域首次大规模的反浪费运动。这次运动既是从国内建设现状出发的，也与学习苏联分不开。特别是有关设计工作的反浪费是与苏联的影响分不开的。在当时的条件下，没有对苏联建筑界的工作得失做出客观的评价。因此，在反浪费运动取得积极的成果的同时，也酿成了一些消极的后果。

中央发布降低工程造价、厉行全面节约的指示以后，各建设部门都认真地进行了研究，制定了具体措施加以贯彻。根据国家建设委员会建筑企业局对中央11个工业、交通部门和城市建设总局、北京市建筑工程局等所属部分施工单位的了解，大都已取得了初步成绩。

尽管在节约运动中存在种种不尽如人意的问题，但是通过大规模开展增产节约运动，这一时期的工业基本建设仍然取得了较快的进展，其中1953—

1957年固定资产交付使用率为83.5%，1963—1966年为87.2%，均高于1950—1985年固定资产交付使用率的平均值71.4%；1958—1962年的第二个五年计划时期受"大跃进"后经济困难的影响，这项指标下降至71.5%，仍相当于上述平均值。1953—1965年全国工业各行业新增固定资产903.28亿元，相当于新中国成立时全国国营企业固定资产总值129.86亿元[1]的6.9倍。就部门来看，增长最快的是冶金、电力、煤炭、机械、化学工业；就地区来看，1953—1965年新增固定资产最多的是辽宁（144.47亿元）、黑龙江（108.3亿元）、北京（91.4亿元）、河南（76.58亿元）、四川（74.14亿元）。

（二）重要工业部门从无到有与改善了工业布局

围绕156项建设，在1953—1965年间，中国重要工业部门从无到有，工业布局有所改善，初步建立起比较完整的国民经济体系，为中国经济的进一步发展奠定了基础。

冶金工业主要包括钢铁工业和有色金属工业两大部门。旧中国遗留下来的钢铁工业十分薄弱，占全国生产能力一半以上的鞍钢是日伪统治时期建成的，技术装备差，内部各生产环节互不协调。"一五"时期国家集中力量对鞍钢进行了总体改造。五年间，用于鞍钢的大规模改扩建投资达15.5亿元，占同期钢铁工业实际完成的基本建设投资总额29.6亿元的52%，使鞍钢迅速成为全国钢铁供应的主要基地。1955年鞍钢生产的钢材供应了全国2000多个生产和基本建设单位。"一五"计划期间，鞍钢向国家提供的利润和税收累计超过了同期的建设投资。与此同时，经过几年认真的调查研究和几十个方案的分析比较，最后确定在武汉青山和内蒙古包头分别建设武钢和包钢两个大型综合性钢铁基地，并先后于1955年8月、1957年7月开始动工。这两大基地的建设使中国钢铁工业的地区布局由东部沿海向中部地区推进了一大步。此外，对马鞍山、重庆、太原等地的钢铁企业进行了调整和扩建，迅速提高了它们的生产能力。为了满足国防工业对钢材的特殊需要，在黑龙江新建了齐齐哈尔特殊钢厂，1953年5月动工，1957年10月建成投产。为增加优质钢材的生产能力，改建了本溪钢铁公司、抚顺钢厂、大连钢厂、大冶

---

[1] 董志凯：《中国国营企业的首次清产核资》，载《中国经济史研究》1993年第4期。

钢厂等中小企业，开始了海南铁矿、吉林铁合金厂、上海硅钢片厂、锦州铁合金厂钒钛车间等工程的建设。经过五年的建设，钢铁工业新增铁矿开采能力1643.4万吨、炼焦能力329.1万吨、炼铁能力338.6万吨、炼钢能力281.6万吨、轧钢能力158.8万吨。1957年生铁产量达594万吨、钢535万吨、成品钢材415万吨，提前完成了"一五"计划，赢得了钢产量平均年递增32%的高速度。旧中国只能生产100多种碳素钢，到1957年，中国生产的钢材品种已达4000余种，钢材的自给率达到了86%。过去不能生产的钢轨、无缝钢管、各种大型钢材、薄板和合金钢等，均已开始生产。到1957年底，以鞍钢为中心的东北工业基地已基本建成，并开始了以武汉钢铁公司和包头钢铁公司为中心的华中和华北工业基地的建设；西南、西北地区的钢铁工业、有色金属工业、石油工业基地的建设，也在积极地进行。

旧中国的机械工业基本上是一些机械修配工业，数量很小。"一五"计划期间，为改变这种落后状况，新兴工业部门的建立在机械工业方面最为突出。到1957年底，中国有了载重汽车、高炉、平炉、机床设备、汽轮发电设备、拖拉机、精密仪表、石油机械和电讯设备等几十个过去没有的、门类比较齐全的制造系统，并开始试制了一批新产品，从而打下了中国机械制造能力的初步基础，使机械设备的自给能力从新中国成立前的20%左右提高到60%以上。机械工业以制造冶金矿山设备、发电设备、运输机械设备、金属切削机床等部门为建设重点，并适当发展电机、电工器材设备、炼油化工设备和农业机械等的制造。投资的部门分配以制造冶金矿山设备、运输设备和大型铸锻件的重型和通用机械部门占的比重最大，约占全部机械工业投资的三分之一强。

五年间先后建设的主要骨干项目，在重型矿山设备方面，有新建富拉尔基和太原2个重型和通用机器厂、洛阳矿山机械厂和沈阳风动工具厂；改扩建沈阳和抚顺2个重型机器厂，沈阳和太原2个矿山机械厂，大连工矿车辆厂和起重机厂等。在电站设备方面，重点新建了哈尔滨电机厂、汽轮机厂和锅炉厂，改建了上海电机厂、汽轮机厂和锅炉厂；并相应地在西安围绕高压输变电器材设备新建了一些项目，在哈尔滨建设了电表仪表厂、电炭厂、绝缘材料厂，在沈阳建设了电缆厂、变压器厂、高低压开关厂等，还建设了湘潭电机厂直流电机车间。在交通运输设备方面，集中力量新建了长春第一汽车制造厂和北京汽车附件厂，并新建和改扩建了一些机车车辆厂和造船厂。与此相应，新建了洛阳轴承厂，改扩建了哈尔滨轴承厂和瓦房店轴承厂。在机床工业方面，重点新建了武汉重型机床厂、齐齐哈尔第一机床厂和北京第一机床厂，改扩建了沈阳第一和第二机床厂、上海机床厂、无锡机床厂、南京机床厂、济南第一机床厂等。为配合机床工业的发展，新建了哈尔滨量具刃具厂、成都量具刃具厂及郑州砂轮厂等。

农业机械方面，新建了洛阳拖拉机厂、南昌拖拉机厂和鞍山拖拉机厂等。通用机械方面，改建了兰州通用机械厂、杭州通用机械厂等，并新建了兰州石油化工机械厂。仪表工业方面，开始建设西安仪表厂。机械工业的布局也有了较大变化。除了有计划地在沈阳—大连地区原有机械工业基础上形成了以重型机械和机床工业为中心的基地，在上海形成了以三大动力厂和上海机床厂为中心的电站设备和精密机床基地，还同时建设了几个机械工业的新基地：以三大动力厂为中心的电站设备基地，以洛阳拖拉机厂为主的农业机械基地，兰州炼油化工设备基地，以及以西安开关整流器厂、西安电瓷厂、西安绝缘材料厂、西安电子电容器厂为中心的高压输变电设备基地。西安电工基地的各厂在1958年到1960年相继建成投产后，发展成为输变电成套设备的研究和制造中心，被誉为"西安电工城"。

在五年内，为了能尽快提高军队的装备水平和战斗能力，国防工业的建设重点首先是制造常规武器的兵器工业，其实际完成的投资占国防工业总投资的44.1%；其次是航空工业和电子工业，分别占国防工业实际投资的27.7%和17.3%；船舶工业占6.3%。核工业和航天工业的建设，"一五"计划末期才开始起步，在此期间完成的投资所占比重很小。[1]兵器工业的建设从一个方面加速了原有企业的改造，确定了39个工厂为改造的对象，其中炮厂及其弹药厂是技术改造的重点。39个兵工厂的改造仅用了3年多时间，到1955年上半年基本完成，做到了投资省、速度快、效果好。

"一五"时期兵器工业的奠基和发展，使我国到20世纪60年代初期，兵器工业已能独立生产半自动步枪、冲锋枪、前膛炮等轻型武器，而且开始

---

[1]《当代中国》丛书编辑部编：《当代中国的基本建设》，中国社会科学出版社1989年版，第35页。

具备生产大口径地面火炮、高炮、中型坦克、大口径炮弹等一整套重型武器装备的生产能力；不仅为陆军提供了武器弹药，还为空军、海军提供了部分机载武器和水中武器装备。这填补了中国常规兵器工业生产的空白，从根本上改变了兵器工业支离破碎、只修不造的局面。在地区布局上，在华北、西北形成了新的兵器工业基地，兵器工业的重点也逐步由沿海移至西北地区。"一五"计划期间还集中力量重点建设了航空和电子两个原来基础最薄弱的新兴工业部门。"一五"计划后期还开始了核工业和航天工业这两个新兴尖端国防科技工业部门的创建。核工业建设初期，苏联政府曾给予中国技术援助。航天工业，1956年开始组建火箭和导弹的科研机构，并向苏联提出了给予援助的要求。经过多次谈判，1957年7月，中苏签订了协议，由苏联帮助中国设计4项工程和仿制2个型号的导弹。由于苏联在同意援助中国研制导弹时就有所保留，所以苏方提供的初步设计的任务、规模和工艺都有缺陷，在组织设计、施工、试验过程中，暴露出了不少问题。1959年下半年苏联撕毁协议，撤走专家，停止供应技术资料和设备器材，迫使中国的核工业和航天工业的创建工作只能自力更生进行。"一五"计划期间将国防工业建设放在比较突出的位置，对于迅速奠定我国国防工业的基础具有决定性的作用。在1959年国庆十周年的盛大阅兵典礼中，受阅军队全部用国产的新式武器装备。从此，中国军队的武器装备走上了立足国内制造的新阶段。

"一五"计划期间，煤炭工业的建设重点是恢复改建和扩建原有矿区（包括在原有矿区新建矿井），以迅速增加煤炭产量。同时根据已经探明的煤炭资源储量，积极开发了一些新的矿区。在建设部署上，首先以为钢铁工业服务的炼焦煤基地为主。五年内，配合鞍钢、本钢建设的有：鸡西、鹤岗、潞安等矿；配合包钢新建的有：包头、轩岗、石嘴山等矿；为满足太钢和京津唐钢铁厂扩建需要，并支援鞍钢、武钢、上钢，重点扩建了开滦、大同、峰峰、淮南、新汶等矿。与此同时，还重点建设了一批动力、化工用煤和城市居民用煤的基地。五年内，新增煤炭开采能力6637万吨，洗选原煤能力2275万吨。1957年原煤产量达1.31亿吨，比1952年增加了近1倍。电力工业的建设以火电为主，建设的安排采取加强原有基地和建设新基地同时进行的方针。一方面，配合全国工业基地的建设，加强了东北、华北、中南、华东电力工业的建设。1957年发电量达193亿度，为1953年的2.64倍，基本上满足了"一五"计划期间生产和建设的需要。石油工业首先加强了地质勘探工作，先后在新疆准噶尔盆地发现了以克拉玛依为中心的几个油田，在柴达木盆地发现了冷湖油田和几个含油区。人造石油以开发辽宁、吉林油页岩资源，改建、扩建抚顺石油加工厂为重点；天然石油则以开发以玉门油田为中心的西北地区为重点。五年内，新增石油开采能力131.2万吨，石油加工能力114.7万吨。1957年原油产量达146万吨，比1952年44万吨的产量提高2倍以上，对缓解石油严重不足的情况起了一定作用。但是，由于西北几个油田产量不高，而且远离东部工业地区，原油东运困难较多，因此，当时国家急需的石油一半以上仍要依靠进口，主要从苏联进口。

由于国家财力有限，"一五"计划期间用于化学工业的基本建设投资较少，主要集中用于化肥和基本化学工业的建设。先后动工新建了吉林以煤、焦和煤焦油副产品为原料的，由化肥厂、染料厂、电石厂和热电厂组成的化工基地；太原以煤和炼焦副产品为原料，由化工厂、肥料厂、制药厂和热电站组成的化工基地；兰州以粮食酒精为原料逐步过渡到以石油化工副产品为原料，由肥料厂、合成橡胶厂和热电站组成的化工基地；此外，还新建和改建、扩建了一批生产化肥和基本化工原料的项目。轻工业建设的重点是纺织工业、制糖工业和造纸工业，初步形成了北京、石家庄、邯郸、郑州、西安等新兴纺织工业基地。为多方面发掘纺织原料，化纤工业也于"一五"计划期间，随着中国第一个大型化纤厂——保定化学纤维厂的动工建设而起步。毛、麻、丝等纺织工业也进行了适当的建设。在新疆、内蒙古等主要产毛地区新建了毛纺织工业，并加强了天津、上海、北京等老基地的建设，大量生产国内市场适销的大众化呢绒和毛线。同时改扩建了一批缫丝厂和丝织厂。麻纺织工业的建设则以生产麻袋等原材料的黄麻纺织为主，逐步提高麻袋自给率，以适应国民经济发展的需要。为满足大规模建设需要，与水泥工业建设配套安排了设计规模为年产5万吨水泥袋纸的重点建设项目——佳木斯造纸厂。五年内，新增机制纸和纸板的生产能力共25万吨。1957年产量达91万吨，比1952年增长近1.5倍。随着新工业基地的建设，交通运输线也逐渐向内地延伸。除西藏外，各省、市、自治区都已铺设铁路。中国不合理的生产力布局情况得到了初步改善。

(三)建设起一批新兴工业基地,改善了人民生活

随着工业建设的迅速发展,出现了许多新工业城市、新的工业区和工人镇。许多过去工业基础较为薄弱的城市,已逐步成为新兴的工业城市,如哈尔滨、长春、包头、兰州、西安、太原、郑州、洛阳、武汉、湘潭、株洲、重庆、成都、乌鲁木齐等。中国设市城市的数量由1949年的134个发展到1957年的176个。新建了6个城市,大规模扩建了20个城市,一般扩建了74个城市。到1957年底,全国设市的城市达到176个,比1952年增加了16个。城市人口达到6902万人,加上县镇人口共有城镇人口9949万人,比1952年增加2786万人,增加了38.9%。

城市公用事业建设贯彻执行了"为生产、为建设、为劳动人民服务"的方针和"重点建设、照顾一般"的原则。第一个五年计划期间投资14.43亿元,其中重点建设城市投资占70.3%,一般城市投资占29.7%。若按公用事业项目分,则自来水、下水道、道路等3个主要项目投资占66%,其他项目投资占34%。许多在新中国成立前根本没有公用基础设施的城市有了公用设施;许多旧有城市的公用设施进行了改建,提高了服务能力。

(四)工业技术水平提高

随着以156项工程为中心的建设,我国工业技术水平有了初步提高。主要表现在以下五个方面:第一,成套苏联项目的引进,为中国建立了一大批骨干企业,工业的机械化程度逐步提高。第二,在引进成套设备的同时也引进了设计和工艺等新技术。1949—1960年苏联先后派来专家达18000多人,其中1954—1958年的156项工程主要建设时期占60%以上,为中国培养了大批专业技术人员,这些专业技术人才成为中国几十年经济建设的中坚力量。工业设备和工人技术装备水平得以提高。第三,技术与经济定额的制定和实施逐渐改进。第四,先进生产经验普遍推广。第五,工业产品种类增多:在几个重工业部门中,国民经济恢复时期共试制新产品860种,在第一个五年计划头三年共试制新产品2933种。

五、主要经验教训

在过去300年里，全球发达国家的比例不到20%。而现代世界中发展中国家升级为发达国家的可能性约为5%。这样有限的机遇使得发展中国家的工业化、现代化赶超战略受到普遍关注。156项工程是新中国工业化历史上坚实的第一步。这一系列工程，不仅在实践上取得了卓越的成就，也给我们留下了宝贵的思想启示。

（一）通过社会主义制度集中财力、物力，突破"贫困陷阱"和"瓶颈"制约

为了不再重演国家和民族落后就要挨打的惨痛历史，借鉴苏联第二次世界大战前后的成功经验，中国在制订"一五"计划中，进一步明确优先发展重工业。受西方国家严厉的"封锁、禁运"制约，建设重工业所需的大量资金主要来自内部积累。为了集中物力、财力、人力实施这一方针，1953年开始实施的第一个五年计划确立了"一化三改"方针，即在工业化建设中，把基础工业和基础设施建设放在首位，同时充分发挥已有工业企业的潜力；重点发展重工业，同时注意发展轻工业、农业、运输业及其他行业；重点建设内地工业，同时注意发展沿海工业；重点建设大型工业，同时注意发展中小型工业；将工业高速增长和提高工业经济效益兼顾；重视引进苏联和东欧社会主义国家的设备、技术、人才、资金和管理经验。同时通过农业互助合作，解决土地改革后部分农户生产资料不足、劳力、资金短缺的困难，采取互助合作办法，在保障农民生活水平有限提高、城乡社会稳定的同时实现以农业支援工业、农村支援城市为主的工业化早期的工农、城乡关系；采取合作化的办法，改造与发展个体手工业；实行赎买政策，使资本主义工商业到1956年基本实现公私合营的国家资本主义经营方式。通过"三大改造"，政府以较低成本获取农产品与劳动力，实现了初期积累。在财力方面，国家将"一五"时期财政总收入的19.1%集中使用于重点工程建设。在物资方面，国家采取集中管理的办法，将70%—90%的钢材、水泥、木材等重要的物资优先供应重点工程建设。在人才方面，国家从各条战线抽调上万名优秀干部，充实加强工业部门和重点企业的领导，同时通过动员工程技术人员专业对口归队和组织短期培训、轮训、出国学习等方式，以及从高等学校培养等途径，壮大工程技术人员队伍。从而解决了工业化最困难的资本匮乏问题，跨越了发展中国家普遍遭遇的"贫困陷阱"，为建立独立自主的国家工业体系奠定了基础。

（二）大规模地引进先进技术和设备、争取外援，是促进工业化、缩短与发达国家差距的有效途径

在中国的社会主义经济建设中，20世纪50年代引进的技术设备起着一定的作用。"一五"时期我国引进的技术设备共折合约27亿美元，其中引进成套设备项目为24亿美元。实践证明，技术引进是使落后国家迅速改变面貌的最佳途径。引进技术一方面可以节省研究开发过程中耗费的时间，另一方面还可以节省资金和人力，从而增强了自力更生的能力，建立了相当数量的国防工业。

（三）在引进资金、技术的过程中科学立项、合理布局，注意消化吸收，从中国国情出发，逐步建设和完善独立的民族工业体系

1951—1955年，在第一个五年计划制订期间，计划的制订者以审慎的、高度负责的精神，在统计基础薄弱、信息交流不便的条件下，反复修订所规定的各项指标以及每个项目的年度计划，使各项计划指标基本上和当时的人力、物力、财力相适应。由于在资金、技术的引进过程中审慎科学地立项、布局，使当时居于20世纪40年代世界先进水平的工业技术以国际技术史上前所未有的规模向中国大规模地、系统地、水平较高地转移，奠定了中国现代技术和工业化的基础，提高了中国的科学技术综合水平，迅速缩小了中国在技术水平上与世界的差距，同时使得中国开始在科技体制上有规划地建设。

（四）一些教训

20世纪50年代中国引进技术设备，既有成功的经验，也有值得汲取的教训。存在的具体问题是：第一，部分项目布局和选址不够合理。第二，在三门峡水库修建过程中盲目放弃中国水利专家的正确意见。第三，国防工业比重较大，对轻工业和支援农业的工业投资不足。第四，尚未将技术改造与技术进步上升到提高竞争力的地位加以重视。

与我国此后的引进与体制变化相比较，还可以得到以下几点启示：经济管理体制的变化要适应生产力发展的要求和国内外环境的变化；建设规模不能超过国力许可的范围，急于求成必将适得其反；综合平衡应从短线出发。

专题研究

奠基：苏联援华156项工程始末

156

156项工程的行业结构与地区布局

董志凯

一、概　览

156项工程实际施工的150项分布在煤炭、电力、石油、钢铁、有色金属、化工、机械、医药、轻工、航空、电子、兵器、航天、船舶14个行业，这些行业有属于国民经济基础的能源原材料产业，如煤炭、电力、石油、钢铁、有色金属和化工行业；有代表国家工业发展水平的机械制造产业，如机械、船舶行业；有代表当时国家科技发展水平的高科技产业，如航空、航天和电子行业；有加强国防实力的兵器行业；还有与人民生活联系密切的医药和轻工行业。实施的150项工程项目包括44个军事工业企业和106个民用工业企业。军事工业包括航空工业12个，电子工业10个，兵器工业16个，航天工业2个，船舶工业4个；民用工业包括钢铁工业7个，有色金属工业13个，化学工业企业7个，机械加工企业24个，能源工业企业52个（其中煤炭工业和电力工业各25个，石油工业2个），轻工业和医药工业3个。由援建项目的构成可以看出，除了3个轻工业和医药项目，几乎全部是重工业。

在150个建设项目中，"一五"期间施工的有146项。除"一五"期间全部建成投产的49个项目的建设规模、建设期限、完成投资和新增生产能力比较准确，1958年以后建成投产的项目，就有很多项目和国内安排的建设内容、投资交织在一起了。例如，鞍山钢铁公司原协定的建设规模为年产生铁250万吨、钢320万吨、钢材250万吨，建设期限为1952—1962年，总投资为22.8亿元。1958年"大跃进"时期，把鞍钢规模扩大为"双五百"（500万吨铁、500万吨钢），投资增加8亿元，建成时间为1964年，以后又继续搞"双六百""双七百""双八百"。截至1982年底累计完成基本建设投资61.4亿元，生产能力为"双七百"。后来还在按"双八百"的能力，用技措费进行技术改造。又如包头钢铁公司，原协定的建设规模为年产铁160万吨、钢150万吨，建设期限为1957—1962年，全部投资10亿元，"大跃进"之后，又扩大建设规模为年产铁313万吨、钢316.5万吨、钢材270万吨，投资增加5.6亿元。截至1981年底共花25.8亿元投资，只形成年产铁270万吨、钢250万吨、钢材150万吨的生产能力。再如抚顺铝厂，原协定一、二期工程年产铝锭3.9万吨，建设期限为1952—1957年，全部投资为1.96亿元，这一目标还没有完成，接着又搞三、四期（国内部分），规模扩大到10万吨，于1965年全部建成，以后又进行填平补齐。其他行业如军工、电力、机械等，也有类似问题。故我们所考察的计划安排投资与实际完成投资，均以两国签订的协定和苏联设计的内容为准，实际完成投资不包括以后增加的建设内容和扩大的建设规模的投资。

根据1983年国家计委《"一五"156项建设情况》以及《1953—1957中华人民共和国经济档案资料选编》[1]提供的资料反复核对，实际实施的150项建设项目的设计总投资为2022178万元，实际完成投资为1961335万元，为设计总投资的97%。扣除不可比的因素，设计总投资为187.8亿元，实际完成投资为设计投资的104.4%。计划安排投资、实际完成投资在民用、军工行业之间的分布以及它们内部的分布情况可通过表1—表3反映出来。

表1 实际实施的150项总投资额在民用、军工工业的总体分布情况

（按实际完成投资排序）

	计划安排投资		实际完成投资		"一五"时期完成投资	
	绝对数（万元）	相对数	绝对数（万元）	相对数	绝对数（万元）	相对数
民用项目	1612530	79.7%	1586050	80.9%	798689	74.4%
军用项目	409648	20.3%	375285	19.1%	274939	25.6%
合计	2022178	100.0%	1961335	100.0%	1073628	100.0%

---

[1] 有关第一个五年计划期间苏联援建的156项工程的基础材料，过去没有系统地整理过，有些统计资料在"文化大革命"期间也毁掉了，迄今没有一个完整的、系统的资料。1983年国家计委整理的《"一五"156项建设情况》是我们看到的少有的一份全面系统反映156项情况的资料，本书有关156项建设项目中计划安排投资和实际完成投资方面的资料全部来自《"一五"156项建设情况》。其余系统反映156项情况的资料参见中国社会科学院、中央档案馆编：《1953—1957中华人民共和国经济档案资料选编·固定资产投资和建筑业卷》，中国物价出版社1998年版，第374—383页。

表2 106项民用项目投资额在各行业的总体分布情况

（按实际完成投资排序）

	计划安排投资		实际完成投资		"一五"时期完成投资	
	绝对数（万元）	相对数	绝对数（万元）	相对数	绝对数（万元）	相对数
钢铁工业	548530	34.0%	566344	35.7%	264377	33.1%
机械工业	259357	16.1%	283588	17.9%	165702	20.7%
电力工业	316804	19.6%	224496	14.2%	112833	14.1%
有色工业	195238	12.1%	200869	12.7%	92294	11.6%
煤炭工业	133079	8.3%	145804	9.2%	81101	10.2%
化工工业	107043	6.6%	108323	6.8%	49299	6.2%
石油工业	33223	2.1%	36885	2.3%	16335	2.0%
轻工工业	9719	0.6%	10199	0.6%	9613	1.2%
制药工业	9537	0.6%	9542	0.6%	7135	0.9%
合计	1612530	100.0%	1586050	100.0%	798689	100.0%

表3 44项军用项目投资额在各行业的总体分布情况

（按实际完成投资排序）

	计划安排投资		实际完成投资		"一五"时期完成投资	
	绝对数（万元）	相对数	绝对数（万元）	相对数	绝对数（万元）	相对数
兵器工业	216531	52.9%	196195	52.3%	144073	52.4%
航空工业	88267	21.5%	91915	24.5%	85288	31.0%
电子工业	56612	13.8%	47523	12.6%	34337	12.5%
船舶工业	34700	8.5%	30711	8.2%	2300	0.8%
航天工业	13538	3.3%	8941	2.4%	8941	3.3%
合计	409648	100.0%	375285	100.0%	274939	100.0%

通过156项工程的建设，形成了以鞍山、武汉、包头三个大型钢铁综合企业为核心的多项重要工程，如长春第一汽车制造厂、武汉重型机床厂、哈尔滨汽轮机厂、兰州炼油化工设备厂、洛阳第一拖拉机制造厂等大型工业企业及武汉长江大桥等重点交通工程。围绕这些重点企业，兴建了一系列配套工程，形成规模巨大的工业基地，如鞍山钢都、长春汽车城、沈阳飞机城、

富拉尔基重型机械加工城等。这些项目的绝大部分是中国新兴工业部门的企业，其中国防工业占有一定的比重。因此，156项工程的建设极大地填补了中国工业的空白，改善了工业的部门结构，提高了工业建设的自力更生能力，初步建立了比较完整的基础工业体系和国防工业体系的骨架，为实现社会主义工业化打下了牢固的基础。

为了改变旧中国工业布局不合理的状况，促进我国区域经济的平衡发展，并且考虑国防的要求，第一个五年计划期间，我国政府把苏联援建的156项工程和其他限额以上项目中的相当大的一部分放在了工业基础相对薄弱的内地。旧中国的经济是一种半殖民地经济，工业设施的70%集中在沿海的上海、天津、广州、无锡、青岛、沈阳、抚顺、本溪、鞍山、大连一带，其中尤以上海最为突出。1949年，上海一市的工业产值即占全国工业总产值的25%以上。有限的内地工业，也主要集中在武汉、太原、重庆等少数大城市。占全国土地面积三分之一的大西北，1949年工业产值仅占全国的2%弱，近百年来始终没有工业基点。西北工业最集中的两个城市——西安和兰州，其工业较之东北和沿海地区的工业基点相差悬殊。如1949年，兰州市工业产值仅占全国工业总产值的0.034%。[1] 这种状况既不利于资源的合理配置，也不利于国家的经济安全。因而，在最后施工的150个项目中，相当一部分安排在了内地诸省。156项中实际实施的150项具体分布在17个省、自治区、直辖市，其中，辽宁、陕西各24项，各占实际实施总数的16%；黑龙江22项，占14.7%；山西15项，占10%；吉林与河南各10项，分别各占6.7%；甘肃8项，占5.3%；四川6项，占4%；河北、内蒙古各5项，分别各占3.3%；北京、云南、湖南、江西各4项，分别各占2.7%；湖北3项，占2%；安徽、新疆各1项，各占0.7%。

计划安排投资2022178万元，具体分配情况是：辽宁459537万元，占计划安排投资的22.7%；河南261604万元，占12.9%；黑龙江189161万元，占9.4%；陕西182744万元，占9.0%；湖北170178万元，占8.4%；内蒙古160897万元，占8.0%；甘肃146614万元，占7.2%；吉林136558万元，占6.8%；山西133531万元，占6.6%；云南57681万元，占2.8%；四

---

[1] 祝慈寿：《中国现代工业史》，重庆出版社1990年版，第7页。

川 28556 万元，占 1.4%；河北 28077 万元，占 1.4%；江西 24697 万元，占 1.2%；北京 24356 万元，占 1.2%；湖南 13217 万元，占 0.7%；新疆 3270 万元，占 0.2%；安徽 1500 万元，占 0.1%。

实际完成投资 1961335 万元，具体情况是：辽宁 507521 万元，占实际完成投资的 25.9%；黑龙江 216483 万元，占 11.0%；陕西 171403 万元，占 8.7%；河南 159704 万元，占 8.2%；内蒙古 159003 万元，占 8.1%；湖北 154805 万元，占 7.9%；吉林 145510 万元，占 7.4%；甘肃 139736 万元，占 7.1%；山西 131880 万元，占 6.7%；云南 55602 万元，占 2.8%；河北 28264 万元，占 1.5%；北京 25194 万元，占 1.3%；江西 25132 万元，占 1.3%；四川 22082 万元，占 1.1%；湖南 14255 万元，占 0.7%；新疆 3275 万元，占 0.2%；安徽 1486 万元，占 0.1%。

"一五"时期完成投资 1073628 万元，具体分配情况是：辽宁 354246 万元，占"一五"时期完成投资的 33.0%；黑龙江 141344 万元，占 13.2%；吉林 132772 万元，占 12.4%；陕西 112057 万元，占 10.4%；山西 63073 万元，占 5.9%；内蒙古 49332 万元，占 4.6%；河南 46705 万元，占 4.3%；甘肃 42718 万元，占 4.0%；湖北 39820 万元，占 3.7%；云南 18175 万元，占 1.7%；北京 16339 万元，占 1.5%；江西 16196 万元，占 1.5%；湖南 12915 万元，占 1.2%；四川 12751 万元，占 1.2%；河北 12732 万元，占 1.2%；新疆 1981 万元，占 0.2%；安徽 472 万元，占比不到 0.1%。

表 4 实际实施的 150 项在 17 省、自治区、直辖市的投资情况

（按实际完成投资排序）

| | 计划安排投资 || 实际完成投资 || "一五"时期完成投资 ||
	绝对数（万元）	相对数	绝对数（万元）	相对数	绝对数（万元）	相对数
辽宁	459537	22.7%	507521	25.9%	354246	33.0%
黑龙江	189161	9.4%	216483	11.0%	141344	13.2%
陕西	182744	9.0%	171403	8.7%	112057	10.4%
河南	261604	12.9%	159704	8.2%	46705	4.3%
内蒙古	160897	8.0%	159003	8.1%	49332	4.6%
湖北	170178	8.4%	154805	7.9%	39820	3.7%
吉林	136558	6.8%	145510	7.4%	132772	12.4%

（续表）

	计划安排投资		实际完成投资		"一五"时期完成投资	
	绝对数（万元）	相对数	绝对数（万元）	相对数	绝对数（万元）	相对数
甘肃	146614	7.2%	139736	7.1%	42718	4.0%
山西	133531	6.6%	131880	6.7%	63073	5.9%
云南	57681	2.8%	55602	2.8%	18175	1.7%
河北	28077	1.4%	28264	1.5%	12732	1.2%
北京	24356	1.2%	25194	1.3%	16339	1.5%
江西	24697	1.2%	25132	1.3%	16196	1.5%
四川	28556	1.4%	22082	1.1%	12751	1.2%
湖南	13217	0.7%	14255	0.7%	12915	1.2%
新疆	3270	0.2%	3275	0.2%	1981	0.2%
安徽	1500	0.1%	1486	0.1%	472	<0.1%
合计	2022178	100.0%	1961335	100.0%	1073628	100.0%

从表4可以看出，17省、自治区、直辖市按照计划安排投资、实际完成投资以及"一五"时期完成投资的排序基本上是一致的，辽宁省是这三方面投资最多的省份，所占比重分别为22.7%、25.9%和33.0%。其次投资比较多的省份是黑龙江、陕西、河南、内蒙古、湖北、吉林、甘肃和山西，这8省的计划安排投资达1381287万元，占68.3%，实际完成投资1278524万元，占65.2%；一五时期完成投资为627821万元，占58.5%。

表5 实际实施的106项民用项目在17省、自治区、直辖市的投资情况
（按实际完成投资排序）

	计划安排投资		实际完成投资		"一五"时期完成投资	
	绝对数（万元）	相对数	绝对数（万元）	相对数	绝对数（万元）	相对数
辽宁（20项）	407153	25.2%	458702	28.9%	311576	39.0%
黑龙江（20项）	177317	11.0%	205076	12.9%	129937	16.3%
河南（9项）	253604	15.7%	155367	9.8%	46558	5.8%
湖北（3项）	170178	10.6%	154605	9.8%	39820	5.0%
吉林（10项）	136558	8.5%	145510	9.2%	132772	16.6%
甘肃（7项）	130177	8.1%	131299	8.3%	39174	4.9%

（续表）

	计划安排投资 绝对数（万元）	相对数	实际完成投资 绝对数（万元）	相对数	"一五"时期完成投资 绝对数（万元）	相对数
内蒙古（3项）	114151	7.1%	103535	6.5%	11898	1.5%
山西（7项）	53747	3.3%	57231	3.6%	17820	2.2%
云南（4项）	57681	3.6%	55602	3.5%	18175	2.3%
陕西（7项）	40396	2.5%	43366	2.8%	16481	2.0%
河北（5项）	28077	1.7%	28264	1.8%	12732	1.6%
江西（3项）	15017	0.9%	16196	1.0%	7260	0.9%
北京（1项）	7936	0.5%	9380	0.6%	525	0.1%
四川（2项）	8244	0.5%	8594	0.5%	4486	0.5%
湖南（3项）	7524	0.5%	8362	0.5%	7022	0.9%
新疆（1项）	3270	0.2%	3275	0.2%	1981	0.2%
安徽（1项）	1500	0.1%	1486	0.1%	472	0.1%
合计	1612530	100.0%	1586050	100.0%	798689	100.0%

表6 实际实施的44项军工项目在11省、自治区、直辖市的投资情况

（按实际完成投资排序）

	计划安排投资 绝对数（万元）	相对数	实际完成投资 绝对数（万元）	相对数	"一五"时期完成投资 绝对数（万元）	相对数
陕西（17项）	142348	34.7%	128037	34.1%	95576	34.8%
山西（8项）	79784	19.5%	74649	19.9%	45253	16.5%
内蒙古（2项）	46746	11.4%	55468	14.8%	37434	13.6%
辽宁（4项）	52384	12.8%	48819	13.0%	42670	15.5%
北京（3项）	16420	4.0%	15814	4.2%	15814	5.8%
四川（4项）	20312	5.0%	13488	3.6%	8265	3.0%
黑龙江（2项）	11844	2.9%	11407	3.0%	11407	4.1%
江西（1项）	9680	2.4%	8936	2.4%	8936	3.2%
甘肃（1项）	16437	4.0%	8437	2.2%	3544	1.3%
湖南（1项）	5693	1.4%	5893	1.6%	5893	2.1%
河南（1项）	8000	1.9%	4337	1.2%	147	0.1%
合计	409648	100.0%	375285	100.0%	274939	100.0%

通过156项工程以及为其配套项目的建设，我国工业布局迅速展开。由于一个重点项目可以带动所在地区的工业、交通运输、商业、服务业的全面发展，有利于城市建设，也便于城镇人口就业，因而，156项在各省的布局，极大地促进了该省经济的发展。

二、煤炭工业

在1950—1952年恢复国民经济的基础上，1953年，中国开始了第一个五年计划的大规模经济建设。根据中国共产党在过渡时期总路线的要求，"一五"计划的基本任务之一是，集中主要力量发展重工业，进行以苏联帮助设计的156个建设项目为中心、由694个大中型建设项目组成的工业建设，以建立国家社会主义工业化的初步基础。对煤炭工业的要求是，为国民经济的发展和人民生活的需要提供必需的煤炭燃料。规定：到1957年，原煤产量达到11298万吨，并保证钢铁工业对炼焦洗精煤的需要。同时，为了逐步解决全国工业偏集于北方和沿海，在生产力布局和国防上的不合理状态，煤炭工业建设的部署要求使生产接近消费地区，减少远距离运输，并按照钢铁工业、电力工业和交通运输业等主要用煤部门的需要，对煤炭的地区产需平衡和品种平衡，做出比较合理的安排。根据这个要求，煤炭工业一方面要充分利用原有矿区，对矿井进行适当的改建或扩建，发挥其潜力，扩大生产能力，并且在这些矿区适当建设一批新矿井；另一方面又要积极开始建设新的煤炭基地，以增大煤炭生产的后备力量，逐步改善煤炭工业的布局，适应今后国民经济发展的需要。

根据这个战略部署，煤炭工业在"一五"期间重点扩建了开滦、大同、阜新、鹤岗、阳泉、淮南、峰峰、萍乡、焦作、枣庄、新汶、鸡西、通化、辽源、贾汪15个老矿区。同时，开始了平顶山、包头、潞安、鹤壁、中梁山、兴隆、轩岗、汾西、山丹、石嘴山10个新矿区的建设。在这些新老矿区中，开工建设了一大批新矿井。其中，总建设能力在100万吨以上的16个矿区，储量丰富、煤质优良，是这一时期建设的全国重点煤炭基地。平顶山、潞安、包头、鹤壁、汾西、轩岗6个新矿区，主要是为保证武汉、包头、太原等钢铁基地炼焦用煤而建设的；淮南、新汶、贾汪、枣庄等矿区主要是为解决缺煤的华东地区的用煤而建设的。此外，在东北的本溪、鹤岗、北票、阜新，西南的荣昌、广元，西北的铜川，中南的萍乡等矿区，为了解决地区用煤平衡，也建设了一些新矿井。[1]

在苏联援建的156项重点项目中，煤炭工业有25项[2]，占项目总数的六分之一。煤炭工业实际实施的25项是：大同鹅毛口立井、双鸭山洗煤厂、平顶山二号立井、辽源中央立井、抚顺西露天矿、抚顺东露天矿、抚顺胜利矿、抚顺老虎台矿、抚顺龙凤矿、城子河九号立井、城子河洗煤厂、阜新海州露天矿、阜新平安立井、阜新新邱一号立井、峰峰通顺三号立井、峰峰中央洗煤厂、通化湾沟立井、淮南谢家集中央洗煤厂、铜川王石凹立井、焦作中马村二号立井、鹤岗兴安台十号立井、兴安台二号立井、鹤岗东山一号立井、兴安台洗煤厂、山西潞安洗煤厂。除辽源中央立井、阜新海州露天矿、阜新平安立井、鹤岗兴安台十号立井、鹤岗东山一号立井5项为续建项目，抚顺西露天矿、抚顺胜利矿、抚顺老虎台矿、抚顺龙凤矿4项为改建项目，其余16项都属于新建项目。

从1950年到1957年的7年间，煤炭工业的25项陆续开始施工。1950年开始施工的项目有3项，它们是：辽源中央立井、阜新海州露天矿、鹤岗东山一号立井；1952年开工的项目有2项，它们是：阜新平安立井、鹤岗兴安台十号立井；1953年开工的项目有4项，它们是：抚顺西露天矿、抚顺胜利矿、抚顺老虎台矿、抚顺龙凤矿；1954年开工的项目有2项，它们是：阜新新邱一号立井、双鸭山洗煤厂；1955年开工的项目有3项，它们是：城子河九号立井、焦作中马村二号立井、通化湾沟立井；1956年开工的项目有3项，它们是：山西潞安洗煤厂、兴安台二号立井、抚顺东露天矿；1957年开工的项目有8项，它们是：城子河洗煤厂、兴安台洗煤厂、大同鹅毛口立井、平顶山二号立井、峰峰通顺三号立井、峰峰中央洗煤厂、淮南谢家集中央洗煤厂、铜川王石凹立井。

---

[1]《当代中国》丛书编辑部编：《当代中国的煤炭工业》，中国社会科学出版社1988年版，第27—28页。

[2] 另一种说法认为，在苏联援建的156项重点项目中，煤炭工业有24项。见《当代中国》丛书编辑部编：《当代中国的煤炭工业》，中国社会科学出版社1988年版，第29页。

历经6年时间，煤炭工业的25项全部建成。具体情况是：1955年竣工的项目有2项，它们是：辽源中央立井、鹤岗东山一号立井；1956年竣工的项目有1项，即鹤岗兴安台十号立井；1957年竣工的项目有4项，它们是：阜新海州露天矿、阜新平安立井、抚顺胜利矿、抚顺老虎台矿；1958年竣工的项目有5项，它们是：抚顺龙凤矿、阜新新邱一号立井、双鸭山洗煤厂、通化湾沟立井、山西潞安洗煤厂；1959年竣工的项目有7项，它们是：抚顺西露天矿、城子河九号立井、焦作中马村二号立井、城子河洗煤厂、兴安台洗煤厂、峰峰中央洗煤厂、淮南谢家集中央洗煤厂；1960年竣工的项目有1项，即平顶山二号立井；1961年竣工的项目有5项，它们是：兴安台二号立井、抚顺东露天矿、大同鹅毛口立井、峰峰通顺三号立井、铜川王石凹立井。

煤炭工业的25项中，建设周期最长的是7年，最短的是2年，平均建设周期为4年。具体情况是：阜新海州露天矿建设周期为7年；抚顺西露天矿建设周期为6年；鹤岗东山一号立井、辽源中央立井、阜新平安立井、兴安台二号立井、抚顺龙凤矿和抚顺东露天矿建设周期都为5年；鹤岗兴安台十号立井、阜新新邱一号立井、城子河九号立井、焦作中马村二号立井、大同鹅毛口立井、抚顺老虎台矿、抚顺胜利矿、双鸭山洗煤厂、铜川王石凹立井和峰峰通顺三号立井建设周期都为4年；通化湾沟立井和平顶山二号立井建设周期都为3年；兴安台洗煤厂、城子河洗煤厂、山西潞安洗煤厂、淮南谢家集中央洗煤厂和峰峰中央洗煤厂建设周期都为2年。

煤炭工业的25项计划安排投资133079万元，实际完成投资145804万元，实际完成投资为计划安排投资的109.6%；其中，"一五"时期完成投资81101万元，"一五"时期完成投资占实际完成投资的55.6%。

这25项计划安排投资133079万元，具体分配为：抚顺西露天矿16800万元，占12.6%；阜新海州露天矿15285万元，占11.5%；抚顺东露天矿15000万元，占11.3%；鹤岗兴安台十号立井6710万元，占5.1%；阜新平安立井6700万元，占5.0%；辽源中央立井6000万元，占4.5%；铜川王石凹立井5640万元，占4.2%；兴安台二号立井5640万元，占4.2%；峰峰通顺三号立井5640万元，占4.2%；大同鹅毛口立井5600万元，占4.2%；鹤岗东山一号立井5400万元，占4.1%；抚顺胜利矿4200万元，占3.2%；抚顺老虎台矿 3790 万元，占 2.9%；阜新新邱一号立井 3380 万元，占 2.5%；山西潞安洗煤厂 3200 万元，占 2.4%；焦作中马村二号立井 3187 万元，占 2.4%；平顶山二号立井 3100 万元，占 2.3%；峰峰中央洗煤厂 3100 万元，占 2.3%；城子河九号立井 3000 万元，占 2.3%；通化湾沟立井 3000 万元，占 2.3%；抚顺龙凤矿 2800 万元，占 2.1%；双鸭山洗煤厂 1900 万元，占 1.4%；淮南谢家集中央洗煤厂 1500 万元，占 1.1%；城子河洗煤厂 1500 万元，占 1.1%；兴安台洗煤厂 1007 万元，占 0.8%。

实际完成投资 145804 万元的具体情况是：阜新海州露天矿 19472 万元，占 13.4%；抚顺西露天矿 19091 万元，占 13.1%；抚顺东露天矿 12807 万元，占 8.8%；铜川王石凹立井 8372 万元，占 5.7%；阜新平安立井 8334 万元，占 5.7%；鹤岗兴安台十号立井 7178 万元，占 4.9%；兴安台二号立井 7178 万元，占 4.9%；峰峰通顺三号立井 6640 万元，占 4.6%；鹤岗东山一号立井 6512 万元，占 4.5%；大同鹅毛口立井 5840 万元，占 4.0%；辽源中央立井 5770 万元，占 4.0%；抚顺胜利矿 4200 万元，占 2.9%；阜新新邱一号立井 4056 万元，占 2.8%；抚顺老虎台矿 3862 万元，占 2.6%；山西潞安洗煤厂 3254 万元，占 2.2%；城子河九号立井 3184 万元，占 2.2%；平顶山二号立井 3156 万元，占 2.2%；双鸭山洗煤厂 3113 万元，占 2.1%；抚顺龙凤矿 2860 万元，占 2.0%；通化湾沟立井 2587 万元，占 1.8%；峰峰中央洗煤厂 2486 万元，占 1.7%；焦作中马村二号立井 1682 万元，占 1.1%；淮南谢家集中央洗煤厂 1486 万元，占 1.0%；城子河洗煤厂 1480 万元，占 1.0%；兴安台洗煤厂 1204 万元，占 0.8%。

"一五"时期实际完成投资 81101 万元的具体情况是：阜新海州露天矿 19472 万元，占 24.0%；阜新平安立井 8334 万元，占 10.3%；鹤岗兴安台十号立井 7178 万元，占 8.8%；抚顺西露天矿 6526 万元，占 8.0%；鹤岗东山一号立井 6512 万元，占 8.0%；辽源中央立井 5770 万元，占 7.1%；抚顺东露天矿 5032 万元，占 6.2%；抚顺胜利矿 4200 万元，占 5.2%；抚顺老虎台矿 3862 万元，占 4.8%；城子河九号立井 2847 万元，占 3.5%；抚顺龙凤矿 2537 万元，占 3.1%；阜新新邱一号立井 2400 万元，占 3.0%；双鸭山洗煤厂 2110 万元，占 2.6%；焦作中马村二号立井 923 万元，占 1.1%；兴安台二号立井 818 万元，占 1.0%；平顶山二号立井 720 万元，占 0.9%；淮南谢家集中央洗煤厂472万元，占0.6%；山西潞安洗煤厂370万元，占0.5%；通化湾沟立井286万元，占0.4%；峰峰中央洗煤厂188万元，占0.2%；大同鹅毛口立井168万元，占0.2%；城子河洗煤厂150万元，占0.2%；兴安台洗煤厂100万元，占0.1%；峰峰通顺三号立井76万元，占0.1%；铜川王石凹立井50万元，占0.1%

表7 煤炭工业25项投资额的具体构成情况

（按实际完成投资排序）

	计划安排投资		实际完成投资		"一五"时期完成投资	
	绝对数（万元）	相对数	绝对数（万元）	相对数	绝对数（万元）	相对数
阜新海州露天矿	15285	11.5%	19472	13.4%	19472	24.0%
抚顺西露天矿	16800	12.6%	19091	13.1%	6526	8.0%
抚顺东露天矿	15000	11.3%	12807	8.8%	5032	6.2%
铜川王石凹立井	5640	4.2%	8372	5.7%	50	0.1%
阜新平安立井	6700	5.0%	8334	5.7%	8334	10.3%
鹤岗兴安台十号立井	6710	5.1%	7178	4.9%	7178	8.8%
兴安台二号立井	5640	4.2%	7178	4.9%	818	1.0%
峰峰通顺三号立井	5640	4.2%	6640	4.6%	76	0.1%
鹤岗东山一号立井	5400	4.1%	6512	4.5%	6512	8.0%
大同鹅毛口立井	5600	4.2%	5840	4.0%	168	0.2%
辽源中央立井	6000	4.5%	5770	4.0%	5770	7.1%
抚顺胜利矿	4200	3.2%	4200	2.9%	4200	5.2%
阜新新邱一号立井	3380	2.5%	4056	2.8%	2400	3.0%
抚顺老虎台矿	3790	2.9%	3862	2.6%	3862	4.8%
山西潞安洗煤厂	3200	2.4%	3254	2.2%	370	0.5%
城子河九号立井	3000	2.3%	3184	2.2%	2847	3.5%
平顶山二号立井	3100	2.3%	3156	2.2%	720	0.9%
双鸭山洗煤厂	1900	1.4%	3113	2.1%	2110	2.6%
抚顺龙凤矿	2800	2.1%	2860	2.0%	2537	3.1%
通化湾沟立井	3000	2.3%	2587	1.8%	286	0.4%
峰峰中央洗煤厂	3100	2.3%	2486	1.7%	188	0.2%
焦作中马村二号立井	3187	2.4%	1682	1.1%	923	1.1%

（续表）

	计划安排投资		实际完成投资		"一五"时期完成投资	
	绝对数（万元）	相对数	绝对数（万元）	相对数	绝对数（万元）	相对数
淮南谢家集中央洗煤厂	1500	1.1%	1486	1.0%	472	0.6%
城子河洗煤厂	1500	1.1%	1480	1.0%	150	0.2%
兴安台洗煤厂	1007	0.8%	1204	0.8%	100	0.1%
合计	133079	100.0%	145804	100.0%	81101	100.0%

煤炭工业的25项建设中，实际完成投资占计划完成投资的比重高于100.0%的有18项，它们是：双鸭山洗煤厂163.8%、铜川王石凹立井148.4%、阜新海州露天矿127.4%、兴安台二号立井127.3%、阜新平安立井124.4%、鹤岗东山一号立井120.6%、阜新新邱一号立井120.0%、兴安台洗煤厂119.6%、峰峰通顺三号立井117.7%、抚顺西露天矿113.6%、鹤岗兴安台十号立井107.0%、城子河九号立井106.1%、大同鹅毛口立井104.3%、抚顺龙凤矿102.1%、抚顺老虎台矿101.9%、平顶山二号立井101.8%、山西潞安洗煤厂101.7%、抚顺胜利矿100.0%；其中，双鸭山洗煤厂最高，达163.8%。实际完成投资占计划完成投资的比重低于100.0%的有7项，它们是：淮南谢家集中央洗煤厂99.1%、城子河洗煤厂98.7%、辽源中央立井96.2%、通化湾沟立井86.2%、抚顺东露天矿85.4%、峰峰中央洗煤厂80.2%、焦作中马村二号立井52.8%；其中，焦作中马村二号立井最低，为52.8%。

"一五"时期完成投资占实际完成投资的比重有7项为100.0%，它们是：阜新海州露天矿、阜新平安立井、鹤岗东山一号立井、鹤岗兴安台十号立井、抚顺老虎台矿、抚顺胜利矿、辽源中央立井，表明它们都是"一五"时期全部建成的。其余依次为：城子河九号立井89.4%、抚顺龙凤矿88.7%、双鸭山洗煤厂67.8%、阜新新邱一号立井59.2%、焦作中马村二号立井54.9%、抚顺东露天矿39.3%、抚顺西露天矿34.2%、淮南谢家集中央洗煤厂31.8%、平顶山二号立井22.8%、兴安台二号立井11.4%、山西潞安洗煤厂11.4%、通化湾沟立井11.1%、城子河洗煤厂10.1%、兴安台洗煤厂8.3%、峰峰中央洗煤厂7.6%、大同鹅毛口立井2.9%、峰峰通顺三号立井1.1%、铜川王石凹立井0.6%。

表8 煤炭工业25项计划安排与实际完成投资的执行情况

（按实际完成投资占计划安排投资比重排序）

	计划安排投资（万元）	实际完成投资（万元）	实际完成投资占计划安排投资的比重	"一五"时期完成投资（万元）	"一五"时期完成投资占实际完成投资的比重
双鸭山洗煤厂	1900	3113	163.8%	2110	67.8%
铜川王石凹立井	5640	8372	148.4%	50	0.6%
阜新海州露天矿	15285	19472	127.4%	19472	100.0%
兴安台二号立井	5640	7178	127.3%	818	11.4%
阜新平安立井	6700	8334	124.4%	8334	100.0%
鹤岗东山一号立井	5400	6512	120.6%	6512	100.0%
阜新新邱一号立井	3380	4056	120.0%	2400	59.2%
兴安台洗煤厂	1007	1204	119.6%	100	8.3%
峰峰通顺三号立井	5640	6640	117.7%	76	1.1%
抚顺西露天矿	16800	19091	113.6%	6526	34.2%
鹤岗兴安台十号立井	6710	7178	107.0%	7178	100.0%
城子河九号立井	3000	3184	106.1%	2847	89.4%
大同鹅毛口立井	5600	5840	104.3%	168	2.9%
抚顺龙凤矿	2800	2860	102.1%	2537	88.7%
抚顺老虎台矿	3790	3862	101.9%	3862	100.0%
平顶山二号立井	3100	3156	101.8%	720	22.8%
山西潞安洗煤厂	3200	3254	101.7%	370	11.4%
抚顺胜利矿	4200	4200	100.0%	4200	100.0%
淮南谢家集中央洗煤厂	1500	1486	99.1%	472	31.8%
城子河洗煤厂	1500	1480	98.7%	150	10.1%
辽源中央立井	6000	5770	96.2%	5770	100.0%
通化湾沟立井	3000	2587	86.2%	286	11.1%
抚顺东露天矿	15000	12807	85.4%	5032	39.3%
峰峰中央洗煤厂	3100	2486	80.2%	188	7.6%
焦作中马村二号立井	3187	1682	52.8%	923	54.9%
总体情况	133079	145804	109.6%	81101	55.6%

煤炭工业的25项建设总规模是：洗煤1210万吨，采煤1935万吨，油母页岩70万立方米。洗煤1210万吨的具体分布情况是：山西潞安洗煤厂洗煤200万吨、峰峰中央洗煤厂洗煤200万吨、双鸭山洗煤厂洗煤150万吨、城子河洗煤厂洗煤150万吨、兴安台洗煤厂洗煤150万吨、淮南谢家集中央洗煤厂洗煤100万吨、抚顺胜利矿洗煤90万吨、抚顺龙凤矿洗煤90万吨、抚顺老虎台矿洗煤80万吨。采煤1935万吨的具体分布情况是：阜新海州露天矿采煤300万吨、抚顺西露天矿采煤300万吨、鹤岗兴安台十号立井采煤150万吨、阜新平安立井采煤150万吨、兴安台二号立井采煤150万吨、大同鹅毛口立井采煤120万吨、峰峰通顺三号立井采煤120万吨、铜川王石凹立井采煤120万吨、辽源中央立井采煤90万吨、鹤岗东山一号立井采煤90万吨、平顶山二号立井采煤90万吨、城子河九号立井采煤75万吨、阜新新邱一号立井采煤60万吨、通化湾沟立井采煤60万吨、焦作中马村二号立井采煤60万吨。抚顺东露天矿建设规模是生产油母页岩70万立方米。

实际完成的生产能力为：洗煤同建设规模，为1210万吨；采煤1875万吨；油母页岩同建设规模，为70万立方米。采煤比设计规模少60万吨，系由于焦作中马村二号立井中途停建。

"一五"时期新增生产能力为：洗煤220万吨，采煤780万吨。洗煤220万吨的具体情况是：抚顺胜利矿洗煤90万吨、抚顺老虎台矿洗煤80万吨、抚顺龙凤矿洗煤50万吨；采煤780万吨的具体情况是：阜新海州露天矿采煤300万吨、鹤岗兴安台十号立井采煤150万吨、阜新平安立井采煤150万吨、辽源中央立井采煤90万吨、鹤岗东山一号立井采煤90万吨。

表9 煤炭工业新增生产能力情况

	建设规模	形成生产能力	其中"一五"时期形成生产能力
山西潞安洗煤厂	洗煤200万吨	同规模	
峰峰中央洗煤厂	洗煤200万吨	同规模	
双鸭山洗煤厂	洗煤150万吨	同规模	
城子河洗煤厂	洗煤150万吨	同规模	
兴安台洗煤厂	洗煤150万吨	同规模	
淮南谢家集中央洗煤厂	洗煤100万吨	同规模	

（续表）

	建设规模	形成生产能力	其中"一五"时期形成生产能力
抚顺胜利矿	洗煤 90 万吨	同规模	90 万吨
抚顺龙凤矿	洗煤 90 万吨	同规模	50 万吨
抚顺老虎台矿	洗煤 80 万吨	同规模	80 万吨
阜新海州露天矿	采煤 300 万吨	同规模	300 万吨
抚顺西露天矿	采煤 300 万吨	同规模	
鹤岗兴安台十号立井	采煤 150 万吨	同规模	150 万吨
阜新平安立井	采煤 150 万吨	同规模	150 万吨
兴安台二号立井	采煤 150 万吨	同规模	
大同鹅毛口立井	采煤 120 万吨	同规模	
峰峰通顺三号立井	采煤 120 万吨	同规模	
铜川王石凹立井	采煤 120 万吨	同规模	
辽源中央立井	采煤 90 万吨	同规模	90 万吨
鹤岗东山一号立井	采煤 90 万吨	同规模	90 万吨
平顶山二号立井	采煤 90 万吨	同规模	
城子河九号立井	采煤 75 万吨	同规模	
阜新新邱一号立井	采煤 60 万吨	同规模	
通化湾沟立井	采煤 60 万吨	同规模	
焦作中马村二号立井	采煤 60 万吨		
抚顺东露天矿	油母页岩 70 万立方米	同规模	
总体情况	洗煤 1210 万吨，采煤 1935 万吨	洗煤同建设规模，采煤 1875 万吨	洗煤 220 万吨，采煤 780 万吨

第一个五年计划期间，煤炭工业共完成基本建设投资 35.55 亿元。开工建设的新矿井共 194 处，设计生产能力 7537 万吨；建成投产矿井 205 处，设计生产能力 6376 万吨；恢复矿井 38 处，设计生产能力 1134 万吨；改建扩建矿井 103 处，净增生产能力 2536 万吨。同时，为了保证钢铁工业对于炼焦洗精煤的需求，又新建和恢复洗煤厂 24 处，年处理原煤能力 2275 万吨。

煤炭工业"一五"期间基本建设的规模是比较大的。在上述建设项目中，属于苏联援助建设的 156 个重点项目之内的有 25 项，属于国家限额以上大中型项目的有 150 项。1954 年到 1957 年间，平均不到十天就有一处新矿井破土开工。五年中建成投产的新井设计能力，超过了旧中国从 1878 年到 1942 年 64 年中形成的矿井总生产能力。

"一五"期间，煤矿建设的速度也很快。据统计，从开工到投产的建设周期，大型矿井是四年零八个多月，中型矿井是三年零三个多月，小型矿井是两年零七个多月。[1] 年产 300 万吨的阜新海州露天矿，只用 42 个月就建成投产；年产 90 万吨的淮南谢家集二矿、三矿，工期也分别只有 28 个月、24 个月。而且，这些煤矿的建设质量比较好，投产后达到设计能力也比较快。据有资料可查的 31 处矿井统计，一年达产的有 8 处，占 25.8%，两年达产的有 12 处，占 38.7%，经济效益是好的。[2]

大规模的煤炭工业建设，有效地提高了主要生产过程的机械化程度。从 1952 年到 1957 年，联合采煤机（康拜因）、截煤机、风镐、爆破落煤的比重由 49.1% 提高到 96.3%；人工手镐落煤由 50.9% 降低到 3.7%。联合采煤机、截煤装煤机、爆破装煤的比重，由 7.9% 增加到 12.6%；人工装煤由 92.1% 降低到 87.4%。回采工作面，各类输送机和自动滑落运煤的比重，由 69.62% 提高到 92.62%；人工运煤由 30.38% 降到 7.98%。井下平巷，电机车、钢丝绳牵引和自动滑行运输的比重，由 77.80% 增加到 85.16%；人工和牲畜运输由 22.10% 降低到 14.84%。地面铁路装车，煤仓、输送机、装车机、溜煤眼和溜槽的比重，由 65.06% 增加到 90.78%；人工装车由 34.94% 降到 9.22%。随着采、装、运机械化程度的提高和企业管理工作的改进，劳动生产率也有明显提高，全员效率由 1952 年的 0.661 吨/工提高到 1957 年的 0.978 吨/工，提高了 48%。

由于煤炭工业建设周期较长，从投产到达到设计能力需要几年时间，"一五"期间新建的矿井大多数在当时还不能充分形成实际生产能力，因而"一五"期间的煤炭增产，主要还是依靠老矿井。在 1957 年的煤炭总产量中，老矿井产量占 80%；五年中增加的产量中，67% 产自老矿井。老矿井的

---

[1] 据"一五"时期井型划分标准，年设计能力在 60 万吨以上的为大型矿井，30 万—45 万吨为中型矿井，30 万吨以下为小型矿井。

[2]《当代中国》丛书编辑部编：《当代中国的煤炭工业》，中国社会科学出版社 1988 年版，第 29 页。

增产，因素是多方面的，除了改建、扩建，全面生产改革也是重要因素。开滦煤矿就是通过全面生产改革使产量从560万吨提高到800多万吨的。[1]

三、电力工业

第一个五年计划规定的电力建设方针是"以火电为主"。《中华人民共和国发展国民经济的第一个五年计划》中明确指出："为着适应工业的发展，特别是新工业地区建设的需要，必须努力发展电力工业，建设新的电站和改造原有的电站。第一个五年计划期间，将以建设火力电站为主（包括热力和电力联合生产的热电站），同时利用已有的资源条件，进行水力电站的建设工作，并大力进行水力资源的勘测工作，为今后积极地开展水电建设准备必要的条件。"

自1951年起，中苏签订了援助中国建设156项大型工程的协议之后，开始在阜新、抚顺、富拉尔基、西安、郑州、重庆、太原、吉林等地扩建、改建或新建了一批骨干电厂，这是新中国建立后大规模电力建设的开始。"一五"期间投入6000千瓦以上的火电机组达89台，共141.05万千瓦。其中1957年一年就投入了40台机组，共56.05万千瓦。这一时期，单机容量6000千瓦就列为大机组。第一台苏联供货的6000千瓦机组于1953年在西安灞桥投产，第一台国产6000千瓦机组于1956年2月在安徽淮南电厂投产。苏联援建的156项工程中，火电有23项，共136.5万千瓦，其中70.2%在"一五"期内发电，阜新和抚顺电厂的2.5万和5万千瓦机组分别于1952年和1953年投产，1953年开始建设的富拉尔基电厂2.5万千瓦机组蒸汽参数上升到90大气压（9.12兆帕）、500℃，是新中国建设的第一台高温高压机组，标志着火电建设技术水平的提高。

水电建设方面，根据电力建设方针，要为今后积极地开展水电建设准备必要的条件，1953年至1955年进行了第一次水能资源蕴藏量估算，得出全

---

[1]《当代中国》丛书编辑部编:《当代中国的煤炭工业》，中国社会科学出版社1988年版，第35页。

国水能资源蕴藏量为5.4亿千瓦。1956年1月联合召开水力、水利资源普查会议后，又开展了广泛的水能资源普查工作，于1958年第二次统计得出全国水能资源蕴藏量5.8亿千瓦。1954年1月，在周恩来总理的领导下，组成黄河规划委员会，编制了黄河流域综合利用规划报告，拟定了梯级开发方案，选定了三门峡和刘家峡水电站作为第一期工程。此项规划于1955年7月经第一届全国人民代表大会第二次会议正式批准。接着进行了淮河、海河、辽河、珠江等流域规划，资水、沅水、汉江上游、岷江上游等梯级开发规划，浙江、福建、广东、广西等地区的水电开发规划。1956年，成立了长江流域规划办公室，对长江干支流综合开发进行了规划。在水电建设方面，1953年完成了丰满水电站的恢复和改建任务，使该电站的装机容量由13万千瓦增加到55.4万千瓦。同时建设了一批中型水电站，包括四川龙溪河的狮子滩等4个梯级电站，福建古田一级，浙江的黄坛口，江西的上犹江，广东的流溪河，以及河北的官厅，辽宁的大伙房，安徽的佛子岭、梅山、响洪甸等水电站。此外，还在边远地区建成新疆的乌拉泊、西藏夺地、海南岛东方等小型水电站。1957年11月在北京北海公园内举办了全国水电建设展览会，展出了中国水能资源分布和水电建设成就，周恩来、朱德、宋庆龄等党和国家领导人亲临指示和题词。

到1957年底，全国水电装机容量达到101.90万千瓦，为1949年的6.25倍。1957年的水力发电量为48.20亿千瓦时，为1949年的6.79倍，发展相当快。[1]

在苏联援建的156项重点项目中，电力工业25项，占156项重点项目总数的六分之一。这25项是：阜新热电站、抚顺电站、重庆电站、丰满水电站、大连热电站、太原第一热电站、西安热电站（一、二期）、郑州第二热电站、富拉尔基热电站、乌鲁木齐热电站、吉林热电站、太原第二热电站、石家庄热电站（一、二期）、鄠县热电站、兰州热电站、青山热电厂、个旧电站（一、二期）、包头四道沙河热电站、包头宋家壕热电站、佳木斯纸厂热电站、株洲热电站、成都热电站、洛阳热电站、三门峡水利枢纽、北京热电厂。除阜新热电站、抚顺电站、丰满水电站、大连热电站、吉林热电站、

---

[1]《当代中国》丛书编辑部编：《当代中国的电力工业》，当代中国出版社1994年版，第37页。

青山热电厂 6 项为扩建项目，其余 19 项均为新建项目。

从 1951 年到 1957 年的 6 年间，电力工业的 25 项陆续开始施工。1951 年开始施工的项目有 2 项，它们是：阜新热电站、丰满水电站；1952 年开始施工的项目有 6 项，它们是：重庆电站、西安热电站（一、二期）、郑州第二热电站、富拉尔基热电站、乌鲁木齐热电站、抚顺电站；1953 年开始施工的项目有 1 项，即：太原第一热电站；1954 年开始施工的项目有 2 项，它们是：个旧电站（一、二期）、大连热电站；1955 年开始施工的项目有 8 项，它们是：太原第二热电站、石家庄热电站（一、二期）、兰州热电站、包头四道沙河热电站、佳木斯纸厂热电站、洛阳热电站、吉林热电站、青山热电厂；1956 年开始施工的项目有 5 项，它们是：鄠县热电站、株洲热电站、成都热电站、三门峡水利枢纽、北京热电厂；1957 年开始施工的项目有 1 项，即：包头宋家壕热电站。

历经 6 年时间，电力工业的 25 项全部建成。具体情况是：1953 年竣工的项目有 1 项，即郑州第二热电站；1954 年竣工的项目有 1 项，即重庆电站；1955 年竣工的项目有 2 项，它们是：富拉尔基热电站、大连热电站；1957 年竣工的项目有 5 项，它们是：西安热电站（一、二期）、抚顺电站、太原第一热电站、佳木斯纸厂热电站、株洲热电站；1958 年竣工的项目有 8 项，它们是：阜新热电站、个旧电站（一、二期）、太原第二热电站、兰州热电站、包头四道沙河热电站、洛阳热电站、吉林热电站、成都热电站；1959 年竣工的项目有 5 项，它们是：丰满水电站、乌鲁木齐热电站、石家庄热电站（一、二期）、青山热电厂、北京热电厂；1960 年竣工的项目有 2 项，它们是：鄠县热电站、包头宋家壕热电站；1969 年竣工的项目有 1 项，即三门峡水利枢纽，它是苏联援建的 156 项重点项目中最后一个竣工的项目。

电力工业的 25 项最长的建设周期是 13 年，最短的是 1 年，平均建设周期是 3.9 年。具体情况是：三门峡水利枢纽建设周期为 13 年；丰满水电站建设周期为 8 年；阜新热电站和乌鲁木齐热电站建设周期都为 7 年；抚顺电站和西安热电站（一、二期）建设周期都为 5 年；太原第一热电站、石家庄热电站（一、二期）、鄠县热电站、青山热电厂和个旧电站（一、二期）建设周期都为 4 年；富拉尔基热电站、吉林热电站、太原第二热电站、兰州热电站、包头四道沙河热电站、包头宋家壕热电站、洛阳热电站和北京热电厂建设周期都为3年；重庆电站、佳木斯纸厂热电站和成都热电站建设周期都为2年；大连热电站、郑州第二热电站和株洲热电站建设周期都为1年。

电力工业计划安排投资316804万元，实际完成投资224496万元，实际完成投资占计划安排投资的70.9%；其中，"一五"时期完成投资112833万元，"一五"时期完成投资占实际完成投资的50.3%。

电力工业计划安排投资316804万元，具体分配情况是：三门峡水利枢纽167000万元，占52.7%；兰州热电站11000万元，占3.5%；青山热电厂10478万元，占3.3%；吉林热电站9551万元，占3.0%；丰满水电站9372万元，占3.0%；抚顺电站9016万元，占2.8%；鄠县热电站8510万元，占2.7%；太原第一热电站8046万元，占2.5%；北京热电厂7936万元，占2.5%；石家庄热电站（一、二期）6800万元，占2.2%；富拉尔基热电站6772万元，占2.1%；洛阳热电站6700万元，占2.1%；阜新热电站6550万元，占2.1%；包头宋家壕热电站6504万元，占2.1%；西安热电站（一、二期）6380万元，占2.0%；包头四道沙河热电站5887万元，占1.9%；太原第二热电站5401万元，占1.7%；成都热电站5180万元，占1.6%；个旧电站（一、二期）3800万元，占1.2%；乌鲁木齐热电站3270万元，占1.0%；重庆电站3064万元，占1.0%；大连热电站2800万元，占0.9%；佳木斯纸厂热电站2530万元，占0.8%；株洲热电站2249万元，占0.7%；郑州第二热电站2008万元，占0.6%。

实际完成投资224496万元，具体分配情况是：三门峡水利枢纽69324万元，占30.9%；吉林热电站11200万元，占5.0%；兰州热电站10850万元，占4.8%；丰满水电站9634万元，占4.3%；北京热电厂9380万元，占4.2%；鄠县热电站9188万元，占4.1%；青山热电厂8987万元，占4.0%；太原第一热电站8871万元，占3.9%；抚顺电站8734万元，占3.9%；阜新热电站7450万元，占3.3%；石家庄热电站（一、二期）6872万元，占3.1%；富拉尔基热电站6870万元，占3.1%；洛阳热电站6797万元，占3.0%；西安热电站（一、二期）6449万元，占2.9%；太原第二热电站6180万元，占2.7%；包头四道沙河热电站6120万元，占2.7%；包头宋家壕热电站5538万元，占2.5%；成都热电站5033万元，占2.2%；个旧电站（一、二期）4534万元，占2.0%；重庆电站3561万元，占1.6%；乌鲁木齐热电站3275万元，占1.5%；佳木斯纸厂热电站2975万元，占1.3%；大连热电站2538万元，占1.1%；株洲热电站2165万元，占1.0%；郑州第二热电站1971万元，占0.9%。

"一五"时期电力工业实际完成投资112833万元，具体情况是：太原第一热电站8871万元，占7.9%；抚顺电站8734万元，占7.7%；丰满水电站8439万元，占7.5%；三门峡水利枢纽7909万元，占7.0%；兰州热电站7190万元，占6.4%；富拉尔基热电站6870万元，占6.1%；吉林热电站6835万元，占6.1%；西安热电站（一、二期）6449万元，占5.7%；青山热电厂5313万元，占4.7%；阜新热电站5274万元，占4.7%；洛阳热电站5229万元，占4.6%；鄂县热电站4896万元，占4.3%；石家庄热电站（一、二期）4189万元，占3.7%；包头四道沙河热电站4055万元，占3.6%；重庆电站3561万元，占3.2%；个旧电站（一、二期）3132万元，占2.8%；佳木斯纸厂热电站2975万元，占2.6%；大连热电站2538万元，占2.2%；株洲热电站2165万元，占1.9%；太原第二热电站2113万元，占1.9%；乌鲁木齐热电站1981万元，占1.8%；郑州第二热电站1971万元，占1.7%；成都热电站925万元，占0.8%；包头宋家壕热电站694万元，占0.6%；北京热电厂525万元，占0.5%。

表10 电力工业投资额的具体构成情况
（按实际完成投资排序）

	计划安排投资		实际完成投资		"一五"时期完成投资	
	绝对数（万元）	相对数	绝对数（万元）	相对数	绝对数（万元）	相对数
三门峡水利枢纽	167000	52.7%	69324	30.9%	7909	7.0%
吉林热电站	9551	3.0%	11200	5.0%	6835	6.1%
兰州热电站	11000	3.5%	10850	4.8%	7190	6.4%
丰满水电站	9372	3.0%	9634	4.3%	8439	7.5%
北京热电厂	7936	2.5%	9380	4.2%	525	0.5%
鄂县热电站	8510	2.7%	9188	4.1%	4896	4.3%
青山热电厂	10478	3.3%	8987	4.0%	5313	4.7%
太原第一热电站	8046	2.5%	8871	3.9%	8871	7.9%

（续表）

	计划安排投资		实际完成投资		"一五"时期完成投资	
	绝对数（万元）	相对数	绝对数（万元）	相对数	绝对数（万元）	相对数
抚顺电站	9016	2.8%	8734	3.9%	8734	7.7%
阜新热电站	6550	2.1%	7450	3.3%	5274	4.7%
石家庄热电站（一、二期）	6800	2.2%	6872	3.1%	4189	3.7%
富拉尔基热电站	6772	2.1%	6870	3.1%	6870	6.1%
洛阳热电站	6700	2.1%	6797	3.0%	5229	4.6%
西安热电站（一、二期）	6380	2.0%	6449	2.9%	6449	5.7%
太原第二热电站	5401	1.7%	6180	2.7%	2113	1.9%
包头四道沙河热电站	5887	1.9%	6120	2.7%	4055	3.6%
包头宋家壕热电站	6504	2.1%	5538	2.5%	694	0.6%
成都热电站	5180	1.6%	5033	2.2%	925	0.8%
个旧电站（一、二期）	3800	1.2%	4534	2.0%	3132	2.8%
重庆电站	3064	1.0%	3561	1.6%	3561	3.2%
乌鲁木齐热电站	3270	1.0%	3275	1.5%	1981	1.8%
佳木斯纸厂热电站	2530	0.8%	2975	1.3%	2975	2.6%
大连热电站	2800	0.9%	2538	1.1%	2538	2.2%
株洲热电站	2249	0.7%	2165	1.0%	2165	1.9%
郑州第二热电站	2008	0.6%	1971	0.9%	1971	1.7%
合计	316804	100.0%	224496	100.0%	112833	100.0%

电力工业的25项建设中，实际完成投资占计划完成投资的比重高于100.0%的有16项，它们是：个旧电站（一、二期）为119.3%，北京热电厂为118.2%，佳木斯纸厂热电站为117.6%，吉林热电站为117.3%，重庆电站为116.2%，太原第二热电站为114.4%，阜新热电站为113.7%，太原第一热电站为110.3%，鄠县热电站为108.0%，包头四道沙河热电站为104.0%，丰满水电站为102.8%，富拉尔基热电站为101.4%，洛阳热电站为101.4%，西安热电站（一、二期）为101.1%，石家庄热电站（一、二期）为101.1%，乌鲁木齐热电站为100.2%。实际完成投资占计划完成投资的比重低于100.0%

的有9项，它们是：兰州热电站为98.6%，郑州第二热电站为98.2%，成都热电站为97.2%，抚顺电站为96.9%，株洲热电站为96.3%，大连热电站为90.6%，青山热电厂为85.8%，包头宋家壕热电站为85.1%，三门峡水利枢纽为41.5%。

"一五"时期完成投资占实际完成投资的比重有9项为100.0%，它们是：佳木斯纸厂热电站、重庆电站、太原第一热电站、富拉尔基热电站、西安热电站（一、二期）、郑州第二热电站、抚顺电站、株洲热电站、大连热电站，表明它们都是"一五"时期全部建成的。其余依次为：丰满水电站为87.6%、洛阳热电站为76.9%、阜新热电站为70.8%、个旧电站（一、二期）为69.1%、包头四道沙河热电站为66.3%、兰州热电站为66.3%、吉林热电站为61.0%、石家庄热电站（一、二期）为61.0%、乌鲁木齐热电站为60.5%、青山热电厂为59.1%、鄠县热电站为53.3%、太原第二热电站为34.2%、成都热电站为18.4%、包头宋家壕热电站为12.5%、三门峡水利枢纽为11.4%、北京热电厂为5.6%。

表11 电力工业25项计划安排与实际完成投资的执行情况

（按实际完成投资占计划安排投资比重排序）

	计划安排投资（万元）	实际完成投资（万元）	实际完成投资占计划安排投资的比重	"一五"时期完成投资（万元）	"一五"时期完成投资占实际完成投资的比重
个旧电站（一、二期）	3800	4534	119.3%	3132	69.1%
北京热电厂	7936	9380	118.2%	525	5.6%
佳木斯纸厂热电站	2530	2975	117.6%	2975	100.0%
吉林热电站	9551	11200	117.3%	6835	61.0%
重庆电站	3064	3561	116.2%	3561	100.0%
太原第二热电站	5401	6180	114.4%	2113	34.2%
阜新热电站	6550	7450	113.7%	5274	70.8%
太原第一热电站	8046	8871	110.3%	8871	100.0%
鄠县热电站	8510	9188	108.0%	4896	53.3%
包头四道沙河热电站	5887	6120	104.0%	4055	66.3%
丰满水电站	9372	9634	102.8%	8439	87.6%

（续表）

	计划安排投资（万元）	实际完成投资（万元）	实际完成投资占计划安排投资的比重	"一五"时期完成投资（万元）	"一五"时期完成投资占实际完成投资的比重
富拉尔基热电站	6772	6870	101.4%	6870	100.0%
洛阳热电站	6700	6797	101.4%	5229	76.9%
西安热电站（一、二期）	6380	6449	101.1%	6449	100.0%
石家庄热电站（一、二期）	6800	6872	101.1%	4189	61.0%
乌鲁木齐热电站	3270	3275	100.2%	1981	60.5%
兰州热电站	11000	10850	98.6%	7190	66.3%
郑州第二热电站	2008	1971	98.2%	1971	100.0%
成都热电站	5180	5033	97.2%	925	18.4%
抚顺电站	9016	8734	96.9%	8734	100.0%
株洲热电站	2249	2165	96.3%	2165	100.0%
大连热电站	2800	2538	90.6%	2538	100.0%
青山热电厂	10478	8987	85.8%	5313	59.1%
包头宋家壕热电站	6504	5538	85.1%	694	12.5%
三门峡水利枢纽	167000	69324	41.5%	7909	11.4%
总体情况	316804	224496	70.9%	112833	50.3%

电力工业的25项建设规模是：装机298.65万千瓦，实际形成装机213.65万千瓦的生产能力，其中，"一五"时期形成装机120.35万千瓦的生产能力。实际新增生产能力比设计建设规模少85万千瓦，是由于三门峡水利枢纽淤沙严重，建到25万千瓦后停建，没有达到设计110万千瓦的生产能力。

建设规模为总装机298.65万千瓦，具体情况是：三门峡水利枢纽110万千瓦，丰满水电站42.25万千瓦，阜新热电站15万千瓦，抚顺电站15万千瓦，青山热电厂11.2万千瓦，吉林热电站10万千瓦，鄂县热电站10万千瓦，兰州热电站10万千瓦，北京热电厂10万千瓦，洛阳热电站7.5万千瓦，太原第一热电站7.4万千瓦，包头宋家壕热电站6.2万千瓦，富拉尔基热电站5万千瓦，太原第二热电站5万千瓦，包头四道沙河热电站5万千瓦，成都热电站5万千瓦，石家庄热电站（一、二期）4.9万千瓦，西安热电站（一、二期）4.8万千瓦，个旧电站（一、二期）2.8万千瓦，大连热电站2.5万千瓦，重庆电站2.4万千瓦，佳木斯纸厂热电站2.4万千瓦，乌鲁木齐热电站1.9万千瓦，郑州第二热电站1.2万千瓦，株洲热电站1.2万千瓦。

实际形成装机213.65万千瓦的生产能力的具体情况是：除三门峡水利枢纽比设计建设规模少85万千瓦外，其余24项新增生产能力同设计建设规模。

"一五"时期形成装机120.35万千瓦生产能力的具体情况是：丰满水电站36.25万千瓦，抚顺电站15万千瓦，阜新热电站12.5万千瓦，太原第一热电站7.4万千瓦，青山热电厂5万千瓦，吉林热电站5万千瓦，鄂县热电站5万千瓦，兰州热电站5万千瓦，洛阳热电站5万千瓦，富拉尔基热电站5万千瓦，西安热电站（一、二期）4.8万千瓦，大连热电站2.5万千瓦，石家庄热电站（一、二期）2.4万千瓦，重庆电站2.4万千瓦，佳木斯纸厂热电站2.4万千瓦，个旧电站（一、二期）1.6万千瓦，郑州第二热电站1.2万千瓦，株洲热电站1.2万千瓦，乌鲁木齐热电站0.7万千瓦。

表12 电力工业新增生产能力情况

	建设规模（万千瓦）	形成生产能力（万千瓦）	其中"一五"时期形成生产能力（万千瓦）
丰满水电站	42.25	42.25	36.25
三门峡水利枢纽	110	25	
阜新热电站	15	15	12.5
抚顺电站	15	15	15
青山热电厂	11.2	11.2	5
吉林热电站	10	10	5
鄂县热电站	10	10	5
兰州热电站	10	10	5
北京热电厂	10	10	
洛阳热电站	7.5	7.5	5
太原第一热电站	7.4	7.4	7.4
包头宋家壕热电站	6.2	6.2	
富拉尔基热电站	5	5	5

（续表）

	建设规模（万千瓦）	形成生产能力（万千瓦）	其中"一五"时期形成生产能力（万千瓦）
太原第二热电站	5	5	
包头四道沙河热电站	5	5	
成都热电站	5	5	
石家庄热电站（一、二期）	4.9	4.9	2.4
西安热电站（一、二期）	4.8	4.8	4.8
个旧电站（一、二期）	2.8	2.8	1.6
大连热电站	2.5	2.5	2.5
重庆电站	2.4	2.4	2.4
佳木斯纸厂热电站	2.4	2.4	2.4
乌鲁木齐热电站	1.9	1.9	0.7
郑州第二热电站	1.2	1.2	1.2
株洲热电站	1.2	1.2	1.2
合计	298.65	213.65	120.35

完成了第一个五年计划以后，电力工业和全国其他行业一样，建立了一定的物质、技术基础，培养出一大批有能力、懂技术、能够贯彻党的方针、政策的骨干力量，积累了丰富的经验。1958年发电量275.31亿千瓦时，比1957年增加近82亿千瓦时，增长42.39%；1959年达到422.89亿千瓦时，又比1958年增加147.58亿千瓦时，增长53.61%；1960年达到594.24亿千瓦时，比1959年增长40.52%。三年平均增长率是46%。1958年发电设备容量达到628.81万千瓦，比1957年增加165.31万千瓦，增长35.7%；1959年达到953.67万千瓦，比1958年增长324.86万千瓦，增长51.66%；1960年达到1191.83万千瓦，比1959年增加238.16万千瓦，增长24.97%：三年平均增长率是37%。在新增的设备容量中存在发电、送电、配电不成比例，而且很多工程的"尾巴"很大的问题，但经过以后几年的调整、填平补齐，都形成了生产能力。到1965年全国发电量达到676.04亿千瓦时，比1957年增

加482.69亿千瓦时；装机容量达到1507.63万千瓦，比1957年增加1044.13万千瓦。[1]

四、钢铁工业

钢铁工业的基本建设是钢铁工业实现扩大再生产的重要手段。旧中国基本上没有遗留下什么像样的建设钢铁工业的专业技术队伍。新中国从20世纪50年代初，就不得不集结与培养一支建设钢铁工业的，包括基本建设甲方（即建设单位）、勘察设计、施工、科研等各方面的队伍，后来形成了完整的基本建设体系。钢铁工业的基本建设是从1950—1952年国民经济恢复时期改建鞍钢开始的。当时，国家集中全国力量首先建设鞍钢，并于1950年3月同苏联签订了改建鞍钢的议定书，由苏联援建。1951年7月，鞍钢成立了设计处；1952年3月以后，鞍钢又陆续增设了12个基本建设方面的职能机构，并组建一批专业化施工单位。

1951年10月，苏联交付鞍钢初步设计。设计提出，建设铁矿山三座，采矿能力950万吨，精矿粉410.2万吨，烧结矿400万吨，富铁矿80万吨；炼焦炉14座，年产冶金焦280万吨；高炉九座，总容积7274立方米，年产生铁252.5万吨；平炉炼钢车间三个，24座大型平炉、1座小平炉，年产钢322.5万吨；初轧机二套，年开坯能力310万吨；大型钢材、钢轨50万吨，中小型材65万吨，线材、中厚板、带钢等133万吨；此外还有再加工品、可锻生铁异型管、铁管及异型材等。1952年2月，东北人民政府代表中央人民政府批准了这项设计。接着，开展了由苏联引进技术装备的无缝钢管厂、大型轧钢厂和七号高炉"三大工程"的建设。鞍钢这"三大工程"在当时中国的条件下是宏伟复杂的。它通过苏联专家的帮助，全国57个大中城市、199个企业的大力支援，以及鞍钢建设者们的顽强奋斗，施工质量好，建设速度快，深受全国人民的赞扬，得到了中共中央、国务院的表彰。[2]

---

[1]《当代中国》丛书编辑部编：《当代中国的电力工业》，当代中国出版社1994年版，第41页。
[2]《当代中国》丛书编辑部编：《当代中国的钢铁工业》，当代中国出版社1996年版，第196页。

"一五"计划时期，鞍钢仍然是国家建设的重点，五年中建设的投资为15.45亿元，占同期钢铁工业总投资的40.73%。完成主要项目39项，其中包括两座矿山、四个选矿厂、两个烧结车间、六座高炉，以及第一炼钢厂改造工程，还有第二炼钢厂的恢复与改建、第二初轧厂和第二薄板厂的建设等。

"一五"时期的新建钢铁项目还有武钢、包钢、吉林铁合金厂、热河钒钛厂、吉林电极厂，改建项目有本钢的工源厂区、太钢、西南101厂（重庆钢铁公司前身）、马鞍山铁厂等。总共钢铁建设项目有245个，其中大型20个、中型34个、小型191个，基本建设投资共达37.93亿元。到1957年底，钢铁工业基本建设职工队伍有38.7万人。[1]

在苏联援建的156项重点项目中，钢铁工业7项，约占项目总数的二十分之一。钢铁工业实际实施的7项是：鞍山钢铁公司、本溪钢铁公司、富拉尔基特钢厂（一、二期）、吉林铁合金厂、武汉钢铁公司、包头钢铁公司、热河钒钛厂。除鞍山钢铁公司、本溪钢铁公司为改建项目，其余5项为新建项目。这些项目都是打基础的大项目。特别是鞍山、武汉、包头三大钢铁基地的兴建，对全国经济发展具有重大意义，标志着中国钢铁工业发展的新纪元。富拉尔基特钢厂（北满钢厂）的兴建，对提供军事工业所需要的合金钢材料，也具有重要意义。铁合金厂和炭素厂的兴建，奠定了合金钢生产和炼铝工业发展的基础。

除了以上苏联援建的骨干项目，"一五"计划中确定改造、扩建的限额以上的钢铁工业重点项目还有河北龙烟铁矿、安徽马鞍山铁矿、湖北大冶特殊钢厂、四川重庆特殊钢厂和大渡口钢铁厂、山西太原钢铁厂、河北唐山耐火材料厂、贵州遵义锰矿。限额以下的项目有：天津钢厂、河北唐山钢铁厂、北京石景山钢厂、上海第一钢厂、上海第二钢厂、上海第三钢厂、上海新沪钢厂、上海亚细亚钢厂、抚顺钢厂、大连钢厂、上海和山东两个耐火材料厂等23项。按计划规定，"一五"计划期间新增炼铁能力280万吨、炼钢能力226万吨、轧钢能力152万吨。[2]

从1952年到1956年的4年间，156项工程中钢铁工业的7项陆续开始

---

[1]《当代中国》丛书编辑部编：《当代中国的钢铁工业》，当代中国出版社1996年版，第198页。
[2]《当代中国》丛书编辑部编：《当代中国的钢铁工业》，当代中国出版社1996年版，第48页。

施工。1952年开始施工的项目是鞍山钢铁公司；1953年开工的项目有3项，它们是本溪钢铁公司、富拉尔基特钢厂（一、二期）、吉林铁合金厂；1955年开工的项目有2项，它们是：武汉钢铁公司、热河钒钛厂；1956年开工的项目有1项，即包头钢铁公司。

历经10年时间，钢铁工业的7项全部建成。具体情况是：吉林铁合金厂1956年竣工，本溪钢铁公司1957年竣工，富拉尔基特钢厂、热河钒钛厂1958年竣工，鞍山钢铁公司1960年竣工，武汉钢铁公司、包头钢铁公司1962年竣工。

钢铁工业的7项最长的建设周期是8年，最短的是3年，平均建设周期5.1年。具体情况是：鞍山钢铁公司建设周期为8年，武汉钢铁公司建设周期为7年，包头钢铁公司建设周期为6年，富拉尔基特钢厂（一、二期）建设周期为5年，本溪钢铁公司建设周期为4年，吉林铁合金厂和热河钒钛厂建设周期为3年。

钢铁工业计划安排投资548530万元，实际完成投资566344万元，实际完成投资占计划安排投资的103.2%；其中，"一五"时期完成投资264377万元，"一五"时期完成投资占实际完成投资的46.7%。

钢铁工业计划安排投资548530万元的具体安排情况是：鞍山钢铁公司228000万元，占41.6%；武汉钢铁公司147000万元，占26.8%；包头钢铁公司101760万元，占18.5%；本溪钢铁公司31700万元，占5.8%；富拉尔基特钢厂（一、二期）30170万元，占5.5%；吉林铁合金厂5400万元，占1.0%；热河钒钛厂4500万元，占0.8%。

实际完成投资566344万元的具体情况是：鞍山钢铁公司268500万元，占47.4%；武汉钢铁公司131206万元，占23.2%；包头钢铁公司91877万元，占16.2%；本溪钢铁公司32137万元，占5.7%；富拉尔基特钢厂（一、二期）31684万元，占5.6%；吉林铁合金厂6300万元，占1.1%；热河钒钛厂4640万元，占0.8%。

"一五"时期实际完成投资264377万元的具体情况是：鞍山钢铁公司163620万元，占61.9%；本溪钢铁公司32137万元，占12.1%；富拉尔基特钢厂（一、二期）27667万元，占10.5%；武汉钢铁公司26000万元，占9.8%；包头钢铁公司7149万元，占2.7%；吉林铁合金厂6300万元，占

2.4%；热河钒钛厂 1504 万元，占 0.6%。

表 13 钢铁工业 7 项投资额的具体构成情况
（按实际完成投资排序）

	计划安排投资		实际完成投资		"一五"时期完成投资	
	绝对数（万元）	相对数	绝对数（万元）	相对数	绝对数（万元）	相对数
鞍山钢铁公司	228000	41.6%	268500	47.4%	163620	61.9%
武汉钢铁公司	147000	26.8%	131206	23.2%	26000	9.8%
包头钢铁公司	101760	18.5%	91877	16.2%	7149	2.7%
本溪钢铁公司	31700	5.8%	32137	5.7%	32137	12.1%
富拉尔基特钢厂（一、二期）	30170	5.5%	31684	5.6%	27667	10.5%
吉林铁合金厂	5400	1.0%	6300	1.1%	6300	2.4%
热河钒钛厂	4500	0.8%	4640	0.8%	1504	0.6%
合计	548530	100.0%	566344	100.0%	264377	100.0%

钢铁工业的 7 项建设中，实际完成投资占计划完成投资的比重高于 100.0% 的有 5 项，它们是：鞍山钢铁公司，为 117.8%；吉林铁合金厂，为 116.7%；富拉尔基特钢厂（一、二期），为 105.0%；热河钒钛厂，为 103.1%；本溪钢铁公司，为 101.4%。实际完成投资占计划完成投资的比重低于 100.0% 的有 2 项，它们是：武汉钢铁公司，为 89.3%；包头钢铁公司，为 90.3%。

"一五"时期完成投资占实际完成投资的比重有 2 项为 100.0%，它们是：吉林铁合金厂、本溪钢铁公司，表明它们都是"一五"时期全部建成的。其余依次为：富拉尔基特钢厂（一、二期），为 87.3%；鞍山钢铁公司，为 60.9%；热河钒钛厂，为 32.4%；武汉钢铁公司，为 19.8%；包头钢铁公司，为 7.8%。

表 14　钢铁工业 7 项计划安排与实际完成投资的执行情况

（按实际完成投资占计划安排投资比重排序）

	计划安排投资（万元）	实际完成投资（万元）	实际完成投资占计划安排投资的比重	"一五"时期完成投资（万元）	"一五"时期完成投资占实际完成投资的比重
鞍山钢铁公司	228000	268500	117.8%	163620	60.9%
吉林铁合金厂	5400	6300	116.7%	6300	100.0%
富拉尔基特钢厂（一、二期）	30170	31684	105.0%	27667	87.3%
热河钒钛厂	4500	4640	103.1%	1504	32.4%
本溪钢铁公司	31700	32137	101.4%	32137	100.0%
包头钢铁公司	101760	91877	90.3%	7149	7.8%
武汉钢铁公司	147000	131206	89.3%	26000	19.8%
总体情况	548530	566344	103.2%	264377	46.7%

钢铁工业的 7 项建设总规模是：生产铁 670 万吨、钢 636.6 万吨、钢材 360 万吨。"一五"时期新增生产能力为铁 337 万吨、钢 200.6 万吨、钢材 173 万吨。

经过 10 年的建设，形成了实际完成生产能力与建设规模相同的生产能力。实际完成生产能力的具体情况是：鞍山钢铁公司形成生产生铁 250 万吨、钢 320 万吨、钢材 250 万吨的生产能力，本溪钢铁公司形成生产生铁 110 万吨的生产能力，富拉尔基特钢厂（一、二期）形成生产特钢 16.6 万吨的生产能力，吉林铁合金厂形成生产铁合金 4.35 万吨的生产能力，武汉钢铁公司形成生产生铁 150 万吨、钢 150 万吨、钢材 110 万吨的生产能力，包头钢铁公司形成生产生铁 160 万吨、钢 150 万吨的生产能力，热河钒钛厂形成生产钛镁 7000 吨、钒铁 1000 吨的生产能力。

"一五"时期新增生产能力的具体情况是：鞍山钢铁公司形成生产生铁 127 万吨、钢 184 万吨、钢材 134 万吨的生产能力，本溪钢铁公司形成生产生铁 110 万吨的生产能力，富拉尔基特钢厂（一、二期）形成生产钢 16.6 万吨的生产能力，吉林铁合金厂形成生产铁合金 4.35 万吨的生产能力。

表 15　钢铁工业新增生产能力情况

	建设规模	形成生产能力	其中"一五"时期形成生产能力
鞍山钢铁公司	生铁 250 万吨、钢 320 万吨、钢材 250 万吨	同规模	生铁 127 万吨、钢 184 万吨、钢材 134 万吨
本溪钢铁公司	生铁 110 万吨	同规模	生铁 110 万吨
富拉尔基特钢厂（一、二期）	特钢 16.6 万吨	同规模	钢 16.6 万吨
吉林铁合金厂	铁合金 4.35 万吨	同规模	铁合金 4.35 万吨
武汉钢铁公司	生铁 150 万吨、钢 150 万吨、钢材 110 万吨	同规模	
包头钢铁公司	生铁 160 万吨、钢 150 万吨	同规模	
热河钒钛厂	钛镁 7000 吨、钒铁 1000 吨	同规模	
总体情况	生铁 670 万吨、钢 636.6 万吨、钢材 360 万吨	同规模	生铁 237 万吨、钢 200.6 万吨、钢材 173 万吨

在中共中央、国务院领导下，钢铁战线广大职工发扬艰苦创业、不怕困难的精神，提前超额完成了"一五"计划的各项指标，取得了引人注目的巨大成就：

产值　计划规定 1957 年钢铁工业产值为 33.1 亿元，实际达到 46.5 亿元（按 1952 年不变价格计算），为 1952 年（12.6 亿元）的 370%，平均每年增长 29.8%。

产量　1957 年，全国生产了铁矿石 1937 万吨，生铁 594 万吨，钢 535 万吨，成品钢材 436 万吨。同 1952 年比，平均每年增长率分别达到 35.2%、25.2%、31.7%、31%。主要产品产量大大超过了原定的计划，成绩是突出的。

品种　1952 年，全国能冶炼的钢种 170 个左右，1957 年增加到 372 个。1952 年，可生产的钢材规格为 300—400 个，1957 年增加到 4000 个。

主要设备利用系数　五年计划规定的钢铁工业 8 项技术经济指标，全部完成和超额完成。以利用系数为例，1957 年比 1952 年有很大提高。

劳动生产率　五年内，生产企业的全员劳动生产率从 1952 年的人均 5950 元，提高到 1957 年的人均 10088 元，平均每年增长 11.1%；全员实物劳动生产率也从 1952 年的人均 7.09 吨钢，提高到 1957 年的人均 13.16 吨钢，平均每年增长 13.2%。

利税和成本 1952 年钢铁工业利税只有 4.5 亿元（其中利润 4 亿元），1957 年提高到 12.6 亿元（利润 10.7 亿元）。可比产品成本五年内年年有较大幅度降低，各年可比产品成本比上年降低率，1953 年为 5.0%，1954 年为 6.5%，1955 年为 7.0%，1956 年为 14.4%，1957 年为 5.2%。

基建投资完成情况 五年投资 37.93 亿元。新增生产能力：采矿 1552.8 万吨/年，炼铁 311.35 万吨/年，炼钢 263.56 万吨/年，轧钢 154.14 万吨/年。

第一个五年计划时期，钢铁工业建设所积累的经验是丰富的。人们对"一五"计划时期的稳定、高速增长以及良好的经济效益，都感到满意，认为这是钢铁工业的第一个"黄金时期"。[1]

五、有色金属工业

中华人民共和国成立后，中央人民政府重工业部设立有色金属管理局，任命王逸群为局长。为了加快有色金属工业的恢复，同时在中南地区成立了中南有色金属工业管理总局，王盛荣兼任局长，总局下设江西、湖南、广西、广东 4 个分局；在西南地区成立了西南有色金属工业管理局，郭超任局长，并建立了相应的组织机构。由于有了比较系统的组织领导，就为组织起一支建设和生产技术队伍创造了前提；加之，当时面临抗美援朝的严峻形势，急需大量有色金属，某些有色金属产品又是重要出口物资，这就大大加快了全国有色金属工业恢复和发展的步伐。[2]

经过三年的艰苦工作，到 1952 年，全国有色金属大小矿山和工厂都先后恢复了生产。当年生产的 8 种有色金属达 7.4 万吨，是 1949 年 1.33 吨的 5.5 倍，总产值比 1949 年增长 12.3 倍，钨、锑、锡等有色金属的出口创汇额占全国出口创汇额的 31%，此外还生产了黄金 3925 公斤。有色金属工业在恢

---

[1]《当代中国》丛书编辑部编：《当代中国的钢铁工业》，当代中国出版社 1996 年版，第 63 页。
[2]《当代中国》丛书编辑部编：《当代中国的有色金属工业》，中国社会科学出版社 1990 年版，第 20 页。

复中培养和锻炼了自己的技术队伍，创造和总结了自己的管理方法，改善了职工劳动条件和生活待遇，工人阶级的政治地位空前提高，建设社会主义的积极性空前高涨。

1953年新中国的经济建设进入了"一五"计划时期。这一时期是新中国成立以来政治、经济形势最好的历史时期之一。有色金属工业在王鹤寿、吕东、高扬文、李华等的具体组织领导下，在苏联专家帮助下，由全面恢复转入大规模开发建设。在"一五"计划期间，改造和扩建了一批老企业，新建了一大批有色金属骨干企业和事业单位，使新中国的有色金属工业初具规模，为以后的发展打下了坚实基础，谱写了有色金属工业发展史上光辉的篇章。

1952年，国民经济恢复阶段即将结束的时候，中共中央对"一五"计划期间进行大规模经济建设指明了方向，作出了战略部署，提出了把基本建设放在首位、优先发展重工业的总方针，并确定冶金、燃料、机械、电力等工业为"一五"计划时期重点发展行业，同时，根据国民经济的需要，决定了苏联援建的156项基本建设工程为"一五"期间的重点建设项目。在这些重点建设项目中，属于有色金属工业的有抚顺铝厂、哈尔滨铝加工厂、吉林炭素厂、洛阳铜加工厂、白银有色金属公司、株洲硬质合金厂、杨家杖子钼矿、江西大吉山、西华山、岿美山3个钨矿、云南锡业公司、东川铜矿、会泽铅锌矿共13个。后来，由于资源、建设方案等方面的原因，有3项未能实现。1953年国家还及时提出了优先发展铜、铝等常用有色金属和能换取外汇的钨、锡、钼、锑、汞等产品，进一步明确了有色金属工业的发展重点。

为了迎接"一五"计划的大规模经济建设，有色金属工业战线的广大干部群众，早在恢复时期就为新的有色金属企业的建设，做了大量准备工作。如山东铝厂、抚顺铝厂、哈尔滨铝加工厂、吉林炭素厂、株洲硬质合金厂以及大吉山、西华山、岿美山等钨矿，都在1950至1952年进行了新建、改建和扩建的研究，还有东川、易门、铜陵、白银、寿王坟、中条山等铜矿，山东、河南等地的铝土矿也开始进行地质调查或勘探。同时对设计以及设备、材料、资金、建设队伍进行了安排。

为了从组织上保证国家大规模经济建设和"一五"计划的胜利实现，中共中央和中央人民政府撤销了各大行政区的工业部，把干部和技术骨干充实到中央各工业部门。调到重工业部的省、地、县3级干部达8700多名。1952年撤销东北人民政府，王鹤寿调任重工业部部长，吕东、赖际发任副部长。在重工业部内成立钢铁、有色金属、化工、建筑材料4个工业管理局。高扬文任有色金属工业管理局局长，李华、王逸群、孙鸿儒等任副局长。有色金属的重要工厂、矿山和工作部门都增添了一批新的领导力量。

在实施"一五"计划的整个过程中，有色金属工业的发展始终得到中国共产党和国家领导人的重视和关注。1955年，毛泽东、周恩来、刘少奇、朱德、陈云、李富春等详细听取了有色金属矿山开采、选矿、冶炼情况的汇报，对有色金属工业的工作作了肯定和指示，极大地鼓舞了广大职工的积极性。原有的有色金属厂矿加快了改造、扩建的步伐，生产能力迅速提高；一大批新建的有色金属骨干企业拔地而起，整个有色金属工业呈现出一派勃勃生机。[1]

在苏联援建的156项重点项目中，有色工业13项，占项目总数的近十分之一。有色工业实际实施的13项是：抚顺铝厂（一、二期）、哈尔滨铝加工厂（一、二期）、吉林电极厂、株洲硬质合金厂、杨家杖子钼矿、云南锡业公司、江西大吉山钨矿、江西西华山钨矿、江西岿美山钨矿、白银有色金属公司、洛阳有色金属加工厂、东川矿务局、会泽铅锌矿。除抚顺铝厂（一、二期）为改建项目，其余都是新建项目。

从1952年到1958年的6年间，有色工业的13项陆续开始施工。1952年开始施工的项目有2项，它们是抚顺铝厂（一、二期）、哈尔滨铝加工厂（一、二期）；1953年开始施工的项目有1项，即吉林电极厂；1954年开始施工的项目有1项，即云南锡业公司；1955年开始施工的项目有3项，它们是株洲硬质合金厂、江西大吉山钨矿、白银有色金属公司；1956年开始施工的项目有3项，它们是杨家杖子钼矿、江西西华山钨矿、江西岿美山钨矿；1957年开始施工的项目有1项，即洛阳有色金属加工厂；1958年开始施工的项目有2项，它们是东川矿务局、会泽铅锌矿。

历经10年时间，至1962年有色工业的13项全部建成。具体情况是：

---

[1]《当代中国》丛书编辑部编：《当代中国的有色金属工业》，中国社会科学出版社1990年版，第22—24页。

1955年竣工的项目有1项，即吉林电极厂；1957年竣工的项目有2项，即抚顺铝厂（一、二期）、株洲硬质合金厂；1958年竣工的项目有3项，即哈尔滨铝加工厂（一、二期）、云南锡业公司、杨家杖子钼矿；1959年竣工的项目有3项，即江西大吉山钨矿、江西西华山钨矿、江西岿美山钨矿；1960年竣工的项目有1项，即白银有色金属公司；1961年竣工的项目有1项，即东川矿务局；1962年竣工的项目有2项，即洛阳有色金属加工厂、会泽铅锌矿。

有色工业的13项最长的建设周期是7年，最短的是2年，平均建设周期3.8年。建设周期7年的是白银有色金属公司；建设周期6年的是哈尔滨铝加工厂（一、二期）；建设周期5年的是抚顺铝厂（一、二期）、洛阳有色金属加工厂；建设周期4年的是云南锡业公司、江西大吉山钨矿、云南会泽铅锌矿；建设周期3年的是江西西华山钨矿、江西岿美山钨矿、云南东川矿务局；建设周期2年的是吉林电极厂、株洲硬质合金厂、杨家杖子钼矿。

有色工业计划安排投资195238万元，实际完成投资200869万元，实际完成投资占计划安排投资的102.9%；其中，"一五"时期完成投资92294万元，"一五"时期完成投资占实际完成投资的45.9%。

有色工业计划安排投资195238万元的具体安排情况是：白银有色金属公司40531万元，占20.8%；哈尔滨铝加工厂（一、二期）30000万元，占15.4%；云南锡业公司29483万元，占15.1%；东川矿务局19398万元，占9.9%；抚顺铝厂（一、二期）18226万元，占9.3%；洛阳有色金属加工厂17000万元，占8.7%；杨家杖子钼矿9346万元，占4.8%；吉林电极厂7712万元，占3.9%；江西西华山钨矿5700万元，占2.9%；江西大吉山钨矿5500万元，占2.8%；会泽铅锌矿5000万元，占2.6%；江西岿美山钨矿3817万元，占2.0%；株洲硬质合金厂3525万元，占1.8%。

实际完成投资200869万元的具体情况是：白银有色金属公司44697万元，占22.3%；哈尔滨铝加工厂（一、二期）32681万元，占16.3%；云南锡业公司25883万元，占12.9%；东川矿务局20300万元，占10.1%；洛阳有色金属加工厂17550万元，占8.7%；抚顺铝厂（一、二期）15619万元，占7.8%；杨家杖子钼矿11387万元，占5.7%；吉林电极厂6976万元，占3.5%；江西大吉山钨矿6723万元，占3.3%；会泽铅锌矿4885万元，占2.4%；江西西华山钨矿4782万元，占2.4%；株洲硬质合金厂4695万元，占2.3%；江西岿美山钨矿4691万元，占2.3%。

"一五"时期实际完成投资92294万元的具体情况是：哈尔滨铝加工厂（一、二期）23074万元，占25.0%；抚顺铝厂（一、二期）15619万元，占16.9%；云南锡业公司15043万元，占16.3%；白银有色金属公司12342万元，占13.4%；吉林电极厂6976万元，占7.6%；杨家杖子钼矿6726万元，占7.3%；株洲硬质合金厂4695万元，占5.1%；江西大吉山钨矿3528万元，占3.8%；江西岿美山钨矿1896万元，占2.0%；江西西华山钨矿1836万元，占2.0%；洛阳有色金属加工厂559万元，占0.6%。

表16 有色工业13项投资额的具体构成情况

（按实际完成投资排序）

	计划安排投资 绝对数（万元）	计划安排投资 相对数	实际完成投资 绝对数（万元）	实际完成投资 相对数	"一五"时期完成投资 绝对数（万元）	"一五"时期完成投资 相对数
白银有色金属公司	40531	20.8%	44697	22.3%	12342	13.4%
哈尔滨铝加工厂（一、二期）	30000	15.4%	32681	16.3%	23074	25.0%
云南锡业公司	29483	15.1%	25883	12.9%	15043	16.3%
东川矿务局	19398	9.9%	20300	10.1%		0.0%
洛阳有色金属加工厂	17000	8.7%	17550	8.7%	559	0.6%
抚顺铝厂（一、二期）	18226	9.3%	15619	7.8%	15619	16.9%
杨家杖子钼矿	9346	4.8%	11387	5.7%	6726	7.3%
吉林电极厂	7712	3.9%	6976	3.5%	6976	7.6%
江西大吉山钨矿	5500	2.8%	6723	3.3%	3528	3.8%
会泽铅锌矿	5000	2.6%	4885	2.4%		0.0%
江西西华山钨矿	5700	2.9%	4782	2.4%	1836	2.0%
株洲硬质合金厂	3525	1.8%	4695	2.3%	4695	5.1%
江西岿美山钨矿	3817	2.0%	4691	2.3%	1896	2.0%
合计	195238	100.0%	200869	100.0%	92294	100.0%

有色工业的13项建设中，实际完成投资占计划完成投资的比重高于100.0%的有8项，它们是：株洲硬质合金厂133.2%、江西岿美山钨矿122.9%、江西大吉山钨矿122.2%、杨家杖子钼矿121.8%、白银有色金属公

司110.3%、哈尔滨铝加工厂（一、二期）108.9%、东川矿务局104.6%、洛阳有色金属加工厂103.2%；低于100.0%的有5项，它们是：会泽铅锌矿97.7%、吉林电极厂90.5%、云南锡业公司87.8%、抚顺铝厂（一、二期）85.7%、江西西华山钨矿83.9%。

"一五"时期完成投资占实际完成投资的比重有3项为100.0%，它们是：抚顺铝厂（一、二期）、吉林电极厂、株洲硬质合金厂，表明它们都是"一五"时期全部建成的。其余依次为：哈尔滨铝加工厂（一、二期）70.6%、杨家杖子钼矿59.1%、云南锡业公司58.1%、江西大吉山钨矿52.5%、江西岿美山钨矿40.4%、江西西华山钨矿38.4%、白银有色金属公司27.6%、洛阳有色金属加工厂3.2%。

表17　有色工业13项计划安排与实际完成投资的执行情况

（按实际完成投资占计划安排投资比重排序）

	计划安排投资（万元）	实际完成投资（万元）	实际完成投资占计划安排投资的比重	"一五"时期完成投资（万元）	"一五"时期完成投资占实际完成投资的比重
株洲硬质合金厂	3525	4695	133.2%	4695	100.0%
江西岿美山钨矿	3817	4691	122.9%	1896	40.4%
江西大吉山钨矿	5500	6723	122.2%	3528	52.5%
杨家杖子钼矿	9346	11387	121.8%	6726	59.1%
白银有色金属公司	40531	44697	110.3%	12342	27.6%
哈尔滨铝加工厂（一、二期）	30000	32681	108.9%	23074	70.6%
东川矿务局	19398	20300	104.6%		0.0%
洛阳有色金属加工厂	17000	17550	103.2%	559	3.2%
会泽铅锌矿	5000	4885	97.7%		0.0%
吉林电极厂	7712	6976	90.5%	6976	100.0%
云南锡业公司	29483	25883	87.8%	15043	58.1%
抚顺铝厂（一、二期）	18226	15619	85.7%	15619	100.0%
江西西华山钨矿	5700	4782	83.9%	1836	38.4%
总体情况	195238	200869	102.9%	92294	45.9%

有色工业的13项建设规模与形成生产能力相同，经过10年的建设，形成了铝锭3.9万吨、铝0.12万吨、铝材3万吨、石墨制品2.23万吨、硬质合金500吨、钼精矿4700吨、锡3万吨、钨矿采选5026吨/日、电铜3万吨、硫酸2.5万吨、铜材6万吨、东川矿务局采选2万吨/日、铅1.5万吨、锌3万吨的生产能力。具体情况见表18。

表18 有色工业新增生产能力情况

	建设规模	形成生产能力	其中"一五"时期形成生产能力
抚顺铝厂（一、二期）	铝锭3.9万吨，铝0.12万吨	同规模	同规模
哈尔滨铝加工厂（一、二期）	铝材3万吨	同规模	同规模
吉林电极厂	石墨制品2.23万吨	同规模	同规模
株洲硬质合金厂	硬质合金500吨	同规模	同规模
杨家杖子钼矿	钼精矿4700吨	同规模	2000吨
云南锡业公司	锡3万吨	同规模	1.65万吨
江西大吉山钨矿	采选1600吨/日	同规模	
江西西华山钨矿	采选1856吨/日	同规模	
江西岿美山钨矿	采选1570吨/日	同规模	
白银有色金属公司	电铜3万吨，硫酸2.5万吨	同规模	
洛阳有色金属加工厂	铜材6万吨	同规模	
东川矿务局	采选2万吨/日	同规模	
会泽铅锌矿	铅1.5万吨，锌3万吨	同规模	

经过"一五"计划时期大规模经济建设，有色金属工业已初具规模，产量由1952年的7.4万吨，上升到1957年的21.45万吨，还具有10万吨至15万吨的后备生产能力。在有色金属工业的起步和创业中，逐步建设起了勘探、设计、施工和科研队伍。

第一，建设了一支独立的地质勘探队伍。中国的有色金属地质勘探队伍是在三年恢复时期由苑子纪等组建的，先后创办了地质专科速成班，建立了地质调查室和调查队。到"一五"计划期间逐步发展壮大，成立了地质勘探公司和地质科研院所。普查找矿、物探、化探、测量和工程地质、化验分析等一整套门类齐全的地质工作队伍也相继组成，并积极开展工作，为有色金属工业做出了贡献。

第二，组建了一支强大的勘察设计队伍。1953年由刘学新等组织、调集各地的设计人员、厂矿的生产技术人员，并招收社会上的零散技术人员，在北京成立了有色金属管理局设计公司，开始了有色金属工业工厂矿山的勘察设计工作。1955年，设计公司改组为有色冶金设计院，李华任院长，并设沈阳、长沙分院和昆明办事处（即以后的沈阳铝镁设计院、长沙和昆明有色冶金设计院的前身）。这支队伍在苏联专家指导下，边干边学，很快掌握了设计技术，提高了业务水平。

第三，组建了一支强大的基本建设施工队伍。"一五"计划时期，贯彻执行中共中央和国务院把基本建设放在经济工作首位的指示精神，在张潭等的组织下，调集力量充实基本建设施工队伍，开始了有色金属工业工厂矿山的基本建设施工工作。这支队伍紧紧围绕"一五"计划时期有色金属工业的重点工程建设，在物资、技术、人才、装备非常困难的条件下，艰苦创业，高速度、高质量地建成投产了一批重点骨干企业。

第四，形成了一支有色金属的科研队伍。"一五"计划期间，由于生产建设的需要，充实了北京有色金属综合试验所，成立了选矿设计研究院（即矿冶研究院的前身），由陈健任院长，并在一些大企业组建研究所。这些科研院所完成了生产建设所急需的大量课题研究试验工作。到"一五"计划后期，遵照国家科学规划委员会的要求，编制了《十二年科学技术发展规划纲要》中的有色金属部分，并开展了研究工作。这一时期，在一批老专家的指导下，还分别研究出钛、铍、锂、锗、锆、铟、硒、碲、镓、钨、钼、铌、钽13种稀有金属的提取工艺。[1]

---

[1]《当代中国》丛书编辑部编：《当代中国的有色金属工业》，中国社会科学出版社1990年版，第27—28页。

六、机械工业

旧中国机械工业基础非常薄弱，工厂设备陈旧，技术落后，虽制造过一些产品，但主要是为进口的机器从事维修和装配业务，属于修配性质的工业，而且在新中国成立前夕遭到了不同程度的破坏。新中国成立时的机械工业，大多数工厂设备残缺，处于停产或半停产状态。

国家要实现工业化，必须建设一批骨干机械企业，发展自己的制造力量。新中国建立之初，国家即决定筹建一批由国内自行设计的重大项目。1950年初，决定在沈阳筹建电机厂（后改在哈尔滨建设），在山西筹建太原重型机器厂（该厂1951年10月破土动工，1953年初辅助车间即部分投产）。1952年决定在上海筹建锅炉厂、汽轮机厂和发电机厂。为适应建厂的需要，还抽调技术力量，筹备组建工厂设计机构。

从1949年到1952年的国民经济恢复时期，机械工业部门迅速组织生产，为恢复国民经济和支援抗美援朝提供机械设备、配件、器材等，同时着手为国家大规模经济建设准备条件。从恢复时期开始，中国即在自力更生的基础上争取外援，提请苏联帮助中国建设一批重要项目。到"一五"时期，在苏联援建项目的156项中，属于机械工业的有24项。[1]另外有民主德国帮助设计的项目2个和引进捷克斯洛伐克制造技术自行设计的上海三大动力设备厂。在这批项目中，第一汽车制造厂、沈阳第一机床厂（在老厂基础上新建）、沈阳电缆厂、哈尔滨量具刃具厂、哈尔滨锅炉厂、哈尔滨汽轮机厂等项目，相继在1950年、1951年、1952年成立了筹备组，进行建设前期准备工作。沈阳风动工具厂在1952年即开始建设。1949年到1952年，国家对一机部系统累计投资2.7亿元。

"一五"时期，中国机械工业的建设是以发展冶金设备、发电设备、运

---

[1] 另一种说法认为，在苏联援建的156项工程中，属于机械工业的有26项，其中有3项后来移交军工部门，2项未建，实为21项。见《当代中国》丛书编辑部编：《当代中国的机械工业》，中国社会科学出版社1990年版，第18页。

输机械、金属切削机床为重点，适当发展电机、电器、电材、炼油化工设备和农业机械。重点建设了投资1000万元以上的重大项目73个。除上述苏联援建和民主德国帮助设计的20多个项目，其余项目是中国自主建设的。分行业叙述如下：

重型矿山机械工业方面：过去是空白，"一五"时期集中力量新建三个大型企业，即苏联援建的以生产大型轧机、冶炼设备、锻压设备和大型铸锻件为主的富拉尔基第一重型机器厂（简称第一重机厂），自行设计的以生产轧机、锻压设备、大型起重设备为主的太原重机厂，苏联援建的以生产矿井提升设备和洗煤设备为主的洛阳矿山机器厂。此外，还重点改造了一批老厂，包括以生产破碎、球磨机和大铸锻件为主的沈阳重机厂，以生产洗选设备、运输设备为主的沈阳矿山机器厂，以生产工矿车辆、炼焦设备为主的大连工矿车辆厂（后改名大连重机厂），以生产桥式起重机为主的大连起重机厂，以生产履带挖掘机、卷扬机为主的抚顺挖掘机厂，以生产轧钢润滑设备和地质钻机为主的太原矿山机器厂等。在工程机械方面，建设了苏联援建的沈阳风动工具厂。

电机电器工业方面：新中国成立前，只能少量生产低压小功率一般产品。"一五"时期重点建设了苏联援建的哈尔滨三大动力设备厂（锅炉厂、汽轮机厂、发电机厂），引进捷克斯洛伐克技术以生产1.2万千瓦以下的火电机组为主的上海三大动力设备厂（锅炉厂、汽轮机厂、发电机厂），苏联援建的西安4个电器设备和电材工厂（开关整流器厂、电力电容器厂、高压电瓷厂、绝缘材料厂），还有苏联援建的哈尔滨电表仪器厂、哈尔滨电碳厂、沈阳电线电缆厂、湘潭电机厂直流电机车间，以及自行设计建设的沈阳变压器厂、沈阳高压开关厂、沈阳低压开关厂、哈尔滨绝缘材料厂、武汉锅炉厂等。

机床工具工业方面：过去只能生产一些简单的老式机床和工具，"一五"时期重点建设了苏联援建的以生产立车、龙门刨、龙门铣、卧式镗床等重型机床为主的武汉重型机床厂和一批产品专业化机床厂，包括苏联援建的沈阳第一机床厂（车床），中国自行设计建设的齐齐哈尔第一机床厂（立车）、沈阳第二机床厂（立钻、镗床）、上海机床厂（磨床）、无锡机床厂（磨床）、北京第一机床厂（铣床）、济南第二机床厂（龙门刨）、南京机床厂（六角车床）等。工具方面，新建了苏联援建的哈尔滨量具刃具厂和民主德国设计的郑州砂轮厂（后改名第二砂轮厂），中国自行设计的成都量具刃具厂。

交通运输设备方面："一五"时期汽车行业重点建设了苏联援建的第一汽车制造厂和自行设计的北京汽车附件厂（后改名北京汽车厂）。机车车辆行业重点建设了大同机车厂、长春客车厂和株洲货车厂，改建齐齐哈尔货车厂和大连机车车辆厂。造船行业重点建设生产各种军用舰艇和民用船舶的江南、沪东、渤海、武昌、广州、大连等造船厂。

农业机械方面：过去没有基础，"一五"时期新建了苏联援建的洛阳第一拖拉机厂，并开始建设自行设计的天津拖拉机厂。

石油化工机械方面：开始建设苏联援建的以生产炼油化工设备和石油钻机为主的兰州石油化工机器厂，建设自行设计的以生产各种采油设备为主的兰州通用机械厂。

轴承方面：新建了苏联援建的洛阳轴承厂，建设和扩建了哈尔滨轴承厂和辽宁省瓦房店轴承厂。

仪表工业方面：开始建设民主德国设计的西安仪表厂。

内燃机方面：新建了苏联援建的洛阳柴油机厂和陕西兴平柴油机厂。扩建了自行设计的上海柴油机厂、天津动力机厂等。

上述重点项目都在1956年前相继开工建设，到1957年底，共完成投资27.44亿元，全部建成投产的有40项，包括第一汽车厂等苏联援建的7项和引进捷克斯洛伐克技术的3个动力设备厂。尚未全部建成的项目，由于大多数都是利用老厂扩建的，因此，在"一五"期间也发挥了重要作用。[1]

在苏联援建的156项重点项目中，机械工业24项，占项目总数的六分之一强。机械工业实际实施的24项是：哈尔滨锅炉厂（一、二期）、长春第一汽车厂、沈阳第一机床厂、哈尔滨量具刃具厂、沈阳风动工具厂、沈阳电缆厂、哈尔滨仪表厂、哈尔滨汽轮机厂（一、二期）、沈阳第二机床厂、武汉重型机床厂、洛阳拖拉机厂、洛阳滚珠轴承厂、兰州石油机械厂、西安高

---

[1]《当代中国》丛书编辑部编：《当代中国的机械工业》，中国社会科学出版社1990年版，第18—21页。

压电瓷厂、西安开关整流器厂、西安绝缘材料厂、西安电力电容厂、洛阳矿山机械厂、哈尔滨电机厂汽轮机发电机车间、富拉尔基重机厂、哈尔滨炭刷厂、哈尔滨滚珠轴承厂、湘潭船用电机厂、兰州炼油化工机械厂。除沈阳风动工具厂、沈阳电缆厂、沈阳第二机床厂、哈尔滨滚珠轴承厂4项为改建项目，其余都是新建项目。

从1952年到1957年的5年间，机械工业的24项陆续开始施工。1952年开始施工的项目是沈阳风动工具厂；1953年开始施工的项目有4项，它们是：长春第一汽车厂、沈阳第一机床厂、哈尔滨量具刃具厂、哈尔滨仪表厂；1954年开始施工的项目有5项，它们是：沈阳电缆厂、哈尔滨锅炉厂（一、二期）、哈尔滨汽轮机厂（一、二期）、洛阳滚珠轴承厂、哈尔滨电机厂汽轮机发电机车间；1955年开始施工的项目有4项，它们是：沈阳第二机床厂、武汉重型机床厂、洛阳矿山机械厂、富拉尔基重机厂；1956年开始施工的项目有8项，它们是：洛阳拖拉机厂、兰州石油机械厂、西安高压电瓷厂、西安开关整流器厂、西安绝缘材料厂、西安电力电容厂、哈尔滨炭刷厂、兰州炼油化工机械厂；1957年开始施工的项目有2项，它们是：哈尔滨滚珠轴承厂、湘潭船用电机厂。

历经10年时间，机械工业的24项全部建成。具体情况是：1954年竣工的项目有2项，即沈阳风动工具厂、哈尔滨量具刃具厂；1955年竣工的项目有1项，即沈阳第一机床厂；1956年竣工的项目有2项，即长春第一汽车厂、哈尔滨仪表厂；1957年竣工的项目有1项，即沈阳电缆厂；1958年竣工的项目有5项，即沈阳第二机床厂、洛阳滚珠轴承厂、西安电力电容厂、洛阳矿山机械厂、哈尔滨炭刷厂；1959年竣工的项目有7项，即武汉重型机床厂、洛阳拖拉机厂、兰州石油机械厂、富拉尔基重机厂、哈尔滨滚珠轴承厂、湘潭船用电机厂、兰州炼油化工机械厂；1960年竣工的项目有4项，即哈尔滨锅炉厂（一、二期）、哈尔滨汽轮机厂（一、二期）、西安绝缘材料厂、哈尔滨电机厂汽轮机发电机车间；1961年竣工的项目有1项，即西安开关整流器厂；1962年竣工的项目有1项，即西安高压电瓷厂。

机械工业的24项最长的建设周期是6年，最短的是1年，平均建设周期3.4年。建设周期6年的是哈尔滨锅炉厂（一、二期）、哈尔滨汽轮机厂（一、二期）、西安高压电瓷厂、哈尔滨电机厂汽轮机发电机车间；建设周期

5年的是西安开关整流器厂；建设周期4年的是武汉重型机床厂、洛阳滚珠轴承厂、西安绝缘材料厂、富拉尔基重机厂；建设周期3年的是长春第一汽车厂、沈阳电缆厂、哈尔滨仪表厂、沈阳第二机床厂、洛阳拖拉机厂、兰州石油机械厂、洛阳矿山机械厂、兰州炼油化工机械厂；建设周期2年的是沈阳第一机床厂、沈阳风动工具厂、西安电力电容厂、哈尔滨炭刷厂、哈尔滨滚珠轴承厂、湘潭船用电机厂；建设周期1年的是哈尔滨量具刃具厂。

机械工业计划安排投资259357万元，实际完成投资283588万元，实际完成投资占计划安排投资的109.3%；其中，"一五"时期完成投资165702万元，"一五"时期完成投资占实际完成投资的58.4%。

机械工业计划安排投资259357万元，具体安排情况是：长春第一汽车厂56000万元，占21.6%；洛阳拖拉机厂35130万元，占13.5%；富拉尔基重机厂30000万元，占11.5%；兰州石油机械厂15622万元，占6.0%；哈尔滨汽轮机厂（一、二期）14980万元，占5.8%；武汉重型机床厂12700万元，占4.9%；西安开关整流器厂11930万元，占4.6%；洛阳滚珠轴承厂10610万元，占4.1%；洛阳矿山机械厂8869万元，占3.4%；哈尔滨锅炉厂（一、二期）8040万元，占3.1%；沈阳电缆厂7730万元，占3.0%；兰州炼油化工机械厂7281万元，占2.8%；哈尔滨量具刃具厂5900万元，占2.3%；沈阳第一机床厂5650万元，占2.2%；哈尔滨滚珠轴承厂4896万元，占1.9%；哈尔滨电机厂汽轮机发电机车间4890万元，占1.9%；西安高压电瓷厂3857万元，占1.5%；沈阳第二机床厂3000万元，占1.1%；哈尔滨仪表厂2790万元，占1.1%；西安绝缘材料厂2767万元，占1.1%；沈阳风动工具厂2180万元，占0.8%；湘潭船用电机厂1750万元，占0.7%；哈尔滨炭刷厂1473万元，占0.6%；西安电力电容厂1312万元，占0.5%。

实际完成投资283588万元，具体情况是：长春第一汽车厂60871万元，占21.5%；富拉尔基重机厂45849万元，占16.2%；洛阳拖拉机厂34788万元，占12.3%；哈尔滨锅炉厂（一、二期）14981万元，占5.3%；武汉重型机床厂14612万元，占5.1%；兰州石油机械厂14381万元，占5.1%；西安开关整流器厂12164万元，占4.3%；哈尔滨汽轮机厂（一、二期）12042万元，占4.2%；洛阳滚珠轴承厂11306万元，占4.0%；沈阳电缆厂9031万元，占3.2%；洛阳矿山机械厂8793万元，占3.1%；兰州炼油化工机械厂

7005万元，占2.5%；沈阳第一机床厂6043万元，占2.1%；哈尔滨量具刃具厂5565万元，占1.9%；哈尔滨电机厂汽轮机发电机车间4356万元，占1.5%；哈尔滨滚珠轴承厂3869万元，占1.4%；西安高压电瓷厂3228万元，占1.1%；沈阳第二机床厂3188万元，占1.1%；哈尔滨仪表厂2494万元，占0.9%；西安绝缘材料厂2455万元，占0.9%；沈阳风动工具厂1893万元，占0.7%；哈尔滨炭刷厂1662万元，占0.6%；西安电力电容厂1510万元，占0.5%；湘潭船用电机厂1502万元，占0.5%。

"一五"时期实际完成投资165702万元，具体情况是：长春第一汽车厂60871万元，占36.7%；洛阳拖拉机厂13750万元，占8.3%；富拉尔基重机厂10792万元，占6.5%；洛阳滚珠轴承厂9508万元，占5.7%；沈阳电缆厂9031万元，占5.5%；哈尔滨汽轮机厂（一、二期）8529万元，占5.1%；武汉重型机床厂8507万元，占5.1%；哈尔滨锅炉厂（一、二期）7913万元，占4.8%；沈阳第一机床厂6043万元，占3.6%；洛阳矿山机械厂5989万元，占3.6%；哈尔滨量具刃具厂5565万元，占3.4%；哈尔滨电机厂汽轮机发电机车间2916万元，占1.8%；西安开关整流器厂2555万元，占1.5%；哈尔滨仪表厂2494万元，占1.5%；兰州石油机械厂2454万元，占1.5%；沈阳第二机床厂1968万元，占1.2%；沈阳风动工具厂1893万元，占1.1%；哈尔滨炭刷厂1580万元，占1.0%；西安绝缘材料厂941万元，占0.6%；西安高压电瓷厂795万元，占0.5%；西安电力电容厂795万元，占0.5%；兰州炼油化工机械厂417万元，占0.3%；哈尔滨滚珠轴承厂234万元，占0.1%；湘潭船用电机厂162万元，占0.1%。

表19 机械工业24项投资额的具体构成情况
（按实际完成投资排序）

	计划安排投资 绝对数（万元）	计划安排投资 相对数	实际完成投资 绝对数（万元）	实际完成投资 相对数	"一五"时期完成投资 绝对数（万元）	"一五"时期完成投资 相对数
长春第一汽车厂	56000	21.6%	60871	21.5%	60871	36.7%
富拉尔基重机厂	30000	11.5%	45849	16.2%	10792	6.5%
洛阳拖拉机厂	35130	13.5%	34788	12.3%	13750	8.3%

（续表）

	计划安排投资		实际完成投资		"一五"时期完成投资	
	绝对数（万元）	相对数	绝对数（万元）	相对数	绝对数（万元）	相对数
哈尔滨锅炉厂（一、二期）	8040	3.1%	14981	5.3%	7913	4.8%
武汉重型机床厂	12700	4.9%	14612	5.1%	8507	5.1%
兰州石油机械厂	15622	6.0%	14381	5.1%	2454	1.5%
西安开关整流器厂	11930	4.6%	12164	4.3%	2555	1.5%
哈尔滨汽轮机厂（一、二期）	14980	5.8%	12042	4.2%	8529	5.1%
洛阳滚珠轴承厂	10610	4.1%	11306	4.0%	9508	5.7%
沈阳电缆厂	7730	3.0%	9031	3.2%	9031	5.5%
洛阳矿山机械厂	8869	3.4%	8793	3.1%	5989	3.6%
兰州炼油化工机械厂	7281	2.8%	7005	2.5%	417	0.3%
沈阳第一机床厂	5650	2.2%	6043	2.1%	6043	3.6%
哈尔滨量具刃具厂	5900	2.3%	5565	1.9%	5565	3.4%
哈尔滨电机厂汽轮机发电机车间	4890	1.9%	4356	1.5%	2916	1.8%
哈尔滨滚珠轴承厂	4896	1.9%	3869	1.4%	234	0.1%
西安高压电瓷厂	3857	1.5%	3228	1.1%	795	0.5%
沈阳第二机床厂	3000	1.1%	3188	1.1%	1968	1.2%
哈尔滨仪表厂	2790	1.1%	2494	0.9%	2494	1.5%
西安绝缘材料厂	2767	1.1%	2455	0.9%	941	0.6%
沈阳风动工具厂	2180	0.8%	1893	0.7%	1893	1.1%
哈尔滨炭刷厂	1473	0.6%	1662	0.6%	1580	1.0%
西安电力电容厂	1312	0.5%	1510	0.5%	795	0.5%
湘潭船用电机厂	1750	0.7%	1502	0.5%	162	0.1%
合计	259357	100.0%	283588	100.0%	165702	100.0%

机械工业的24项建设中，实际完成投资占计划完成投资的比重高于100.0%的有11项，它们是：哈尔滨锅炉厂（一、二期）186.3%、富拉尔基重机厂152.8%、沈阳电缆厂116.8%、武汉重型机床厂115.1%、西安电力电容厂115.1%、哈尔滨炭刷厂112.8%、长春第一汽车厂108.7%、沈阳第一机床厂107.0%、洛阳滚珠轴承厂106.6%、沈阳第二机床厂106.3%、西安

开关整流器厂102.0%；低于100.0%的有13项，它们是：洛阳矿山机械厂99.1%、洛阳拖拉机厂99.0%、兰州炼油化工机械厂96.2%、哈尔滨量具刃具厂94.3%、兰州石油机械厂92.1%、哈尔滨仪表厂89.4%、哈尔滨电机厂汽轮机发电机车间89.1%、西安绝缘材料厂88.7%、沈阳风动工具厂86.8%、湘潭船用电机厂85.8%、西安高压电瓷厂83.7%、哈尔滨汽轮机厂（一、二期）80.4%、哈尔滨滚珠轴承厂79.0%。

"一五"时期完成投资占实际完成投资的比重有6项为100.0%，它们是：长春第一汽车厂100.0%、沈阳第一机床厂100.0%、哈尔滨量具刃具厂100.0%、沈阳风动工具厂100.0%、沈阳电缆厂100.0%、哈尔滨仪表厂100.0%，表明它们都是"一五"时期全部建成的。其余依次为：哈尔滨炭刷厂95.1%、洛阳滚珠轴承厂84.1%、哈尔滨汽轮机厂（一、二期）70.8%、洛阳矿山机械厂68.1%、哈尔滨电机厂汽轮机发电机车间66.9%、沈阳第二机床厂61.7%、武汉重型机床厂58.2%、哈尔滨锅炉厂（一、二期）52.8%、西安电力电容厂52.6%、洛阳拖拉机厂39.5%、西安绝缘材料厂38.3%、西安高压电瓷厂24.6%、富拉尔基重机厂23.5%、西安开关整流器厂21.0%、兰州石油机械厂17.1%、湘潭船用电机厂10.8%、哈尔滨滚珠轴承厂6.0%、兰州炼油化工机械厂6.0%。

表20 机械工业24项计划安排与实际完成投资的执行情况

（按实际完成投资占计划安排投资比重排序）

	计划安排投资（万元）	实际完成投资（万元）	实际完成投资占计划安排投资的比重	"一五"时期完成投资（万元）	"一五"时期完成投资占实际完成投资的比重
哈尔滨锅炉厂（一、二期）	8040	14981	186.3%	7913	52.8%
富拉尔基重机厂	30000	45849	152.8%	10792	23.5%
沈阳电缆厂	7730	9031	116.8%	9031	100.0%
武汉重型机床厂	12700	14612	115.1%	8507	58.2%
西安电力电容厂	1312	1510	115.1%	795	52.6%
哈尔滨炭刷厂	1473	1662	112.8%	1580	95.1%
长春第一汽车厂	56000	60871	108.7%	60871	100.0%

（续表）

	计划安排投资（万元）	实际完成投资（万元）	实际完成投资占计划安排投资的比重	"一五"时期完成投资（万元）	"一五"时期完成投资占实际完成投资的比重
沈阳第一机床厂	5650	6043	107.0%	6043	100.0%
洛阳滚珠轴承厂	10610	11306	106.6%	9508	84.1%
沈阳第二机床厂	3000	3188	106.3%	1968	61.7%
西安开关整流器厂	11930	12164	102.0%	2555	21.0%
洛阳矿山机械厂	8869	8793	99.1%	5989	68.1%
洛阳拖拉机厂	35130	34788	99.0%	13750	39.5%
兰州炼油化工机械厂	7281	7005	96.2%	417	6.0%
哈尔滨量具刃具厂	5900	5565	94.3%	5565	100.0%
兰州石油机械厂	15622	14381	92.1%	2454	17.1%
哈尔滨仪表厂	2790	2494	89.4%	2494	100.0%
哈尔滨电机厂汽轮机发电机车间	4890	4356	89.1%	2916	66.9%
西安绝缘材料厂	2767	2455	88.7%	941	38.3%
沈阳风动工具厂	2180	1893	86.8%	1893	100.0%
湘潭船用电机厂	1750	1502	85.8%	162	10.8%
西安高压电瓷厂	3857	3228	83.7%	795	24.6%
哈尔滨汽轮机厂（一、二期）	14980	12042	80.4%	8529	70.8%
哈尔滨滚珠轴承厂	4896	3869	79.0%	234	6.0%
总体情况	259357	283588	109.3%	165702	58.4%

这些重大项目的建设投产，使新中国的机械工业从无到有地建立了汽车、拖拉机、发电设备、石油化工设备、冶金矿山设备、工程机械等制造业，扩大和加强了机床工具、机车车辆和造船工业。沿海老工业城市的机械工业得到迅速提高，并初步形成哈尔滨、洛阳、西安、兰州等一批新的机械工业基地。[1]

---

[1]《当代中国》丛书编辑部编：《当代中国的机械工业》，中国社会科学出版社1990年版，第21页。

机械工业的 24 项建设规模与形成生产能力相同，经过 10 年的建设，形成了高中压锅炉 4080 吨 / 年、解放牌汽车 3 万辆、车床 4000 台、量刃具 512 副 /1032 吨、各种风动工具 2 万台 /554 吨、各种电缆 3 万吨、电气仪表 10 万只、汽车仪表 5 万套、电度表 60 万只、汽轮机 60 万千瓦、各种机床 4497 台 /1.6 万吨、机床 380 台、拖拉机 4.5 万台、滚珠轴承 1000 万套、石油设备 1.5 万吨、各种电瓷 1.5 万吨、高压开关 1.3 万套 / 整流器 60 万千瓦、各种绝缘材料 6000 吨、电力电容器 100 千伏安 6.1 万只、矿山机械设备 2 万吨、汽轮发电机 60 万千瓦、轧机、炼钢、炼铁设备 6 万吨、电刷及炭素制品 100 吨、滚珠轴承 655 万套、电机 11 万千瓦、化工设备 2.5 万吨的生产能力。具体情况见表 21。

表 21　机械工业新增生产能力情况

	建设规模	形成生产能力	其中"一五"时期形成生产能力
哈尔滨锅炉厂（一、二期）	高中压锅炉 4080 吨 / 年	同规模	
长春第一汽车厂	解放牌汽车 3 万辆	同规模	同规模
沈阳第一机床厂	车床 4000 台	同规模	同规模
哈尔滨量具刃具厂	量刃具 512 副 /1032 吨	同规模	同规模
沈阳风动工具厂	各种风动工具 2 万台 /554 吨	同规模	同规模
沈阳电缆厂	各种电缆 3 万吨	同规模	同规模
哈尔滨仪表厂	电气仪表 10 万只、汽车仪表 5 万套、电度表 60 万只	同规模	同规模
哈尔滨汽轮机厂（一、二期）	汽轮机 60 万千瓦	同规模	
沈阳第二机床厂	各种机床 4497 台 /1.6 万吨	同规模	
武汉重型机床厂	机床 380 台	同规模	
洛阳拖拉机厂	拖拉机 4.5 万台	同规模	
洛阳滚珠轴承厂	滚珠轴承 1000 万套	同规模	
兰州石油机械厂	石油设备 1.5 万吨	同规模	
西安高压电瓷厂	各种电瓷 1.5 万吨	同规模	
西安开关整流器厂	高压开关 1.3 万套 / 整流器 60 万千瓦	同规模	
西安绝缘材料厂	各种绝缘材料 6000 吨	同规模	

（续表）

	建设规模	形成生产能力	其中"一五"时期形成生产能力
西安电力电容厂	电力电容器 100 千伏安 6.1 万只	同规模	
洛阳矿山机械厂	矿山机械设备 2 万吨	同规模	1 万吨
哈尔滨电机厂汽轮机发电机车间	汽轮发电机 60 万千瓦	同规模	
富拉尔基重机厂	轧机、炼钢、炼铁设备 6 万吨	同规模	
哈尔滨炭刷厂	电刷及炭素制品 100 吨	同规模	
哈尔滨滚珠轴承厂	滚珠轴承 655 万套	同规模	
湘潭船用电机厂	电机 11 万千瓦	同规模	
兰州炼油化工机械厂	化工设备 2.5 万吨	同规模	

经过恢复时期和"一五"时期的建设，中国机械工业的生产技术水平和组织管理水平都有了很大的提高，奠定了机械工业的制造基础。1957 年一机部系统生产总值比 1952 年增长 2.6 倍，平均年增 29.5%；主要产品产量比 1952 年分别增长几倍到几十倍，详见表 22。

表 22　1957 年比 1952 年机械工业产品增长情况

产品名称	单位	1952 年	1957 年	1957 年比 1952 年增加的倍数
金属切削机床	万台	1.37	2.8	1
冶金设备	万吨	0.02	1.38	68
矿山设备	万吨	0.18	5.29	28
起重设备	万吨	0.7	3.18	3.5
石油设备	万吨	—	0.59	
发电设备	万千瓦	0.54	19.7	35
汽车	辆	—	7904	
轴承	万套	117.9	1060	8
内燃机（商品屋）	万马力	4	69	16

国民经济建设所需设备的自给率也大为提高。当时苏联援助中国建设的 156 项工程所需的设备，由国内分交供应的比重，按重量计为 52.3%，按金额计为 45.9%。其中鞍山钢铁公司分别为 49% 和 43%，武汉钢铁公司分别为

58%和54%，第一汽车厂分别为62.4%和65.6%，洛阳第一拖拉机厂分别为53.5%和44.6%。从全国来说，"一五"时期国家建设所需设备的国内自给率为60%以上。[1]

七、石油工业

新中国成立前，石油炼制工业十分弱小。全国仅在东北和西北两个地区有几个规模很小的炼油厂，不但技术装备落后，而且多数遭到日本侵略者和国民党军队的破坏，有的形同废墟，有的只能勉强维持部分生产。1949年10月新中国成立时，陕西的延长油矿炼油厂和甘肃的玉门炼油厂虽未遭受破坏，仍在坚持生产，但规模很小；东北地区解放较早，已开始恢复工作，但大部分尚未投入生产。所以，到1949年底，全国原油加工能力仅17万吨，当年实际加工原油（包括人造石油和进口原油）11.6万吨，石油产品品种只有12种，汽油、煤油、柴油、润滑油四大类产品产量仅3.5万吨，当时国内消费的石油产品90%以上依赖进口。

新中国成立后，中国共产党和人民政府十分重视石油炼制工业的恢复和发展。1949年10月，中央人民政府成立了燃料工业部，领导石油工业部门从十分薄弱的基础上起步，组建科研设计队伍，组织和恢复生产。1951年10月，燃料工业部石油管理总局与商业部石油公司联合在北京市劳动人民文化宫举办了第一次全国石油展览会。朱德为展览会剪彩并致辞。展览会期间，毛泽东、周恩来、陈毅、刘伯承、王震、彭真等领导人先后到会参观，并指出发展石油工业的意义。从1949年至1959年的10年间，根据当时原油生产状况和国防建设与国民经济对石油产品的迫切需要，石油炼制部门一面修复、改造和扩建原有老厂，一面依靠国内力量和从苏联引进技术和装备，建设了几个新的炼油厂，同时加强科研设计力量，从事新产品试制工作，使中

---

[1]《当代中国》丛书编辑部编：《当代中国的机械工业》，中国社会科学出版社1990年版，第26页。

国石油炼制工业迅速得到初步的发展。[1]

在苏联援建的156项重点项目中,石油工业2项,占项目总数的七十五分之一。石油工业实际实施的2项是:抚顺第二制油厂、兰州炼油厂。抚顺第二制油厂属改建项目,兰州炼油厂属新建项目。

从1956年到1959年,历经3年时间,石油工业的2项全部建成。石油工业的2项都是1956年开始施工、1959年竣工的,建设周期为3年。

石油工业计划安排投资33223万元,实际完成投资36885万元,实际完成投资占计划安排投资的111.0%;其中,"一五"时期完成投资16335万元,"一五"时期完成投资占实际完成投资的44.3%。

石油工业计划安排投资33223万元的具体安排情况是:兰州炼油厂18223万元,占54.9%;抚顺第二制油厂15000万元,占45.1%。

实际完成投资36885万元的具体情况是:兰州炼油厂19385万元,占52.6%;抚顺第二制油厂17500万元,占47.4%。

"一五"时期实际完成投资16335万元的具体情况是:兰州炼油厂10705万元,占65.5%;抚顺第二制油厂5630万元,占34.5%。

表23　石油工业2项投资额的具体构成情况

（按实际完成投资排序）

	计划安排投资		实际完成投资		"一五"时期完成投资	
	绝对数（万元）	相对数	绝对数（万元）	相对数	绝对数（万元）	相对数
兰州炼油厂	18223	54.9%	19385	52.6%	10705	65.5%
抚顺第二制油厂	15000	45.1%	17500	47.4%	5630	34.5%
合计	33223	100.0%	36885	100.0%	16335	100.0%

石油工业2项的实际完成投资占计划完成投资的比重全部高于100.0%,即兰州炼油厂106.4%、抚顺第二制油厂116.7%。

"一五"时期完成投资占实际完成投资的比重,兰州炼油厂为55.2%,抚顺第二制油厂为32.2%。

---

[1]《当代中国》丛书编辑部编:《当代中国的石油化学工业》,中国社会科学出版社1987年版,第34—35页。

表24 石油工业2项计划安排与实际完成投资的执行情况

（按实际完成投资占计划安排投资比重排序）

	计划安排投资（万元）	实际完成投资（万元）	实际完成投资占计划安排投资的比重	"一五"时期完成投资（万元）	"一五"时期完成投资占实际完成投资的比重
兰州炼油厂	18223	19385	106.4%	10705	55.2%
抚顺第二制油厂	15000	17500	116.7%	5630	32.2%
总体情况	33223	36885	111.0%	16335	44.3%

石油工业2项的形成生产能力与建设规模相同，经过3年的建设，形成了炼油170万吨的生产能力。具体情况是：兰州炼油厂炼油100万吨，抚顺第二制油厂页岩原油70万吨。

表25 石油工业新增生产能力情况

	建设规模	形成生产能力	其中"一五"时期形成生产能力
兰州炼油厂	炼油100万吨	同规模	
抚顺第二制油厂	页岩原油70万吨	同规模	
合计	炼油170万吨		

总的说来，从新中国成立之初到1959年，中国石油炼制工业在恢复生产和初步发展中，成就是巨大的，速度是快的。详见表26。

表26 1949—1959年石油炼治工业主要指标

项目	1949年	1952年	1957年	1959年
原油加工能力（万吨）	17	99	245	579
实际加工原油量（万吨）	11.6	53.3	176.6	395.6
石油产品品种数（个）	12	38	140	309
汽、煤、柴、润产品总量（万吨）	3.5	25.9	108.9	229.5
石油加工损失率（%）	16.25	12.97	4.63	
石油产品自给率（%）	10	—	—	40.6

尽管由于当时处于初创时期，基础差、起点低，加上原油产量不足，石油产品的自给率只从1949年的不足10%提高到1959年的40.6%，未能根

本扭转石油产品严重短缺的局面，石油炼制的技术水平也不够高，但是在短短十年内取得上述成就，仍然是旧中国根本无法比拟的。尤为重要的是，十年艰苦创业所取得的初步经验，十年恢复和发展所建设起来的生产企业和取得的技术成果，以及初步形成的生产、科研、设计、施工、教育等方面的队伍，都为1960年以后中国石油炼制工业的大发展奠定了基础，准备了物质、技术和人才的条件。[1]

八、化学工业

1953年，国家开始实行有计划的经济建设。第一个五年计划规定化学工业的主要任务是："积极地发展化学肥料，相应发展酸、碱、染料等工业，加强化学工业与炼焦、石油、有色金属工业的配合。"在此期间，重点建设了新的化工基地，主要是苏联帮助我国设计和建设的156个项目中的7项，形成了吉林、兰州、太原三个化工联合企业的雏形；发展了基本化工原料的生产；对上海、天津、大连、南京、沈阳、锦西、青岛等地的老厂进行了改造和扩建；并且基本完成了对私营化工企业的社会主义改造，实现了公私合营。为了加强对化学工业的领导，1956年5月第一届全国人民代表大会常务委员会第四十次会议决定，成立中华人民共和国化学工业部，任命彭涛为部长。

吉林化工区由吉林肥料厂、吉林染料厂、吉林电石厂、吉林热电厂组成，是一个以煤、焦和焦化副产品为原料的化工基地。吉林化工区的建设规模是空前的。吉林肥料厂的设计能力为年产合成氨5万吨、稀硝酸7.7万吨、浓硝酸1.5万吨、硝酸铵9万吨、甲醇0.4万吨。吉林染料厂的设计能力为年产7种有色染料，冰染染料0.29万吨；苯酐、二萘酚、H酸等14种中间体0.8万吨；硫酸等6种无机化工产品5万吨。吉林电石厂的设计能力为年产电石6万吨、碳氮化钙1万吨。化工区的建设得到了全国的支援。国家采取集中

---

[1]《当代中国》丛书编辑部编：《当代中国的石油化学工业》，中国社会科学出版社1987年版，第55页。

优势兵力打歼灭战的方法，从各地调集了3万名职工，组成了一支浩浩荡荡的建设大军。这支队伍在艰苦的条件下，顶着凛冽的寒风，夜以继日地战斗在松花江畔，出现了许多动人心弦的事迹，涌现出了大量的英雄模范人物。吉林化工区从1955年4月开始施工，经过两年半时间基本建成，于1957年10月25日举行了开工投产典礼。

兰州化工区由兰州肥料厂、兰州合成橡胶厂、兰州热电厂组成。这是为改变我国化学工业布局而在西北建设的化工基地。兰州肥料厂设计能力为年产合成氨5万吨、硝酸铵8.2万吨、浓硝酸12万吨、甲醇0.87万吨、四氮六甲圜（乌洛托品）0.3万吨。兰州合成橡胶厂设计能力为年产丁苯橡胶1.35万吨、丁腈橡胶0.15万吨、聚苯乙烯0.1万吨。1956年肥料厂和合成橡胶厂同时开始建设，从全国各地调集的1万多名施工人员战斗在黄河之滨，历尽艰辛。1958年11月肥料厂建成投产。1960年5月，合成橡胶厂丁苯橡胶装置建成投产，因为原料粮食、酒精供应困难，不久停产。1961年底，建成我国第一套以炼厂气为原料的乙烯装置。

太原化工区由太原肥料厂、太原化工厂、太原制药厂、太原热电厂组成。太原化工厂的设计能力为年产六六六农药0.2万吨、滴滴涕农药0.15万吨、烧碱1.36万吨、液氯0.5万吨以及军工原料等。太原肥料厂设计能力为年产合成氨5.2万吨、硝酸铵9.8万吨、浓硝酸3万吨、甲醇1.55万吨、甲醛1万吨。太原制药厂原设计能力为年产磺胺噻唑750吨、磺胺脒160吨、氨苯磺胺310吨。后改变设计方案，建成磺胺、维生素、解热药等品种的综合性药厂。太原化工厂1956年开始建设，1958年7月投产。太原肥料厂1957年建设，1961年投产。太原制药厂1958年建设，1960年1月投产。1958年6月又建成山西磷肥厂（即以后的太原化学工业公司磷肥厂）。[1]

在苏联援建的156项重点项目中，化学工业7项，约占项目总数的二十分之一。化学工业实际实施的7项是：吉林染料厂、吉林氮肥厂、吉林电石厂、太原化工厂、兰州合成橡胶厂、太原氮肥厂、兰州氮肥厂。化学工业的7项全部为新建项目。

---

[1]《当代中国》丛书编辑部编：《当代中国的化学工业》，中国社会科学出版社1986年版，第14—15页。

从1954年到1957年的3年间，化学工业的7项陆续开始施工。1954年开始施工的项目有2项，即吉林氮肥厂、太原化工厂；1955年开始施工的项目有2项，即吉林染料厂、吉林电石厂；1956年开始施工的项目有2项，即兰州合成橡胶厂、兰州氮肥厂；1954年开始施工的项目有1项，即太原氮肥厂。

历经6年时间，化学工业的7项全部建成。具体情况是：1957年竣工的项目有2项，即吉林氮肥厂、吉林电石厂；1958年竣工的项目有2项，即太原化工厂、吉林染料厂；1959年竣工的项目有1项，即兰州氮肥厂；1960年竣工的项目有2项，即兰州合成橡胶厂、太原氮肥厂。

化学工业的7项最长的建设周期是4年，最短的是2年，平均建设周期3.1年。建设周期4年的是太原化工厂、兰州合成橡胶厂；建设周期3年的是吉林染料厂、吉林氮肥厂、太原氮肥厂、兰州氮肥厂；建设周期2年的是吉林电石厂。

化学工业计划安排投资107043万元，实际完成投资108323万元，实际完成投资占计划安排投资的101.2%；其中，"一五"时期完成投资49299万元，"一五"时期完成投资占实际完成投资的45.5%。

化学工业计划安排投资107043万元的具体安排情况是：兰州氮肥厂25180万元，占23.5%；吉林氮肥厂24000万元，占22.4%；太原氮肥厂19000万元，占17.8%；兰州合成橡胶厂12340万元，占11.5%；太原化工厂11000万元，占10.3%；吉林染料厂10500万元，占9.8%；吉林电石厂5023万元，占4.7%。

实际完成投资108323万元的具体情况是：吉林氮肥厂25722万元，占23.7%；兰州氮肥厂23317万元，占21.5%；太原氮肥厂19500万元，占18.0%；太原化工厂11670万元，占10.8%；兰州合成橡胶厂11664万元，占10.8%；吉林染料厂11461万元，占10.6%；吉林电石厂4989万元，占4.6%。

"一五"时期实际完成投资49299万元的具体情况是：吉林氮肥厂25722万元，占52.2%；吉林染料厂6584万元，占13.4%；太原化工厂5730万元，占11.6%；兰州氮肥厂5066万元，占10.3%；吉林电石厂4989万元，占10.1%；兰州合成橡胶厂1000万元，占2.0%；太原氮肥厂208万元，占0.4%。

表27 化学工业 7 项投资额的具体构成情况

（按实际完成投资排序）

	计划安排投资 绝对数（万元）	计划安排投资 相对数	实际完成投资 绝对数（万元）	实际完成投资 相对数	"一五"时期完成投资 绝对数（万元）	"一五"时期完成投资 相对数
吉林氮肥厂	24000	22.4%	25722	23.7%	25722	52.2%
兰州氮肥厂	25180	23.5%	23317	21.5%	5066	10.3%
太原氮肥厂	19000	17.8%	19500	18.0%	208	0.4%
太原化工厂	11000	10.3%	11670	10.8%	5730	11.6%
兰州合成橡胶厂	12340	11.5%	11664	10.8%	1000	2.0%
吉林染料厂	10500	9.8%	11461	10.6%	6584	13.4%
吉林电石厂	5023	4.7%	4989	4.6%	4989	10.1%
合计	107043	100.0%	108323	100.0%	49299	100.0%

化学工业的 7 项建设中，实际完成投资占计划完成投资的比重高于 100.0% 的有 4 项，它们是：吉林染料厂 109.2%、吉林氮肥厂 107.2%、太原化工厂 106.1%、太原氮肥厂 102.6%；低于 100.0% 的有 3 项，它们是：吉林电石厂 99.3%、兰州合成橡胶厂 94.5%、兰州氮肥厂 92.6%。

"一五"时期完成投资占实际完成投资的比重有 2 项为 100.0%，它们是：吉林氮肥厂 100.0%、吉林电石厂 100.0%，表明它们都是"一五"时期全部建成的。其余依次为：吉林染料厂 57.4%、太原化工厂 49.1%、兰州氮肥厂 21.7%、兰州合成橡胶厂 8.6%、太原氮肥厂 1.1%。

表28 化学工业 7 项计划安排与实际完成投资的执行情况

（按实际完成投资占计划安排投资比重排序）

	计划安排投资（万元）	实际完成投资（万元）	实际完成投资占计划安排投资的比重	"一五"时期完成投资（万元）	"一五"时期完成投资占实际完成投资的比重
吉林染料厂	10500	11461	109.2%	6584	57.4%
吉林氮肥厂	24000	25722	107.2%	25722	100.0%
太原化工厂	11000	11670	106.1%	5730	49.1%

（续表）

	计划安排投资（万元）	实际完成投资（万元）	实际完成投资占计划安排投资的比重	"一五"时期完成投资（万元）	"一五"时期完成投资占实际完成投资的比重
太原氮肥厂	19000	19500	102.6%	208	1.1%
吉林电石厂	5023	4989	99.3%	4989	100.0%
兰州合成橡胶厂	12340	11664	94.5%	1000	8.6%
兰州氮肥厂	25180	23317	92.6%	5066	21.7%
总体情况	107043	108323	101.2%	49299	45.5%

化学工业的7项建设规模与形成生产能力相同，经过6年的建设，形成了合成氨15.4万吨、硝酸铵9.8万吨的生产能力。具体情况见表29。

表29 化学工业新增生产能力情况

	建设规模	形成生产能力	其中"一五"时期形成生产能力
吉林染料厂	合成染料及中间体7385吨	同规模	
吉林氮肥厂	合成氨5万吨，硝酸铵9万吨	同规模	
吉林电石厂	电石6万吨	同规模	
太原化工厂	硫酸4万吨，烧碱1.5万吨	同规模	
兰州合成橡胶厂	合成橡胶1.5吨	同规模	
太原氮肥厂	合成氨5.2万吨，硝酸铵9.8万吨	同规模	
兰州氮肥厂	合成氨5.2万吨，硝酸铵9.8万吨	同规模	
合计	合成氨15.4万吨，硝酸铵28.6万吨		

经过化工战线广大职工的努力，1957年胜利完成了第一个五年计划。1957年与1952年相比，主要化工产品有了成倍增长，硫酸达到63.2万吨，增长2.3倍；纯碱达到50.6万吨，增长1.6倍；烧碱达到19.8万吨，增长1.5倍；合成氨达到15.3万吨，化肥（标准化肥）达到73.63万吨，都增长了3倍；轮胎达到88万条，增长1.1倍；抗菌素（即抗生素）达到34.62吨，增长11.5倍。农药和其他一批化工产品从无到有，农药达6.5万吨，硫铁矿（按含硫35%计）149万吨，磷矿（按含P_2O_5 30%计）31万吨。化学工业总产

值达到 26.53 亿元，增长 2.4 倍。工业布局除沿海仍占主要比重，内地的比重开始上升。化学工业的迅速发展，基本上适应了经济建设和人民生活的需要。[1]

九、医药工业

轻工业部医药工业管理局成立后，加强了全国医药工业的领导和统一管理，充分发挥中央和地方两方面的积极性，从 1953 年开始有计划有步骤地建设医药工业。根据发展国民经济的第一个五年计划纲要，集中主要力量建设规模较大的抗生素、磺胺药等新厂，以解决主要药品的自给问题；各大行政区和省市也根据本地需要新建或扩建一批药厂；还对老厂适当投资，进行必要的改造和扩建，挖掘生产潜力。1956 年成立化学工业部，医药工业划归化工系统。

华北制药厂和太原磺胺厂，都是国家第一个五年计划的重点建设项目。华北制药厂是一个大型医药联合企业，1953 年开始筹建，由抗生素厂、淀粉分厂、玻璃分厂组成。抗生素厂和淀粉分厂分别由苏联保健部和食品工业部负责设计，提供成套设备。玻璃分厂由苏联转包给民主德国负责设计并提供设备。设计能力为年产青霉素和链霉素 85.6 吨、葡萄糖 3362 吨，淀粉 1.49 万吨，以及玉米浆、玉米油和为抗生素生产配套的各种玻璃瓶。总投资 7400 万元。轻工业部和化学工业部集中了人力、物力和财力，从全国轻工、医药系统选调干部和老工人支援华北制药厂，医药工业管理局的主要领导干部兼任筹备处主任和厂长，在现场指挥建设。经过充分准备，于 1955 年破土动工，1958 年 6 月建成投产，形成固定资产 7200 万元，投产当年即实现利税 1.27 亿元，为建设投资的 1.7 倍。在建设过程中和建成以后，刘少奇、周恩来、朱德、邓小平、彭真、彭德怀等党和国家领导人曾先后到该厂视察。

华北制药厂这个大型医药联合企业，建设周期短、投资省、见效快，

---

[1]《当代中国》丛书编辑部编：《当代中国的化学工业》，中国社会科学出版社 1986 年版，第 17 页。

为建设医药企业积累了经验。它的建成，扭转了我国青霉素、链霉素长期依赖进口的局面。建厂以来，通过选育高产优良菌种，改革生产工艺，综合利用资源，使发酵单位和收率不断提高，产量增加，成本降低，质量改善。到1983年，抗生素年产量已达1802吨，品种增加到69种，累计上缴利税35亿多元，并向各地新建的抗生素厂输送了大批干部和技术工人，成为我国发展抗生素工业的重要基地。

太原磺胺厂（即后来的太原制药厂）于1953年开始筹建，由苏联负责设计。第一期工程的主要生产车间和公用工程于1959年建成。1957年，鉴于磺胺药的许多品种在国内已有大量生产，化学工业部决定改变原设计方案，建设包括新磺胺药、维生素、合霉素等品种的综合性化学合成制药企业，改由上海医药工业设计院设计；并作为第二期工程，列入第二个五年计划进行建设。[1]

在苏联援建的156项重点项目中，医药工业2项，占项目总数的七十五分之一。医药工业实际实施的2项是：华北制药厂、太原制药厂。医药工业2项全部为新建项目。

从1954年到1958年，历经4年时间，医药工业的2项全部建成。医药工业的2项都是1954年开始施工、1958年竣工的，建设周期都为4年。

医药工业计划安排投资9537万元，实际完成投资9542万元，实际完成投资占计划安排投资的100.1%；其中，"一五"时期完成投资7135万元，"一五"时期完成投资占实际完成投资的74.8%。

医药工业计划安排投资9537万元的具体安排情况是：华北制药厂8037万元，占84.3%；太原制药厂1500万元，占15.7%。

实际完成投资9542万元的具体情况是：华北制药厂7626万元，占79.9%；太原制药厂1916万元，占20.1%。

"一五"时期实际完成投资7135万元的具体情况是：华北制药厂6775万元，占95.0%；太原制药厂360万元，占5.0%。

---

[1]《当代中国》丛书编辑部编：《当代中国的化学工业》，中国社会科学出版社1986年版，第336—337页。

表30　医药工业2项投资额的具体构成情况

（按实际完成投资排序）

	计划安排投资		实际完成投资		"一五"时期完成投资	
	绝对数（万元）	相对数	绝对数（万元）	相对数	绝对数（万元）	相对数
华北制药厂	8037	84.3%	7626	79.9%	6775	95.0%
太原制药厂	1500	15.7%	1916	20.1%	360	5.0%
合计	9537	100.0%	9542	100.0%	7135	100.0%

医药工业的2项建设中，实际完成投资占计划完成投资的比重高于100.0%的有1项，即太原制药厂为127.7%；低于100.0%的有1项，即华北制药厂为94.9%。

"一五"时期完成投资占实际完成投资的比重是：华北制药厂88.8%、太原制药厂18.8%。

表31　医药工业2项计划安排与实际完成投资的执行情况

（按实际完成投资占计划安排投资比重排序）

	计划安排投资（万元）	实际完成投资（万元）	实际完成投资占计划安排投资的比重	"一五"时期完成投资（万元）	"一五"时期完成投资占实际完成投资的比重
太原制药厂	1500	1916	127.7%	360	18.8%
华北制药厂	8037	7626	94.9%	6775	88.8%
总体情况	9537	9542	100.1%	7135	74.8%

医药工业的2项建设规模与形成生产能力相同，经过4年的建设，形成了青霉素、链霉素等115吨和磺胺1200吨的生产能力。

表32　医药工业新增生产能力情况

	建设规模	形成生产能力	其中"一五"时期形成生产能力
华北制药厂	青霉素、链霉素等115吨	同规模	
太原制药厂	磺胺1200吨	同规模	

到1957年底，我国医药工业已初具规模，共有国营药厂43个，公私合营药厂138个；六大类化学原料药总产量达到2196吨，比1952年增长23.9倍；针剂产量7.3亿支，片剂产量272亿片，分别比1952年增长2.65倍和4.55倍；总产值15.33亿元（按1952年不变价），比1952年增长3.29倍，平均每年增长26.9%。

1958年，医药工业开始执行第二个五年计划。以生产青霉素、金霉素、维生素B_{12}等产品为主的四川抗菌素厂动工兴建。1959年3月，太原制药厂第二期工程开始施工，1960年建成。各地还根据需要重点建设了一批中、小型药厂，其中有上海第二制药厂、武汉抗菌素厂、福州抗菌素厂；河南省制药厂建设了新厂区（后改名开封制药厂）；少数民族地区的新疆制药厂、延吉制药厂，也在这个时期建成。

许多药厂都组织了新产品研制小组。一些生产制剂的小厂开始研究生产原料药。专业科研单位与生产单位、大专院校相结合，成功试制了一些技术难度较大的产品，如上海通用药厂、华联药厂等在上海医药工业研究所配合下，试制成功了我国第一个甾体激素产品黄体酮。这一时期还研制成功抗生素、新磺胺药、维生素、解热药、抗癌药等一批新品种。此外，还研制生产了多种为原料药配套的化工产品。[1]

十、轻工业

1949年新中国成立时，我国轻工业的生产水平是很低的。当时全国轻工业系统的总产值仅有48.4亿元[2]，按同年的全国人口5.4亿人计算，每人年均产值还不到9元。在当时的轻工业总产值中，包括了大量手工业产品的产值，真正属于现代工业生产的轻工业产品的产值比重就更小。主要轻工业产品的产量，大多数也是很低的。不仅比工业生产先进的国家低，而且也大大

---

[1]《当代中国》丛书编辑部编：《当代中国的化学工业》，中国社会科学出版社1986年版，第340页。

[2] 这一产值是以轻工业部归口管理的产品和各行业为基础，按1952年不变价格测算出来的。

落后于我国历史上的最高水平。[1]

在三年恢复时期中,轻工业生产有了迅速的发展,年平均递增速度达到31.4%,主要轻工业产品产量有了成倍增长,接近以至超过了历史上的最高年产量。随着轻工业生产的发展,新产品、新品种日益增多。如造纸工业生产的卷筒新闻纸、感光纸、绝缘纸、油毡原纸,制革工业生产的工业用轮带革和纺织工业用的皮辊、皮圈革,文教用品工业生产的打字机、计算器等。在增加产量和扩大品种的同时,产品质量也在不断提高。

总之,在短短3年的时间,新中国轻工业的生产建设得到了迅速的恢复并有了发展。这一成就不仅对整个国民经济的恢复和发展起到了积极的作用,而且为实行第一个五年计划打下了良好的基础。[2]

我国第一个五年计划的工业建设,是以建设重工业为中心,计划规定重工业投资的比重大,轻工业投资的比重小,轻工业投资比重又比纺织工业要小。按照当时的计划安排,在按工业管理部门分类中,轻工业部投资只有6.9亿元,占整个工业投资的2.6%,在工业中按两大部类的投资分配,消费资料工业的投资只有29.8亿元,占工业总投资的11.2%,与生产资料工业的投资比例为1∶8。

当时,对轻工业投资安排较少,除了由于重工业的基础很薄弱,亟须扩大,以促进国民经济的全面发展,还有以下因素:(1)在轻工业中私营企业比重大,一般占80%左右,许多轻工业行业、企业的设备利用率比较低,原料供应不足,生产潜力比较大;(2)在消费品生产中,人民生活需要的许多产品,有相当大的一部分可以依靠手工业生产来补充;(3)在公私合营企业的公积金和私营企业的盈利中,逐年有一部分可以投入扩建和新建的项目使用;(4)轻工业企业的建设同重工业比,周期比较短,投资比较少,收效比较快,如果在执行中发现某些行业生产能力不足时,可以在年度计划中考虑追加建设任务。

轻工业在第一个五年计划中虽不是建设的重点,但是相应地发展轻工业

---

[1]《当代中国》丛书编辑部编:《当代中国的轻工业》(上),中国社会科学出版社1985年版,第132页。

[2]《当代中国》丛书编辑部编:《当代中国的轻工业》(上),中国社会科学出版社1985年版,第135页。

的任务还是很重的。它必须有计划按比例地发展，以适应整个国民经济的需要。这是因为：（1）轻工业品必须满足人民增长的需要。当时轻工业基础薄弱，技术落后，生产结构不合理，一方面有些行业生产能力有余；另一方面却是有些产品在数量上或在品种、规格、质量上都不能满足需要，有些社会需要的产品还不能生产。第一个五年计划提出1957年社会商品零售总额计划比1952年增长80%左右，要求轻工业生产增长必须与社会商品零售总额增长速度相适应。（2）轻工业还要配合重工业和其他事业的发展。如重工业需要的工业技术用纸，新闻、出版单位需要的新闻纸和凸版印刷纸，酸碱工业需要的盐等。（3）要积极为第一个五年计划积累建设资金。轻工业积累资金一般具有更多更快的特点，它在为社会主义工业化积累资金中负有重要的任务。

"一五"计划时期，国家分配给轻工业的投资比较少，轻工业只能抓住几个重点行业来建设。当时，国家确定轻工业的建设重点是造纸、制糖、制盐3个行业。实际执行结果是，轻工业部系统（包括中央和地方在内）5年内完成投资14.6亿元，其中上述3个重点行业占了60%。[1]

在苏联援建的156项重点项目中，轻工业1项，占项目总数的一百五十分之一。轻工业实际实施的1项是佳木斯造纸厂。佳木斯造纸厂1953年开始施工，1957年竣工，建设周期4年。佳木斯造纸厂计划安排投资9719万元，实际完成投资10199万元，实际完成投资占计划安排投资的104.9%；其中，"一五"时期完成投资9613万元，"一五"时期完成投资占实际完成投资的94.3%。

佳木斯造纸厂形成生产能力与建设规模相同，经过4年的建设，形成水泥纸袋5万吨、铜网6万立方米的生产能力，其中，"一五"时期形成水泥纸袋5万吨的生产能力。

轻工业的基建任务完成较好。五年计划规定限额以上的施工项目34个（后又追加23个，合计为57个），其中规定建成29个，实际建成36个，超过计划7个。造纸、制糖、制盐行业的限额以上的建设项目，全都按期完

---

[1]《当代中国》丛书编辑部编：《当代中国的轻工业》（上），中国社会科学出版社1985年版，第160—161页。

成。5年完成限额以上的建设项目情况如表33。

表33 1953—1957年轻工业基建投资情况

项目	1953—1957年基建投资额（亿元）	比重（%）
轻工业部系统	14.6	100
纸、糖、盐合计	8.7	60
其中：造纸	3.8	26
制糖	4.1	28
制盐	0.8	6

"一五"时期轻工业的基本建设计划完成得较好，基本建设新增的生产能力大都超过了计划。在重点行业中，造纸工业5年新增生产能力24.9万吨，超过计划新增生产能力9.5万吨的1.6倍；制糖新增生产能力62万吨，比1952年的生产能力提高1倍以上；制盐工业新增生产能力151.3万吨；其他轻工业行业增加的生产能力，主要有自行车50万辆，缝纫机7.4万台，皮革24.5万张，日用搪瓷、日用陶瓷、玻璃瓶罐、保温瓶、自来水笔、乳品、罐头、酒精等行业的生产能力也都有不同程度的增长，酿酒行业中的贵州茅台、山西杏花村和浙江绍兴等几大名酒厂，也都通过扩建改造新增了生产能力。[1]

十一、航空工业

1951年4月18日，为适应空军建设，根据中央决定，重工业部设立航空工业局，统一负责飞机的一切修理工作，由段子俊任局长。同时指出：航空工业是具有高度技术性、政治性的一项新工作，"应尽大力予以援助，并及时进行监督指导"。同年7月，政务院任命重工业部代部长何长工兼任局长，由段子俊、陈一民、陈平任副局长。到9月，空军按照中央决定向重工

---

[1]《当代中国》丛书编辑部编：《当代中国的轻工业》（上），中国社会科学出版社1985年版，第161页。

业部移交修理工厂的工作全部完成。至此，航空工业局接收空军划归的工厂16个，兵器工业局划归的工厂2个，共18个，职工近万人。全国人民和人民军队渴望已久的航空工业终于在新中国的怀抱里诞生了。[1]

航空工业局成立以后，在组织修理前线急需飞机的同时，积极进行调查研究，提出了从修理过渡到制造的实施目标和具体方案。1951年12月，经过周恩来总理主持会议研究确定，航空工业开始执行三至五年内试制成功苏联雅克-18（Як-18）初级教练机和米格-15比斯（МИГ-15БИС）喷气式歼击机，并投入成批生产的计划。1952年春夏之际，周恩来、陈云、聂荣臻、李富春等中央领导人又多次召开会议，进一步研究航空工业建设的部署问题。李富春强调，要积极创造从修理过渡到制造必须具备的几个条件，即：整套的技术资料，整套的技术装备，必需的生产面积，保证原材料供应和有关工业部门的配合发展。陈云指出：飞机工厂严格地说就是精密机器的制造厂；由落后到先进、由简单到复杂，才合乎客观规律，急躁是不行的；飞机是由零件组成的，一定要把制造零件的基础打好，否则反而会慢，欲速则不达。他还特别强调，把航空工业建设放在优先地位，不会犯原则性错误。1952年5月，由聂荣臻主持的中央军委会议作出了《关于航空工业建设的决议案》，对创建时期的主要工作进行了部署。7月，周总理对航空工业一年多来的工作情况进行检查，重申了航空工业的发展方针、原则和基本建设规划，并进一步作出轻型轰炸机工厂建设的安排。8月，为了加强对国防工业和航空工业的领导，中共中央、中央人民政府决定成立第二机械工业部，即国防工业部，任命赵尔陆为部长兼航空工业局局长，同时任命王西萍为航空工业局第一副局长、分党组书记。这一系列的重大决策和精心筹划，构成了航空工业第一个五年计划的建设大纲，揭开了由修理走向制造的序幕。[2]

1953年5月，中苏两国政府签订了苏联援助中国建设141个重点项目

---

[1]《当代中国》丛书编辑部编：《当代中国的航空工业》，中国社会科学出版社1988年版，第16页。

[2]《当代中国》丛书编辑部编：《当代中国的航空工业》，中国社会科学出版社1988年版，第21页。

（以后增加到156项）的协定。其中，航空工业有12项[1]，包括飞机制造厂、航空发动机制造厂和机载设备制造厂，构成了航空工业的第一批骨干企业，也是航空工业"一五"计划大规模建设的重点。

整个建设是按照确保飞机制造的进度、尽快发挥投资效果的要求，分梯次展开的。从1953年起，首先建设南昌飞机厂（制造活塞式教练机）、株洲航空发动机厂（制造活塞式发动机）、沈阳飞机厂（制造喷气式歼击机）和沈阳航空发动机厂（制造喷气式发动机）。其中，除沈阳航空发动机厂是依靠老厂支援建设的新厂，其余三个厂都是由原来的修理厂改扩建而成的。这几个主机厂，即飞机、发动机厂建成以后，从1956年起，建设重点转移到配套的辅机厂，即机载设备厂，主要有西安的飞机附件厂和发动机附件厂，陕西兴平的航空电气厂和机轮刹车附件厂，宝鸡的航空仪表厂等。

所有上述各类工厂，技术先进，设备精良，成为当时国内高级精密的机械加工企业。其投资和建设难度都比较大，因此国家给予特别重视。"一五"计划期间，航空工业基本建设投资有充分的保障，设备基本上是从苏联成套购买的。从中央到地方的各部门对航空工业建设关怀备至，几乎是有求必应。在建设急需设备而国外又供应不及时的时候，经政务院财经委员会副主任薄一波批准，特许打开国家储备仓库让航空工业挑选。沈阳航空发动机厂一次就选用设备553台。江西省省长邵式平、沈阳市委书记焦若愚，都亲自组织领导当地航空工厂的建设。邵式平还担任南昌飞机厂建厂委员会主任。焦若愚多次召开会议，检查、督促和协调建设进度。为保证沈阳飞机厂试飞跑道的施工力量，沈阳市曾削减当年市政建设工程量的三分之一。从中央到地方，各级领导的重视与支持，是航空工业建设顺利进行的根本保证。

这批骨干企业在建设中，充分利用多数厂址坐落在大、中城市，地质、水文情况清楚，交通运输便利，以及生产产品对象明确，并有定型的图纸技术资料等有利条件，果断地采用一边设计、一边建设、一边生产的做法。厂房建成一部分，就验收一部分，使用一部分。设备也是一面安装，一面验收，一面投入生产。差不多所有大型厂房，都是土建、安装和生产交错进

---

[1] 另一种说法认为，航空工业列入156项工程的有13项。见《当代中国》丛书编辑部编：《当代中国的航空工业》，中国社会科学出版社1988年版，第23页。

行。施工队伍和工厂的领导干部、技术人员、工人紧密协同，日夜奋战。加之当时又实行以老带新、老厂包建新厂的办法，有效地缩短了建设周期，提高了投资效果，迅速形成生产能力。[1]

航空工业列入156项重点建设项目的12项是：黑龙江120厂、黑龙江122厂、辽宁410厂、辽宁112厂、江西320厂、湖南331厂、陕西113厂、陕西114厂、陕西115厂、陕西212厂、陕西514厂、陕西422厂。黑龙江、辽宁、江西、湖南的6项为改建项目，陕西的6项都是新建项目。

从1953年到1955年的2年间，航空工业的12项陆续开始施工。1953年开始施工的项目有6项，它们是：黑龙江120厂、黑龙江122厂、辽宁410厂、辽宁112厂、江西320厂、陕西114厂；1955年开始施工的项目有6项，它们是：湖南331厂、陕西113厂、陕西115厂、陕西212厂、陕西514厂、陕西422厂。

历经9年时间，航空工业的7项全部建成。1955年竣工的项目有2项，它们是：黑龙江120厂、黑龙江122厂；1956年竣工的项目有1项，是湖南331厂；1957年竣工的项目有6项，它们是：辽宁410厂、辽宁112厂、江西320厂、陕西114厂、陕西113厂、陕西212厂；1958年竣工的项目有1项，是陕西422厂；1962年竣工的项目有2项，它们是：陕西115厂、陕西514厂。

航空工业的12项最长的建设周期是7年，最短的是1年，平均建设周期3.5年。具体情况是：陕西115厂、陕西514厂建设周期都为7年；辽宁410厂、辽宁112厂、江西320厂、陕西114厂建设周期都为4年；陕西422厂建设周期为3年；黑龙江120厂、黑龙江122厂、陕西113厂和陕西212厂建设周期都为2年；湖南331厂建设周期为1年。

航空工业计划安排投资88267万元，实际完成投资91915万元，实际完成投资占计划安排投资的104.1%；其中，"一五"时期完成投资85288万元，"一五"时期完成投资占实际完成投资的92.8%。

航空工业计划安排投资88267万元的具体安排情况是：辽宁410厂

---

[1]《当代中国》丛书编辑部编：《当代中国的航空工业》，中国社会科学出版社1988年版，第23页。

18807万元，占21.3%；辽宁112厂16396万元，占18.6%；江西320厂9680万元，占11.0%；黑龙江122厂7514万元，占8.5%；湖南331厂5693万元，占6.5%；陕西514厂5597万元，占6.3%；陕西114厂4860万元，占5.5%；陕西212厂4338万元，占4.9%；黑龙江120厂4330万元，占4.9%；陕西115厂3799万元，占4.3%；陕西422厂3788万元，占4.3%；陕西113厂3465万元，占3.9%。

实际完成投资91915万元的具体情况是：辽宁112厂20268万元，占22.1%；辽宁410厂19502万元，占21.2%；江西320厂8936万元，占9.7%；黑龙江122厂7167万元，占7.8%；湖南331厂5893万元，占6.4%；陕西514厂5597万元，占6.1%；陕西114厂5066万元，占5.5%；黑龙江120厂4240万元，占4.6%；陕西115厂4209万元，占4.6%；陕西113厂4014万元，占4.4%；陕西422厂3890万元，占4.2%；陕西212厂3133万元，占3.4%。

"一五"时期实际完成投资85288万元的具体情况是：辽宁410厂19502万元，占22.9%；辽宁112厂17976万元，占21.1%；江西320厂8936万元，占10.5%；黑龙江122厂7167万元，占8.4%；湖南331厂5893万元，占6.9%；陕西114厂5066万元，占5.9%；黑龙江120厂4240万元，占5.0%；陕西115厂4209万元，占4.9%；陕西113厂4014万元，占4.7%；陕西422厂3501万元，占4.1%；陕西514厂2470万元，占2.9%；陕西212厂2314万元，占2.7%。

表34　航空工业12项投资额的具体构成情况

（按实际完成投资排序）

	计划安排投资		实际完成投资		"一五"时期完成投资	
	绝对数（万元）	相对数	绝对数（万元）	相对数	绝对数（万元）	相对数
辽宁112厂	16396	18.6%	20268	22.1%	17976	21.1%
辽宁410厂	18807	21.3%	19502	21.2%	19502	22.9%
江西320厂	9680	11.0%	8936	9.7%	8936	10.5%
黑龙江122厂	7514	8.5%	7167	7.8%	7167	8.4%
湖南331厂	5693	6.5%	5893	6.4%	5893	6.9%

（续表）

	计划安排投资		实际完成投资		"一五"时期完成投资	
	绝对数（万元）	相对数	绝对数（万元）	相对数	绝对数（万元）	相对数
陕西514厂	5597	6.3%	5597	6.1%	2470	2.9%
陕西114厂	4860	5.5%	5066	5.5%	5066	5.9%
黑龙江120厂	4330	4.9%	4240	4.6%	4240	5.0%
陕西115厂	3799	4.3%	4209	4.6%	4209	4.9%
陕西113厂	3465	3.9%	4014	4.4%	4014	4.7%
陕西422厂	3788	4.3%	3890	4.2%	3501	4.1%
陕西212厂	4338	4.9%	3133	3.4%	2314	2.7%
合计	88267	100.0%	91915	100.0%	85288	100.0%

航空工业的12项建设中，实际完成投资占计划完成投资的比重高于100.0%的有8项，它们是：辽宁112厂123.6%、陕西113厂115.8%、陕西115厂110.8%、陕西114厂104.2%、辽宁410厂103.7%、湖南331厂103.5%、陕西422厂102.7%、陕西514厂100.0%；低于100.0%的有4项，它们是：黑龙江120厂97.9%、黑龙江122厂95.4%、江西320厂92.3%、陕西212厂72.2%。

"一五"时期完成投资占实际完成投资的比重有8项为100.0%，它们是：黑龙江120厂、黑龙江122厂、辽宁410厂、江西320厂、湖南331厂、陕西113厂、陕西114厂、陕西115厂，表明它们都是"一五"时期全部建成的。其余依次为：陕西422厂90.0%、辽宁112厂88.7%、陕西212厂73.9%、陕西514厂44.1%。

表35　航空工业12项计划安排与实际完成投资的执行情况

（按实际完成投资占计划安排投资比重排序）

	计划安排投资（万元）	实际完成投资（万元）	实际完成投资占计划安排投资的比重	"一五"时期完成投资（万元）	"一五"时期完成投资占实际完成投资的比重
辽宁112厂	16396	20268	123.6%	17976	88.7%
陕西113厂	3465	4014	115.8%	4014	100.0%

（续表）

	计划安排投资（万元）	实际完成投资（万元）	实际完成投资占计划安排投资的比重	"一五"时期完成投资（万元）	"一五"时期完成投资占实际完成投资的比重
陕西115厂	3799	4209	110.8%	4209	100.0%
陕西114厂	4860	5066	104.2%	5066	100.0%
辽宁410厂	18807	19502	103.7%	19502	100.0%
湖南331厂	5693	5893	103.5%	5893	100.0%
陕西422厂	3788	3890	102.7%	3501	90.0%
陕西514厂	5597	5597	100.0%	2470	44.1%
黑龙江120厂	4330	4240	97.9%	4240	100.0%
黑龙江122厂	7514	7167	95.4%	7167	100.0%
江西320厂	9680	8936	92.3%	8936	100.0%
陕西212厂	4338	3133	72.2%	2314	73.9%
总体情况	88267	91915	104.1%	85288	92.8%

国家的高度重视和正确的决策，以及全国经济建设高潮的有力推动，使航空工业取得了第一个五年计划建设的丰硕成果。五年共建成企事业单位42个，平均每年建成8个以上。其中，工厂19个，学校19所，仓库4座。原定五年的基本建设计划提前一年完成。12个国家重点建设项目，有8个提前一年到一年半建成，4个按期建成。完成的项目经国家验收，质量全部达到"良好"。工厂建成后迅速投产，使固定资产投资动用率达到82.7%。到1957年底，航空工业拥有建筑面积355万平方米；金属切削设备11160台，是1952年的5.5倍；职工10万人，是1952年的3.3倍。所有这些，使航空工业的物质技术基础发生了重大变化：从一个只能进行飞机修理的比较小的行业，变成了具备成批制造活塞式教练机和喷气式歼击机能力的新兴产业，成为国家重要的高级精密机械制造部门。这是新中国成立初期经济建设中的一项重大成就。[1]

---

[1]《当代中国》丛书编辑部编：《当代中国的航空工业》，中国社会科学出版社1988年版，第26页。

十二、电子工业

作为军民结合的电子工业归属国防工业，这是由当时的形势决定的。20世纪50年代初期，电子工业处于萌芽阶段，产品很少，它在国民经济中的作用还没有被普遍认识，而在长期战争环境中，人们对军用电子装备的重要性却有深刻的体会，归口国防工业系统，可以得到部队和国防工业部门的关心和支持，有利于通过国防建设带动电子工业的发展。因此，归属国防工业以后，并没有改变电子产品军民两用的性质。军民结合、平战结合，始终是电子工业的发展方针。

电子工业归属国防工业以后，第二机械工业部第十局加强了对全国电子工业的规划和统一领导，从体制上解决了建设投资渠道问题。同时，苏联和民主德国援建的工程项目也被正式列入国家基本建设计划。所有这一切，都为电子工业有计划地进行大规模的建设准备了条件。

根据中共中央制定的过渡时期总路线的精神，为了改变电子工业严重落后的面貌，1953年，第二机械工业部确定电子工业在第一个五年计划时期的主要任务是：第一，建设无线电基础工业和一些缺门工业，把电子管厂和无线电元件厂的建设放到优先位置；为适应国防现代化建设的急需，要建设一批雷达工厂和为航空配套的飞机电台及导航设备工厂；在民用工业方面，主要建设自动电话交换机工厂。同时，相应地建设科研和教育事业，以奠定电子工业发展的基础。第二，用现代化先进技术，逐步对原有电信工业企业进行技术改造和扩建改建工作。第三，对私营电信企业实行社会主义改造。

"一五"计划期间，国家将电子工业的建设摆到了重要位置，共投资5.55亿元，占全国总投资的1.1%，[1]列入苏联援建的重点建设项目的有10

---

[1]《当代中国》丛书编辑部编：《当代中国的电子工业》，中国社会科学出版社1987年版，第33页。

个[1]，它们是：北京774厂、北京738厂、陕西853厂、陕西782厂、四川784厂、四川788厂、四川715厂、陕西786厂、四川719厂、山西785厂。除北京774厂为改建项目，其余都是新建项目。

从1954年到1957年的3年间，电子工业10项陆续开始施工。1954年开始施工的项目有1项，是北京774厂；1955年开始施工的项目有5项，它们是：北京738厂、陕西853厂、四川715厂、陕西786厂、四川719厂；1956年开始施工的项目有2项，它们是：陕西782厂、山西785厂；1957年开始施工的项目有2项，它们是：四川784厂、四川788厂。

历经6年时间，电子工业10项全部建成。1956年竣工的项目有1项，是北京774厂；1957年竣工的项目有4项，它们是：北京738厂、四川715厂、四川719厂、陕西782厂；1958年竣工的项目有2项，它们是：陕西853厂、陕西786厂；1959年竣工的项目有1项，是山西785厂；1960年竣工的项目有2项，它们是：四川784厂、四川788厂。

电子工业的10项最长的建设周期是3年，最短的是1年，平均建设周期2.4年。具体情况是：陕西853厂、四川784厂、四川788厂、陕西786厂和山西785厂建设周期都为3年；北京774厂、北京738厂、四川715厂和四川719厂建设周期都为2年；陕西782厂建设周期为1年。

电子工业计划安排投资56612万元，实际完成投资47523万元，实际完成投资占计划安排投资的83.9%；其中，"一五"时期完成投资34337万元，"一五"时期完成投资占实际完成投资的72.3%。

电子工业计划安排投资56612万元的具体安排情况是：陕西786厂8426万元，占14.9%；陕西853厂7718万元，占13.6%；北京774厂7274万元，占12.9%；山西785厂6498万元，占11.5%；四川784厂6227万元，占11.0%；四川715厂5546万元，占9.8%；四川788厂4722万元，占8.3%；

---

[1] 另一种说法认为，电子工业列入重点建设项目的有11个，其中9个是苏联援建的全国156个重点工程中的项目，有1个是民主德国援助建设的无线电元件联合厂，还有1个是自行设计、苏联帮助技术指导建设的无线电广播发射机厂。苏联援助的9个项目中，有雷达厂3个、元件厂、电子管厂、自动电话交换机厂、高炮指挥仪厂、无线电复杂通讯机厂和探照灯厂各1个。高炮指挥仪厂因选址变更，推迟到"二五"计划时期开工。探照灯厂由于技术比较落后，不能适应现代战争的要求，后决定撤销，改为另建一个电子束管厂。因此，"一五"计划的11个重点项目，实际上马的有9个。见《当代中国》丛书编辑部编：《当代中国的电子工业》，中国社会科学出版社1987年版，第33页。

四川 719 厂 3817 万元，占 6.7%；陕西 782 厂 3595 万元，占 6.4%；北京 738 厂 2789 万元，占 4.9%。

实际完成投资 47523 万元的具体情况是：北京 774 厂 7901 万元，占 16.6%；陕西 786 厂 7327 万元，占 15.4%；山西 785 厂 7221 万元，占 15.2%；陕西 853 厂 6741 万元，占 14.2%；四川 784 厂 4143 万元，占 8.7%；四川 715 厂 3749 万元，占 7.9%；四川 788 厂 3332 万元，占 7.0%；陕西 782 厂 2434 万元，占 5.1%；北京 738 厂 2411 万元，占 5.1%；四川 719 厂 2264 万元，占 4.8%。

"一五"时期实际完成投资 34337 万元的具体情况是：北京 774 厂 7901 万元，占 23.0%；陕西 786 厂 7015 万元，占 20.4%；陕西 853 厂 4927 万元，占 14.4%；四川 715 厂 3749 万元，占 10.9%；陕西 782 厂 2434 万元，占 7.1%；北京 738 厂 2411 万元，占 7.0%；四川 719 厂 2264 万元，占 6.6%；山西 785 厂 1384 万元，占 4.0%；四川 784 厂 1353 万元，占 4.0%；四川 788 厂 899 万元，占 2.6%。

表 36　电子工业 10 项投资额的具体构成情况

（按实际完成投资排序）

	计划安排投资		实际完成投资		"一五"时期完成投资	
	绝对数（万元）	相对数	绝对数（万元）	相对数	绝对数（万元）	相对数
北京 774 厂	7274	12.9%	7901	16.6%	7901	23.0%
陕西 786 厂	8426	14.9%	7327	15.4%	7015	20.4%
山西 785 厂	6498	11.5%	7221	15.2%	1384	4.0%
陕西 853 厂	7718	13.6%	6741	14.2%	4927	14.4%
四川 784 厂	6227	11.0%	4143	8.7%	1353	4.0%
四川 715 厂	5546	9.8%	3749	7.9%	3749	10.9%
四川 788 厂	4722	8.3%	3332	7.0%	899	2.6%
陕西 782 厂	3595	6.4%	2434	5.1%	2434	7.1%
北京 738 厂	2789	4.9%	2411	5.1%	2411	7.0%
四川 719 厂	3817	6.7%	2264	4.8%	2264	6.6%
合计	56612	100.0%	47523	100.0%	34337	100.0%

电子工业的10项建设中，实际完成投资占计划完成投资的比重高于100.0%的有2项，它们是：山西785厂111.1%、北京774厂108.6%；低于100.0%的有8项，它们是：陕西853厂87.3%、陕西786厂87.0%、北京738厂86.4%、四川788厂70.6%、陕西782厂67.7%、四川715厂67.6%、四川784厂66.5%、四川719厂59.3%。

"一五"时期完成投资占实际完成投资的比重有5项为100.0%，它们是：北京774厂、北京738厂、陕西782厂、四川715厂、四川719厂，表明它们都是"一五"时期全部建成的。其余依次为：陕西786厂95.7%、陕西853厂73.1%、四川784厂32.7%、四川788厂27.0%、山西785厂19.2%。

表37　电子工业10项计划安排与实际完成投资的执行情况

（按实际完成投资占计划安排投资比重排序）

	计划安排投资（万元）	实际完成投资（万元）	实际完成投资占计划安排投资的比重	"一五"时期完成投资（万元）	"一五"时期完成投资占实际完成投资的比重
山西785厂	6498	7221	111.1%	1384	19.2%
北京774厂	7274	7901	108.6%	7901	100.0%
陕西853厂	7718	6741	87.3%	4927	73.1%
陕西786厂	8426	7327	87.0%	7015	95.7%
北京738厂	2789	2411	86.4%	2411	100.0%
四川788厂	4722	3332	70.6%	899	27.0%
陕西782厂	3595	2434	67.7%	2434	100.0%
四川715厂	5546	3749	67.6%	3749	100.0%
四川784厂	6227	4143	66.5%	1353	32.7%
四川719厂	3817	2264	59.3%	2264	100.0%
总体情况	56612	47523	83.9%	34337	72.3%

"一五"计划时期，全部电子工业共完成建筑面积171.8万平方米，新增固定资产3.8亿元。建成的项目一般建设周期短，工程质量好，经济效益高。如北京电子管厂总投资为1.028亿元，建筑面积141895平方米，其中厂区面积68181平方米，职工5200人，机械设备5717台（套）。1954年6月开工兴建，1956年6月交付国家验收投产，工程质量总评为优等，一次试车

即生产出合格的电子管，投产两年以后便回收了全部投资。成都宏明无线电器材厂、北京有线电厂、华北无线电器材联合厂的投资回收期分别为一年、两年、三年。

这一时期的建设特点，一是统一规划，重点明确，全国一盘棋，集中财力、物力、人力进行属于156个重点工程中的项目的建设。当时，除资金、物资集中用于重点建设，中央还按照统一部署，特地从各省市选了一批有较高文化和丰富经验的优秀领导干部支援电子工业重点项目的建设。二是尊重科学，在苏联专家的援助下，认真进行技术经济方案论证，严格按基本建设程序办事，较为充分地做好了建设前期的准备工作。三是除老厂、老所给予支援部分技术和管理骨干力量，还积极进行生产人员的培训以及技术资料的消化和各项生产的准备工作。四是城市建设同工厂建设同步进行。重点建设地区，如北京、西安、成都电子工业区的建设，都成立了总甲方，负责组织厂外工程建设。五是科研、教育事业的建设同工厂建设配套进行，实现了生产、科研、教育全面发展的好形势。"一五"计划期间的这些宝贵经验对以后电子工业的建设具有积极作用。[1]

十三、兵器工业

根据1953年5月中苏两国签订的《关于苏维埃社会主义共和国联盟政府援助中华人民共和国政府发展国民经济的协定》，苏联援助建设156项重点工程。其中兵器工业建设为16个项目。[2]1956年4月，中苏两国政府在北京又签订了补充援建协定，其中兵器工业有6个项目。这些项目既有新兴行业也有补缺配套的工程，其中包括坦克、高射武器、航空武器、水中兵器以及

---

[1]《当代中国》丛书编辑部编：《当代中国的电子工业》，中国社会科学出版社1987年版，第35页。

[2] 薄一波在其著作中也指出，兵器工业列入156项的有16项。见薄一波：《若干重大决策与事件的回顾》上卷，中共中央党校出版社1991年版，第32页。另一种说法认为，兵器工业列入156项的有18项，见《当代中国》丛书编辑部编：《当代中国的兵器工业》，当代中国出版社1993年版，第387页。

配套的弹药、引信、火炸药和军用光学仪器等。这批项目工程规模大，技术水平高，建设投资额多，任务十分艰巨。

1952年秋开始，组建了基本建设管理、勘测、设计和施工等专业机构，有步骤地开展各项建设工作。

新厂建设大致分为三个阶段：1953年至1954年为建设前期工作阶段，1955年至1959年为全面施工阶段，1960年至1963年为工程收尾阶段。

"一五"计划期间，兵器工业的骨干工程建设全面展开。这次大规模建设，是在二机部统一领导下严格按照基本建设程序进行的。

在编制计划任务书、选择厂址过程中，严格按照国家有关规定，尊重科学，实事求是。对每一个项目都根据产品纲领、生产组织或工艺特点，以及原材料和能源流向、交通运输等因素，精打细算，核实占地面积、投资总额、建设期限和经济效益，进行了认真分析，制定了最佳方案。选择厂址从战略布局、地质、水文、地震、交通运输和通信条件、水源和电源及半成品供应网络、排污排水、地方建筑材料、劳动力来源以及职工物质文化生活条件等，进行全面衡量对比，最后确定厂址。为了选择厂址，选址人员跋山涉水，一个点一个点察勘，甚至跨越几个省，十分艰辛。如坦克制造工厂的厂址选择，起初把主机与发动机两个具有相互依存性的工厂定点在原材料丰富、能源充足、交通方便的包头。经过进一步考察，发现该地区常年风沙较大，不适宜发动机生产。经过多方比较，把发动机厂转到相距不远、交通方便的山西省大同地区，选址过程中三易其地。

水文、地质、气象资料，是工厂设计的重要依据。803厂筹建组会同勘测人员顶着烈日，沿河道步行百余里，察勘地形和古建筑，走访老人，了解水文、地震等第一手资料。447厂的选址用了一年时间，对厂区及其周围作了全面的勘测，实测面积达133平方公里，钻孔155个，钻孔深度达1927米，广泛地收集了有关气象、水文、矿产、土壤、交通、工业、建筑材料、地震等方面资料150份。

工程设计则严格按照初步设计、技术设计和施工图设计三个阶段进行。中苏两国政府的协议规定：苏方承担技术设计和初步工程设计；中方除了为苏方工程设计提供必要的资料，还负担厂区施工图设计以及厂前区、生活区和室外工程的设计。兵器工业的工程设计队伍是一支年轻的专业技术力量，在"百年大计，质量第一"的方针指引下，一面学习一面工作，满足了工程施工的需要。

这批骨干项目大部分建在西北大孔性土壤地区，地表具有遇水湿陷的特性，勘测设计人员认真研究，找出了处理方法。大孔性土壤经过处理后，不但保证了工程质量，而且为国家建委编制《湿陷性黄土地区建筑规范》提供了翔实的第一手资料。二机部勘测公司在太原市兰村水厂的勘测定点，不但为新建企业用水提供了保证，而且为太原地区找到了一个可靠的主水源，获得山西省的好评。

经过两年紧张的前期工作，1955年开始了大规模的施工。尽管这些建设项目的前期准备比较充分，又有苏联专家指导，但第一次进行如此大规模建设，困难还是很多。突出的问题是新建项目多，工程量大。兵器工业根据国家国防建设的部署，运用集中力量打歼灭战的原则，分期分批施工建设。以坦克和航空配套项目为重点，纵向排队，集中人力、物力、财力，一批一批地进行建设。西安地区建设工程比较集中，有8个大型项目。根据总的配套要求，结合地区施工条件，优先安排了为航空工业配套的项目。列入第一批施工的847厂，建筑面积13万平方米，主要设备1300台，仅用了两年多的时间，就于1957年末建成投产，试制成功了航空火炮，保证了中国喷气式歼击机的配套需要。包头地区优先安排了617厂的建设，这是一个超大型企业，建筑面积55万平方米，主要设备5000多台，其中有中国第一台16吨模锻锤以及2000吨水压机等重型锻压设备，投资2亿多元。土建工程和安装工程十分庞大艰巨。由于厂址地处塞外，建设条件差，施工难度更大。但在中央和地方有关部门的大力支持下，组织全面施工，前后用了不到四年时间，就把一个大型工厂建成了，首次试制成功了中国的主战坦克，1959年国庆十周年阅兵大典中，生产的主战坦克驶过了天安门广场。

在建设兵工新厂的同时，国务院狠抓了相关的交通、能源、原材料以及城市公用事业的建设，与新厂统筹规划、配套建设、同步施工，使这些新厂建成后立即发挥了应有的能力。为了统一管理新厂建设与城市规划的协调工作，二机部在新建工厂集中的地区设立了总甲方办公室，有力地促进了与工厂建设有关的城市公用事业建设。在建设生产性设施的同时，也十分重视生活福利设施的建设，做到了生产与生活并举，实现了同步建设。这一系列同步建设的措施是卓有成效的，也是成功的经验。

1956年，在中国156项骨干工程的建设全面展开之际，国民经济出现了"过热"倾向。中共八届二中全会决定适当调整、压缩基本建设投资，合理调整各部门之间的比例关系。国防工业的投资重点是新兴的航空和电子工业，兵器工业面临投资减少的形势。是放慢建设进度，还是保证重点、放慢一般？经过认真分析，选择了后一条道路。1957年调整了工程项目，撤销了2个项目，其产品纲领分交其他工厂承担；压缩了6个项目的建设规模；缓建了1个项目。经过调整，兵器工业的建设规模同国家财力趋于协调，保证了总的建设步伐。到1959年末，这批新型企业大部分基本建成和全部竣工，设计和施工质量优良，建设效果好。加上经过技术改造的老企业，初步建成兵器工业生产体系，使武器装备的生产完全立足于国内。

1960年7月，苏联政府中断援建合同。当时兵器工业有两个项目正在全面施工，11个项目正进行设备安装，收尾工程繁重。苏联撤回专家，给兵器工业造成十分被动的局面。兵器工业建设者继承和发扬老兵工优良传统，奋发图强，自力更生继续建设。743厂制造炮弹的关键设备——专用水压机成套设备，苏联停止提供，太原重型机器厂和沈阳重型机器厂勇敢地承担了制造任务，它们密切配合，精心设计，精心制造，仅用了两年时间，就提供了符合要求的全套设备。

三个火药和炸药厂建设规模都比较大，专用设备也多，苏联中断设备供应后建设困难更大。兵器工业采取了分清轻重缓急、分期建设的办法，于20世纪60年代初就把重点生产线基本建成，其余工程延迟到60年代中期收尾建成。845厂地处秦岭脚下，为预防洪水与干旱，设计建成了大型梯级排洪工程与涝河水源工程，经受了特大洪水冲击的考验。805厂的工程设计，十分重视环境保护，对废水废气设计了行之有效的治理工程。

第二批协议中的三个军用光学仪器厂建设，也是在苏联中断援建协议、停止提供设计图纸与设备后，依靠自己的力量完成的。208厂由第五设计院负责施工设计，他们认真审核了苏方的技术设计，并根据新的情况修改了原设计方案。如：为提高熔炼车间的负荷能力，把5吨桥式吊车改为10吨钳式吊车；用于石英粉碎的球磨机干磨改为水轮碾湿粉碎，改善了工人劳动条件。218厂主厂房采用了双曲扁薄壳屋盖的新型结构，在设计上有所创新。

三个光学厂也是到60年代中期全部收尾竣工的。

苏联援建的24个项目，建设中虽然撤销了3个项目，调整了6个项目的规模，但从建设内容来说，基本上保持了原来24个项目的基本内容。这些项目累计投资21亿元，建筑面积近400万平方米，主要设备1.9万台。[1]

在苏联援建的156项重点项目中，兵器工业16项，占项目总数的十分之一。兵器工业实际实施的16项是：山西616厂、山西743厂、山西245厂、山西763厂、山西908厂、内蒙古447厂、内蒙古617厂、陕西847厂、陕西248厂、陕西803厂、陕西844厂、陕西843厂、陕西804厂、陕西845厂、甘肃805厂、山西884厂。兵器工业16项全部是新建项目。

从1953年到1956年的3年间，兵器工业的16项陆续开始施工。1953年开始施工的项目有1项，是山西743厂；1955年开始施工的项目有11项，它们是山西763厂、山西908厂、内蒙古447厂、陕西847厂、陕西248厂、陕西803厂、陕西844厂、陕西843厂、陕西804厂、陕西845厂、山西884厂；1956年开始施工的项目有4项，它们是山西616厂、山西245厂、内蒙古617厂、甘肃805厂。

历经7年时间，兵器工业的16项全部建成。具体情况是：1957年竣工的项目有2项，即陕西847厂、陕西248厂；1958年竣工的项目有7项，即山西743厂、山西763厂、山西908厂、陕西803厂、陕西845厂、山西616厂、内蒙古617厂；1959年竣工的项目有5项，即内蒙古447厂、陕西844厂、陕西843厂、山西884厂、山西245厂；1960年竣工的项目有2项，即陕西804厂、甘肃805厂。

兵器工业的16项最长的建设周期是5年，最短的是2年，平均建设周期3.3年。具体情况是：山西743厂和陕西804厂建设周期都为5年，内蒙古447厂、陕西844厂、陕西843厂、甘肃805厂和山西884厂建设周期都为4年，山西245厂、山西763厂、山西908厂、陕西803厂和陕西845厂建设周期都为3年，山西616厂、内蒙古617厂、陕西847厂和陕西248厂建设周期都为2年。

---

[1]《当代中国》丛书编辑部编:《当代中国的兵器工业》，当代中国出版社1993年版，第387—392页。

兵器工业计划安排投资216531万元，实际完成投资196195万元，实际完成投资占计划安排投资的90.6%；其中，"一五"时期完成投资144073万元，"一五"时期完成投资占实际完成投资的73.4%。

兵器工业计划安排投资216531万元的具体情况是：内蒙古617厂28073万元，占13.0%；陕西845厂27930万元，占12.9%；陕西844厂19706万元，占9.1%；内蒙古447厂18673万元，占8.6%；甘肃805厂16437万元，占7.6%；山西743厂16073万元，占7.4%；山西245厂15342万元，占7.1%；山西616厂11885万元，占5.5%；陕西843厂11000万元，占5.1%；陕西804厂9414万元，占4.3%；山西908厂9144万元，占4.2%；陕西803厂8440万元，占3.9%；山西763厂7113万元，占3.3%；陕西847厂6832万元，占3.2%；陕西248厂6740万元，占3.1%；山西884厂3729万元，占1.7%。

实际完成投资196195万元的具体情况是：内蒙古617厂27748万元，占14.1%；内蒙古447厂27720万元，占14.1%；陕西845厂27573万元，占14.1%；陕西844厂17878万元，占9.1%；山西245厂14849万元，占7.6%；山西743厂14189万元，占7.2%；陕西843厂10122万元，占5.2%；甘肃805厂8437万元，占4.3%；山西616厂8073万元，占4.1%；山西908厂6499万元，占3.3%；陕西803厂6234万元，占3.2%；陕西804厂6178万元，占3.1%；山西763厂5992万元，占3.1%；陕西248厂5686万元，占2.9%；陕西847厂5569万元，占2.8%；山西884厂3448万元，占1.8%。

"一五"时期实际完成投资144073万元的具体情况是：内蒙古617厂20577万元，占14.3%；陕西845厂18820万元，占13.1%；内蒙古447厂16857万元，占11.7%；山西245厂13913万元，占9.7%；陕西844厂10905万元，占7.6%；山西743厂9636万元，占6.7%；陕西843厂8093万元，占5.6%；山西616厂7682万元，占5.3%；陕西248厂5686万元，占3.9%；陕西803厂5680万元，占3.9%；陕西847厂5569万元，占3.9%；山西908厂5476万元，占3.8%；山西763厂4688万元，占3.2%；陕西804厂4473万元，占3.1%；甘肃805厂3544万元，占2.5%；山西884厂2474万元，占1.7%。

表 38　兵器工业 16 项投资额的具体构成情况

（按实际完成投资排序）

	计划安排投资 绝对数（万元）	计划安排投资 相对数	实际完成投资 绝对数（万元）	实际完成投资 相对数	"一五"时期完成投资 绝对数（万元）	"一五"时期完成投资 相对数
内蒙古 617 厂	28073	13.0%	27748	14.1%	20577	14.3%
内蒙古 447 厂	18673	8.6%	27720	14.1%	16857	11.7%
陕西 845 厂	27930	12.9%	27573	14.1%	18820	13.1%
陕西 844 厂	19706	9.1%	17878	9.1%	10905	7.6%
山西 245 厂	15342	7.1%	14849	7.6%	13913	9.7%
山西 743 厂	16073	7.4%	14189	7.2%	9636	6.7%
陕西 843 厂	11000	5.1%	10122	5.2%	8093	5.6%
甘肃 805 厂	16437	7.6%	8437	4.3%	3544	2.5%
山西 616 厂	11885	5.5%	8073	4.1%	7682	5.3%
山西 908 厂	9144	4.2%	6499	3.3%	5476	3.8%
陕西 803 厂	8440	3.9%	6234	3.2%	5680	3.9%
陕西 804 厂	9414	4.3%	6178	3.1%	4473	3.1%
山西 763 厂	7113	3.3%	5992	3.1%	4688	3.2%
陕西 248 厂	6740	3.1%	5686	2.9%	5686	3.9%
陕西 847 厂	6832	3.2%	5569	2.8%	5569	3.9%
山西 884 厂	3729	1.7%	3448	1.8%	2474	1.7%
合计	216531	100.0%	196195	100.0%	144073	100.0%

兵器工业 16 项的建设中，实际完成投资占计划完成投资的比重高于 100.0% 的有 1 项，即内蒙古 447 厂 148.4%；低于 100.0% 的有 15 项，它们是：内蒙古 617 厂 98.8%、陕西 845 厂 98.7%、山西 245 厂 96.8%、山西 884 厂 92.5%、陕西 843 厂 92.0%、陕西 844 厂 90.7%、山西 743 厂 88.3%、陕西 248 厂 84.4%、山西 763 厂 84.2%、陕西 847 厂 81.5%、陕西 803 厂 73.9%、山西 908 厂 71.1%、山西 616 厂 67.9%、陕西 804 厂 65.6%、甘肃 805 厂 51.3%。

"一五"时期完成投资占实际完成投资的比重有 2 项为 100.0%，它们是：

陕西 847 厂、陕西 248 厂，表明它们都是"一五"时期全部建成的。其余依次为：山西 616 厂 95.2%、山西 245 厂 93.7%、陕西 803 厂 91.1%、山西 908 厂 84.3%、陕西 843 厂 80.0%、山西 763 厂 78.2%、内蒙古 617 厂 74.2%、陕西 804 厂 72.4%、山西 884 厂 71.8%、陕西 845 厂 68.3%、山西 743 厂 67.9%、陕西 844 厂 61.0%、内蒙古 447 厂 60.8%、甘肃 805 厂 42.0%。

表39 兵器工业 16 项计划安排与实际完成投资的执行情况

（按实际完成投资占计划安排投资比重排序）

	计划安排投资（万元）	实际完成投资（万元）	实际完成投资占计划安排投资的比重	"一五"时期完成投资（万元）	"一五"时期完成投资占实际完成投资的比重
内蒙古 447 厂	18673	27720	148.4%	16857	60.8%
内蒙古 617 厂	28073	27748	98.8%	20577	74.2%
陕西 845 厂	27930	27573	98.7%	18820	68.3%
山西 245 厂	15342	14849	96.8%	13913	93.7%
山西 884 厂	3729	3448	92.5%	2474	71.8%
陕西 843 厂	11000	10122	92.0%	8093	80.0%
陕西 844 厂	19706	17878	90.7%	10905	61.0%
山西 743 厂	16073	14189	88.3%	9636	67.9%
陕西 248 厂	6740	5686	84.4%	5686	100.0%
山西 763 厂	7113	5992	84.2%	4688	78.2%
陕西 847 厂	6832	5569	81.5%	5569	100.0%
陕西 803 厂	8440	6234	73.9%	5680	91.1%
山西 908 厂	9144	6499	71.1%	5476	84.3%
山西 616 厂	11885	8073	67.9%	7682	95.2%
陕西 804 厂	9414	6178	65.6%	4473	72.4%
甘肃 805 厂	16437	8437	51.3%	3544	42.0%
总体情况	216531	196195	90.6%	144073	73.4%

经过几年的努力，这些项目全部竣工投产。这批项目的建成，填补了中国中型坦克、大中型口径高射炮、大口径炮弹、特种引信和火工品、航空火炮和弹药、水中兵器、防化器材、军用光学仪器等装备的空白，增加了

火药、炸药的生产能力，使中国兵器工业进入了世界20世纪50年代中期水平。[1]

十四、航天工业

20世纪50年代，世界上几个主要大国已经进入了所谓"原子时代"和"喷气时代"，航天技术也进入了一个新的发展时期，而当时我国还处在帝国主义的封锁、包围和威胁之下。我们要不受人欺负，就必须拥有现代化的武器装备。我们这样一个大国，靠购买武器来支撑国防是不可能的，而且也摆脱不了受制于人的被动局面。因此，在第一个五年计划中，国家把国防现代化建设摆在突出的地位。

在当时我国经济还十分落后、工业基础和科学技术力量还很薄弱的情况下，为了把有限的人力、物力、财力，集中使用在最重要、最急需、最能影响全局的方面并首先取得突破，党和国家决定重点发展以导弹、原子能为代表的尖端技术。为此，毛泽东主席、周恩来总理和其他中央领导人，专门听取了我国一些著名科学家的意见。如1956年4月，周恩来总理主持中央军委会议，听取了回国不久的火箭专家钱学森关于在我国发展导弹技术的规划设想。党中央果断作出的发展导弹技术的决策，指出了我国国防科学技术的一个重要的主攻方向，对我国的国防建设和科学技术的发展具有重大的战略意义。[2]

在苏联援建的156项重点项目中，航天工业2项。航天工业实际实施的2项是：北京211厂、辽宁111厂。前者为新建项目，后者为改建项目。

1953年、1954年，航天工业的2项陆续开始施工。辽宁111厂是1953年开始施工的，北京211厂是1954年开始施工的。

历经4年时间，航天工业的2项全部建成。具体情况是：辽宁111厂

---

[1]《当代中国》丛书编辑部编：《当代中国的兵器工业》，当代中国出版社1993年版，第392页。
[2]《当代中国》丛书编辑部编：《当代中国的航天事业》，中国社会科学出版社1986年版，第7页。

1956年竣工，北京211厂1957年竣工。航天工业的2项的建设周期都是3年。

航天工业计划安排投资13538万元，实际完成投资8941万元，实际完成投资占计划安排投资的66.0%；其中，"一五"时期完成投资8941万元，"一五"时期完成投资占实际完成投资的100.0%。

航天工业计划安排投资13538万元的具体情况是：辽宁111厂7181万元，占53.0%；北京211厂6357万元，占47.0%。

实际完成投资8941万元的具体情况是：北京211厂5502万元，占61.5%；辽宁111厂3439万元，占38.5%。

"一五"时期实际完成投资8941万元的具体情况是：北京211厂5502万元，占61.5%；辽宁111厂3439万元，占38.5%。

表40　航天工业2项投资额的具体构成情况

（按实际完成投资排序）

	计划安排投资		实际完成投资		"一五"时期完成投资	
	绝对数（万元）	相对数	绝对数（万元）	相对数	绝对数（万元）	相对数
北京211厂	6357	47.0%	5502	61.5%	5502	61.5%
辽宁111厂	7181	53.0%	3439	38.5%	3439	38.5%
合计	13538	100.0%	8941	100.0%	8941	100.0%

航天工业的2项建设中，实际完成投资占计划完成投资的比重都低于100.0%，即北京211厂86.6%、辽宁111厂47.9%。但"一五"时期完成投资占实际完成投资的比重2项都为100.0%，表明它们都是"一五"时期全部建成的。

表41　航天工业2项计划安排与实际完成投资的执行情况

（按实际完成投资占计划安排投资比重排序）

	计划安排投资（万元）	实际完成投资（万元）	实际完成投资占计划安排投资的比重	"一五"时期完成投资（万元）	"一五"时期完成投资占实际完成投资的比重
北京211厂	6357	5502	86.6%	5502	100.0%

（续表）

	计划安排投资（万元）	实际完成投资（万元）	实际完成投资占计划安排投资的比重	"一五"时期完成投资（万元）	"一五"时期完成投资占实际完成投资的比重
辽宁111厂	7181	3439	47.9%	3439	100.0%
总体情况	13538	8941	66.0%	8941	100.0%

1958年，在苏联专家的帮助下，我国一方面开始进行导弹研制基地和发射场的建设，一方面开始仿制苏联P-2近程地地导弹（工程代号为"1059"）和几种战术导弹。仿制工作的开展，加速了我国掌握导弹、火箭技术的步伐。

1960年赫鲁晓夫背信弃义，撕毁协议，从反面激发了我国导弹研制人员自力更生、发愤图强的精神。他们刻苦学习，边学边干，克服工艺技术、器材设备以及火箭燃料等方面的重重困难，把仿制P-2导弹的工作继续推向前进。[1]

十五、船舶工业

1950年5月18日，中央人民政府主席毛泽东在致苏联部长会议主席斯大林的函中提出，为了更快地巩固中国国防，加强中国海军建设，请苏联政府给予经济援助。函中具体提到，为建造护航驱逐舰、大型猎潜艇、基地扫雷艇、远航鱼雷快艇、装甲艇等，请许可输入材料、发动机、辅助机器和武器，在中国船厂建造。朝鲜战争爆发后，根据毛泽东首次视察海军的指示，海军对购买舰艇的计划作了调整。

1952年4月，中国政府派海军司令员萧劲光、副司令员罗舜初等赴苏，与苏联指派的海军部代表商谈用贷款方式购买一批海军战斗舰艇及成套材料和设备。经多次协商，苏方同意将部分舰艇及其建造技术有偿地转让给中

---

[1]《当代中国》丛书编辑部编：《当代中国的航天事业》，中国社会科学出版社1986年版，第15页。

国，在中国船厂进行装配建造。1953年6月4日，中苏两国政府全权代表在莫斯科正式签订了"六四"协定。协定规定，在中国船厂建造期间，苏联向中国派遣技术专家给予指导，并接收中国造船人员在苏联工厂进行培训。[1]

在苏联援建的156项重点项目中，船舶工业4项，占项目总数的三十七分之一强。船舶工业实际实施的4项是：辽宁431厂、河南407厂、陕西408厂、山西874厂。船舶工业的4项都是新建项目。

从1956年到1958年的2年间，船舶工业的4项陆续开始施工。1956年开始施工的项目有3项，它们是辽宁431厂、河南407厂、陕西408厂；1958年开始施工的项目有1项，是山西874厂。

历经10年时间，船舶工业的4项全部建成。具体情况是：1960年竣工的项目有3项，即辽宁431厂、河南407厂、陕西408厂；1966年竣工的项目有1项，是山西874厂。

船舶工业4项最长的建设周期是8年，最短的是4年，平均建设周期5年。具体情况是：山西874厂建设周期为8年，辽宁431厂、河南407厂、陕西408厂建设周期都为4年。

船舶工业计划安排投资34700万元，实际完成投资30711万元，实际完成投资占计划安排投资的88.5%；其中，"一五"时期完成投资2300万元，"一五"时期完成投资占实际完成投资的7.5%。

船舶工业计划安排投资34700万元的具体安排情况是：辽宁431厂10000万元，占28.8%；山西874厂10000万元，占28.8%；河南407厂8000万元，占23.1%；陕西408厂6700万元，占19.3%。

实际完成投资30711万元的具体情况是：山西874厂14378万元，占46.8%；陕西408厂6386万元，占20.8%；辽宁431厂5610万元，占18.3%；河南407厂4337万元，占14.1%。

"一五"时期实际完成投资2300万元的具体情况是：辽宁431厂1753万元，占76.2%；陕西408厂400万元，占17.4%；河南407厂147万元，占6.4%。

---

[1]《当代中国》丛书编辑部编：《当代中国的船舶工业》，当代中国出版社1992年版，第40页。

表42 船舶工业4项投资额的具体构成情况

（按实际完成投资排序）

	计划安排投资 绝对数（万元）	计划安排投资 相对数	实际完成投资 绝对数（万元）	实际完成投资 相对数	"一五"时期完成投资 绝对数（万元）	"一五"时期完成投资 相对数
山西874厂	10000	28.8%	14378	46.8%		0.0%
陕西408厂	6700	19.3%	6386	20.8%	400	17.4%
辽宁431厂	10000	28.8%	5610	18.3%	1753	76.2%
河南407厂	8000	23.1%	4337	14.1%	147	6.4%
合计	34700	100.0%	30711	100.0%	2300	100.0%

船舶工业4项的建设中，实际完成投资占计划完成投资的比重高于100.0%的有1项，即山西874厂，为143.8%；低于100.0%的有3项，它们是：陕西408厂95.3%、辽宁431厂56.1%、河南407厂54.2%。

"一五"时期完成投资占实际完成投资的比重是：辽宁431厂31.2%、陕西408厂6.3%、河南407厂3.4%。山西874厂是"一五"以后开工建设的。

表43 船舶工业4项计划安排与实际完成投资的执行情况

（按实际完成投资占计划安排投资比重排序）

	计划安排投资（万元）	实际完成投资（万元）	实际完成投资占计划安排投资的比重	"一五"时期完成投资（万元）	"一五"时期完成投资占实际完成投资的比重
山西874厂	10000	14378	143.8%		0.0%
陕西408厂	6700	6386	95.3%	400	6.3%
辽宁431厂	10000	5610	56.1%	1753	31.2%
河南407厂	8000	4337	54.2%	147	3.4%
总体情况	34700	30711	88.5%	2300	7.5%

到1959年，"六四"协定中苏联转让技术的舰艇都已基本建成。"六四"协定补充协议中规定转让给中国建造的后续舰艇，也于60年代初全部建成。据统计，到1960年，船舶工业管理局系统共建造6种型号的舰艇116艘，连同其他各种军用舰艇在内，共计484艘。[1]

---

[1]《当代中国》丛书编辑部编：《当代中国的船舶工业》，当代中国出版社1992年版，第44页。

中国工业化基础的奠定

陈 夕

新中国成立后,中国人民已经争得了民族的独立和自身的解放,经过三年工作,被战争破坏的国民经济也得到了恢复。在这种情况下,进行大规模经济建设的任务被提到议事日程上来。而进行经济建设的主要目标,就是变农业国为工业国,实现国家的工业化。

中国的经济建设主要应当依靠中国人民自己的力量。当时中国虽然是一个穷国,但又是一个大国。由于实现了全国财经工作的统一,我们已经能够集中相当的资金用于建设。第一个五年计划期间,我们筹集到一笔可观的资金(约合7亿两黄金)。考虑到当时的中国百废待举而国力有限,为了使投资得到最好的效益,国家决定集中力量投资,搞好重点工程建设。第一个五年计划期间,着重进行以156项工程为主体的建设,奠定了中国工业化的基础。

一

在帝国主义和封建主义的联合压迫下,旧中国的经济极端落后,社会生产力水平十分低下。在国民经济中,个体农业手工业占90%,近代工业只占10%。工业的成分主要是轻纺工业、食品工业,缺乏重工业的基础。1936年,在工业总产值中,生产资料工业产值仅占23%,消费资料工业产值占77%。基本上没有机器制造业,汽车、拖拉机、飞机等都不能生产。中国虽称"农业立国",但农业生产水平很低。新中国成立前粮食最高年产量只有2774亿斤,不仅远远落后于西方发达国家,而且也落后于曾经是殖民地的东方大国印度。中华人民共和国成立之时,由于帝国主义的掠夺、国民党时期的腐朽统治和长期战争的破坏，与历史最高年产量相比，全国的钢产量只有15.8吨，下降了83%；生铁产量只有25.2吨，下降了86.4%；煤产量3090多万吨，下降了49.9%；电力只有43亿度，发电量下降了27.7%；棉布3000万匹，下降了32.9%；全国铁路被破坏一半，只有1.1万公里能通车；粮食比历史年产量最高的1936年的2774亿斤下降了25%，棉花差不多减产一半。[1] 面对这种严峻的形势，在短时期内恢复国民经济，并在这个基础上进行社会主义工业化建设，是一项极其艰巨的历史任务。我们在主要依靠自己力量的同时，也还需要争取别国的援助。

在新中国诞生前夕，中国共产党力图积极发展同外国的经济交往。1949年9月29日，中国人民政治协商会议第一届全体会议通过的《中国人民政治协商会议共同纲领》确定："中华人民共和国可在平等和互利的基础上，与各外国政府和人民恢复并发展通商贸易关系。"但是这一基本政策在实行中遇到了阻碍。美国等一些西方国家，企图继续扶植国民党集团，从政治上孤立中国，从经济上对我国实施封锁、"禁运"、"冻结"，某些西方国家也追随美国对我国不断实行各种歧视政策。中美贸易中断。我国同其他许多国家的贸易以及引进新技术受到极大限制，同时也没有可能从西方取得进行建设的资金。

因此，中华人民共和国一成立，毛泽东即于1949年年底访苏，以谋求中苏两国关系的发展，特别是苏联对华的政治经济援助。毛泽东在莫斯科同斯大林就中苏友好同盟条约问题、苏联对中华人民共和国贷款问题、两国贸易和贸易协定以及有关两国利益的若干问题进行初步会晤后[2]，周恩来于1950年1月20日率中国政府代表团抵达莫斯科，进行具体的谈判。

通过会谈，双方除签订了《中苏友好同盟互助条约》《关于中国长春铁路、旅顺口及大连的协定》外，还签订了《关于苏联贷款给中华人民共和国的协定》。这个协定规定：苏联以年利1%的优惠条件，向中国提供3亿美元的贷款。当年苏联即开始用这笔贷款向中国提供第一批大型工程项目50个，帮助中国进行国民经济最重要部门的恢复和改造。这50个项目就是156

---

[1] 谢明干、罗元明主编：《中国经济发展四十年》，人民出版社1990年版，第6、10页。
[2] 《人民日报》1950年1月3日。

项工程中的第一批。

这些项目主要是煤炭、电力等能源工业，钢铁、有色、化工等基础工业和国防工业。

这50个项目具体是：

1．9个黑色冶金与有色冶金企业，其中包括鞍山钢铁公司、本溪钢铁公司、1个特殊钢厂、制铝厂及铝合金加工厂的第一期，此外还有铜网厂、铁合金厂、镁矿厂、电极厂。

2．9个矿井、1个露天矿（阜新）。

3．13个机器制造厂，其中包括锅炉制造厂、工具机厂、量具刃具厂、风动工具厂、电缆厂、电表仪器厂。

4．1个汽车制造厂，即长春第一汽车制造厂。

5．4个化学厂，其中包括1个氮肥厂、2个染料厂、1个电石炭氮化钙厂。

6．11个电站，其中包括丰满水电站、抚顺水电站、阜新水电站、吉林火电站等，设备能力在100万千瓦以上。

7．2个造纸厂，即佳木斯造纸厂与牙克石造纸厂。

新中国成立初期，对如何清理战争的废墟，迅速恢复生产秩序和建立新的生产秩序，发展国民经济，我国还缺少技术设计力量，缺少资源勘测资料，缺少统计资料，更缺少生产建设的经验。因此，第一批上马的50个项目，更多地听取了苏联方面的建议。

经过三年国民经济恢复时期的艰苦努力，到1952年末，新中国在经济上站稳了脚跟，经受住了抗美援朝战争和帝国主义的封锁禁运的严峻考验，工农业主要产品的产量已超过了旧中国最好的历史水平。这就为我国进入大规模的经济建设阶段创造了良好的基础和有利条件。

为了进一步加速国家的经济建设，除应动员全国的人力和财力，还必须加强国家建设的计划工作，使大规模建设能在正确的计划指导下进行，避免可能发生的盲目性。为此，自1951年春开始，在周恩来、陈云的领导下，中央财经委员会着手编制国民经济的第一个五年计划。由于当时抗美援朝战争仍在进行，按照中央"边打、边稳、边建"的方针，"一五"计划在编制过程中，是以抗美援朝和国家建设并重为出发点来考察国家工业建设的投资、速度、重点、分布和比例的。经过两个多月时间,中财委编制出了第一个五年计划的轮廓草案。

草案所提出的第一个五年计划的基本任务是:集中力量发展重工业,建立国家工业化和国防现代化的基础,保证国民经济中社会主义成分的比重稳步地增长。也就是说,发展国家的重工业是五年建设的中心环节。

为了确保"一五"计划制订的科学性及其有效贯彻,同时也为了争取苏联的帮助,以及商谈其他一些有关两国利益的问题,1952年8月17日,周恩来再次率领中国政府代表团带着有关"一五"计划的设想和轮廓草案的大批材料抵达莫斯科访问。[1]20日,双方举行了第一次会谈,斯大林表示愿意在力所能及的情况下在资源勘探、企业设计、设备供应、提供技术资料、派遣专家和提供贷款等方面给中国以帮助。关于军事装备和军事工业,他强调中国应自己生产飞机、坦克、雷达等武器,从修理经过装配到制造,从小到大,以利培养干部,否则只有工厂没有人才,绝对不行。他建议最好是中国派人到苏联学习,培养自己的干部、工程师及技术工人。中国方面将《三年来中国国内主要情况及今后五年建设方针的报告提纲》、《中国经济状况和五年建设的任务》及八个附表、《中国国防军五年建设计划概要》等译文材料送给斯大林。9月3日,斯大林与中国代表团举行第二次会谈。这次会谈的重点是五年计划问题。斯大林表示愿意为中国实现五年计划提供所需要的设备、贷款等援助,同时派出专家,帮助中国进行建设。[2] 在双方大的原则确定之后,周恩来、陈云等先行回国,李富春等留下来继续与苏方商谈对我国经济建设援助的具体细节。经过8个月,在对每个项目都进行了极详细周密的研究之后,双方于1953年5月15日签订了关于苏联援助中国发展国民经济的协定和议定书,苏联承诺援助中国新建和改建一大批规模巨大的工程项目,即在1953—1959年,援助我国建设与改建91个企业,具体包括:

1. 2个钢铁联合企业(包括采矿、选矿、炼铁、炼钢、轧钢等厂),即大冶钢铁厂与包头钢铁厂。

---

[1] 中共中央文献研究室编:《周恩来年谱(1949—1976)》上卷,中央文献出版社1997年版,第256页。

[2] [俄]阿·麦·列多夫斯基:《1952年8—9月斯大林与周恩来会谈速记记录》,俄罗斯《近代史》杂志1997年第2期。

2. 8个有色冶金企业，其中包括制铝厂、铝合金加工厂、云南个旧锡矿厂、镁厂及钨矿厂。

3. 9个煤矿、3个洗煤厂，其中包括抚顺煤炭联合加工厂。

4. 1个石油炼油厂。

5. 32个机器制造厂，其中包括5个重型机器制造厂、1个汽车制造厂（第二个厂）、1个拖拉机制造厂、1个滚珠轴承厂，还有一部分国防工业企业。

6. 16个动力机器及电力机器制造厂。

7. 7个化学厂，其中包括2个氮肥厂、1个合成橡胶厂，还有几个国防工业企业。

8. 10个火力电站，其中包括大冶、包头、兰州、太原、西安、武汉等火电站。

9. 2个生产磺胺、盘尼西林和链霉素的医药工业企业和1个淀粉厂。

协议还规定，连同1950年签订的50个项目共141个企业，将在1953—1959年分别开工。当时预计，141个企业建成后我国的工业生产能力将大大增长，在黑色冶金、有色金属、煤炭、电力、石油、机器制造、化学工业等方面，都将超过现有生产能力一倍以上；我国将有自己的汽车工业和拖拉机工业；机械方面和国防工业方面将有许多新的产品出现。到1959年，我国的钢铁、煤炭、电力、石油等主要重工业产品，大约等于苏联第一个五年计划时的水平，将接近和超过日本全面发动侵略中国战争时1937年的水平。即钢的产量超过500万吨，煤达到1亿吨，电力在200亿度以上，石油250万吨左右[1]。

为了合理地规划这些项目，苏联派了5个专家组来中国。一是黄河、汉水的综合规划组，针对解决总体利用黄河、汉水水利和水力资源问题，对现有资料给以鉴定，并帮助中国政府指导规划勘测工作计划；二是电气化组，帮助中国制订电气化的远景计划；三是黑色冶金与有色冶金组，帮助中国制订发展黑色冶金与有色冶金的远景计划；四是机器制造工业组，五是造船工业组，这两个组帮助中国研究与制订机器制造业与造船业的计划。

---

[1] 李富春：《关于与苏联政府商谈苏联对我国经济建设援助问题的报告》，1953年9月15日。

为了保证我国国民经济各部门的互相配合及海军建设的需要，并根据苏联派来的5个综合专家组对发展各部门工业远景计划的研究，一年后，我国政府认为还须请苏联政府增加设计和帮助建设某些必要的企业。因此，1954年10月在赫鲁晓夫率苏联政府代表团到中国访问、参加中华人民共和国成立5周年庆典期间，中苏两国政府代表团就旅顺口问题、中苏科学技术合作问题以及苏联政府帮助中国新建和扩建企业等问题举行了会谈，双方共签署了10项文件。10项文件之一就是《中苏关于苏联政府帮助中华人民共和国政府新建十五项工业企业和扩大原有协定规定的一百四十一项企业设备的供应范围的议定书》。这15个企业是：

1. 造船业7个厂：渤海造船厂，高速柴油机制造厂，中速柴油机制造厂，哈尔滨蒸汽透平制造厂第二期设计与建设，哈尔滨锅炉制造厂第二期设计和建设，鱼雷制造厂，在哈尔滨或上海电机制造厂增设船用电机车间。

2. 石油工业方面有3个企业：抚顺东露天矿，抚顺第二制油厂（扩建），炼油设备制造厂。

3. 新建1个小型拖拉机厂。

4. 有色金属2个公司：云南东川有色金属公司，云南会泽有色金属公司。

5. 钢铁工业方面，扩大两个企业的生产能力：一是提高鞍钢冶炼系统的生产能力，二是对齐齐哈尔特殊钢厂进行第二期的扩建设计。

通过上述三次协议的签订，苏联援助我国的工业建设项目总共达到156项。

二

1954年4月，中央成立了8个工作小组，由陈云任组长，开始了全面编制五年计划纲要工作。1955年3月中旬，小组编出了第一个五年计划草案。3月31日，中国共产党全国代表会议同意中央提出的"一五"计划草案。会后，党中央又根据会议讨论的意见作了修改；6月，提交国务院讨论通过。

1955年7月31日，第一届全国人民代表大会第二次会议审议通过

"一五"计划草案，并作为正式计划文件予以公布。此后，国务院又先后于11月9日和12月9日颁布命令，将第一个五年计划下达各地和各部，要求各地各部遵照执行。

第一个五年计划的基本任务包括三个方面，第一个方面就是集中主要力量进行以苏联帮助我国设计的156个建设项目为中心的、由限额以上的694个建设单位组成的工业建设，建立我国的社会主义工业化的初步基础。

随着"一五"计划的实施，在实践中经过多次反复的论证，根据实际需要和可能，156项有的项目被取消，有的项目因地质勘探落后或因矿石成分复杂而推迟设计，有的由于扩大生产规模而修改设计，总之，经过项目增减拆并，最后施工的为150项。但由于156项已写进了"一五"计划并先行公布了，为了方便，后来还是习惯地称苏联援建的重点建设项目为156项。

实际施工的150个项目的构成是：军事工业企业44个；冶金工业企业20个，其中包括钢铁工业7个、有色金属工业13个；化学工业企业7个；机械加工企业24个；能源工业企业52个，其中煤炭工业和电力工业各25个、石油工业2个；轻工业和医药工业3个。[1]

这些项目的具体建设地址和名称是：

煤炭工业：河北：峰峰中央洗煤厂、峰峰通顺三号立井；山西：大同鹅毛口立井、潞安洗煤厂；辽宁：辽源中央立井、阜新平安立井、阜新新邱一号立井、阜新海州露天矿、抚顺西露天矿、抚顺龙凤矿、抚顺老虎台矿、抚顺胜利矿、抚顺东露天矿；吉林：通化湾沟立井；黑龙江：兴安台二号立井、鹤岗东山一号立井、鹤岗兴安台十号立井、兴安台洗煤厂、城子河洗煤厂、城子河九号立井、双鸭山洗煤厂；安徽：淮南谢家集中央洗煤厂；河南：平顶山二号立井、焦作中马村立井；陕西：铜川王石凹立井。

石油工业：辽宁：抚顺第二制油厂；甘肃：兰州炼油厂。

电力工业：北京：北京热电站；河北：石家庄热电站（一、二期）；山西：太原第二热电站、太原第一热电站；内蒙古：包头四道沙河热电站、包头宋家壕热电站；辽宁：阜新热电站、抚顺电站、大连热电厂；吉林：丰满水电站、吉林热电站；黑龙江：富拉尔基热电站、佳木斯纸厂热电站；河

---

[1] 薄一波：《若干重大决策与事件的回顾》上卷，中共中央党校出版社1991年版，第297页。

南：郑州第二热电站、洛阳热电站、三门峡水利枢纽；湖北：青山热电厂；湖南：株洲热电站；四川：重庆电站、成都热电站；云南：个旧电站（一、二期）；陕西：西安热电站（一、二期）、鄠县热电站；甘肃：兰州热电站；新疆：乌鲁木齐热电站。

钢铁工业：河北：热河钒钛矿；内蒙古：包头钢铁公司；辽宁：鞍山钢铁公司、本溪钢铁公司；吉林：吉林铁合金厂；黑龙江：富拉尔基特钢厂（一、二期）；湖北：武汉钢铁公司。

有色金属工业：辽宁：抚顺铝厂（一、二期）、杨家杖子钼矿；吉林：吉林电极厂；黑龙江：哈尔滨铝加工厂（一、二期）；江西：大吉山钨矿、西华山钨矿、岿美山钨矿；河南：洛阳有色金属加工厂；湖南：株洲硬质合金厂；云南：锡业公司；甘肃：白银有色金属公司。

化学工业：山西：太原化工厂、太原氮肥厂；吉林：吉林染料厂、吉林氮肥厂、吉林电石厂；甘肃：兰州合成橡胶厂、兰州氮肥厂。

机械工业：辽宁：沈阳第一机床厂、沈阳风动工具厂、沈阳电缆厂、沈阳第二机床厂；吉林：长春第一汽车厂；黑龙江：哈尔滨锅炉厂（一、二期）、哈尔滨量具刃具厂、哈尔滨仪表厂、哈尔滨汽轮机厂（一、二期）、哈尔滨电机厂汽轮发电机车间、富拉尔基重机厂、哈尔滨炭刷厂、哈尔滨滚珠轴承厂；河南：洛阳拖拉机厂、洛阳滚珠轴承厂、洛阳矿山机械厂；湖北：武汉重型机床厂；湖南：湘潭船用电机厂；陕西：西安高压电瓷厂、西安开关整流器厂、西安绝缘材料厂、西安电力电容器厂；甘肃：兰州石油机械厂、兰州炼油化工机械厂。

轻工业：黑龙江：佳木斯造纸厂。

医药工业：河北：华北制药厂；山西：太原制药厂。

军事工业：（略）

156项工程中第一个建成投产的民用工程是郑州第二热电站（1953年投产），到1962年"二五"计划完成时，除三门峡水利枢纽（1969年建成），所有项目全部建成投产。应当说，自近代以来，中国工业化的历史上还从没有过这样迅速、这样集中、这样全面、这样系统的行动，在短时间里就进行了门类如此齐全的工业基础建设、完成了以大工业为基础的国民经济体系的根本性改组。"一五"计划的实施，特别是156项工程的竣工投产，极大地改变了旧中国国民经济的技术面貌和部门结构,过去没有的一些重要工业部门,包括飞机制造业、汽车制造业、重型和精密机械制造业、发电设备制造业,以及高级合金钢和有色金属冶炼等,都从无到有地建立起来了。我国工业化的物质技术基础由此得以初步建立。

在工业化能源基础的建设方面,辽宁的抚顺西露天矿和阜新海州露天矿、黑龙江的鹤岗东山和兴安台的两个立井的投产,抚顺、富拉尔基、吉林、大连、佳木斯等电站以及华北、西北、西南电站的建立,不仅大大加强了东北的能源基地,而且为缺少能源的其他地区能源基地的建设奠定了基础。在工业化原材料基础的建设方面,鞍山钢铁公司的三座高炉、大型轧钢厂、无缝钢管厂和北满本溪等钢铁公司的竣工,大大加强了以鞍钢为中心的东北钢铁基地,是新中国社会主义工业化起步的一个重要标志。同时,华北的包头钢铁公司和中南的武汉钢铁公司的先后施工建设,使我国内陆也建立起新的大型钢铁基地。在有色金属冶炼方面,白银有色金属公司、大吉山钨矿、云南锡业公司等重点工程相继上马,改变了我国有色金属历来依靠进口的落后局面;在化工原料方面,吉化公司所属的肥料厂、电石厂、染料厂以及太原的化工厂、氮肥厂、华北制药厂的先后投产,使我国开始有能力自行制造过去依赖进口的高级染料、航空油漆、塑料、抗菌素、飞机轮胎以及特种橡胶制品等化工产品。在机器制造业方面,至1956年,中国第一座年产3万辆载重汽车的长春汽车厂建成投产,中国第一座飞机制造厂试制成功第一架喷气式飞机,中国第一座制造机床的沈阳第一机床厂建成投产,中国第一座生产电子管的北京电子管厂正式投产。还有几项机械工业的重点项目也接近完工。全国形成了几十个机械制造系统,使机械设备自给率由新中国成立前的20%左右上升到60%。

与此同时,我国的工业布局也逐步趋于合理。旧中国不多的工业设施中,70%左右集中在沿海一带,内陆的工业也主要集中在少数大城市,广大的内陆几乎没有什么像样的工业。而156项工程主要配置在东北地区、中部地区和西部地区,使我国工业的区域分布趋向平衡。

到1957年底,156项工程已开工的达135个,其中建成或部分建成投产的有68个。经过五年的建设,我国的工业生产能力获得了极大的提高。按照当时的需要量,钢材的自给率已达86%,机械设备的自给率达60%以上。

我国的工程技术力量、工业技术水平和劳动生产率也都有了很大的提高。"一五"时期的工业发展赢得了高速度，工农业总产值平均每年递增11.9%，其中：工业18%、农业4.5%、轻工业12.9%、重工业25.4%。工业在工农业总产值中的比重，由1952年的43.1%提高到56.7%，重工业在工业总产值中的比重也由1952年的35.5%提高到45%。[1] 到1959年新中国成立十周年时，我国钢产量由世界第26位升至第7位，煤油从第9位升至第3位，发电量由第25位升至第11位。[2]

三

156项工程是新中国工业化历史上坚实的第一步。这一系列工程，不仅在实践上取得了卓越的成就，也给我们留下了宝贵的思想启示。

第一，实行国家集中调控，合理配置资源，是实现国家工业化的重要保证

对于经济落后国家来说，工业化的巨大障碍就是缺少启动资金。根据国际工业化的经验，储蓄或投资占国民收入的比率提高到10%以上，是实现经济起飞的基本和先决的条件。发展经济学的观点则更是直截了当地把一国的储蓄率从5%转变到12%称为"经济增长的中心问题"。

而以156项工程为核心的"一五"计划，则是一种优先发展重工业的战略。重工业具有资本密度高、技术含量大、建设周期长的特点。也就是说，优先发展重工业需要相当多的资金投入。而我国当时积弱积贫，资金短缺现象相当严重。国家建设的方方面面都急需资金，在资金有限的条件下，为了保证重工业发展所需资金，就必须在一个相当长的时期内使轻工业、农业的发展受到某种制约。要达到集中力量发展重工业这个目的，仅凭市场力量是不行的，而借助于行政手段，依靠国家的集中调控，则可以达到这样的目

---

[1] 谢明干、罗元明主编：《中国经济发展四十年》，人民出版社1990年版，第10页。
[2] 周恩来：《伟大的十年》，《人民日报》1959年10月6日。

的。新中国成立初期，中国共产党正是由此出发，大力宣传，进行了最有效的集中调控和社会动员。从 1952 年 11 月 18 日《人民日报》发表社论《把基本建设放在首位》开始，一个时期内各级宣传机构对基本建设的重要意义、存在的困难和应当全力以赴支持以 156 项工程为中心的建设等，进行了大量的宣传和动员。与此同时，各部门和各省、市、自治区的党、政领导机关也都高度重视基本建设，并在各种场合广泛讲解以 156 项工程为中心的建设关系到国家的命运和工业化的速度，强调必须克服一切困难、按期建成，并动员全党和全体人民积极参加和配合基本建设工作，要求各项工作都要围绕这一中心进行。号召每一个共产党员、每一个公民都要用不同的方法，保证国家基本建设任务的实现。

"一五"计划期间，在这种社会气氛下，以 156 项工程为代表的基本建设人人皆知，家喻户晓。全国上下同心同德，各条战线全力以赴，服从大局，把人、财、物迅速集中使用于保证重点工程的建设。

在财力方面，国家将"一五"时期财政总收入的 19.1% 集中使用于重点工程的建设，1953—1956 年，基本建设投资总额累计达到 177.86 亿元，新增工业固定资产 135.92 亿元，占整个投资总额的 76.42%。在物质方面，将 70%—90% 的钢材、水泥、木材等重要物资优先供应重点工程建设。在人力方面，从其他战线抽调干部和安排部队转业干部上万名，充实和加强工业基本建设的干部队伍。所有这些措施，有力地保证了以 156 项工程为中心的基本建设的顺利进行。

第二，大规模地引进先进技术和设备、争取外援，是促进工业化、缩短与发达国家差距的有效途径

"一五"时期 156 项工程成套设备的引进，使我国从无到有地建立起重型机床、电器、汽车、飞机、船舶、机车车辆等工业部门，逐步形成了门类比较齐全的工业体系。此外在技术上，在黑色冶金方面，苏联专家帮助我们试制了 100 多种新钢种，并制成中国过去从不能生产的大型钢材和无缝钢管；我们推广了新的采铁法，铁矿回采率由 60% 提高到 90%。仅鞍钢一个企业，五年中就吸收了专家们提出的 3 万多条重大建议。在有色金属方面，苏联专家帮助研制了数十种钢铝材料。在矿业方面，新采煤法被 90% 的国营煤矿采用，从而提高了回采率。华北各省66对即将报废的煤井中有44对在专家帮助下延长了10年以上的寿命。在石油方面，苏联专家帮助我们改善了采油法，使玉门油矿的采取率由新中国成立前的30%提高到1954年的60%—70%。[1]

1950—1959年，我国从苏联引进的技术设备投资折合人民币总计73亿元。苏联在向我国提供成套设备和专门的生产技术的同时，还在地质勘查、选择厂址、搜集设计基础资料、确定企业的设计任务书、进行设计、指导建筑安装和开工运转、培养技术干部，一直到新产品的研制等各方面，给予了全面的、系统的技术指导。[2]10年中，在中国进行技术援助的苏联专家达8500多人[3]，苏联向我国提供的资料和设计图纸仅1953年就达23吨，1954年为55吨。[4]可以说，这是现代历史上前所未有的一次最全面的技术转让，它使我国的工业技术水平从新中国成立前落后于工业发达国家半个世纪，迅速提高到20世纪40年代的水平。

"一五"时期我国引进的技术设备共折合约27亿美元的外汇，其中引进成套设备项目为24亿美元。也就是说我们只用了不多的投资、不长的时间，就奠定了社会主义工业化的初步基础。实践证明，技术引进是使落后国家迅速改变面貌的"短程线"。今天在高技术开发方面处于领先地位的一些工业发达国家，如美国、日本等国，历史上都曾是落后的、不发达的国家，正是由于他们及时引进了先进技术，促进了本国自我开发能力的迅速提高，从而为迅速跻身于工业发达国家行列创造了条件。世界科学技术的发展表明，在现代社会，一个国家完全依靠自身的力量开发各项技术，既不可能，也没有必要，只有采用引进先进技术与提高自主开发能力相结合的方式，才是提高本国技术水平的最佳途径。引进技术一方面可以节省研究开发的时间，另一方面还可以节省资金和人力。

[1]《薄一波在中苏友协第二次全国代表大会上的发言》，见《中华人民共和国经济大事典》，吉林人民出版社1987年版，第159页。
[2]李富春：《关于发展国民经济的第一个五年计划的报告》，1955年7月5日。
[3]［苏］鲍里索夫、科洛斯科夫著：《苏中关系（1945—1980）》，生活·读书·新知三联书店1982年版，第150页。
[4]薛暮桥：《中苏科学技术合作会议总结报告》，见国务院文件（55）国发丑字第69号。

第三，争取外援，但不依赖外援，在大规模引进资金、技术的同时，逐步建设和完善独立的民族工业体系

新中国成立初期，我国工业化面临的突出问题是：地质工业薄弱；煤、电、油供应紧张；钢铁、有色金属、基本化学、建筑材料等产品数量不足、品种不够、规格不多、质量不高；机械工业尚处在由修配到独立制造的转变过程中，还谈不到以最新技术装备国民经济各部门。在这种情况下，如果没有钢铁、有色金属、机械制造、能源、交通等重工业的建立和发展，要想大力发展轻工业，要使工业给农业以更大的支持，绝难办到。因此"一五"计划将发展重工业置于首位，从国家的长远利益出发，引进的技术设备大多集中于矿山设备、冶金设备制造业、高精度机床制造业、发电设备制造业、拖拉机、汽车、造船、飞机工业以及新兴的石油化工、电子工业等，目的在于逐步建成独立的、比较完整的工业体系，为国家大规模的经济建设奠定基础。不仅如此，苏共二十大以后，中国共产党人进一步提出要自力更生、走中国式的工业化道路。毛泽东在《论十大关系》一文中指出：对外国的东西，不能盲目地学，不能一切照抄，机械地搬运。1959年5月党的八大二次会议进一步明确：要学苏联，但要"以我为主，不是盲从"。正是基于这样的认识，中央在大规模地进行工业建设的同时，适时地提出了工业和农业同时并举、重工业和轻工业同时并举、中央工业和地方工业同时并举、大型企业和小型企业同时并举，既注意内陆工业又充分发挥沿海工业的作用，以及其他一系列两条腿走路的方针，从而使国民经济得到持续均衡的发展，逐步形成相对独立的、比较完整的工业体系，使我国的综合生产能力有了极大的提高。特别是当1959年苏联单方面撕毁合同、1960年撤走专家的困难时刻，我们不但能顶住压力，继续完成了大型工程的建设任务，而且还独自完成了包括"两弹一星"在内的科研任务和建设工程。

经过70余年的社会主义经济建设，中国的工业化程度虽然有了突飞猛进的发展，但农业大国的形象仍未从根本上得到改变。相对于发达国家，我国的资金、技术、综合国力依然有差距，而现代化的任务却更加艰巨，面临的国际环境更为复杂。如果不从建设更高水平的开放型经济新体制入手，通过实施更大范围、更宽领域、更深层次的全面开放，促进内外资企业公平竞争，来推动制造业的发展，研究解决中国民族工业发展的问题，那么想跻身于发达国家行列就有困难。从这个意义上说，156项工程的成功建设和提供的经验，对我们今天仍然有着深刻的启迪。

关于 156 项工程研究综述

隋福民

学界关于"一五"计划时期 156 项工程的研究成果并不多,专著则更如凤毛麟角,仅有董志凯、吴江所著的《新中国工业的奠基石——156 项建设研究(1950—2000)》。这是因为 156 项企业中近三分之一属于军工企业,长期处于保密状态,厂名用代号表示,厂址、产品均属保密范围;搜集资料难度非常大,有关资料没有得到很好保护,有的甚至在"文革"中被销毁;经过半个世纪的历史变迁,企业的主管部门多被撤并,企业产品、厂址、厂名等也发生了变化。但该专著以大量鲜为人知的档案资料为基础,经过作者多年潜心研究和实地调查追踪,全面展示了建国初期 156 项苏联援建项目的建设过程,客观分析了在当时特定时期的经济体制下,这些项目建设对新中国工业发展的历史意义及其成败得失的经验教训,填补了我国工业发展史研究的一项空白。[1] 除此之外,还有一些论文和著作对 156 项工程的历史以及实施情况、所发挥的作用做了或详或略的阐述。总体来看,学界对 156 项工程的研究还有待深入和细化。

一、关于 156 项建设的历史及实施情况

董志凯在《新中国工业的奠基石:156 项建设研究(1950—2000)》中指出,1953—1957 年,新中国实施了第一个五年计划。这是中华人民共和国奠定工业化初步基础的重要时期。在遭受全球绝大多数资本主义国家封锁、禁

---

[1] 王锡发:《〈新中国工业的奠基石——156 项建设研究(1950—2000)〉评介》,《中国经济史研究》2004 年第 3 期。

运的环境下，新中国通过等价交换的外贸方式，接受了苏联和东欧国家的资金、技术和设备援助。建设了以156项为核心的近千个工业项目，使中国以能源、机械、原材料为主要内容的重工业在现代化道路上迈进了一大步。以156项为核心，以900余个大中型项目（限额以上项目）为重点的工业建设，使中国史无前例地形成了独立自主的工业体系雏形。[1]

在论述156项工程的历史背景和项目确立、结构、布局与实施情况中，该专著在利用大量新发掘的原始资料的基础上，还有两点创新：第一，中国工业化的每一步几乎都与所处国际环境密切相关。从新中国成立的第一天起，国家安全和统一问题就不得不成为左右工业化道路的关键因素之一，特别是朝鲜战争爆发以后。而以156项为核心的"一五"计划时期的工业建设，自然要打上这种时代的烙印。第二，经济落后和不平衡始终是中国维持强大政府的主要原因，导致中国经济发展必然也是政府主导型的模式。另外，以156项为核心的工业建设，可以说是1978年以前我国所进行的效果最好的投资。为了进一步评价当年建设的效益，该书还对其中的部分企业的历史追述至20世纪80—90年代。[2]

董志凯在其《关于"156项"的确立》一文中，以中俄双方解密档案为依据，对156项工程项目是如何确立的、156项具体指哪些项、苏联的"无私援助"是什么含义、是否是无偿的等问题作了清晰的阐述，指出：156项工程是新中国首次通过利用国外资金、技术和设备开展的大规模的工业建设。在工业基础极端薄弱、建设经验近乎空白的条件下，新中国第一代党和国家领导人以高度认真负责的态度开展了建设项目的立项工作。在立项所用的五年左右时间中，中国一方面突破了西方资本主义国家的经济封锁，与苏联、东欧等友好国家建立了贸易往来，通过平等互利的贸易协议获得建设所需的资金、技术和设备；另一方面在利用苏方资金、技术和设备的过程中，强调从中国的实际情况出发，要在中国进行设计，要加快消化吸收、尽快培养中国自己的设计技术人才，这就为项目的高效建设与投产奠定了基础。而苏联

---

[1] 董志凯、吴江：《新中国工业的奠基石——156项建设研究（1950—2000）》，广东经济出版社2004年版，第1页。

[2] 武力：《总结新中国工业发展历史经验的一部力作》，《当代中国史研究》2005年第5期。

对中国的"无私援助",是指在资本主义封锁的严峻环境中,苏联的援助使中国突破了封锁,获得了当时即使在苏联国内也是相当先进的技术和设备;苏联的低息贷款使资金极其短缺的新中国减少了利息负担;在项目确立与实施的过程中,中苏双方相互尊重与体谅,配合默契、高效,取得了良好的效果。不过,这种援助并非单向的,也不是无偿的,而是通过贸易方式在平等互利、等价交换的原则下实施的。中国也为苏联提供了其稀缺的廉价的农产品、稀有矿产资源和国际通用货币等。特别是新中国经济的恢复和发展、新中国政权的巩固,有力地改变了世界的政治、经济格局,壮大了以苏联为首的社会主义阵营。[1]

董志凯还指出,"一五"计划的成功编制与实施,对于新中国工业化的奠基和经济建设的全面开展,具有重要意义。正是在"一五"计划中,新中国成功地开始实施156项工程建设。[2]

陈夕在其《156项工程与中国工业的现代化》一文中,运用大量史料详细论述了苏联援助中国建设156项工程的过程及其与中国国民经济发展"一五"计划之间的相互关系,指出:156项工程是新中国工业化历史上坚实的第一步。这一系列工程,不仅在实践上取得了卓越的成就,也留下了宝贵的思想启示:第一,实行国家集中调控,合理配置资源,是实现国家工业化的重要保证。第二,大规模地引进先进技术和设备、争取外援,是促进工业化、缩短与发达国家差距的有效途径。第三,争取外援,但不依赖外援,在大规模引进资金、技术的同时,逐步建设和完善独立的民族工业体系。[3]

刘庆旻认为,中国新民主主义革命的胜利以及中华人民共和国的成立,为中国发展经济、实现民族富强开辟了广阔的道路,即为"一五"计划的实施和156项工程的建设创造了前提。[4]并指出,156项重点建设工程是"一五"计划经济建设的中心。[5]

---

[1] 董志凯:《关于"156项"的确立》,《中国经济史研究》1999年第4期。
[2] 董志凯:《"一五"计划与156项建设投资》,《中国投资》2008年第1期。
[3] 陈夕:《156项工程与中国工业的现代化》,《党的文献》1999年第5期。
[4] 刘庆旻:《第一个五年计划与156项建设工程》,《文史精华》1999年第11期。
[5] 刘庆旻:《为新中国经济建设奠基——"一五"计划与156项建设工程》,《北京档案史料》1999年第4期。

王善中在其《50年代初期的中苏关系述评》一文中，提及156项工程的实施情况，指出：从1953年起，中国开始实行"一五"计划，苏联援助中国新建与改建了一大批大型工程项目，其中包括钢铁联合企业、机器制造企业、煤矿业、炼油厂、有色冶金企业、汽车和拖拉机厂等恢复国民经济的急需项目，至1960年底，苏联帮助中国完成或基本完成了154个国家级项目。[1]

张松、李俐对"一五"计划苏联援建的重工业项目进行了研究，指出苏联援建项目是通过一系列协定确定的。中苏双方签订的这些协定构成了苏联援助中国在"一五"期间建设的156个大型工业项目。1955年商定再增加包括军事工程、造船工业和原材料工业等建设项目16个，后又口头商定增加2项。至此，中苏商定的项目共174项。[2]

包括周恩来等在内的一些领导人在156项工程建设中发挥了重要作用。米镇波对这一历史过程进行了回顾。[3]

徐行指出，第一批项目是在毛泽东1949年底至1950年初首次率团访问苏联期间确定的。周恩来代表中国政府与苏联政府签订了《中苏友好同盟互助条约》，同时，双方还商定由苏联援助中国改建和兴建包括鞍山钢铁公司三大工程在内的50个大型工业企业。这50个项目成为后来156项工程中的首批项目。第二批项目是1952年8月周恩来率团访苏时确定的。在苏联期间，周恩来就中国工业企业的设计与施工问题、向新中国派遣苏联专家问题以及苏联培养中国经济、技术、科研等部门所需人才等事项，向斯大林提出援助请求。第三批苏联援华项目是1954年赫鲁晓夫访华时确定的。[4]廖心文、熊华源、陈扬勇同样认为，周恩来为156项工程的建设发挥了历史作用。[5]

陈云也在156项工程建设中发挥了重要历史作用。熊亮华叙述了陈云在这一时期的历史贡献。[6]李桂生回顾了李富春与"一五"计划的历史。他认为，新中国成立初期，李富春不仅领导了东北地区经济工作，而且参与领导

---

[1] 王善中：《50年代初期的中苏关系述评》，《历史教学》1996年第11期。

[2] 张松、李俐：《一五计划中苏联援建的重工业项目》，《历史学习》2005年第3期。

[3] 米镇波：《周恩来为争取156项大型建设项目所开展的对苏外交》，《南开学报（哲学社会科学版）》1998年第2期。

[4] 徐行：《周恩来与中国现代化的奠基》，天津人民出版社2008年版，第172—176页。

[5] 廖心文、熊华源、陈扬勇：《走出国门的周恩来》，河北人民出版社2001年版，第69—71页。

[6] 熊亮华：《陈云与"一五六项工程"》，《湘潮》2007年第11期。

了全国经济工作，主持编制第一个五年计划，并对156项工程的组织实施工作亲自负责，还对中国"一五"建设经验进行了多方面的深刻总结，是新中国社会主义经济大厦的重要奠基者。[1]

除此之外，一些人亲身经历了当时的谈判，他们撰文回顾了那段历史。如袁宝华通过自己的亲身经历，生动地再现了中国政府代表团1952年8月赴苏，历经10个月商谈并确定苏联援助中国进行经济建设的具体方案的历史画卷，其中特别提到了156项工程的由来。[2] 宿世芳曾经担任驻苏联大使馆商务参赞处李强同志（外贸部副部长兼驻苏商务参赞）的秘书，所以，对中国同苏联在莫斯科的谈判情况比较了解。他撰文回顾了这一段历史。[3]

很多学者在其著作中都涉及了156项工程。比如，翟昌民在其专著中从历史角度叙述了156项重点工程的由来。[4] 在陈果吉、崔建生主编的《辉煌与误区》中指出，"一五"计划中大规模的工业化建设，初步奠定了社会主义工业化和现代化的基础，构筑了牢不可破、巍然屹立的新生共和国的"钢筋铁骨"，在共和国的发展史上留下了光彩辉煌的一页。[5] 刘国良在《中国工业史：现代卷》中也对156项工程做了介绍。[6] 贺耀敏、武力在《五十年国事纪要·经济卷》中也对以156项工程为重点的工业化建设做了介绍，并称之为奠基之役。[7] 高德步在《百年经济衰荣》中简要描述了苏联援建的156项建设项目的历史。[8] 郭德宏主编的《中国共产党的历程》（第二卷）中对以156项为重点的工业化建设也做了介绍，包括156项的主要内容、情况和作用。[9]

韩岫岚主编的《中国企业史（现代卷）》（上册）比较详尽地介绍了以

---

[1] 李桂生：《李富春与新中国社会主义经济大厦的奠基》，《江西财经大学学报》2000年第6期。
[2] 袁宝华：《赴苏联谈判的日日夜夜》，《当代中国史研究》1996年第1期。
[3] 宿世芳：《关于50年代我国从苏联进口技术和成套设备的回顾》，《当代中国史研究》1998年第5期。
[4] 翟昌民：《回首建国初：从新民主主义向社会主义过渡的回顾与思考》，中共中央党校出版社2005年版，第291—298页。
[5] 陈果吉、崔建生主编：《辉煌与误区》，内蒙古人民出版社1995年版，第188—203页。
[6] 刘国良编著：《中国工业史：现代卷》，江苏科学技术出版社2003年版，第218—222页。
[7] 贺耀敏、武力编著：《五十年国事纪要·经济卷》，湖南人民出版社1999年版，第76—83页。
[8] 高德步：《百年经济衰荣》，中国经济出版社2000年版，第287—289页。
[9] 郭德宏主编：《中国共产党的历程》（第二卷），河南人民出版社2001年版，第131—139页。

156项工程为主的国营企业大规模建设。工业、交通运输企业的建设，是第一个五年计划经济建设的重点。施工的工矿建设单位有1万个以上，相当于1952年现有企业的1/16，比全部国营企业还多500个。这次工业交通企业的新建、扩建，是新中国成立后第一次大规模的建设，也可以说是截至20世纪50年代初我国历史上最大规模的建设。这次工业交通企业建设的资金，主要由国家筹集，企业自筹的比例很小，在基本建设的投资总额中，国家预算内投资占90%多，自筹资金不到10%。国家筹集的资金，主要来自工商税收和国营企业的利润，其中直接间接来自农业的部分（包括农业税、以农业为原料的轻工业提供的收入和工农产品交换价值的剪刀差等）占有重要地位。公债筹集了27.5亿元，国外贷款36亿多元，比重都不大。工业交通企业建设的布局，当时考虑了以下因素：一是建设的经济性。重化工业应尽可能建在矿产资源丰富或能源充足的地区，机械加工尽可能接近原材料基地。二是有利于经济落后地区的发展，逐步改变我国原有工业分布的畸形状况。三是军事上的需要，即新建的工业企业尤其是国防工业企业尽可能放在当时比较安全的后方地区。156项工程实际施工并建成的为150项，其构成是：军事工业企业44个，其中航空工业12个、电子工业10个、兵器工业16个、航天工业2个、船舶工业4个；冶金工业企业20个，其中钢铁企业7个、有色金属企业13个；化学工业企业7个；机械加工企业24个；能源工业企业52个，其中煤炭工业和电力工业各25个、石油工业2个；轻工业和医药工业企业3个。每个行业的发展过程和情况都逐一作了介绍。[1]

《当代中国》丛书编辑委员会编辑的《当代中国的基本建设》的第二章介绍了1953—1957年国家对工业化基础的建立，这其中包含了156项工程的内容，第九章论述36年基本建设的巨大成就时，也涉及156项工程建设项目在各地的实施情况及所起到的作用。[2]

---

[1] 韩岫岚主编：《中国企业史（现代卷）》上册，企业管理出版社2002年版，第207—253页。
[2]《当代中国》丛书编辑部编：《当代中国的基本建设》，中国社会科学出版社1989年版，第二章和第九章。

二、156项工程建设与工业布局、城市发展以及行业进步

董志凯在《新中国工业的奠基石——156项建设研究（1950—2000）》中详细描述了156项工程的行业分布、地区布局以及企业发展情况。156项工程实际施工的150项分布在煤炭、电力、石油、钢铁、有色金属、化工、机械、医药、轻工、航空、电子、兵器、航天、船舶等14个行业，这些行业有属于国民经济基础的能源原材料产业，如煤炭、电力、石油、钢铁、有色金属和化工行业；有代表国家工业发展水平的机械制造产业，如机械、船舶行业；有代表当时国家科技发展水平的高科技产业，如航空、航天和电子行业；有加强国防实力的兵器行业；还有与人民生活联系密切的医药和轻工行业。实施的150项工程项目包括44个军事工业企业和106个民用工业企业。军事工业包括航空工业12个、电子工业10个、兵器工业16个、航天工业2个、船舶工业4个；民用工业包括钢铁工业7个、有色金属工业13个；化学工业企业7个；机械加工企业24个；能源工业企业52个，其中煤炭工业和电力工业各25个、石油工业2个；轻工业和医药工业3个。由援建项目的构成可以看出，除了3个轻工业和医药项目，几乎全部是重工业。[1]

156项中实际实施的150项具体分布在17个省、自治区、直辖市，其中，辽宁、陕西各24项，各占实际实施总数的16%；黑龙江22项，占14.7%；山西15项，占10%；吉林与河南各10项，分别占6.7%；甘肃8项，占5.3%；四川6项，占4%；河北、内蒙古各5项，分别占3.3%；北京、云南、湖南、江西各4项，分别占2.7%；湖北3项，占2%；安徽、新疆各1项，分别占0.7%。[2]

李百浩等从20世纪50年代中国围绕苏联援助的156项重点工程进行的工业建设选址布局入手，研究了新兴工业城市的发展目标、类型与建设发展

---

[1] 董志凯、吴江：《新中国工业的奠基石——156项建设研究（1950—2000）》，广东经济出版社2004年版，第331页。

[2] 董志凯、吴江：《新中国工业的奠基石——156项建设研究（1950—2000）》，广东经济出版社2004年版，第413页。

模式，剖析了新兴工业城市规划的类型与内容，阐述了新兴工业城市规划的本质、作用及其历史地位。[1]

彭秀涛、荣志刚从"一五"计划时期围绕苏联援助的156项重点项目的建设着手，重点研究了重点项目的宏观区位布局、工业区在城市中的中观选址布局以及工业区用地的微观布局形态等问题，阐述了"一五"时期工业区规划布局的理论依据、原则以及特征。[2]

何一民、周明长指出，"一五"时期，以156项工程为契机，新中国开始了全面的社会主义工业化建设。这些大型经济建设项目的启动，不仅改变了中国城市发展的道路、方向，而且为中国城市的快速发展提供了强劲的动力，从而推动了中国城市进入以重工业优先发展战略为导向的新阶段。在这一发展模式的作用下，中国城市的发展呈现出城市职能的经济化、城市化发展的高速化、大中城市优先发展以及区域城市发展均衡化等新特点，这种城市发展的变化既彻底改变了旧中国城市的半殖民地半封建性质，又为后来中国城市的发展奠定了全新的基础。[3]

迟萍萍分析了抗美援朝对"一五"计划基本建设投资的影响。由于战争的影响仍未散去，"一五"计划在基本建设投资上侧重于与军事工业紧密相关的重工业，而出于改善地区经济不平衡状况以及国防安全的考虑，国家在产业布局上的投资重心倾向于内陆地区。[4]

156项工程对中国西部的工业化和城市化产生了重要的影响。董志凯、吴江认为，"一五"期间的156项重点工程的建设开发了西部，让西部在传统的、自然经济的框架中，嵌入了现代意义的工业企业，156项工程在西部地区工业化进程中发挥了举足轻重的作用。[5]

曹敏、杨明东通过历史比较分析，认为西北工业的发展与政府进行的以

---

[1] 李百浩、彭秀涛、黄立：《中国现代新兴工业城市规划的历史研究——以苏联援助的156项重点工程为中心》，《城市规划学刊》2006年第4期。

[2] 彭秀涛、荣志刚：《"一五"计划时期工业区规划布局回顾》，《四川建筑》2006年第S1期。

[3] 何一民、周明长：《156项工程与新中国工业城市发展（1949—1957年）》，《当代中国史研究》2007年第2期；《156项工程与中国工业城市的新生》，《中国城市经济》2009年第9期。

[4] 迟萍萍：《抗美援朝战争对我国"一五"计划基本建设投资的影响》，《英才高职论坛》2006年第3期。

[5] 董志凯、吴江：《我国三次西部开发的回顾与思考》，《当代中国史研究》2000年第4期。

"一五"计划和"三线"建设为基本内容的经济战略两次大规模西移有直接的关系。并由此决定了西北地区的工业发展是在高度集中的计划经济体制下进行的,突出了以国防工业为重点的重工业化结构的特点,加快了西北地区城市化的进程。[1]

岳珑指出,西北地区重工业化道路经历了20世纪三四十年代重工业奠基、新中国计划经济模式下重工业化的进一步发展、国防指向下的再次重工业化等几个发展阶段。西北地区矿产资源优势与重工业布局使西北五省区形成了嵌入型、跳跃式发展的重工业化结构,对西北五省区工业经济的发展产生了深远的影响。[2]

王芮思指出,"一五"时期,西安是国家重点建设的城市之一,在此期间,西安工业的兴起奠定了西安作为新兴工业城市的基础,带动了西安经济的发展。与此同时,西安工业的兴起和建设又对"一五"时期西安经济发展的方向有着引导和规范作用。[3]

刘公直指出,长期以来,人们在谈到洛阳早期社会主义工业建设时,总免不了要提到156项工程,156项工程单位更是以此为自豪。的确,这是一段值得怀念的历史。然而,什么是156项工程?156项工程中洛阳有哪几项?如何正确评价156项工程?对这样的一些问题,人们并不完全了解,在认识上也有某些偏颇。刘公直试图就这样一些问题进行探讨。[4]丁一平认为,"一拖"落户洛阳,起到了"磁场"和"增长极"的作用,使得相关产业聚集和科研院所汇集,带动了中小工商企业的发展,确立了"洛阳新兴重工业基地"的城市定位。[5]

李新生、吴志平指出,国家"一五"计划重点工程奠定了株洲工业化进程的基础,包括:初步建立起重型化工业结构与比较完整的工业体系,促进

---

[1] 曹敏、杨明东:《20世纪新中国经济重心西移与西北工业的发展》,《西安工程大学学报》2009年第6期。
[2] 岳珑:《20世纪50—70年代中国西北地区重工业化道路的选择与反思》,《当代中国史研究》2009年第3期。
[3] 王芮思:《试论"一五"时期西安工业与西安的经济》,《黑龙江史志》2009年第22期。
[4] 刘公直:《苏援156项工程与洛阳》,《河洛史志》2005年第2期。
[5] 丁一平:《"一拖"的落户与洛阳重工业基地的确立》,《河南科技大学学报(社会科学版)》2007年第2期。

株洲工业生产能力的大幅度提高及外向型经济的发展，加快株洲市技术进步的步伐，加速株洲的城市化进程。[1]

施亚利探讨了"一五"时期优先发展重工业战略对武汉工业建设的影响。"一五"时期，国家确立了优先发展重工业的战略并把许多重点项目安排在武汉，大大促进了武汉工业建设。武汉工业建设取得巨大成就的原因有三：大规模的工业建设有较好的基础，政府重视并集中主要力量进行以重工业为主的工业建设，工业管理体制同多种经济成分和工业生产水平基本适应。武汉发挥了计划和市场的作用，但重工业发展较快，轻工业适度发展，农业发展滞后。[2] 周瑾认为，由于历史的、地理的、经济的因素，武汉依靠国家政策资金的投入，在"一五"期间形成了重工业化结构，新中国成立初期的经济落后面貌得以大幅度改善。[3]

唐日梅等指出，156个重点工程中安排在东北地区的有58项，占全国重点项目的37%，其中在辽宁建设的有24项，这为辽宁老工业基地的形成和发展奠定了基础。[4]

魏秋生、胡玉芬回顾了156项工程在黑龙江的发展情况。[5]

徐亚娟、于占坤回顾了齐齐哈尔进行156项工程建设的历史，并指出"一五"计划时期，在齐齐哈尔的三项重点工程建设中，中共齐齐哈尔市委领导全市人民为三项重点工程建设服务，保证了工程建设的顺利实施，促进了齐齐哈尔的发展，使齐齐哈尔一跃成为国家经济、国防建设的重工业基地。[6]

兴安选煤厂亦为苏联援建的156项重点工程之一。1952年8月，由东北人民政府工业部煤矿管理局局长孙然签署计划任务书，委托苏联列宁格勒煤

---

[1] 李新生、吴志平：《论"一五"计划重点工程与株洲工业化进程》，《株洲师范高等专科学校学报》2001年第3期。

[2] 施亚利：《"一五"时期优先发展重工业战略与武汉工业建设》，《党史文苑》2009年第4期。

[3] 周瑾：《"一五"期间武汉重工业化道路的选择与反思》，《中南财经政法大学研究生学报》2010年第2期。

[4] 唐日梅、杨小华：《"156项工程"与辽宁老工业基地的形成》，《兰台世界》2009年第21期。

[5] 魏秋生、胡玉芬：《"156项重点工程"在黑龙江》，《黑龙江史志》2004年第3期。

[6] 徐亚娟、于占坤：《"一五"计划时期齐齐哈尔三项重点工程建设对今天的启示》，《理论观察》2005年第4期。

矿设计院设计。1953年6月26日,完成初步设计,并在莫斯科制定设计审核议定书。1954年完成技术设计。1957年8月15日开工,由鹤岗矿务局建筑工程公司施工。至1960年2月18日投产,历时2年零6个月。这是当时全国八大选煤厂之一,也是新中国第一个现代化动力煤选煤厂。[1]

董志凯专文阐述了156项工程中的装备工业的发展。她指出,中国在"一五"计划时期优先发展以能源、原材料、机械制造为主的重工业,实施优先发展重工业的方针,以求得巩固国防,建立国民经济发展的物质基础。其中,装备工业是一个重要部分。[2]

蒋洪冀、周国华考证了156项中属于煤炭工业的25个项目的形成过程及在执行中的变化情况,指出最终实际建成投产的有17个项目,这些项目对中国煤炭工业建设起到了良好作用。[3]

机械工业技术引进是中国技术引进的主体和缩影。王章豹回顾了新中国成立50年来中国机械工业技术引进的四个发展阶段。其中第一阶段就与156项工程相关。20世纪50年代主要从苏联和东欧国家大量引进成套设备和技术,建设了一批机械工业基地,奠定了中国机械工业与机械科技发展的基础。[4]

高立宏回顾了新中国成立初期苏联对中国机械工业的基础建设给予强有力支持的历史,通过援华156项工程,帮助中国建设了21个机械制造骨干企业。从工厂设计、工艺设计、设备安装调试,到工厂领导班子出境培训实习和苏联专家来华现场指导,采取"一条龙"援助方式。这21个项目包括机床制造、仪器仪表、农机拖拉机、电力设备和石油化工机械等,使中国机械工业初步形成了体系。[5]

孙烈指出,20世纪五六十年代,中国优先发展重工业和国防工业,重型机械制造业随之成为发展迅速的新兴产业。一系列举措促使重型机械技术的

---

[1] 政协鹤岗市委员会编:《百年风云:鹤岗重大历史事件纪实》,中国文史出版社2009年版,第310—315页。

[2] 董志凯:《新中国装备工业的起步——"156项"中的装备工业》,《装备制造》2008年第11期。

[3] 蒋洪冀、周国华:《50年代苏联援助中国煤炭工业建设项目的由来和变化》,《当代中国史研究》1995年第4期。

[4] 王章豹:《中国机械工业技术引进五十年》,《自然辩证法通讯》2000年第1期。

[5] 高立宏:《发展互利合作 利用优势互补》,《世界机电经贸信息》1997年第11期。

发展经历了修配、仿制、自主研发重大产品的三个阶段。[1]

潘正祥指出，20世纪50年代，苏联对华提供了大规模的军事援助。"一五"计划期间，为帮助中国制造飞机，在苏联对华援建的名为156项工程、实际进行施工的150项中，有12个航空工业企业和2个航天工业企业。[2]

徐行指出，"一五"时期中国集中进行的大规模能源工业建设取得了突出成就，对国民经济的发展产生了积极影响：煤炭工业得到迅速恢复和发展，支援了其他工业的建设；一批电力企业建成投产，大大增加了发电量；经过大规模勘探开发，原油产量大幅提高。[3]

三、从中苏关系和技术引进角度看156项工程

李德彬回顾了20世纪50年代中国引进技术设备的历程，总结了引进技术设备的经验。他认为，20世纪50年代中国从苏联、东欧引进技术设备的历史作用，不应因为1960年苏联单方面撕毁合同、给中国经济建设造成很大的困难而全部否定。历史事实说明，在中国的社会主义经济建设中，20世纪50年代引进的技术设备起着一定的作用。第一，奠定中国社会主义工业化的初步基础。第二，提高中国工业技术水平，加速中国工业的发展速度。第三，增强自力更生的能力。第四，建立了相当数量的国防工业。20世纪50年代中国引进技术设备既有成功的经验，也有值得汲取的教训。首先，有的同志对苏联的东西过于深信。从深信不疑发展到迷信，结果必然会不加分析地生搬硬套，甚至把苏联在社会主义建设过程中已经暴露的一些缺点和错误也搬到中国来。更加严重的是束缚了我们的思想，不是面向全世界，更不敢去了解资本主义国家的东西。其次，与苏联的经济关系过于紧密。[4]

---

[1] 孙烈：《20世纪五六十年代中国重型机械技术发展初探》，《哈尔滨工业大学学报（社会科学版）》2006年第5期。

[2] 潘正祥：《50年代苏联对华的军事援助》，《安徽史学》1999年第1期。

[3] 徐行：《对"一五"时期能源工业建设的重新审视》，《当代中国史研究》2007年第2期。

[4] 李德彬：《五十年代我国引进技术设备的问题》，《北京大学学报（哲学社会科学版）》1985年第4期。

陈东林运用史料介绍了中国改革开放前对外经济引进所经历的三次较大规模的高潮，第一次高潮便是20世纪50年代引进苏联援助的156项工程。他指出：通过156项工程引进，中国取得了巨大的经济建设成就。第一，成套苏联项目的引进，为中国建立了一大批骨干企业和设施；第二，在引进成套设备的同时也引进了设计和工艺等新技术；第三，1949—1960年苏联先后派来专家达18000多人，其中1954—1958年的156项工程主要建设时期占60%以上，为中国培养了大批专业技术人员，这成为中国几十年经济建设的中坚力量。但在当时的历史条件下，这次引进也产生了一些负面效应：过于强调把引进重点放在建设施工和投产上，一度有盲目学习苏联、忽视本国制造水平和创新能力的倾向，淡化了本国持续开发的力量培育；有些引进设计项目因脱离中国国情而没有成功；引进专业分工过细。从引进方式来说，这种依靠苏联支持的大规模引进，是非正常状态的，必然要随着政治形势的变化而动荡，并没有使我们得到正常的国际贸易经验和接轨格局。因此，在1960年初苏联突然终止援助时，有些措手不及，许多引进建设项目下马。中国不得不重新探索自己的对外贸易道路。[1]

沈志华从八个方面——提供低息贷款、援建重点项目、发展双边贸易、开办合股公司、提供技术资料、派遣苏联专家、培养中国专家和协助编制经济计划——叙述了新中国建立初期苏联对华经济援助的方式和途径。从1950年至1953年，中苏不仅在军事和外交方面全面合作，在经济领域也是协调和互助的。苏联对中国大规模的经济援助，以及在此基础上中国经济建设的恢复和发展，构成了此时期中苏同盟的经济背景。斯大林在其生命的最后几年里，对中国的经济援助既是慷慨的，又是有限的；既有效地帮助了中国的经济恢复，也遗留了一些需要解决的问题。[2]

王奇认为，特定历史条件下对苏联的选择以及由苏联援建出台的156项工程如同助长器：中国社会主义工业化雏形由此被注入了苏式基因；中苏两党、两国间同时期的兄弟关系因此显得牢不可破。但既然是处于特定的历史

---

[1] 陈东林：《20世纪50—70年代中国的对外经济引进》，《上海行政学院学报》2004年第6期。
[2] 沈志华：《新中国建立初期苏联对华经济援助的基本情况（上）——来自中国和俄国的档案材料》，《俄罗斯研究》2001年第1期；《新中国建立初期苏联对华经济援助的基本情况（下）——来自中国和俄罗斯的档案材料》，《俄罗斯研究》2001年第2期。

时期，成就与缺憾、经验与教训总会相伴而生，对其进行系统的梳理并客观地加以评析将成为新世纪中俄两国关系发展、中国与世界先进国家开展社会经济文化交流的有益借鉴。[1]

刘振华指出，实现工业化是中国共产党人的梦想，新中国的工业基础是微不足道的，技术力量、管理水平都极其低下。要在最短时间内实现工业化的快速发展，争取外国的援助和技术支持是关键。在新中国经济史上，有几次重大的外国援助和技术引进事件，对中国的工业化和经济建设产生了重大影响，其中，156项工程最为典型。[2]

张培富、孙磊指出，156项工程是20世纪50年代新中国工业化建设的核心项目，是在新中国建立后形成的有利的国际国内政治、经济环境下苏联援助中国建设的现代工业项目。通过156项工程的建设，苏联工业技术以国际技术史上前所未有的规模被转移至中国，提高了中国的科学技术综合水平，并促进了中国规划科技体制的建设。[3]

陆振华认为，以156项工程为代表的苏联技术援华，推动了现代技术向中国大规模的、系统的、水平较高的转移，奠定了中国现代技术和工业化的基础，使中国初步构建了比较完整的现代技术和工业体系，带动了科学研究的发展，形成了"以任务带学科"的发展模式，对20世纪中国经济社会的发展产生了深远的影响。[4]

20世纪50年代至70年代，新中国为尽快改变"一穷二白"的农业国地位，迅速建立起比较完整的工业体系，曾三次大规模从国外引进成套技术设备：一次是50年代从苏联引进的以156项工程为主体的304个成套设备项目，以及从东欧等社会主义国家引进的116个成套设备项目；一次是70年代前期从西方国家引进的约合43亿美元的26个大型成套设备项目（简称"四三方案"）；一次是70年代末期80年代初期从西方国家引进的约合65亿美元的22个成套设备项目（简称"六五方案"）。刘荣刚对三次大规模成套

---

[1] 王奇：《"156项工程"与20世纪50年代中苏关系评析》，《当代中国史研究》2003年第2期。
[2] 刘振华：《建国初"156项"工程项目的确立》，《中国档案》2009年第3期。
[3] 张培富、孙磊：《156项工程与1950年代中国的科技发展》，《长沙理工大学学报（社会科学版）》2011年第2期。
[4] 陆振华：《影响深远的苏联"156"项援建》，《装备制造》2008年第1期。

技术设备引进作了一个综述,并提出一些看法。[1]

康荣平、杨英辰指出,第一个五年计划的核心是通过大规模引进苏联的技术和设备,优先发展重工业,建立工业化初步基础。于是中国出现了20世纪50年代的第一次引进高潮。这次引进高潮,时间在1950—1959年,以著名的156项为中心,有400—500个项目。[2]

张柏春、张久春、姚芳认为,20世纪40年代到60年代初,苏联通过"156项工程"的技术援华推动了现代技术向中国的大规模转移。[3]

四、156项的历史作用

董志凯在《新中国工业的奠基石——156项建设研究(1950—2000)》前言中指出,中国大规模工业化的起步,是在中华人民共和国建立以后。其标志就是第一个五年计划规定的以156项建设为中心的经济建设。它是中国工业化的奠基石与里程碑。从1950年第一个项目开始建设,到1969年156项实际实施的150项全部建成,历时19年。其中建设的高潮在第一个五年计划期间,至1957年底,156项工程中有一半以上的项目已按期全部建成或部分建成投产,在社会主义建设中发挥了重要作用。主要是:第一个五年计划期间新增的工业生产能力在中国历史上是空前的;156项重点建设项目和限额以上的近千个工业建设项目,也初步改变了旧中国工业布局不合理的状况,促进了区域经济的平衡发展;156项重点建设项目也为中国工程设计、技术、施工人员和产业工人的成长创造了条件;156项工程新建、改建、扩建的企业为中国工业化做出了巨大贡献。[4]

董志凯还指出,156项重点建设项目的完成,形成了巨大的社会生产

---

[1] 刘荣刚:《新中国三次大规模成套技术设备引进研究综述》,《中共党史资料》2008年第3期。
[2] 康荣平、杨英辰:《新中国技术引进40年述评》,《管理世界》1991年第6期。
[3] 张柏春、张久春、姚芳:《中苏科学技术合作中的技术转移》,《当代中国史研究》2005年第2期。
[4] 董志凯、吴江:《新中国工业的奠基石——156项建设研究(1950—2000)》,广东经济出版社2004年版,第1—4页。

力,与其他千余项工业建设项目相配套,在中国初步建立了相对独立的、自主的、完整的国民经济体系,为我国工业化奠定了基础。156项重点项目的建设及其取得的成就是在计划经济体制下完成的,可以说,计划经济体制是社会主义经济建立、发展过程中的一个必经阶段,如果没有当时的计划经济体制,就不可能有新中国成立初期国民经济举世瞩目的高速增长,就不可能在医治战争创伤的基础上初步建立社会主义物质基础。[1]

王奇指出,苏联援建156项工程的实施,为中国社会主义工业化雏形注入了苏式基因,中国从此开始仿效苏联经济模式探索社会主义建设道路。固然苏联社会主义经济模式在特定历史时期发挥过非凡的效用,但进入和平发展时期很快地便显现出所有制单一、排斥市场、排斥竞争等弊端。以156项工程为核心的跃进式工业化战略的实施,使中国在较短的时间内完成了国民经济公有化。和苏联一样,中国选择了优先发展重工业的工业化战略,具有资本密度大、技术含量高、建设周期长的特点,需要巨额投资和大规模的资本积累,除了国家几乎没有任何力量能够启动、组织整个工业化的进程。所以,156项工程的实施,加速了社会主义国营经济的发展。同时,要奠定社会主义工业化的初步基础,必须集中全国的各种力量,特别是要适当集中全国的经济力量来满足社会主义工业化建设的需要,这就要实行高度集中的计划经济体制。可见,156项工程的实施加速了中国经济的公有化、计划化进程。随着"一五"计划的完成,苏联经济模式基本上在中国得以确立。然而,这种集所有权、经营权于国家一身的单一的公有制形式,在适应特殊的工业化战略及大规模经济建设要求的同时,又与经济发展尤其是商品市场经济发展形成了新的矛盾。[2]

袁宝华指出,中国第一个五年计划经济建设,依靠全国人民的努力,在苏联和其他友好国家支持下,取得了重大成就。第一个五年计划胜利完成的意义重大,主要表现在四个方面:其一,打破了帝国主义的封锁;其二,新生共和国开始有了自己的现代工业;其三,培养了人才;其四,积累

---

[1] 董志凯、吴江:《新中国工业的奠基石——156项建设研究(1950—2000)》,广东经济出版社2004年版,第660页。

[2] 王奇:《中苏同盟启示录》,清华大学出版社2008年版,第186—197页。

了经验。[1]

李志宁认为，156项建设在中国工业史上有崇高的历史地位。这是中国工业化史上真正比较坚实的第一步。从清朝洋务派开始引进机器工业以来，中国工业史上还从来没有过这样集中、这样全面、这样系统且在短时间里就完成了以大工业为基础的国民经济体系的根本性改造的时期。后来，我们曾在既无外债、亦无外援的情况下在60年代中期自力更生地进行了相当成功的工业化建设，又在70年代初期进行了相当集中的大规模的西方技术设备的引进，这些都是在"一五"时期建立起来的已有的工业基础之上进行的。[2]

唐日梅认为，20世纪50年代，由苏联援建的156项工程是"一五"时期社会主义工业化建设的核心，在中国社会主义工业化进程中占有举足轻重的地位。正是这156项工程构筑了新生共和国的钢筋铁骨，在中华人民共和国发展史上留下了光辉的一页。实际施工的150个项目的建设，极大地改变了中国。[3]

张久春从项目的分批确定和实施、项目中的技术转移以及项目的实施效果三个方面介绍了156项工程，评价了156项工程的历史地位，概括了工程中的技术转移的特点，认为156项工程帮助新中国建立了比较完整的基础工业体系和国防工业体系的骨架，起到了奠定中国工业化初步基础的重大作用，使中国初步构建了比较完整的现代技术体系。[4]

孙国梁、孙玉霞认为，156项工程是"一五"期间苏联援建的项目，项目的确定主要是通过精心酝酿的三次谈判而成，项目布局的特点是以改变工业布局的不合理状况为着重点、重视有效利用资源、兼顾促进落后地区的经济发展及结合国防安全因素进行综合考虑的。156项工程在中国经济建设史上有着重要的历史地位，它的建设实施也为中国积累了丰富的工业建设经验。[5]

---

[1] 袁宝华：《袁宝华文集》第四卷，企业管理出版社2001年版，第450—451页。
[2] 李志宁：《大工业与中国——至20世纪50年代》，江西人民出版社1997年版，第215—216页。
[3] 唐日梅：《谈"156项工程"在中国工业化初创中的地位》，《理论界》2004年第1期；《"156项工程"与新中国工业化》，《党史纵横》2009年第11期。
[4] 张久春：《20世纪50年代工业建设"156项工程"研究》，《工程研究：跨学科视野中的工程》2009年第3期。
[5] 孙国梁、孙玉霞：《"一五"期间苏联援建156项工程探析》，《石家庄学院学报》2005年第5期。

宋凤英指出，中国大规模工业化的起步，是在新中国建立以后。其标志就是第一个五年计划规定的以156项工程建设为中心的经济建设，它是中国工业化的基石与里程碑。156项工程是"一五"计划期间苏联援建中国的156个工业项目的总称，这一庞大的援建工程，旨在帮助中国建立比较完整的基础工业体系和国防工业体系的骨架，以奠定中国工业化的初步基础。[1]

宋凯扬也认为，由苏联援助建设的156项工程，是奠定中国社会主义工业化初步基础的关键工程。[2]由苏联援建的156项工程，记载着中国人民为实现工业化的创业艰辛，凝结着苏联政府和人民对新中国的真挚友情。[3]

尹光认为，"一五"期间156项重点工程的确定具有划时代的历史作用，是新中国历史的一个转折点。它的建成，无论是设备还是技术，都是国际一流，它不仅承担了巨大的社会功能，缓解中国工业布局不合理及经济发展的失衡等，而且在各重要领域还填补了国内空白，为新中国以后的发展插上了腾飞的翅膀。[4]

唐艳艳认为，从新中国半个世纪工业化的实践中可以看到，新中国虽然经历了几次技术引进的浪潮，但第一次大规模引进技术的156项工程建设取得的效果却是最好的。这些重大工业项目的建设奠定了新中国的工业基础，具有深远的历史意义。[5]

孙运莉从利用外援的角度分析了156项工程的历史作用，并实事求是地分析了这156项重点工程的利与弊。[6]

《为中国经济的腾飞铺好跑道——五十年重点建设项目立奇功》一文提到了156项工程对中国工业经济形成所起到的基础性作用，指出：20世纪50年代，在国家经济基础十分薄弱的情况下，以苏联援助的156项工程为骨干，在能源、钢铁、有色金属、化工、机电、轻工及国防等方面进行了大规模的重点建设，其中，包括鞍钢、武钢、长春一汽、东北三大动力等，奠定

---

[1] 宋凤英：《奠定中国工业化基础的156项工程揭秘》，《党史博采》2009年第12期。
[2] 宋凯扬：《156项工程建设回顾与思考》，《四川党史》1995年第5期。
[3] 宋凯扬：《"156项工程"：中苏友谊史上的重要一页》，《党史文汇》1995年第1期。
[4] 尹光：《"一五"时期156项重点工程的历史作用》，《商业经济》2003年第7期。
[5] 唐艳艳：《"一五"时期"156项工程"的工业化效应分析》，《湖北社会科学》2008年第8期。
[6] 孙运莉：《新中国的第一次利用外援——论"一五"时期156项重点工程的历史作用》，《世纪桥》1999年第5期。

了新中国工业化的基础。[1]

赵士刚、熊亮华认为,"一五"计划期间,苏联和东欧各国,特别是苏联对中国的经济技术援助,对于迅速提高中国的工业技术水平、尽快建立比较完整的工业体系起了重要的作用。[2]

吴熙敬主编的《中国近现代技术史》(上卷)谈到了156项建设工程对提高中国工业技术水平的作用。[3]

五、156项工程建设的经验与教训

董志凯指出,156项重点建设项目积累的经验与教训是丰富的,值得我们认真总结。关于企业建设的一些基本经验是:第一,经济建设必须从实际出发,坚持实事求是的方针。1951—1955年,在第一个五年计划制订期间,计划的制订者抱着审慎的、高度负责的精神,在统计基础薄弱、信息交流不便的条件下,反复修订所规定的各项指标以及每个项目的年度计划,使各项计划指标基本上和当时的人力、物力、财力相适应。在地质资料缺乏、设计能力严重不足、成套设备完全依赖进口、技术施工力量严重不足的情况下,156项建设项目的确立,也经历了1950—1955年的多次调查、协商与修订。因而在具体执行中,取得了较好的结果。第二,全心全意依靠工人阶级,才能在困境中得到发展的力量源泉。新中国成立初期,不仅物资条件恶劣,而且管理技术人员奇缺,管理水平与技术水平都不高。在这样的环境中,能够战胜重重困难,建设前人从未做过的大工业,需要广大职工的自觉和觉悟,经济建设的力量来自广大职工高度的责任感与创造性地发挥积极性。在劳动竞赛、比学先进的活动中,涌现出一大批以厂为家、以工地为家,有着无私奉献精神、勤奋工作的英雄模范。广大职工以他们为榜样,努力学习技术,提高劳动生产率,自觉节约材料,降低成本。这种主人翁的精神,是156项

---

[1]《为中国经济的腾飞铺好跑道——五十年重点建设项目立奇功》,《中国勘察设计》1999年第10期。

[2] 赵士刚主编:《共和国经济风云》上册,经济管理出版社1997年版,第232—233页。

[3] 吴熙敬主编:《中国近现代技术史》上卷,科学出版社2000年版,第425—429页。

建设获得成功的重要保证。第三，重点建设要集中力量打歼灭战。在财力方面，国家将"一五"时期财政总收入的19.1%集中使用于重点工程建设。在物资方面，国家采取集中管理的办法，将70%—90%的钢材、水泥、木材等重要的物资优先供应重点工程建设。在人才方面，国家从各条战线抽调上万名优秀干部，充实加强工业部门和重点企业的领导，同时通过动员工程技术人员专业对口归队和组织短期培训、轮训、出国学习等方式，以及从高等学校培养等途径，来壮大工程技术人员队伍，从而使第一个五年计划时期的工业化建设取得了较好的效益。第四，艰苦创业的精神要长期坚持。在156项建设过程中，对于国家的大量投资，建设者们注意精打细算、周密安排。为了用有限的资金办更多的事，为国家节约资金，建设者们开展了全面的、经常性的增产节约运动，大力提倡自力更生、艰苦奋斗的精神，一而再再而三地同各种铺张浪费现象作斗争。在财力、物力十分紧张的条件下，尽力压缩非生产性建设，削减可建又可不建的项目，保证重点工程的建设。在重点工程建设中，努力加强计划、设计、管理、核算、验收等工作，尽可能降低工程造价，从而为国家节约了大量投资。第五，正确处理国外援助与独立自主、自力更生的关系。由于汲取了以往的经验教训，正确处理了学习外国先进技术与独立自主、自力更生的关系，我国方能全面完成156项建设。第六，在以计划为主配置资源的同时，在一定程度上发挥了市场的作用。"一五"时期是新中国经济建设最好的时期之一。在这一时期，我们正处在向社会主义计划经济体制过渡的时期，市场、商品经济和价值规律尚未完全排斥，"一五"计划还在一定程度上发挥了市场的作用。

存在的问题是：第一，部分项目布局和选址不够合理。第二，在三门峡水库修建过程中盲目放弃中国水利专家的正确意见。第三，国防工业比重较大，对轻工业和支援农业的工业投资不足。第四，未将技术改造与技术进步上升到提高竞争力的地位加以重视。[1]

董志凯认为，历史地、辩证地、全面地认识中国社会主义建设的初创阶段——第一个五年计划时期（1952—1957年）——工业基本建设的较高经济

---

[1] 董志凯、吴江：《新中国工业的奠基石——156项建设研究（1950—2000）》，广东经济出版社2004年版，第659—679页。

效益，中肯地分析取得举世瞩目成就的原因，同时正视理论认识和体制方面的片面性、缺陷所带来的影响，对于社会主义现代化建设和深化改革，都必将有所裨益。[1]

董志凯还指出，20世纪50年代，中国内地基本建设投资的前提是：生产力水平低下，人均产值低；资金紧缺，但资产相对集中；西方国家对中国实行经济封锁；中国确立了优先发展重工业的工业化方针。通过对中国经济建设投资的产业结构、区域布局、项目结构、主体结构的分析，可以得到几点启示：投资管理体制的变化要适应生产力发展的要求；建设规模不能超过国力许可的范围，急于求成必将适得其反；综合平衡应从短线出发。[2]

六、其他

学者们还探讨了156项工程项目的资本来源。董志凯指出，"一五"计划的资金直接来源主要是工业与商业，其中又以工业特别是重工业为主，这与三年恢复时期不同。从经济成分上看也不同。三年恢复时期以个体和私营经济为主，而到了"一五"时期，主要是以国营经济为主。并指出了这种资金筹集方式存在的一些问题：第一，不是将优先发展重工业看作从当时中国国情出发的工业化方针与产业政策，而是将其等同于社会主义制度，从而引发了20世纪六七十年代所有制结构和产业结构比例的偏差；第二，单一的公有制以及对高速的要求使得财源逐渐枯竭，这让个体和私营经济的发展受到抑制；第三，在集中财力的同时部分牺牲了国营企业，特别是国营工业企业的长期效益。[3]

唐艳艳则在分析政府主导资本形成的体制背景基础上，以156项工程建设为分析对象，从境外资本流入、农业剩余、国营企业贡献和社会资源转移

---

[1] 董志凯：《"一五"时期工业基本建设中的浪费问题与节约措施辨析》，《中国经济史研究》1988年第4期。

[2] 董志凯：《20世纪50年代基本建设投资的前提和结构》，《当代中国史研究》2005年第6期。

[3] 董志凯、吴江：《新中国工业的奠基石——156项建设研究（1950—2000）》，广东经济出版社2004年版，第160—180页。

四个方面分析了政府主导资本形成的途径,进而探讨了政府主导资本形成导致的问题。[1]

唐艳艳还从后发优势的理论出发,对156项工程的建设进行了回顾,分析认为技术后发优势的发挥是156项工程取得成绩的关键,进而探讨了156项工程建设中存在的问题及其体制原因,最后得出结论:全面发挥后发优势是落后国家经济迅速发展的根本。[2]

156项工程和三线建设是改革开放前经济建设重要的里程碑,对中国的社会和经济产生了深远的影响。孙顺太从不同的角度对156项工程和三线建设作了比较。[3] 这种比较视野为分析156项工程提供了新的思路。

七、学生成果（硕士论文）

陈静认为,中苏两党两国关系在20世纪五六十年代的复杂、微妙变化过程,对中国社会政治、经济、文化都产生了重要的影响。从经济上看,它一方面促使中国在较短的时间内形成了一批门类较全、工业化急需的现代基础工业,为中国经济的迅速发展奠定了基础;另一方面又使中国形成了苏联式的高度集中的经济体制,阻碍了中国社会经济的发展。156项工程是主要载体。[4]

王维德论述了新中国成立之后,吉林省根据国家发展的布局及需要,大力发展重工业的历史。从1949年新中国成立直到1976年"文化大革命"结束,吉林省重工业既得到了长足发展,又存在一些问题;既取得了许多骄人的成就,也存在一些失误;既有许多经验教训可以借鉴,也留给我们许多启示。[5]

高灿利用国营石家庄第二棉纺织厂档案室、河北省档案馆馆藏史料以及

---

[1] 唐艳艳:《"156项工程"建设中政府主导资本形成得失评析》,《理论月刊》2010年第4期。
[2] 唐艳艳:《从"156项工程"的建设看后发优势的发挥》,《理论月刊》2009年第12期。
[3] 孙顺太:《156项工程与三线建设比较研究》,《大理学院学报》2011年第5期。
[4] 陈静:《1950—1960年代中苏关系对中国社会的影响》(华侨大学2007年硕士论文)。
[5] 王维德:《1949—1976年吉林省重工业的发展历程及启示》(吉林大学2008年硕士论文)。

一些当事人的口述史料，从企业史的角度，以国营石家庄第二棉纺织厂为典型，对石家庄棉纺基地的建立过程及其建立对石家庄经济、城市化进程的影响进行了研究。[1]

赵世磊在考虑国内外环境的变化对华北制药集团有限责任公司（国营华北制药厂）成长影响的基础上，论述了项目的建设过程、投产后的生产运营与管理方面的情况。华药是由苏联和民主德国帮助设计、建设的大型医药联合企业，是新中国第一个五年计划期间由苏联援建的 156 项工程之一，是当时中国乃至亚洲最大的制药厂。它的建成投产，彻底改变了中国抗生素（青霉素、链霉素）严重依赖进口的局面，在中国抗生素产业的发展历程中具有重要地位，并且对所在城市的建设和发展起了重要的带动作用。[2]

王玉芹从地理位置、工业基础、自然资源等方面进行分析，得出了新中国成立初期国家重点投资东北的原因；然后，对当时各类重工业的投资情况进行分类总结，并对各门类的生产情况进行汇总，对当时采取的各项措施进行了总结；在历史回顾的基础上，运用比较研究的方法，得出东北重工业在全国经济发展中占有重要历史地位，对全国的经济发展做出了重要贡献。最后，对新中国成立初期东北重工业发展所取得的历史经验进行了总结。[3]

杨晓对兰州重工业城市形成和发展过程进行描述和分析。经历了工业的恢复和对资本主义工商业的社会主义改造，兰州工业已具雏形，进入初兴阶段。由于"一五"计划的实行，苏联援建的几个大型工厂项目落户兰州，奠定了兰州重工业城市的基础。兰州市能够在中共中央的领导下，短时间内发展成为一个新兴的重工业城市，典型地展现了"政治决定经济"的城市发展模式。中央政策导向在经济发展中的强大作用和社会动员能力是兰州发展成为重工业城市的关键因素。[4]

苏联援建的 156 项重点项目中，西北地区分布有 33 项，占全部项目的 22%。其中在兰州兴建项目 8 项，兰州被确立为以能源、原材料为中心的八大重工业区之一，工业规模迅速发展扩大，整个城市进入了新的发展时期。

---

[1] 高灿：《新中国初期石家庄棉纺基地建立研究》（河北师范大学 2010 年硕士论文）。
[2] 赵世磊：《国营华北制药厂研究（1953—1965）》（河北师范大学 2011 年硕士论文）。
[3] 王玉芹：《建国初期东北重工业发展状况评析》（东北师范大学 2005 年硕士论文）。
[4] 杨晓：《兰州重工业城市的形成和发展研究（1949—1978）》（兰州大学 2009 年硕士论文）。

但由于历史原因，兰州的基础设施建设及工商业的情况很不发达，急需一批轻工企业、商业服务业的投入。而且，由于外部封锁和国内消费的变化，工商行业一度处于低潮，企业的资金、人员需要寻找新的投资环境。这样才有了上海迁兰企业。祁宁宁对此进行了研究。[1]

刘星回顾了近代以来中国三次对外经济引进高潮的背景，分析了新中国成立前后的国内外形势，这是新中国制定政策和开展对外引进活动的特定依据。然后论述了新中国对外经济引进的理论探索，总结了战争年代中国共产党的对外经济思想和初步实践，指出新中国成立初期国际环境的变化，使中国共产党不得不改变其原设想的"与全世界做买卖"的对外经济引进思路，而制定了新中国对外贸易政策。最后以156项工程的准备、项目确立和实施为核心，考察了新中国成立初期对外经济引进与建设实践的模式、特点、引进方式，并总结了新中国成立初期对外经济引进的经验教训，并将其放在今天的平台上予以比较。[2]

邱成岭以包头钢铁基地为案例，从技术引进史角度，对苏联援建中国大型工程项目进行了研究。156项工程之一的包头钢铁基地建设，从选择厂址，勘察地质，搜集设计基础资料，进行设计，供应成套设备，指导施工、安装和生产等方面，都得到了苏联的技术援助。基于当时特定的历史条件，这项冶金技术的引进是较为成功的。作者在考证有关档案、当事人撰写的回忆录等资料的基础上，侧重描述了与中国工人并肩劳动的苏联专家所发挥的作用，综述了苏联在包头钢铁基地建设中的角色，初步展示了冶金技术向中国转移的过程。[3]

胡瑞涛以"一五"计划期间苏联经济援华行为为着眼点，集中考察了这种援助的背景、形式，并最终认为苏联之所以要向中国提供经济援助，从结构的角度来讲，其原因在于作为社会主义阵营系统的霸权国，苏联必须维持系统的存在及正常运转，这样才能维持对其有利的系统霸权结构的存在。[4]

李海静在前人研究的基础上，根据史实资料，将新中国成立以来的技术

---

[1] 祁宁宁：《20世纪50年代中期上海迁兰企业研究》（兰州大学2011年硕士论文）。
[2] 刘星：《新中国建国初期对外经济引进》（中国社会科学院研究生院2007年硕士论文）。
[3] 邱成岭：《苏联援建包头钢铁基地史略》（内蒙古大学2004年硕士论文）。
[4] 胡瑞涛：《对"一五"计划期间苏联经济援华的历史考察》（西北师范大学2005年硕士论文）。

引进历程划分为层次分明的五个阶段,并对各阶段进行了成效分析。中国经历了五次阶段分明的技术引进高峰期,尤其是1949年以后的技术引进对中国各个方面的发展起到了至关重要的作用。这些引进的技术为中国开创工业领域、巩固国防、推进产业升级和进行技术创新奠定了基础。中国的技术创新也正是在引进、消化、吸收的前提下才得以实现的。[1]

周萍对20世纪50年代初期学习苏联的缘起、过程及后果等情况作了较为深入的考察。1950年2月14日《中苏友好同盟条约》的缔结,标志着两国建立了同盟关系,也拉开了中国向苏联学习的序幕。中国学习苏联的途径主要包括:广泛介绍苏联社会主义建设的"巨大成就"和先进经验,大规模、全方位地聘请苏联顾问和专家,大量派遣各类人员赴苏进行学习和考察等。[2]

周明长认为,重工业优先发展战略不仅初步奠定了社会主义工业化的基础,而且为工业化空间载体的工业城市的发展提供了新的发展空间和动力支持,既加速了中国的城市化进程,也极大地改变了中国城市的职能结构、规模结构、类型结构、区域结构,形成了城市发展的新模式。城市职能的经济化、大中城市规模的迅速膨胀、多类型工业城市的勃兴、城市空间分布日益均衡化以及城市建设、发展的计划化成为"一五"时期重点工业项目布点城市发展的主要特征。[3]

八、小结

从上述研究成果中可以看出,学者们运用史料对156项工程的历史背景、过程以及实施情况、地区布局、行业分布、所发挥的作用以及经验与教训等内容都进行了研究,共同的看法是:充分肯定了156项工程对中国工业化进程所起到的基础性重要作用。同时也指出:经由苏联援华出台的156项

---

[1] 李海静:《新中国技术引进的历程分析》(内蒙古师范大学2008年硕士论文)。
[2] 周萍:《二十世纪五十年代中国学习苏联述评》(华中师范大学2007年硕士论文)。
[3] 周明长:《新中国建立初期重工业优先发展战略与工业城市发展研究(1949—1957)》(四川大学2005年硕士论文)。

工程如同助长器，中国的社会主义工业化雏形由此被注入了苏式基因。一些年轻学者试图从一些新角度推进对该问题的研究。但这样的成果还较少，并且有待于深入。近年来，一些以中国档案为代表的新史料不断地被发掘，同时，苏联档案的解密也越来越多，这些为进一步研究奠定了基础。同时，共和国经济发展已经有70年的历史，立足时代回眸新中国成立初期的工业化历程可能也会有新的视点。总之，关于156项工程的研究还有新的空间。

回忆录

奠基：苏联援华156项工程始末

156

赴苏联谈判的日日夜夜

袁宝华

1952年8月，我随周恩来总理、陈云同志和李富春同志到莫斯科，参与商谈和确定苏联援助我国进行经济建设的具体方案，征求苏联政府和斯大林同志对我国制订第一个五年计划的意见。在苏联前后生活了10个月。回忆起在苏联参加谈判的日日夜夜，许多事情至今仍历历在目，令人难以忘怀。

一、争取苏联对中国经济建设的支援

新中国成立后，我们面临着繁重的经济恢复和经济发展的任务。一方面，要治理战争创伤，恢复生产，发展经济；一方面，要抗美援朝，保家卫国，支援前线。经过短短一年多时间的艰苦努力，我们恢复经济的工作取得了很大进展。这时，根据中央"三年准备、十年计划经济建设"的思想，中财委于1951年2月开始试编五年计划，并提出了我国第一个五年计划的初步设想。其中包括拟请苏联援助和帮助设计的一批项目。

在当时，竭尽全力开始进行我国第一个五年计划的建设，争取苏联对我国建设的援助，是中央的一个重要战略决策。对新中国的成立，苏联开始还有疑虑，毛主席第一次到苏联访问，苏联报纸一开始称"毛泽东先生"，等到签订了互助同盟条约后，才改称"毛泽东同志"。尤其是抗美援朝，他们看得很清楚，虽然苏联没有直接参与，但看到抗美援朝我们做出了很大牺牲，最后把社会主义朝鲜保存了下来，中国共产党的国际主义是真的而不是假的，因此，苏联方面主动提出愿意帮助我们设计和建设一批工业项目。

东北的许多工业建设项目，也都是在这一时期开始设计和建设的。1951年2—3月，我到北京参加全国工业会议，会上确定了一批建设项目，并已开始设计了。像富拉尔基的北满钢厂的建设，不是到苏联谈判时提出的，而是到苏联以前就提出来了。1951年做了初步设计，并做了部分技术设计，该钢厂的规模当时准备搞到15万吨。还提出了富拉尔基电站的建设，电站的第二台机组建设要求1952年交货。佳木斯铜网厂的设计合同已在莫斯科签订了，该铜网厂最初是一个单独的项目，从苏联谈判回来后，将铜网厂和佳木斯造纸厂合并在一起了。沈阳风动工具厂，是在莫斯科审核设计的。沈阳第一机床厂，1951年时已提出请苏联帮助作初步设计。此外，还有阜新电站、哈尔滨铝加工厂、吉林铁合金厂、201厂（炭素电极厂）等。上述这些建设项目都是去苏联之前我们就已确定的，并已向苏联方面提出，请他们帮助我们设计。

东北是我国重要的工业基地，在拟定第一个五年计划时，东北的计划建设规模是十分庞大的。"一五"期间，要向国外订购成套设备约35万吨，总价值为17万亿旧人民币（每1万旧人民币合1元新人民币），折合卢布为17.56亿。平均每吨设备约为5000卢布。能源工业是当时最紧缺的工业部门，而电力尤为紧张。东北电业局计划火力发电站达到52.5万千瓦，水力发电站达到85.2万千瓦。当时计划火力发电五年达到52.5万千瓦，还不及现在一台发电机组的发电量。一般设备五年为13万—14万吨，约合8万亿元旧人民币。此外还有国内设备。建筑安装力量五年计划安排是，技术人员42人，工人1万人，安装设备81万吨。其中非必需安装设备为10.5万吨，需要安装设备为70万吨。平均安装1吨设备需要25个工人。五年内土建任务是24万平方米，土建工程技术人员最高达到5400人，工人达到9万—10万人。土建的定额是每平方米6个工，留用苏联专家36人，1953年需聘请专家95人，1954—1957年需聘请专家150人，基本建设顾问需聘请330人，要派出实习生1600人。另外，还要聘请设计方面的专家72人、教育方面的专家59人。

上述这些都是我们去苏联之前东北工业建设的五年计划安排。这些计划都是分年度安排的，很具体。

在决定去苏联谈判之前，我们做了大量的准备工作。1952年7月25日，我从东北赶到北京，立即同即将前往苏联谈判的同志们一起投入紧张的工作，对将要请苏联专家帮助设计的一批项目进行准备。在临行前的20来天中，夜以继日地讨论设计项目，搞设计项目表，写设计项目说明，并推敲我们提出的重工业计划。要准备好总说明，包括总的情况估计、五年计划方针、五年计划概要。准备工作的总要求，是要搞好设计项目和设计清单，地质勘查资料和清单，专家与设备要求，技术资料等。对我们所准备的材料，要求统一、准确，知之为知之，不知为不知。

经过紧张的工作，我们做好了赴苏谈判的准备。

二、随我政府代表团离京赴莫斯科

我国政府代表团是1952年8月15日晨5时离开北京的。

我国政府代表团成员共5人：周恩来总理任团长，陈云副总理和李富春同志（当时任中财委副主任）任副团长，成员是张闻天同志（我国驻苏大使）和粟裕同志（当时任副总参谋长，代表军队方面）。

代表团还带了一批顾问，主要包括各个部门的负责人和军队有关方面的负责人。这些顾问包括：宋劭文同志，他是中财委秘书长兼财经计划局局长；陈郁同志，他是燃料工业部部长；王鹤寿同志，他原任东北工业部部长，东北工业部撤销后，任重工业部部长；汪道涵同志，原任华东工业部部长，调任第一机械工业部副部长，由于需要从上海抽出技术力量支援"一五"计划建设，所以他参加了谈判；王诤同志，任军委通讯部部长兼邮电部副部长；刘亚楼同志，他是空军司令员；罗舜初同志，他是海军副司令员；邱创成同志，他是炮兵副司令员；雷英夫同志，他是军委作战局局长，30多岁，是军队顾问中最年轻的，曾当过总理的军事秘书；师哲同志，他是外交部政治秘书；等等。

代表团还有一批随员，包括：吕东、柴树藩、沈鸿、白杨、齐明、陈平、王世光、钱志道、李苏和我，等等。另外，代表团还带有一批翻译。

由于我们许多人是第一次出国，所以对我们要求很严格。在出国之前，我们集中学习了一段时间。8月13日，陈云同志把我们召集起来，对我们提出了有关纪律要求：一是不讲越过职权的话，不该讲的不要讲，该讲的也要先请示了以后再答复对方。二是在行动上，外出必须经过请示，批准后才可行动；如果要找人会客，必须有正式手续。三是在风俗习惯上，要入国问俗，按规矩办事。四是不能乱敬酒，不准喝醉酒。这主要是因为苏联人爱喝酒，而且一喝酒就要喝醉为止。五是外出坐车要听从苏联方面的安排。刘亚楼同志在苏联住的时间比较长、情况比较熟悉，我们的生活和一切活动都由他来安排，他经常给我们讲些注意事项。在准备出国时，国家给我们每个人都做了一套衣服，还做了夹大衣，发了皮帽子。给我印象很深的是，周恩来总理却没有做夹大衣，仍然穿着那件旧的、蓝色的夹大衣。

整个代表团共乘坐三架飞机。由于那时的飞机很小，一架飞机只能坐10—20人。当时张闻天同志已在莫斯科，周总理、陈云、李富春、粟裕四人分乘两架飞机，与其他顾问、随员坐在一起。

飞机从北京起飞后，途经蒙古首都乌兰巴托，苏联伊尔库茨克、克拉斯诺亚尔斯克、新西伯利亚、斯维尔德洛夫斯克等机场，于17日下午6时半（莫斯科时间是刚过中午）到达莫斯科。在我们代表团经过的各个机场，苏联方面都做了精心的安排。为了保证中国政府代表团的安全和顺利航行，他们要求每个机场在我政府代表团的飞机没有起飞前，其他客机不得起飞。在到达伊尔库茨克时，我们飞机停飞，我们看到有不少苏联旅客在机场休息，我们代表团中会俄语的同志就热情地同这些旅客打招呼，问他们："你们的飞机什么时候起飞？"他们答道："周恩来的飞机飞走以后，我们的飞机再起飞。"

到达莫斯科后，周恩来总理在机场发表了热情的谈话，他说：中华人民共和国政府代表团，奉毛泽东主席之命，来到莫斯科，我们感到非常荣幸。人们能够从事实上看得很清楚，我们这个强大的不可战胜的同盟，对于保障远东及世界的和平与安全，起了极其伟大的作用。中华人民共和国在推翻外国帝国主义和国民党反动统治之后的三年时间中，由于中国共产党和毛泽东主席的正确领导，由于全国人民的努力，又由于苏联政府和人民的热情援助，曾经不断地克服国内外的种种困难，业已在国家建设的各方面，取得了重大成就。周总理感谢苏联政府和人民对中国所作的兄弟般的大公无私的援助。他表示，中华人民共和国政府代表团这次来到莫斯科，是为了继续加强两国之间的友好合作，并商谈各种有关问题。

周恩来总理没有同我们住在一起，张闻天同志是驻苏大使，住在大使馆。陈云副总理、李富春主任和粟裕副总参谋长同我们大家一起,都下榻在莫斯科著名的苏维埃旅馆。在这里,我们一住就是10个月。说来非常巧,1988年我到苏联访问,在莫斯科仍住在这个旅馆,感触很深。

到莫斯科后,代表团就开始了紧张的工作。第二天(18日),团里要求大家一律不准外出,在旅馆认真准备材料。我们用了一整天的时间,认真核对计划草案译文,接着,听取了1952年初派到莫斯科学习的丁丹等同志的汇报。20日,苏联报纸发表了苏联第五个五年计划大纲草案,准备提交苏共第十九次党代会讨论通过。我们代表团此次去苏联的目的,就是要谈我国第一个五年计划中请苏联帮助设计和援助的项目。所以,为了使我国的五年计划同苏联的第五个五年计划大纲相衔接,我们开始学习和讨论苏联的五年计划大纲草案。

8月20日,斯大林同周恩来总理举行了会谈。21日,苏联报纸纷纷报道了周总理同斯大林会谈的消息。周总理、陈云同志在苏联逗留了一段时间,同斯大林举行了两次会谈,并发表了中苏双方谈判的公报。公报指出,在谈判过程中,讨论了有关中华人民共和国与苏联两国关系的重要政治与经济问题。谈判是在友好的互相谅解和诚恳之气氛中进行的。这次谈判证明了双方都决心努力使两国之间的友好与合作进一步巩固与发展,同时用一切办法维护和巩固和平与国际安全。在这两次会见中,双方达成协议,即苏联政府在1952年底以前将共同管理中国长春铁路的一切权利以及属于该铁路的全部财产无偿地移交我国政府,且完全归我国所有。

由于我们到莫斯科时,正赶上苏联全力准备召开苏共第十九次党代会(我们到达时,距苏共第十九次党代会召开仅有40多天,苏共第十九次党代会是10月5日召开的),苏联方面顾不上研究我们的第一个五年计划,所以,周总理、陈云、粟裕同志和一部分顾问、随员于9月22日离开莫斯科回国。富春同志和我们留下来继续做准备工作。

三、到企业参观学习,继续做谈判准备

到苏联后,我们都急切地想了解苏联社会主义经济建设的成就,想参观

他们的工矿企业，学习他们的先进经验。到莫斯科后，他们由于准备召开党代会，所以就应我们要求，安排我们到企业参观学习。从9月7日到16日，我们在莫斯科参观了苏联工业技术展览及建筑展览馆、莫斯科大学、斯大林汽车工厂、红色无产者机床制造厂及第一滚珠轴承厂、电缆厂、变压器厂、卡里伯厂、莫斯科煤气厂、吉那摩电动机厂等。

周总理等人回国后，我们被安排到苏联一些地方参观，富春同志指定由我带队。我们一行约20人，都是搞工业的，包括柴树藩、沈鸿、钱志道、陈平、王世光、齐明等。苏联外交部专门派了两个懂汉语的官员陪同我们参观。

我们离开莫斯科首先到了斯维尔德洛夫斯克，在该州一位副州长和主管工业的负责人陪同下参观了乌拉尔基重机厂和基洛夫工业大学。这两个人，一个是苏联十月革命以后工人出身的干部，他在陪同我们时已40多岁了，在苏联第一个五年计划期间曾被派到美国实习过，对美国的情况比较了解，学习了一套美国企业管理的方法；另一个也是从美国留学回来的，比较年轻。

乌拉尔基重机厂很有名，在第二次世界大战期间以生产坦克闻名，"二战"后该厂把一辆坦克放置在厂门口的台基上作为纪念。该厂的厂长在苏共第十九次党代会上当选为苏共中央委员。参观这个工厂，大家赞叹不绝。因为在这里我们看到的都是新东西，许多同志还从来没有看到过这么大、这么先进的工厂，所以大家都很有感触。当时乌拉尔基重机厂已有万吨水压机了，沈鸿同志参观后感慨万分，激动地说："我搞了这么多年的工业，从来没有看到过这么大的设备，将来我们中国要自己制造一台万吨水压机。"的确是这样，想想日本人在东北经营了那么多年，沈阳重机厂也不过只是2500吨水压机。沈鸿同志的这个誓愿后来终于实现了，1962年上海江南造船厂成功制造出12000吨水压机，沈鸿同志担任总设计师，林宗棠同志担任副总设计师。

离开斯维尔德洛夫斯克后，我们又到卡敏斯克乌拉尔加，参观乌拉尔铝厂。这里是苏联的一个铝工业基地，当时我国抚顺铝厂的年轻技术员孙瑞锷正在这里实习。卡敏斯克市苏维埃和市委的负责人接待了我们，并陪同我们参观，为我们讲解，还为我们举行了盛大的欢迎宴会。

9月28日，我们从卡敏斯克乌拉尔加出发到下塔吉尔市，参观位于该市的人造树脂厂和下塔吉尔冶金工厂。下塔吉尔冶金工厂是老牌钢铁厂，沙皇时代就有。在苏联第一个五年计划里，该厂被改造。在战争期间，这个厂发挥了重要作用。在这里我们遇到了几位由东北工业部派来的实习生，他们来自鞍钢，在轨梁厂实习。29日，又赶往第一乌拉尔城，参观第一乌拉尔钢管厂。从我们参观的上述工厂来看，苏联在第二次世界大战中确实付出了巨大的牺牲，这些工厂也确实为苏联赢得战争的胜利做出了很大贡献。

苏联第十九次党代会后，我们几个搞工业的同志，由我带队到斯大林格勒（后改名为伏尔加格勒）参观。从12月19日到23日，我们对该市的红十月钢厂进行了系统、深入的调查研究。以前在乌拉尔参观时，几乎一天参观一个甚至几个企业，总有一种走马观花的感觉。而这次在红十月钢厂参观，我们对他们的生产、管理等都进行了非常详细的了解。例如，同厂长谈工厂的管理，同计划科长谈工厂的计划工作和车间工作，参观工厂的技术设施和职工住宅。当时印象很深的是"二战"后苏联的工人流动性很大，各个工厂都缺少劳动力，许多工厂都用改善职工生活条件与工作条件来吸引别的工厂的职工"跳槽"。我曾问厂长："你觉得主要的困难是什么？"他说："主要的困难是工人留不住。"我问他："你采取什么办法留住工人？"他说："我们尽量多盖住宅，鼓励工人结婚。他们结婚以后，我们马上分给他们房子，他们一生孩子，就不愿走了，就会在这里长期干下去。"

在苏联召开第十九次党代会前后，我们几乎马不停蹄，每天都出去参观。由于工厂里油泥很多，我们每次参观都不免使鞋底粘满油泥，一回旅馆，就把新铺的地毯罩子踩得很脏，旅馆服务员就得重新换地毯罩子。这段时间虽说只是准备谈判资料、参观工矿企业，没有别的事情，但也过得很紧张。对我们来说，所看到的东西都是新的。学习和讨论苏联的第五个五年计划大纲草案，使我们比较系统地了解了苏联五年计划的制定方针和内容，有益于我们充实和完善我们的五年计划。参观工矿企业，使我们对现代化的大工业有了切身感受，并学习了他们管理企业的经验。虽然时间不长，但确实增长了不少知识。尤其是跟着沈鸿同志，更是学了不少知识。他经验比较丰富，搞了很长时间工业，在参观时遇到我们搞不懂的东西，他就给我们讲一讲。有时，钱志道同志也给我们讲讲。他们两位在抗战开始后，相继到延安，一直在军工部门工作，对解放区的工业发展在技术上做出了重要贡献，是陕甘宁边区的劳动模范,毛主席曾接见过他们。在苏联期间,他们对我们的帮助很大,其他同志都是半路出家,只有他们俩是科班出身。

四、苏共第十九次党代表大会,斯大林同志逝世

1952年10月5日,苏共第十九次党代表大会召开,刘少奇同志率中共中央代表团参加了他们的大会。东欧国家的主要领导人也参加了他们的会议,都下榻在莫斯科苏维埃旅馆,如捷克斯洛伐克共产党主席哥特瓦尔德、波兰统一工人党主席贝鲁特、民主德国统一社会党主席威廉·皮克、匈牙利劳动人民党总书记拉科西、罗马尼亚工人党总书记乔治乌－德治等。刘少奇同志在10月8日的大会上作了热情洋溢的演讲。他高度颂扬了苏联十月革命的伟大意义,并指出,中国共产党是在伟大的十月革命的直接影响下并以苏联共产党为榜样而建立起来的。中国革命的胜利以及中华人民共和国成立以后三年来的建设事业的巨大成就证明了:根据各个国家的具体情况,正确地运用马克思、恩格斯、列宁、斯大林的学说,正确地运用苏联共产党关于革命与建设的经验,是无往而不胜的。

苏共第十九次党代表大会,特别是苏联制定的第五个五年计划大纲,对世界社会主义阵营来说,是一件非常鼓舞人心的大事,同时对我国第一个五年计划的制订和我们请苏联援助项目的提出,也提供了重要依据。在工业方面,他们确定工业生产水平在五年期间大约提高70%,工业总产值平均每年大约增加12%,其中生产资料的生产增长速度为13%,消费资料的生产增长速度为11%。计划规定到1955年,主要工业产品要比1950年增长情况是:生铁增长76%,钢增长62%,钢材增长64%,煤炭增长43%,石油增长85%,电力增长80%。苏共第十九次党代表大会通过这个五年计划,对我们更好地制订"一五"计划并坚定实现"一五"计划的信心,的确是一个极大的鼓舞。

从苏共第十九次党代表大会结束到1953年3月5日斯大林同志逝世的四个月,是我们紧张准备谈判的四个月。由于每天都要研究和讨论我们提出的项目,所以大家几乎把要谈的项目都背下来了。我主要负责冶金工业方面

的项目。在这段时间里,我们除了准备谈判、准备项目,还做了许多其他工作。一是接受国内的任务,与苏联外贸部进行有关业务的谈判,谈判内容主要涉及我们赴苏联谈判之前所确定的项目,这些都是我们在去苏联之前就已经提出来的项目,我们要继续和苏联谈判。这些项目后来都加进了中苏双方共同确定的156个项目之中。二是了解和听取东北工业部派到苏联学习的实习生的汇报。当时从东北工业部派去的实习生有八九十人,他们分布在各个行业和企业。通过他们,我们知道了不少苏联企业的生产情况和管理方法。三是参观了一些厂矿企业,这在前面已经谈了。

苏联经济在第二次世界大战期间遭到了空前严重的破坏,许多工矿企业都被彻底破坏和摧毁了,苏联人民也做出了巨大的牺牲,付出了沉重的代价。但是,"二战"后苏联经济却恢复得很快。他们从战败国拿回了一些战利品。从东欧搬回了不少东西,如苏联的照相机,就是德国的蔡斯,把设备搬走,还带走一些技术人员;从中国东北搬去一些设备,马上安装就形成了生产力。所以恢复很快而且有很大发展。我们所到之处,看到和感受到的是苏联举国上下,人民万众一心,夜以继日地干,很快就恢复了生产。许多工厂差不多都是提前一年完成他们的五年计划。当时他们有紧迫心情和危机感,感到美国张牙舞爪,一些战争贩子叫嚷第三次世界大战。苏联人民经过战争,两亿多人口的国家牺牲了两千多万人。就苏联来说,一定要争取和平,再也经不起一个接一个的战争了。

苏联人民对中国人民十分友好。当苏联报纸报道了中国政府代表团到苏联访问的消息后,我们不论走到哪里,都受到苏联人民的热烈欢迎。我们刚到莫斯科的那些天,团里不让我们外出,其中一个主要原因就是我们一旦外出,就引起许多苏联朋友的关注。譬如,我们去乘坐地铁,马上就有不少人站起来给你让座。我们去商店购物,服务员更是热情、周到地为你挑选。我们参观工矿企业,苏联同志总是热情地宴请我们,他们一个个都喝得醉醺醺地上前来给我们敬酒,和我们拥抱、亲吻。当时,苏联的同志之所以那么高兴,是因为在他们看来,在东方有个社会主义中国,他们的安全感大大增强。十月革命后,他们长期孤军奋战几十年,并遭受了法西斯德国的疯狂攻击,付出了那么大的牺牲,才取得了第二次世界大战的胜利。能不能巩固住这个胜利,还是个未知数,加之当时苏联与以美国为首的资本主义国家关系紧张，所以，中国共产党取得了全国的胜利，使有四亿五千万人口的中国走上了社会主义道路，这对他们来讲是一件非常好的事情。这对苏联不只是一个极大的支援，而且是一个安全的屏障。20世纪前半叶是苏联十月革命的胜利，接着是新中国的成立，这是又一个"十月革命"的胜利。所以，苏联需要中国。

1953年3月5日，斯大林同志逝世。这对苏联人民来讲是万万意想不到的，每一个苏联人都悲痛万分。在我们住的旅馆中，服务人员整天哭泣，眼睛都哭肿了。用苏联人的话说，斯大林去世了，我们怎么办？

斯大林逝世的消息也使我们大家感到十分震惊。6日晚，我们聚集到我驻苏大使馆，举行追悼仪式，李富春同志发表了悼念讲话。7日下午，中国代表团到莫斯科工会大厦圆柱大厅，向斯大林同志的遗体告别。斯大林的灵柩停放在四周摆满了鲜花、花圈和棕榈的高高的灵台上，吊唁的人川流不息。在吊唁仪式上，按照通常的外交惯例，外交使团的团长应走在最前面。当时驻苏联外交使团的团长是瑞典大使，按说他应走在前面。苏联为了突出中国，他们安排苏联外交部副部长陪着瑞典大使走得很慢很慢，安排一位司长陪同中国代表团很快走到瑞典大使的前面，第一个进入工会大厦圆柱大厅。第二天苏联报纸报道：中国代表团第一个进入工会大厦圆柱大厅，向斯大林同志遗体告别。

在苏联期间，我只见到过斯大林同志两次。第一次是1952年11月6日，即苏联十月革命35周年前夕，苏联党和政府在莫斯科大戏院召开庆祝大会，苏联部长会议副主席别尔乌辛作报告，斯大林同志坐在主席台上。斯大林很谦虚，他没有坐在前排，也没有坐在中间，而是坐在后排。苏联党的政治局委员在主席台上坐了两排，他们所坐的位置是按他们姓氏的字母顺序排列的。我们代表团被邀请参加了庆祝大会，并被安排坐在大戏院的包厢里。我们看到的斯大林已经比较衰老了，他的头都秃了。第二次就是斯大林逝世后，向他的遗体告别。

由于毛泽东主席当时身体不好，3月8日下午，周恩来总理率中国政府代表团飞抵莫斯科，参加斯大林同志的追悼大会。斯大林同志的追悼大会在莫斯科红场举行，苏联把周总理安排在最显著的位置，同马林科夫、莫洛托夫等苏联党政领导人站在一起。

斯大林逝世以后，苏联的党政组织进行了很大的改组。马林科夫担任部长会议主席，成为政治局的召集人。并对政府部门实行大合并，原有的好几个交通部门，合并组建成立交通部，由部长会议副主席卡冈诺维奇兼任部长；内外贸各部门合并成立贸易部，由部长会议副主席米高扬兼任部长；机械工业的几个部门合并成立机械工业部，由别尔乌辛兼部长。其他部门也都进行了这样的调整，分别由政治局委员、部长会议副主席直接兼任部长。

斯大林逝世后，苏联的政局也开始动荡。当时，赫鲁晓夫就耍了一个花招，搞了一个第一书记。他是政治局委员、书记处书记，负责组织工作。他为了抬高自己的地位，在书记处里设了一个第一书记，由他担任这一职务。接着，赫鲁晓夫就开始彻底否定斯大林，这就给苏联后来的变化留下了祸根。如果要分析苏联解体的演变过程，应该说是从赫鲁晓夫开始的，戈尔巴乔夫无非是完成了这个分裂过程。彻底否定斯大林，就等于否定了列宁逝世后到斯大林逝世这30年的苏联历史，这实际上就是给社会主义抹黑，动摇人民对建设社会主义的信念。在苏共第二十次党代表大会召开时，我党中央就明确表态了，先后发表了《关于无产阶级专政的历史经验》和《再论无产阶级专政的历史经验》。至今，这两篇文章仍值得我们再读一读。

五、紧张的项目谈判

在正式进行项目谈判之前，我们还集中了一段时间，请苏联各部门的负责同志给我们讲授关于怎样作计划工作问题。最早提出这一想法的是苏共政治局委员、部长会议副主席兼计划委员会主席萨布罗夫。早在斯大林逝世前，他就向我们提出，在正式开始讨论各个项目之前，应先由苏联国家计划委员会等部门的负责人给我们代表团这些人讲一讲关于怎样作计划工作的问题。在征得我方同意后，即着手安排讲授时间和内容。

1953年1月26日确定了讲授的内容，并从1月30日开始讲授。从1月30日到2月26日，在近一个月的时间里，由苏联计划委员会的14位副主席和主要委员分别给我们讲课，前后共讲了20次。我们十几个人，分头把听课内容详细记下来并加以整理，编辑成一本书，就是后来由国家计委出版的

《关于经济计划的问题》。

苏联专家讲授的主要题目有：国民经济计划工作的组织和国民经济计划的平衡方法，工业生产计划，黑色冶金计划工作，有色冶金计划，燃料工业计划，电力，机器制造，基本建设计划，劳动计划，干部教育及技术人员与工人的分配，人民财政收支计划，商品周转计划，生产费与周转费计划，农业计划，财务计划，物资技术供应与物资平衡计划，统计工作，新技术计划。

此外，还请苏联建设事业委员会、冶金部的专家讲授了"苏联建设事业委员会机构设置""都市改建问题""苏联地质工作问题"等专题。

1953年4月初，正式进入关键性的谈判阶段。在此之前，我们同苏联方面也不断接触，就一些具体项目进行商谈，但是还处于零星、个别的项目谈判阶段。4月初，苏联各部门的负责人开始和我们进行谈判。

我负责冶金项目的谈判，我的谈判对手是苏联计划委员会负责冶金工作的副主席。这个人对项目抠得非常细，他要我们把每个项目都详细地讲给他听，然后他再向我们提出问题，要我们回答。因为我们没有搞现代工业项目设计的经验，有好多问题一时回答不上来。特别是我们国内的项目前期工作做得太粗，很难满足项目设计的要求。尤其是冶金项目，许多矿山的资料不完整，勘探资料远远不能满足设计的需要。在谈判时，最使我们挠头的就是矿藏量，这方面资料很不完整，给项目和设计谈判带来了很多困难。

关于钢铁生产，我们提出，除了改造鞍钢，还必须新建两个大钢铁厂，一个是包钢，一个是武钢（当时叫华中钢铁公司）。对于包头钢铁厂的建设，苏联方面很有兴趣。他们认为，包头钢铁厂条件比较好，地理位置也好，背靠苏联。而对于华中钢铁公司的建设，他们则不感兴趣。他们认为，武汉处于台湾国民党军飞机轰炸的范围之内，不安全。这主要是因为当时我空军的力量还比较弱。另外，他们认为武钢的矿山储量太小。

关于铝生产，我们提出，除了恢复抚顺铝厂，计划再建两个铝厂，一个建在贵州，一个建在郑州。对于这两个项目，苏方也不赞成。他们认为，根据中国的情况，有两个铝厂就够了。铝生产多了，中国自己用不了，卖给谁？卖给我苏联，我也不要。在东欧已集中建立了一批铝厂，苏联已经够用了。他们认为中国有两个铝厂，年生产能力就能达到10万吨。他们还举例说，在苏联卫国战争期间，铝产量最低时每年只有4万吨，可是还是制造了4万架飞机。

由于这样，许多项目都谈不拢，尤其是涉及矿量的项目更是谈不拢。这样一来，有些项目谈得拢，很快就达成了协议；有些项目谈不拢，就迟迟达不成协议。我们没有办法了，只好打电话把谈判情况报告中央，并请刚刚成立的地质部副部长宋应同志到莫斯科。宋应同志到莫斯科以后，专门找了苏联地质矿产部的负责人，把我国对矿山进行的最新勘探情况向他们作了通报，他们表示同意和理解，认为我们做到这一步就可以了，不能对中国同志要求得太严格，因为中国目前还不具备对矿量进行详细勘探的能力。苏联地质矿产部一表态，他们国家计委的同志也就基本同意了我们提出的项目。

其他领域的谈判也是一样艰苦。沈鸿同志负责机械工业项目谈判，由于我们提出的这方面的项目较多，所以苏联方面抠得非常厉害。沈鸿同志是专家，他的谈判对手是苏联国家计委委员。在谈判过程中，他们几乎是天天为项目吵架。

苏联为我们设计和建设这些项目，也要付出很大的努力。他们的计划委员会几次找我们谈话，说中国是大国，提的项目内容工作量大，接受这些项目就必须修改自己的计划，这和东欧的小国不一样。实际上，苏联方面如果接受了我们的项目，他们的计划必然要进行调整，要根据项目的进度供给我们设备，有些还要供给材料、派遣专家。接受我们这些项目，他们仅设计单位就增加了3万人。

在经济发展上，苏联要打破欧美对其封锁，也需要发展和中国的贸易关系。中国是个大市场。特别是苏联需要中国对他们战略物资的支援，如当时苏联需要的稀有金属钨、锡、锑、铝、汞，后来需要的天然橡胶等。苏联从自己的利益出发，也需要妥善处理和中国的关系。第二次世界大战后，苏联从日本人手里接收了旅顺、大连，想建成军事基地。新中国成立后，他们把接收的旅顺、大连的工业交还中国，海军基地（旅顺口）没交还。直到开始第一个五年计划，周总理去苏联，才定下来把旅顺海军基地交还中国。中长铁路两家共管了许多年，后来交还中国。苏联在新疆北疆三区也有经济利益，特别是三区有重要的有色金属铍，是核工业所需要的。当时就成立了中苏合营新疆有色金属公司。大连保留了中苏合营大连造船厂。后来，苏联把这两个企业也交还中国。

到4月中旬，各方面的谈判都已进行得差不多了。我们原来的计划设想是委托苏联帮助我们设计150个新项目，其中约有60项苏联没有接受。苏联方面不同意这些项目建设的理由，归纳起来主要有这样几条：一是缺乏技术资料，如矿藏勘探的；二是他们认为我们自己可以设计的，如变电所、小电站等项目；三是可以推迟到第二个五年计划时期建设的；四是中国目前还没有能力建设的；五是他们认为我们没有必要建设的。当然，其中也有少数项目是由于苏联方面技术不过关而取消的，例如，原来我们提出要建一个合成橡胶厂，他们不赞成。后来我们了解到，苏联这方面的技术也不成熟。

这时候，李富春同志派宋劭文同志回国向中央汇报。4月17日，毛主席亲自主持会议，中央政治局专门听取了宋劭文同志的汇报。宋劭文汇报了与苏联新议定的91项新设计项目和原已决定的50个项目，一共是141项的情况。对苏联的同志性建设和答应援助中国的项目，以及苏联希望中国向他们出口一些稀有金属（当时他们提出的主要是钨、锡、锑、钼、汞），毛主席基本上表示赞同。

宋劭文同志还向中央政治局汇报了苏联部长会议副主席萨布罗夫对我国制订计划的建议。萨布罗夫很坦率地对我们说："我们苏联的计划是留有余地的，计划指标总能让企业提前一年完成，至少能够提前一个季度完成。也就是说，到五年计划的最后一年，在11月7日十月革命节前夕要完成五年计划。最好是提前一年，在第四年的十月革命节前完成五年计划。老实说，我们的社会主义国家力量还很薄弱，经验还比较缺乏，我们就是要鼓舞人的斗志，发挥人的积极性。假设我们订的计划指标太高，大家经过几年的努力，最后不能完成这个五年计划，那么，工人、农民、知识分子要哭了。做计划的同志要估计到一些不可预见的困难，给工人、农民、知识分子完成计划留有余地。"

周总理讲，苏联国家计委给你们讲课的记录很好，应该印发到省委去学习。

对于苏联提出我们的铁路计划太庞大的意见，毛主席和周总理认为，我们的铁路太少，尽可能还是要多修些。同时，赞同苏联国家计委提出的我国应在国外设立经济参赞处的建议。要求经济参赞处负责五件事：项目设计、成套设备引进、聘请专家、交流技术资料、派遣实习生等。

宋劭文同志从北京返回莫斯科以后，苏联方面已经答应我们提出要求设计的项目清单，并提出了他们认为应削掉的项目清单和要求中国出口物资的清单。这样，中苏双方又正式会谈了三次。会谈是在苏联贸易部进行的，第一次是3月30日，第二次是4月4日，第三次是4月25日。中国方面是李富春同志主谈，参加谈判的是宋劭文、钱志道（代表军事工业）和我（代表民用工业）。苏联方面是米高扬主谈，参加谈判的是卡冈诺维奇、科西钦科和卡维尔（苏联贸易部第一副部长）。除了正式谈判，我们还多次同米高扬等苏方人员举行会商。谈判进行得比较顺利，很快达成了协议。4月25日下午，我从苏联外贸部取回协定草案文本和附件，经过大家多次认真讨论并仔细核准了中、俄文本，终于在1953年5月15日晚正式签订了谈判协定。

在正式签订的协定中，明确了苏联帮助中国设计并援助建设的项目为141项。其中，在我们去苏联谈判之前就已议定的项目有50项，赴苏联谈判过程中新确定的项目有91项。后来，苏联方面又同意追加15项涉及军事工业方面的项目，使总项目数增加到156项。这就是156项的由来。

协定正式签订后，我们大家都开始整理资料，做好善后工作，准备回国。其他未了事宜则交大使馆办理。李富春同志由于要乘坐飞机回国，所以动身晚些。王世光、齐明、陈平和我4个人，带着装满几十个箱子的大批资料，乘火车回国。我们5月24日下午乘上火车，经过整整9个昼夜的颠簸才回到北京。

至此，历时近10个月的苏联谈判画上了圆满的句号。

周总理和我国第一个五年计划

宋劭文

全国解放后，周总理和陈云同志具体负责组织领导我国国民经济的恢复和建设工作。我在中央财经计划局工作期间，有幸参与了我国第一个五年计划轮廓（草案）的编制和赴苏谈判工作，亲身感受到周恩来同志对工作一丝不苟，对党和人民的事业高度认真负责的精神，以及平易近人、深入细致、实事求是的优良工作作风。仅借个人经历，对周恩来总理在制订我国第一个五年计划过程中的活动，做一简要回顾，以纪念这位新中国经济建设的杰出组织者和我国现代化事业的奠基人。

1951年2月，中央召开政治局扩大会议，毛泽东提出"三年准备、十年计划经济建设"的思想。决定自1953年起，实行发展国民经济的第一个五年计划，并要求立即着手进行编制五年计划的各项准备工作，争取在22个月（即1951—1952年）的时间内完成试编工作。经周恩来同志提议，成立了一个6人领导小组加强领导。小组成员有：周恩来、陈云、薄一波、李富春、聂荣臻、宋劭文。当时，周恩来任中央人民政府政务院总理，全面主持我国的内政外交工作，陈云同志任政务院副总理兼政务院财政经济委员会（简称中财委）主任，薄一波和李富春同志任副主任，聂荣臻同志任代总参谋长，我任中央财经计划局局长。

1952年5月，抗美援朝战争还在继续进行，党中央根据中财委提出的建议，确定了"边打、边稳、边建"的方针，并积极组织力量着手第一个五年计划的编制工作。中央指出，今后的五年，即1953—1957年，是我国长期建设的第一阶段，其基本任务是：为国家工业化打下基础，以巩固国防，提高人民的物质与文化生活水平，并保证我国经济沿着社会主义道路前进。根据毛泽东以重工业为中心的意见，明确五年建设的方针为：（1）工业建设以重工业为主，轻工业为辅。重工业优先建设钢铁、煤炭、电力、石油、机械制造、军事工业、有色金属及基本化学工业。轻工业优先发展纺织、造纸和制药工业。（2）工业的建设速度，在可能的条件下，力求迅速发展。（3）工业的地区分布，应有利于国防和长期建设，并且结合实际情况，充分发挥东北及上海原有工业基地的作用，继续培养与利用已有工业基础与技术条件，为建设新厂矿、新工业基地创造条件。（4）铁路建设以沟通西南、西北和中南为主要任务，以适应在国防安全条件下，长期建设的需要。当时，中财委编制第一个五年计划总的指导思想是：（1）经济建设要确实保证重点。（2）建设的规模和速度，要按实际需要和财力、物力、人力条件的可能进行安排，并且配套建设。（3）第一个五年计划应同第二个五年计划相衔接。1952年6月，中财委汇总各大区和工业部门上报的经济建设指标，试编出按部门和行业划分的《一九五三年至一九五七年计划轮廓（草案）》及其《总说明》。这个计划轮廓（草案），实际上只有国营工业（特别是重工业）、铁路运输、重大水利工程是直接计划，农业、手工业和资本主义工商业都是间接计划，也就是说直接计划在"一五"计划中只占40%左右。在这个草案中，对我国钢铁、机械、煤炭、石油、电力、化学、电器制造、轻纺、航空、坦克、汽车、造船等工业，提出了具体建设指标和要求，对重大水利、铁路、桥梁建设也做出总体规划。通过"一五"计划，拟扩（改）建与新建若干个重工业区：以钢铁和机器制造工业为中心的鞍山、武汉、包头三个区域，以石油化工、有色金属和机器制造工业为中心的兰州区域，以动力设备、重型机械制造工业为中心的哈尔滨、沈阳、齐齐哈尔、西安区域，以化学工业为中心的吉林区域，以煤炭和采矿设备制造为中心的抚顺、大同区域，以及以机器制造工业为中心的洛阳、成都区域，以初步形成我国工业建设的新框架与大致合理的布局。"一五"计划轮廓（草案）尽管比较粗略，但作为我国第一个中长期经济发展计划的雏形，不仅为我国政府与苏联政府谈判援助我国第一个五年计划项目提供了基本依据，而且也为我国即将展开的有计划的大规模经济建设，勾画出一幅宏伟的蓝图。

1952年8月下旬，以周恩来为团长，陈云、李富春同志为副团长的中国政府代表团，应邀前往莫斯科，与苏联政府商谈援助中国第一个五年计划建设问题。代表团的团员有王鹤寿、吕东、陈郁、宋劭文、柴树藩、罗瑞卿、邱创成、刘亚楼等，工作人员有沈鸿、钱志道、钱应麟、郑汉涛、李苏、袁宝华、陈平等。中国代表团阵容庞大，包括政府很多部，如工业、农业、林业、军事部门的主要负责人。当时因我国还没有自己的民航飞机，苏联政府特意派遣了三架军用飞机和一架民航飞机，专供接载中国政府代表团。飞机途经伊尔库茨克和新西伯利亚，飞往莫斯科。去伊尔库茨克的路上，我和周总理同乘一架军用飞机，飞机很小，只能乘坐五六个人，同机的还有装甲兵副司令员邱创成、海军副司令员罗舜初等几位同志。飞机一起飞，罗舜初就掏出刮胡刀刮胡子。我好奇地问他："一会就到达目的地了，你急着刮胡子干啥？"罗舜初回答说："我这胡子长得很快，一天不刮都不行！"当时我半信半疑地又追问了一句："有你说的那么厉害吗？"这时周总理接过话题，亲切地插话："是的，我的胡子也是那样！"我才信服地点了点头。一路上，总理与大家谈笑风生，我们无拘无束，机舱里的气氛十分融洽。代表团在伊尔库茨克住了一夜，第二天换乘飞机，继续赶路。离开宾馆时，周总理按照以往的习惯，与宾馆服务人员一一握手告别，感谢他们向中国政府代表团提供的热情周到的服务。这些服务人员很受感动，他们没有料到中国的总理是这样一位平易近人、通情达理、和蔼可亲的人。

周总理对工作非常认真负责，重大事情事必躬亲。抵达莫斯科以后，总理又将准备提交苏联政府讨论的"一五"计划轮廓（草案）及总说明等几本小册子，详细地重新审阅了一遍，逐字逐句，甚至连标点符号都不放过，凡有错误的地方，都圈圈点点做了改正。审阅当中，发现林业采伐、造林和木材蓄积量计划数字核对不上，总理当即在电话中严厉地批评了代表团成员中负责计划综合工作的同志。令人意想不到的是，第二天周总理来到中国政府代表团团员下榻的宾馆，与大家共进午餐。餐厅服务员给总理送来一瓶白兰地酒。周总理斟满两杯，站起身走到一天前批评过的那位同志面前，递给他一杯，微笑着说："昨天我批评了你，以后要细心一些嘛！不要把这么重要的数字搞错！来，现在我敬你一杯酒，祝你今后工作得更好！"就这样，周总理简单自然的一席话、一杯酒，一下子就缓和了一天前那件不愉快的事情造成的紧张沉闷的气氛。大家深为总理严谨的工作作风和高超的领导艺术所折服。

到莫斯科后过了两三天，斯大林在克里姆林宫设晚宴招待了以周总理为首的中国代表团。维辛斯基（当时的苏联外长）代表斯大林起立敬酒。晚宴举行了约三个小时。散席后,斯大林陪同周总理看了电影,边漫谈,边吃糕点水果。其后,苏方安排中国代表团在莫斯科参观了一个汽车制造厂,乘船游览了伏尔加—顿河运河,到斯大林格勒参观了一个拖拉机制造厂。每到一地,周总理都向陪同人员很详细地询问有关生产和建设情况。我们所到之处,仍然能够看到战争遗留下来的废墟和痕迹。9月中旬,斯大林会见周恩来、陈云和李富春同志,就援助中国的"一五"计划问题,谈了三点意见:(1)经过第一个五年计划,中国应当能够制造汽车、飞机、军舰。(2)中国工业的发展速度一定很快,但是做计划应留有余地,要有后备。(3)苏联对中国的援助,价格便宜,技术也是头等的。斯大林的意见,实际上表达了苏联政府援助我国"一五"计划的总方针。现在看来,在当时以美国为首的帝国主义阵营对我封锁禁运,第二次世界大战刚刚结束不久,苏联的重建工作任务很重,再加上苏联还从来没有搞过这样大规模的对外援助的历史条件下,他们对我国的援助,确实是尽了力的。

9月底,周恩来和陈云同志先期回国,留李富春领导中国代表团继续与苏联政府谈判。离开苏联以前,周总理亲自将他经手办理的与苏方往来的有关文件逐一清点,移交给富春同志的秘书吴俊扬同志。苏联对中国政府代表团的接待工作,转由苏共中央政治局委员、苏联国家计委主席萨布洛夫负责。苏联国家计委极为重视,曾组织人员,集中力量,着重审查中国第一个五年计划和要求援助的项目。中国代表团团员则分头向苏联有关部、局介绍情况,交换意见。苏联方面详细地审查了全部的地质资料,为此,总理和陈云同志于1952年10—11月间特地派遣地质部副部长宋应同志到莫斯科接受咨询,并再度让柴树藩同志到莫斯科协助沈鸿等同志参与谈判。1952年冬季,富春同志去海滨疗养期间,由我负责收集中苏双方会谈情况,向李富春汇报,并转达他的意见。当时还成立了以李富春、苏联国家计委主席、第一副主席、外贸部代理部长和总顾问五人组成的中心组,负责审查我国第一个五年计划轮廓(草案)中的问题。中苏双方进行过多次小组会谈和高级别磋商,一个项目、一个项目地予以落实,凡是重大问题富春同志都直接打电报请示党中央。每次周总理都仔细地阅读这些电报,并与中央其他领导同志研究后,及时做出答复。

1953年3月8日,周恩来专程赶赴莫斯科,代表中国党和政府参加斯大林的葬礼。周总理利用工作间隙,听取了富春同志关于同苏方商谈"一五"计划轮廓(草案)的情况汇报和意见。周总理听得非常认真,亲自做记录,回国后又整理成文,分送有关领导同志征求意见。

3月中下旬,苏联部长会议第一副主席米高扬会同卡冈诺维奇、科西钦科、郭维尔等人,两次约见李富春,中方陪见的有我和袁宝华。米高扬代表苏联政府,对中国政府的《一九五三年至一九五七年计划轮廓(草案)》,提出了如下意见:(1)关于工业发展速度,原定每年递增20%,但由于建设时期与恢复时期情况不同,速度定高了,摊子就铺得很大,力量分散。因此,计划每年递增14%或15%就可以了。(2)中国工业发展的主要障碍,是缺乏自己的专家和地质资料。这两项工作,必须做在其他工作之前。苏联的帮助可以减轻中国建设的负担,但毕竟很多工作要中国自己去做。设备不能完全依赖进口,能生产的要自己生产,这样,既可节省资金,又培养了技术力量。(3)中国"一五"计划,需要大力发展手工业、小工业。手工业是增加财政收入和国民经济积累的来源之一。(4)要注意考虑农业。过去三年,中国实行土改,农业收获很大。但今后这样的重要条件没有了,就要另想办法保证农业的继续发展。要保证肥料,注意发展城乡交流。(5)铁路建设意义重大。(6)五年计划在财政、金融、商品流通方面,还要花力量研究,因计划缺少财政和物资平衡。

4月初,李富春给毛泽东写信,汇报同米高扬会谈的主要内容,并决定派我和钱志道回国汇报,请中央对"一五"建设方针、规模及苏联援助总协定主要内容作指示。

4月中旬,我奉命回国。一天,周总理约我晚上10点钟汇报。到总理办公室以后,因周总理正忙于处理公务,一时抽不出身来,我就在外边等候,与总理办公室的李琦、刘昂、马列、许明等同志漫谈。一直等到晚上12点,周总理办完手上的急事,才叫我进去汇报。他详细询问了苏联方面对我国"一五"计划的全部意见,并问道:"去苏联谈判为什么拖了这么长时间?"我回答说:"这是因为苏联方面对计划的平衡工作要求很高,对我国地质资料、技术水平和生产能力询问得很详细,而我们在这些方面的准备工作不足,使项目选址、施工设计、设备分交、技术人员的培训等计划内容的落实,花费了不少时间。"总理说:"是啊!确定100多个援助项目,并要守约按期交付使用,确实不是一件容易的事!"为了使周总理对情况了解得更清晰,我将我们绘制的七八幅我国"一五"计划受援项目进度曲线图交给总理,他看了以后很高兴。从图上可以对建设项目的厂址选择、投资规模、开工日期、施工进度、交付日期、生产能力等参数一目了然。图表表明,我们的建设进度和投资安排,是逐年根据实际可能逐步地增长,而不是集中在几年内跳跃式地增长。后来陈云同志看了这些曲线图,也非常满意。汇报时,我还讲了请苏联专家给中国政府代表团讲课的一些情况。周总理对苏联经济专家讲的一段话很感兴趣,让我重复了两遍。这段话是:"总产值的增长速度,要大于职工人数的增长速度,这样才能保证劳动生产率的提高;劳动生产率的提高速度,要大于工资的增加速度,这样才能保证国家的积累;技术人员的增加速度,要大于工人的增加速度,这样才能保证技术水平的提高。"周总理很赞赏这几个观点,认为应以这些观点指导我们今后的经济工作。我还向总理汇报了苏联计委管综合的同志说过的一句话:"平衡法是编制计划的基本方法,要从需要算起,充分考虑可能,经过平衡,使计划建筑在可靠的基础之上。"总理对这句话留下了深刻的印象,他把这种观点运用在我国建设实践中,并在"一五"时期形成他对经济建设工作的一种指导思想,即:既要反对保守主义,又要反对急躁冒进,在综合平衡中稳步前进。最后,我们还谈到偿还苏联援助的方式和费用问题,总理意见是:待找有关部门计算、商量并报中央审批后,再作答复。过了两天,我又向中央政治局作了汇报,中央表示同意苏联政府对我国"一五"计划所提建议,赞成苏联援助项目清单中砍掉的三类项目:(1)没有地质资料的;(2)中国自己办得了的;(3)过几年才能办的。同意《协定(草案)》拟定的偿还援助费用的方式和数量,并授权李富春代表中国政府在《协定》上签字。随后,我即带着中央写给富春同志的复信,返回了莫斯科。

《协定(草案)》经中央批准后,1953年5月15日,由李富春和米高扬分别代表中苏两国政府签订了《关于苏维埃社会主义共和国联盟政府援助中华人民共和国政府发展中国国民经济的协定》(简称《"五一五"协定》)。中国代表团赴苏谈判援助中国的"一五"计划,历时8个多月,取得了圆满成功。根据协议,1953年至1959年,苏联将援助我国建设与改建91个工业项目,加上1950年签约援助我国的50个项目,共141个项目。1954年10

月，苏联政府接受我国政府的请求，又追加援助15个项目。这样三批加在一起，"一五"期间，苏联援助我国总共156个重点项目（简称156项）。这些项目包括：6个大型钢铁联合厂，14个有色金属冶炼加工厂，32个机器制造厂，18个动力及电力机器设备制造厂，26个国防工厂，23个煤矿，22个电站，1个炼油厂，3个制药厂，1个造纸厂。《"五一五"协定》规定，苏联政府每年接受我国1000名实习生（包括管理人员、技术人员和工人），对其培训，并向我国派出5个专家组、200名设计专家、50名地质专家，帮助建设。苏联负责提供生产各项产品所需的制造特许权及技术资料，承担70%—80%的设计工作，供应占总价值50%—70%的设备。中国方面负责20%—30%的设计工作，承担价值30%—50%的设备制造，包括项目配套所需的辅助性的半制成品和成品材料。

我国第一个五年计划的编制工作，是在缺乏经验和统计资料的情况下，根据毛泽东关于优先发展重工业的指示精神，在周恩来直接领导，陈云、李富春的具体指导和苏联的帮助下，编制成功的。这一工作从开始时的六人小组领导，转为后来的八人小组（1954年4月成立以陈云为组长的中央编制五年计划纲要草案工作小组）领导。经过反复酝酿，前后数易其稿，费时4年（1951年2月试编至1955年7月30日全国人大一届二次会议通过），"边建、边改、边学"，终于编成，并付诸实施。由于计划是建立在大量的调查研究的基础之上，实行了决策的民主化、施工的程序化，经过严密组织，到1957年底，"一五"计划全面提前超额完成；苏联援建的156个重点项目有135个项目已经施工建设，有68个项目建成或部分建成投入生产。"一五"期间，在苏联的援助下，我国迅速建立起前所未有的新兴工业部门，如飞机、汽车、重型机器、发电设备、冶金和矿山设备、精密仪表、新式机床、塑料、无线和有线电器材的制造等。我国中部地区，建立起一大批新的钢铁、煤炭、电力、机械、有色金属、化工和军工企业，构成了我国工业布局的基本框架。至今，这些重点企业仍发挥着重要作用。可以说，我国"一五"计划的提前完成，为我国打下了一个工业化的初步基础。"一五"期间，我国工业的发展速度远远超过了主要的资本主义国家，经济建设取得了举世瞩目的成就，充分地显示出社会主义制度的优越性。"一五"建设的成功经验是多方面的，至今仍然有很多值得我们认真地加以总结和借鉴的地方。

今天，当我国向现代化迈进的时候，我们这些参加过"一五"建设的老同志，非常怀念敬爱的周总理领导我们制订和完成"一五"计划的难忘岁月，永远缅怀和铭记周总理及其他老一辈革命家为创建新中国工业基础所做出的不可磨灭的历史功绩。

"一五"计划奠定了工业化的初步基础

薄一波

1953年,中国的经济发展史揭开了新的一页,那就是开始执行(1953—1957年)发展国民经济的第一个五年计划。这一计划的实施,为我国实现社会主义工业化奠定了初步基础。这里,我侧重谈谈工业建设方面的情况。

(一)"一五"计划的任务和编制过程

发展国民经济的第一个五年计划,是我国由新民主主义向社会主义过渡的重大步骤。它的基本任务,是依据党在过渡时期的总路线和总任务确定的。

1953年9月8日,周总理在向全国政协常务委员会所作《过渡时期的总路线》的报告中,对"一五"计划的基本任务作了这样的概述:"首先集中主要力量发展重工业,建立国家工业化和国防现代化的基础;相应地培养技术人才,发展交通运输业、轻工业、农业和扩大商业;有步骤地促进农业、手工业的合作化和对私营工商业的改造;正确地发挥个体农业、手工业和私营工商业的作用。所有这些,都是为了保证国民经济中社会主义成分的比重稳步增长,保证在发展生产的基础上逐步提高人民物质生活和文化生活的水平。"

1955年7月5日,李富春副总理代表国务院向第一届全国人大第二次会议所作的《关于发展国民经济的第一个五年计划的报告》中,对"一五"计划的任务又进一步作了比较完善的表述:"集中主要力量进行以苏联帮助我国设计的一百五十六项建设单位为中心的、由限额以上的六百九十四个单位组成的工业建设,建立我国的社会主义工业化的初步基础;发展部分集体所有制的农业生产合作社,并发展手工业生产合作社,建立对于农业和手工业的社会主义改造的初步基础;基本上把资本主义工商业分别地纳入各种形式的国家资本主义的轨道,建立对于私营工商业的社会主义改造的基础。"

根据上述任务,计划规定,在5年内,全国经济建设和文化教育建设的支出总额为766.4亿元(新币,下同),其中属于基本建设的投资为427.4亿元,占总支出的55.8%。在基本建设投资中,工业是重点,占58.2%;农林水利占7.6%;运输和邮电占19.2%;贸易、银行和物资储备占3%;文化、教育、卫生占7.2%;城市公用事业占3.7%。上述支出总额相当于7亿两黄金。用这样大量的投资进行国家建设,在中国历史上是前所未有的壮举。

在国民经济恢复时期,中财委和后来成立的国家计划委员会,曾经编制过几个粗线条的年度计划纲要,也曾试行编制十年或十五年的远景发展规划。但都因没有经验、地质资源情况不清、可供使用的统计资料极少、人才不足、知识不足等因素,没有搞出成型的东西来。后来,向苏联学习,并得到苏联政府的具体援助,计划的编制工作就比较顺利了。

"一五"计划从1952年着手编制,到1955年提交第一届全国人民代表大会第二次会议审议通过,前后用了三年多的时间。

1952年初,根据周总理的提议,中央决定成立由周恩来、陈云、薄一波、李富春、聂荣臻、宋劭文6同志组成的领导小组,组织领导"一五"计划的编制工作。8月,试编出《五年计划轮廓草案》,并组成以周总理为团长、陈云和富春同志为副团长的政府代表团赴苏,征询苏联政府对我"一五"计划的意见,商谈苏联援助我国进行经济建设的具体方案。苏联政府领导人看了我们的《草案》后,认为还不能算是五年计划,不仅不是计划,即使作为指令也不够。

周总理和陈云同志在苏逗留了一个多月的时间,两次会见了斯大林。斯大林对我国的"一五"计划提出了一些原则性的建议。他认为,我们《草案》里考虑的5年中工业年平均增长20%的速度是勉强的,建议降到15%或14%。他强调,计划不能打得太满,必须留有后备力量,以应付意外的困难。他同意帮助我们设计一批企业,并提供设备。斯大林的意见对我们是有很深刻的启发意义的。当时我们提出工业年平均增长20%的速度,是根据前3年工业年平均增长34.8%的速度设想的,虽然计划指标已低于这个数字,但对经济恢复时期带恢复性质（数量小、基数低、恢复易）的高速度不能持久保持这一点，则认识很不足。

1952年底，中央领导同志在讨论《五年计划轮廓草案》时，作出了四项指示：（1）执行"边打、边稳、边建"的方针，既要保证抗美援朝战争取得胜利，又要进一步稳定社会秩序和经济秩序，使大规模的经济建设工作有条不紊地展开；（2）突出重点，把有限的资金用于增强国家工业基础的建设上；（3）合理利用现有工业基础，充分发挥现有企业的潜力；（4）以科学求实的态度从事计划工作，使计划正确反映客观经济发展的规律。中央的这些指示，在"一五"计划中得到了充分体现。

周总理和陈云同志回国后，富春同志率领代表团继续同苏有关部门广泛接触，征询意见，商谈苏联援助的具体项目，时间长达9个月。

1953年4月4日，米高扬向富春同志通报了苏共中央、苏联国家计划委员会和经济专家对我国"一五"计划的意见。要点如下：（1）从中国的利益和整个社会主义阵营的利益考虑，"一五"计划的基础是工业化，首先建设重工业，这个方针任务是正确的。（2）从政治上、舆论上、人民情绪上考虑，五年计划不仅要保证完成，而且一定要超额完成。因此，工业的年平均增长速度调低到14%—15%为宜。（3）要注意培养自己的专家。（4）加强地质勘探等发展经济的基础工作。（5）大力发展手工业和小工业，以补充大工业之不足。（6）要十分注意农业的发展，不仅要大量生产质量好、价格低的农机具和肥料，还要保证工业品对农村的供应，发展城乡物资交流。（7）巩固人民币，扩大购买力，发展商品流通。（8）工业总产值的增长速度要大于职工人数的增长速度，以保证劳动生产率的提高；劳动生产率的提高速度要大于工资的增长速度，以保证国家的积累；技术人员的增长速度要大于工人的增长速度，以保证技术水平的提高。这些意见虽然主要是立足于苏联的经验而谈的，但基本上符合当时中国的实际。我们参考这些意见对计划草案作了较大的调整。

1953年6月至8月，在全国财经工作会议上，传达了中央的上述指示，讨论了"一五"计划的方针任务，并对计划编制工作进行了初步总结。

1954年4月，根据工作发展的需要，中央决定调整领导编制"一五"计划工作的班子，成立由陈云同志为组长的8人小组，成员有高岗、李富春、邓小平、邓子恢、习仲勋、贾拓夫、陈伯达。同月，毛主席审阅了陈云同志提出的《五年计划纲要（初稿）》，并批转少奇、恩来、彭真、小平等同志审阅。8月，在陈云和富春同志主持下，8人小组审议国家计划委员会提出的《中华人民共和国发展国民经济的第一个五年计划草案（初稿）》，接连举行了17次会议，对草案逐章逐节地进行了讨论和修改。10月，毛主席和少奇同志、周总理三位领导人聚会广州，用一个月的时间，审议修改后的"一五"计划草案。11月，由陈云同志主持召开中央政治局会议，用11天的时间，仔细讨论了"一五"计划的方针任务、发展速度、投资规模、工农业关系、建设重点和地区布局，又提出了许多修改意见和建议。

1955年3月，召开党的全国代表会议，讨论通过了"一五"计划草案，并建议由国务院提请全国人大审议批准，颁布实施。

从以上简要叙述的"一五"计划编制过程可以看出，以毛主席为首的党中央对这个计划是极为重视的，他们不仅对计划的方针任务作出指示，对一些具体问题也及时过问。朱德同志还一再要求我们要重视手工业的生产，并且多次提出书面意见。据我回忆，在中央领导同志的指导下，计划草案曾进行过5次重大的修改和充实。周总理经常主持召开国务院会议，对计划的细节一一进行研究。陈云、富春同志，更是自始至终专心致力于这项工作，事必躬亲。国家计划委员会的干部，各经济部门和其他部门参与编制计划工作的干部，也是不分昼夜地工作。那时计算数据，是用老式的算盘、计算尺和手摇计算器，方案稍有变动，上千个数据都得相应改动，他们工作之辛苦是不言而喻的。由于上上下下齐心努力，发扬虚心学习、勇于探索和实事求是的精神，这个计划的编制真正做到了精确计算，反复比较，慎重决策。

在缺乏经验的情况下编制全国统一的五年计划，只靠中央主管部门是难以做到的。例如，我国国情的调查、矿产资源的分布和可开采程度、现有企业和各地经济、社会发展状况，以及新建厂址的选择等众多编制计划必不可少的资料，均需有关部门和各级政府协助提供。当时编计划，虽然不像后来那样，由中央拟定一个初步轮廓（即控制数字），交各省编制地区规划，然后由中央汇总平衡，即由上而下、由下而上相互结合的做法；而是由中央部门集中搞，但计划的方针任务和重大决策，则是向各大行政区和各省、市、自治区政府及时通报，使他们心中有数，便于提出建议和指导所属有关部门配合。特别是在厂址的选择和人才的调配上，各级党委和政府从大局出发，作出了很多贡献。

（二）确立优先发展重工业的指导方针

把一个经济落后的农业大国逐步建设成为工业国，从何起步？这是编制计划之初就苦苦思索的一个问题。有关部门的同志也曾引经据典地进行过探讨，把苏联同资本主义国家发展工业化的道路作过比较，提出过不同的设想。经过对政治、经济、国际环境诸多方面利弊得失的反复权衡和深入讨论，大家认为必须从发展原材料、能源、机械制造等重工业入手。

得出这样的结论，其理甚明。设想多发展轻工业，按一般常识讲，一定是投资省、见效快，又能改善人民的物质生活条件，为国家多积累建设资金。但是，没有机器制造业，发展轻工业的装备从哪里来？没有钢铁等基础工业，机械制造的原材料从哪里来？没有能源和交通运输，整个经济又怎么运转？仰赖进口么？办不到。一是我们没有钱，二是西方资本主义国家对我们实行禁运和封锁。全靠苏联等社会主义国家支援也不现实。特别是当时美帝国主义实际上还同我们处于军事对峙状态，我们亟需建立强大的军事工业以增强国防力量。这些因素是客观的现实，不是我们的主观意志可以改变的。因此，我们的"一五"计划不能不采取优先发展重工业的指导方针。

1953年9月，毛主席在中央人民政府委员会第24次会议上，专门讲了一段如何看待"施仁政"的问题。当时有些同志，也包括一些党外朋友中的有识之士，看不到抗美援朝、发展重工业的重要性，片面强调中国经过22年的战争，经济亟待恢复，人心思定，不能再打仗了，人民生活亟待改善，应该多搞些轻工业。有的甚至提出，工商业者可专搞轻工业、国家则专搞重工业，这样分工合作，于国于民两利。这两种议论，一时呼声甚高。毛主席把这种思想称为"小仁政"，提出了善意的批评。他说："所谓仁政有两种：一种是为人民的当前利益，另一种是为人民的长远利益，例如抗美援朝，建设重工业。前一种是小仁政，后一种是大仁政。两种必须兼顾，不兼顾是错误的。那么重点放在什么地方呢？重点应当放在大仁政上。现在，我们施仁政的重点应当放在建设重工业上。要建设，就要资金。所以，人民的生活虽然要改善，但一时又不能改善很多。就是说，人民生活不可不改善，不可多改善；不可不照顾，不可多照顾。照顾小仁政，妨碍大仁政，这是施仁政的偏向。"这段话讲得很好，今天重读，仍觉寓意良深。我们党是为人民服务、为人民谋利益的。服务、谋利益，也就是在做着"施仁政"的工作。第一是要"施仁政"，而绝不能向人民"施恶政"，否则就蜕化变质了，就"和平演变"过去了。这是我们的党员干部尤其是领导干部第一位要警惕的。第二，"施仁政"要善于施，施得得法。为人民需要办的好事多得很，不可能一天、一月、一年都办完，必须有大小主次之分、轻重缓急之分。"小仁政"不能妨碍"大仁政"，眼前利益不能损害长远利益，局部利益不能损害整体利益，生活消费不能冲击国家建设。如果只顾眼前，好行小惠，吃光分光，不图大计，那就有一天什么"仁政"也施不下去。这一点不可不察。这也是我们党员干部尤其是领导干部要时刻警惕的。

1954年6月，在中央人民政府委员会第30次会议上，毛主席在谈到发展重工业的必要性和重要性时，又形象地说："现在我们能造什么？能造桌子椅子，能造茶碗茶壶，能种粮食，还能磨成面粉，还能造纸，但是，一辆汽车、一架飞机、一辆坦克、一辆拖拉机都不能造。"试想，不优先发展重工业，怎么能改变这种落后的经济状况，怎么能使我国立于世界民族之林呢？

在计划执行过程中，优先发展重工业的重要性日益显现出来。1955年6月28日，我在给中央的《目前重工业生产中的几个重要问题》的报告中谈道："我国原有工业基础十分落后，在国民经济建设全面展开的情况下，各工业部门在供需和生产协作配合上，呈现一种日益紧张的形势。突出表现在：地质工作薄弱；煤、电、油供应紧张；钢铁、有色金属、基本化学、建筑材料等产品，数量不足，品种不够，规格不多，质量不高；机械工业尚处在由修配到独立制造的转变过程中，还谈不到以最新技术装备国民经济各部门的任务。"我在报告中讲了这些事实之后，还向党中央明确说明："上述问题的解决，直接关系到'一五'计划的完成。"可以肯定地说，无论在"一五"时期，乃至在以后一个相当长的时期内，如果没有钢铁、有色金属、机械制造、能源、交通等重工业的建立和发展，要想大力发展轻工业，要使工业给农业以更大的支持，是办不到的。

优先发展重工业，并不意味着置其他事业于不顾。中央 1952 年 12 月 22 日发出的《关于编制一九五三年计划及长期计划纲要的指示》中，对此作了明确阐述，指出：要"集中力量保证重工业的建设"，但"绝不能理解为可以忽视轻工业的发展、农业和地方工业的发展、贸易合作事业和运输事业的发展及文化教育卫生事业的发展，以至放松对这些事业的领导。如果那样，显然也是错误的"。根据中央的指示精神，"一五"期间国家基本建设投资用于重工业的占 36.2%，用于轻工业的占 6.4%，用于农业的占 7.1%，三项相加共占 49.7%。其余一半，用于国防建设、运输邮电、商业、文教卫生、科研、城市建设和购置车船，以及现有企业的改建和扩建。这样的安排，在当时的条件下，大体是合适的。

随着经济的发展、人民生活的改善和扩大出口的需要，农业和轻工业不相适应的情况逐步暴露出来。所以，毛主席在 1956 年 4 月发表的《论十大关系》一文中指出："重工业是我国建设的重点。必须优先发展生产资料的生产，这是已经定了的。但是决不可以因此忽视生活资料尤其是粮食的生产。""在处理重工业和轻工业、农业的关系上，我们没有犯原则性的错误。""我们现在的问题，就是还要适当地调整重工业和农业、轻工业的投资比例，更多地发展农业、轻工业。"他在另一场合严厉地指出，如果你们再不重视农业和轻工业的发展，我就要把"重轻农"的次序改为"农轻重"！1957 年 2 月 27 日，毛主席在《关于正确处理人民内部矛盾的问题》一文中，再次强调了要处理好农、轻、重的比例关系。他指出："在第二个五年计划和第三个五年计划期间，如果我们的农业能够有更大的发展，使轻工业相应地有更多的发展，这对于整个国民经济会有好处。农业和轻工业发展了，重工业有了市场，有了资金，它就会更快地发展。"我认为，毛主席的这些话，一方面充分肯定"一五"计划执行优先发展重工业的指导方针是正确的，另一方面也告诉全党同志要根据条件的变化及时处理好农轻重的关系，避免出现畸轻畸重的现象，以保证国民经济的协调发展。

我们正是在执行优先发展重工业方针的前提下，适当地安排了农业、轻工业和其他事业的发展，使"一五"计划取得了巨大成就，经济效益和社会效益都是良好的。这从一些统计数据上可以得到有力的说明。

从全国社会总产值的构成来看，1957 年总产值达到 1606 亿元，比 1952

年增长70.9%。其中，农业产值537亿元，增长24.8%，所占比重下降为33.4%；工业产值704亿元，增长1倍多，所占比重上升到43.8%。这说明，5年内在工农业都有较大幅度增长的情况下，初步改变了我国经济以农为主的局面。

从工业总产值的构成来看，1957年轻工业产值387亿元，比1952年增长72%，所占比重下降为55%；重工业产值317亿元，仍比轻工业少70亿元，但增长幅度达到1.6倍，所占比重上升到45%，还低于轻工业。这说明，5年内在轻重工业都有较大幅度增长的情况下，开始改变了工业以轻为主的局面。

5年内，重工业主要产品的产量大幅度增长。1957年，钢产量达到535万吨，比1952年增长近3倍；原煤产量达到1.31亿吨，增长98.5%；发电量达到193亿度，增长1.64倍；原油产量达到146万吨，增长2.3倍；水泥产量达到686万吨，增长1.4倍；化肥产量达到15.1万吨，增长3.9倍；农药产量达到6.5万吨，增长31.5倍；金属切削机床达到2.8万台，增长1.1倍；铁路机车达到167台，增长7.4倍。重工业产品产量的大幅度增长，有力地促进了农业和轻工业的发展。1957年，全国农业机械总动力达到12.1亿瓦特，比1952年增长5.7倍；机耕面积达到263.6万公顷，增长5.6倍；化肥的施用量达到37.3万吨，增长3.8倍。这些农业生产资料的大幅度增加，使1957年的粮食总产量达到3901亿斤，棉花总产量达到164万吨，分别比1952年增长19%和26%，都创历史最高水平。5年中，轻工业生产主要依靠农产品为原料的局面虽然没有多大改变，但以工业品为原料的比重有所增加，产量大幅度增长。1957年比1952年，以农产品为原料的棉纱、棉布的产量增长30%左右，毛线增长1.9倍，呢绒增长3.3倍，糖增长近1倍；以工业品为原料的产品产量增长幅度更大，自行车增长了9倍，缝纫机增长了3.2倍，收音机增长近20倍。有些产品实现了零的突破，1956年开始批量生产家用电冰箱，1957年批量生产化学纤维、手表、录放音机、照相机，并试生产电视机。其他日用工业品的产量都有成倍增长。这就使解放初期那种市场商品匮乏的局面有了很大改变，人民的物质文化生活得到了相应的改善。

纵观这五年，我们对农轻重比例关系的安排基本上是恰当的。毛主席在《关于正确处理人民内部矛盾的问题》一文中，对工业化的问题作过原则性的解释。他说:"这里所讲的工业化道路的问题,主要是指重工业、轻工业和农业的发展关系问题。"应当说,"一五"计划执行的结果,为国家的工业化奠定了初步基础,为国民经济的长远发展创造了有利的条件。

(三)展开以"156项工程"为中心的工业布局

"一五"计划共安排大中型建设项目(即"限额以上项目")694个,实际施工的达到921个,内有156项是由苏联援建的。德意志民主共和国、捷克斯洛伐克、波兰、匈牙利、罗马尼亚、保加利亚等6国也为我国的经济建设提供了帮助,共援助我们建设工业项目68项。

老实说,在编制"一五"计划之初,我们对工业建设应当先搞什么、后搞什么,怎样做到各部门之间的相互配合,还不大明白。因此,苏联援建的项目,有的是我方提出的,有的是苏方提出的,经过多次商谈才确定下来。大致是分五次商定的:第一次,1950年商定50项;第二次,1953年商定增加91项;第三次,1954年商定增加15项,达到156项;第四次,1955年商定再增加16项;第五次,口头商定再增加两项。五次商谈共确定项目174项。经过反复核查调整后,有的项目取消,有的项目推迟建设,有的项目合并,有的项目一分为几,有的不列入限额以上项目,最后确定为154项。因为计划公布156项在先,所以仍称"156项工程"。这"156项工程",实际进行施工的为150项,其中在"一五"期间施工的有146项。

这150项施工项目的构成是:军事工业企业44个,其中航空工业12个、电子工业10个、兵器工业16个、航天工业2个、船舶工业4个;冶金工业企业20个,其中钢铁工业7个、有色金属工业13个;化学工业企业7个;机械加工企业24个;能源工业企业52个,其中煤炭工业和电力工业各25个、石油工业2个;轻工业和医药工业3个。不难看出,苏联援建的这些项目,主要是帮助我国建立比较完整的基础工业体系和国防工业体系的骨架,起到了奠定我国工业化初步基础的重大作用。

通过这150个项目的建设,以及为其配套项目的建设,我国的工业布局迅速展开。旧中国不多的工业设施,70%左右是集中在沿海一带,这是半殖民地经济所决定的。内地的工业,也主要集中在少数大城市。广大的内地几乎没有什么像样的工业。"一五"期间建设的项目,特别是苏联援建的项目,则主要配置在东北地区、中部地区和西部地区。150项中的106个民用工业企业,布置在东北地区50个、中部地区32个;44个国防企业,布置在中部地区和西部地区35个,其中有21个安排在四川、陕西两省。

新建工业在地区上做这样的部署,是费了心思的。当时,着重考虑了以下几个因素:(1)就资源。钢铁厂、有色金属冶炼厂、化工企业,主要摆在矿产资源丰富或能源供应充足的地区;机械加工企业,要摆在原材料生产基地的附近。如,在建设鞍山钢铁公司的同时,把一大批机械加工企业摆在了东北地区。长春汽车城、沈阳飞机城、富拉尔基重型机械加工基地,就是按上述要求建起来的。(2)有利于经济落后地区改变面貌。在落后地区摆点大项目,可以带动那里的工业、交通运输、商业、服务业和城市建设的发展,也便于城镇人口就业。(3)军事上的需要。开始编制计划时,朝鲜战争还没有结束,蒋介石集团还在妄图反攻大陆,这就迫使我们不得不把新建的工业企业布置在后方地区。特别是国防工业企业,除有些造船厂必须摆在海边,其他都没有摆在敌人飞机可以轰炸到的沿海地区。

按照上述要求布厂,可不是一件容易的事。一个重要项目的厂址,要有几个甚至十几个方案,经过反复踏勘比较后才能确定下来。李富春同志不辞辛劳,亲自率工作组下去选择厂址。周总理和陈云同志都亲自过问,并下去看过一些厂址。当时,国家建委负责审批大项目的计划任务书和初步设计。审查厂址时,要把厂址标在地图上,并用直线标出它与台湾岛、南朝鲜、日本等美军基地的距离,说明美国的什么型号的飞机可以攻击到它。可见,从国防考虑,从安全考虑,是当时确定厂址的主要因素之一。

从总体来看,"一五"的工业布局是合理的。随着工业布局的展开,大大促进了内地经济的发展。首先是基本建设投资的分配发生了变化。1952年,广大内地的投资占全国投资总额的比重仅为39.3%,沿海地区则占43.4%(两项相加不等于100%,是扣除了全国统一购置的机车车辆、船舶、飞机的费用,下同)。到1957年,内地所占的比重上升为49.7%,沿海地区则下降为41.6%。内地投资比重的提高,一些新建项目建成投产,其工业产值占全国工业总产值的比重也有所上升,1952年占29.2%,1957年上升到

32.1%。这些数据说明，内地的工业有了发展，沿海地区的工业生产仍然在国民经济中发挥着重要作用。这有利于加速国家工业化的进程。

这里我要说一点感想。每当回顾156项工程的建设，总是想到不要忘记斯大林，不要忘记苏联人民，不要忘记那些来华帮助过我们的苏联专家。

新中国建立前，我们打了22年仗，把日本侵略势力、美国侵略势力和蒋介石统治集团赶出了大陆。新中国建立后，又打了3年仗，同朝鲜人民一道把美国侵略势力打退到"三八线"。中国人民亟需休养生息，中国的经济亟需发展，迫切需要建立强大的工业，建立强大的空军、强大的海军和用现代化的常规武器装备军队，以加强国防，保卫国家不受外敌的侵略。正是在这个时候，以斯大林为首的苏联政府作出了援助我国经济建设和国防建设的决定。1950年2月，苏联政府确定给我国政府优惠贷款。斯大林说："借款三亿美元，分五年付款，每年六千万，年息一分；对东南欧各新民主主义国家贷款利息均为二分，中国因战争及经济破坏，利息轻一点。"之后，苏联政府又给予我国5亿卢布长期贷款，年息也只有2分。

在短短的5年中，苏联政府之所以能动员那么大的人力、物力，帮助我们编制计划、援建项目、供应设备、传授技术、代培人才、提供低息贷款，并且派出3000多名专家和顾问来华帮助我们建设，是同斯大林的支持分不开的。我以为，只有具有无产阶级国际主义思想的领导人，才能作出如此决定。

当时，苏联政府提供给我们的援助，虽不是无偿的，却是真诚的。陈云同志曾经说过："苏联是社会主义国家，那时他们对我们的援助是真心诚意的。比方说，苏联造了两台机器，他们一台，我们一台。"能做到这样，确实是尽到了他们的国际主义义务。当然，国与国之间的经济关系，应当是互利的。1953年5月15日中苏两国签订的协定中，就规定在1954年至1959年间，中方向苏方提供钨砂16万吨、铜11万吨、锑3万吨、橡胶9万吨等战略物资，作为苏联援建项目的部分补偿。我们认为，向苏联提供战略物资，不仅是偿还，也是尽我们的国际主义义务。

（四）从实践中摸索的可贵经验

编制"一五"计划，虽然用了3年多的时间，但这几年对我们学习做经济工作和积累经济建设经验来说是极为宝贵的。编制计划的过程，也是展开对国情全面系统调查的过程，探索我国发展工业化道路的过程，并且培养了大批计划工作干部和经济工作干部。实践证明，"一五"计划编制得是好的，执行结果是令人民满意的。

回顾历史，想想几十年来我们经济发展中所获得的成就和发生的一些失误，更感到"一五"时期取得的基本经验是宝贵的。

在计划编制和执行过程中，中央负责同志有过多次重要的讲话，对从实践中摸索到的一些重要经验进行过总结和概括。这里，谈谈我的体会。

1. 计划任务一定要实事求是

发展国民经济，在一定历史阶段需要有明确的奋斗目标，并据此确定五年计划及年度计划的任务和指标。奋斗目标是根据需要和可能产生的设想，是长期的任务，实现的时限可以有伸缩性，但无此不能指点航向，不能统一人们的意志。而五年计划和年度计划的任务及指标，则必须切实可行，但也允许在执行过程中作某些必要的修订。因此，无论是长期奋斗目标还是短期计划任务的提出，都必须从实际出发，不仅考虑需要，而且考虑可能，经过周密的调查和计算，做到积极可靠。建国后，我们党提出了变农业国为工业国的长期奋斗目标，而据此安排的"一五"计划任务，则只提为工业化奠定初步基础；各项指标也留有余地，执行结果大部分提前或超额完成。这样，全党和全国人民都感到高兴和鼓舞。

周总理1956年2月8日在国务院第24次全体会议上说："绝不要提出提早完成工业化的口号。冷静地算一算，确实不能提。工业建设可以加快，但不能说工业化提早完成。""各部门订计划，不管是十二年远景计划，还是今明两年的年度计划，都要实事求是。"这些话是针对当时在经济建设顺利的形势下，有些部门和省市的领导人要求加快发展速度，出现了急躁冒进情绪而提出的忠告。他还说:"对群众的积极性不能泼冷水,但领导者的头脑发热了的,用冷水洗洗,可能会清醒些。各部专业会议提的计划数字都很大,请大家注意实事求是。"

陈云同志1956年11月19日在商业部扩大的部务会议上讲话时说:"经济建设,一九五三年是小冒(指当年财政预算入不敷出,有二十一亿元赤字——一波注),今年又是小冒,比五三年冒的还大一点,暴露的问题也就更明显一些。"他针对这种失误,意味深长地指出:"我们有了缺点错误,天天批评倒还好些。平时不批评,总有一天会来个大批评。"他还告诫大家:"我们做工作,要用百分之九十以上的时间研究情况,用不到百分之十的时间决定政策。所有正确的政策,都是根据对实际情况的科学分析而来的。"

我认为,周总理和陈云同志的这些意见,是从实际出发,实事求是的,是运用辩证唯物主义的思想方法指导计划工作和经济建设的生动体现。

2. 国民经济要按比例发展

国民经济是有机的整体,各部门之间关系密切,互为依存,计划安排得当,可以相互促进,协调发展。否则,缺东少西、七长八短,将互相掣肘,不能健康顺利发展。因此,国民经济必须有计划(按比例)地发展,计划工作必须力求体现这一经济发展的客观规律,必须进行全面综合平衡。

陈云同志1954年6月30日在向党中央汇报"一五"计划编制情况时,提到了四大比例、三大平衡。四大比例是:农业与工业的比例、轻重工业之间的比例、重工业各部门之间的比例、工业发展与铁路运输之间的比例。三大平衡是:财政收支平衡、购买力与商品供应之间的平衡、主要物资的供需平衡。此外,还强调了技术力量的供需平衡。他认为,"一五"时期农产品的供需是紧张的,开荒、修水利、合作化是农业增产的三种方法。根据以往经验,合作化是花钱少、收效快的好办法(一般可增产10%到30%),而只有在合作化以后,各种增产措施才更容易见效。轻工业的增产,主要不是增加投资的问题,而是原料问题。重工业存在的问题是国防工业突出,石油工业落后,煤电紧张,而这种状况目前还无法改变。铁路运输是紧张的,由于投资所限,修建铁路应首先保证重点工程建设的需要。在平衡问题上,他提出有多少钱办多少事。有钱不用,是保守,妨碍建设;但财政收入不能分光，要保留一定数目的预备费，以应急需。购买力和商品供应之间有一定差额，除了增加生产、适当进口原材料弥补，应适当调整工农业产品的价格，烟、酒、糖等消费品可以涨点价，某些农产品可以降点价。主要物资的平衡要努力搞好，但为了保持外汇的收支平衡，应压缩不必要的进口。他还着重指出："按比例发展的法则是必须遵守的，但各生产部门之间的具体比例，在各个国家，甚至一个国家的各个时期，都不会是相同的。一个国家，应根据自己当时的经济状况，来规定计划中应有的比例。究竟几比几才是对的，很难说。唯一的办法只有看是否平衡。合比例就是平衡的；平衡了，大体上也会是合比例的。"

周总理1956年9月16日在党的八大所作的报告中，对"一五"计划的执行情况作了分析，认为经济工作中比较突出的问题是按比例发展。他指出要处理好四种比例：第一，应该根据需要和可能，合理地规定国民经济的发展速度，把计划放在既积极又稳妥可靠的基础上，以保证国民经济比较均衡地发展。第二，应当使重点建设和全面安排相结合，以便国民经济各部门能够按比例地发展。第三，应当增加后备力量，健全物资储备制度。第四，应该正确地处理经济和财政的关系。他认为，"一五"计划所定的各项指标基本上是正确的，大体上也是符合当时情况的，但1955年和1956年的计划部分地发生了偏低或者偏高的缺点，造成了工作上的一些困难。在处理重点建设和全面安排的关系上也出过一些偏差，那就是1953年有些部门和地方在建设上不顾条件，到处铺开，造成了财政上的困难和人力、物力上的浪费；1956年在执行《一九五六年到一九六七年全国农业发展纲要（草案）》时，又发生了冒进的偏向，有些部门和地方企图把7年或者12年才能做完的事情，急于在3年、5年甚至1年、2年内做完，造成了某些农具的生产过量而积压。他认为，在国民经济发展中，不平衡的现象是经常会发生的，这就必须保持必要的物资、财政、矿产资源、生产能力等的后备力量，特别要增加国家的物资储备，以保证国民经济的均衡发展和年度计划的顺利执行，并且应付可能遇到的意外困难。在制订财政收入计划的时候，必须考虑到经济发展的可能性，考虑到积累和消费之间正确的比例关系，避免把收入定得过分紧张。在制订财政支出计划的时候，除了必须根据保证重点建设和国民经济按比例发展的要求，进行正确的分配以外，还必须考虑到建设规模和物资之间的平衡，考虑到意外的需要而留出一定数量的预备费，避免把支出定得过分紧张。周总理在总结了上述问题之后，着重指出："在我们这样一个地区广阔、情况复杂并且经济上正在剧烈变革的国家里，任何疏忽大意，都可能发生重大的错误，造成重大的损失。因此，克服主观主义和官僚主义，对我们有着特殊重要的意义。"

上面，我主要记述周总理和陈云同志的一些观点，是因为他们二位是当时党中央和国务院主管经济工作的主要领导人，对问题摸得比较深、讲得也比较透。

社会主义经济要做到有计划（按比例）发展，这在人类经济发展史上，是没有前例的大课题。我们开始进行这一工作时，还只有苏联的经验可资借鉴。但苏联的做法，有不少是错误的，只能择善而从，不能照抄照搬，照抄照搬就是教条主义，就会犯极大错误。"一五"计划，有借鉴别人的经验，也有我们自己的独创，搞得是好的。但也不能一锤定音，看成是"永恒真理"。所以只能说是"比较"正确。"一五"只是破了题。文章需要继续做下去，需要不断地适应新情况，解决新问题，创造新经验，把文章越做越好。我想，这一点值得我们和后继的同志们深思、再深思。

3. 正确处理经济工作中几个重大的关系

要进行大规模的经济建设，没有一定数量的资金积累，不行；积累过多，影响人民的消费，也不行。拿陈云同志的话来说，叫作"一要建设，二要吃饭；分光用光，国家没有希望"。记得在"一五"计划编制和执行过程中，周总理在国务院的会议上，多次提到要认真研究经济与财政的关系、积累与消费的关系，划出几条杠杠来，作为安排计划的依据。

根据周总理的思索，我在工作实践中，开始注意对这方面的初步探索。党的八大，毛主席也让我在大会上发个言，我照办了。我作的关于正确处理积累与消费关系的发言，事前征求了有关部委负责同志的意见，得到了他们的支持。

发言中，我主要讲了以下几个比例，即：国民收入中积累部分的比重（即积累率）不低于20%，或者略高一点；国民收入中国家财政预算收入的比重不低于30%，或者略高一点；国家预算支出中基本建设支出的比重不低于40%，或者略高一点。后来，人们通称这些为"二、三、四比例"。这些比例是依据以下几个因素概算出来的：第一，资金积累依靠国内，不借外债；第二，财政收支平衡，略有结余；第三，拥有一定建设规模，确保生产力持续协调地发展；第四，随着生产的发展，使人民的消费水平得到相应提高。我认为依据上述因素概算出的"二、三、四比例"，是基本符合我国当时实际情况的，是比较稳妥的。当然，这只是一个概略的比例数字，并不是说在任何情况下都是一成不变的。随着生产的发展，国民收入的增加，科学技术的进步和劳动生产率的提高，国防费用和行政费用的进一步节减，这些比例不仅可能而且必将适当地提高，但是仍须保持一定的限度，特别是积累部分比重的提高应该更加慎重。

后来的经验表明，凡是建设规模安排过大，积累比重过高的年份或时期，财政收支就难以平衡，经济效益就不理想，人民生活就得不到相应改善。

一汽——祖国汽车工业的摇篮

李岚清

光阴荏苒。每当我们这些参加过一汽建设的同志回忆起那一段美好的岁月时，总是激起对培育我们成长的母厂——祖国第一座汽车厂的深情。她不愧为我国汽车工业的摇篮，在"出汽车，出人才"方面，为祖国立下了丰功伟绩。

在这里建设祖国的第一座汽车厂

1952年9月，我们1000多名新中国培养的第一代大学生，告别了培育我们的母校，离开了我国最繁华的大都市——上海，满怀着参加祖国第一个五年计划建设的激情踏上新的征途，乘坐着整整一列专车来到了当时东北人民政府的首府——沈阳。结束了分配到东北的"上海学生总队"的工作后，我来到负责学生分配工作的一位大姐的办公室。我向她汇报了这一段工作，她便笑着对我说："现在就剩你自己没有分配了。我们打算让你到毛泽东汽车、拖拉机、坦克工厂去工作，同意吗？""什么？我们自己要造汽车、拖拉机、坦克啦！"这是多么令人兴奋的消息呀！我听了这位大姐的话，为祖国的复兴感到无比的欢悦，根本没有考虑什么同意不同意，便愉快地接受了。我问："这座工厂建在哪里？"大姐答道："这个厂是保密的，你到长春市委去报到吧。"我便连夜乘车赶到长春。市委的同志热情地向我介绍了情况，说明这三个厂已决定分开建设了，并让我去汽车厂，接着又告诉我报到地点。我按告诉的地点来到重庆路大街上的一座楼房（后来是新华书店），这样我便正式踏进了祖国第一座汽车厂最早的一座房屋，大概可以算是第一个"厂址"吧。

第二天，工厂的厂长郭力、人事副厂长宋敏之同志就热情地接见了我们，向我们介绍了建厂的规划和筹建情况。郭厂长还兴致勃勃地同我们这些刚来的年轻人一道驱车向长春市郊驶去。当来到一大片无际的刚收割过的高粱地时，汽车停了下来，郭厂长招呼我们下了车。他指着这一大片庄稼地兴奋地对我们说："就要在这里建设我们国家的第一座汽车制造厂了！"他还指着远远的一片断垣残壁的建筑物对我们说："看，那就是日本侵略者占领东北时用来杀害我们中国人的细菌工厂！"啊！我们将在日寇细菌工厂的废墟上来建设我们的工厂。郭厂长的话虽然不多，却使我们的脑海中重现了旧中国的苦难景况，更加激励了我们建设新中国汽车工业的热情。

1953年7月15日，在木工车间的工地上，举行了隆重的开工典礼，宣布我国第一座汽车制造厂正式动工兴建！当我们6个年轻的共产党员（记得有李柏林、王恩魁、周同义等）抬着镌刻着毛泽东同志亲笔题写的"第一汽车制造厂奠基纪念"的汉白玉基石，协助领导同志们徐徐安放在基座上时，我们的心灵深处仿佛响起了一个庄严而洪亮的声音：中国的第一座汽车制造厂即将在这里诞生，它将向全世界宣告从此将结束我国不能制造汽车的历史！

刻苦学习蔚然成风

在沸腾的建厂工作中，大家都在思考着一个紧迫的问题——怎么建设和管理这样一个大规模的现代化汽车厂？

我们虽然是受过高等教育的知识分子，但对于大规模的社会主义经济建设，却可以说是个"白丁"。要尽快地摘去"白帽子"，是当时大家最迫切的愿望。办法只有一个，就是刻苦地学习，从零开始。我们过去在中学和大学都是学的英语，而当时又只有苏联的经验可以借鉴，要学习苏联的经验，首先还得攻下俄文。因此，那时青年的生活虽然也是丰富多彩的（当然也是艰苦的），但业余生活的中心内容还是学习。一汽的第一代青年职工，大部分业余生活可以说是在刻苦的学习中度过的。下班以后，办公室经常是灯火通明，有的在学俄文，有的在翻译整理书籍和资料，有的在设计，有的在编写规章制度和教材。许许多多转业的老干部和工人也纷纷在夜大、中技、文化补习班学习，就连当时的厂长饶斌、总工程师郭力（此时退居第一副厂长兼总工程师）等领导同志，虽然也是老大学生，仍在刻苦地学习，同大家一起上技术课、上管理课。许多同志为了上夜校，赶不上回家吃饭，经常是啃窝窝头。他们为了上夜课、做习题，不知熬过多少个夜晚。由于上上下下努力学习，较快地掌握了建设和管理这样一个现代化工厂的知识和经验，设计出了一套在当时还是比较科学的管理方法和制度。干部在这里的学习和实践中得到迅速成长，并源源不断地输向整个汽车工业，输向全国各地、四面八方。在祖国各地的工厂、机关、学校中，常常都可遇到一汽的老同志。大家谈起在一汽的这段经历时，都对培育我们成长的母厂怀有深厚的感情。一汽不愧是我们国家培育干部的摇篮，她光荣地肩负并完成着"出汽车，出人才"的使命。

"东风"驶进了中南海

1958年党的八大二次会议召开前夕，我国自己制造的第一辆小轿车——"东风"牌小轿车在一汽诞生了。这是一汽的广大职工在首先成批生产我国第一辆卡车之后的又一光辉成就，它标志着我国汽车工业技术水平又有新的提高。工厂接到了党中央的通知，参加八大二次会议的中央领导同志要看我国自制的第一辆轿车。一汽的职工听到这一喜讯，无比欢欣，就像送姑娘出嫁那样，把"东风"打扮得漂漂亮亮，送上了驶往北京的火车。"东风"到达北京的那一天，北京早就传开了这个消息。市民们走在街上都用期待的眼光搜索着，想首先看一看国产小轿车是个啥样儿。当列车徐徐驶进北京站，"东风"从车厢驶下月台时，人群沸腾了，都争相观看，记者们忙着捕捉镜头，闪光灯此起彼落，同人们发自内心的赞语和欢笑，交织成一片热烈、自豪而欢乐的喧闹场面。若不是借助于站台服务人员的帮助，"东风"根本无法驶离月台。按照计划，"东风"首先在北京主要街道上"绕场一周"，然后驶向一机部、汽车局，随后开进中南海。我们几个坐着"东风"驶在北京大街上时，故意放慢了速度。由于"东风"车头上有一个显著的与外国轿车有别的标志——一条金龙，它被许多市民认出来了。我们有时听到有人喊着："来看呀！这就是国产'金龙'牌小轿车呀！"沿路的交警同志都接到指示，当"东风"牌轿车驶过时立即给通行的手势，怕的是停下来被群众包围观看而无法继续行驶。我们驶过的每一个交通岗哨，交警同志都向我们微笑着抬起指挥棒，可以想象他们此刻的心情是多么自豪呀！是的，他们指挥过千千万万辆轿车通行，指挥国产轿车通行可是第一次呀！能不高兴吗？"东风"经过部、局领导看了以后驶进了党中央所在地中南海。当时的中央办公厅主任杨尚昆同志连忙出来接见了我们，他听了饶斌同志的汇报，看了"东风"以后非常高兴，指示我们明天一早再把车送来，放在中南海怀仁堂草坪上展览几天。但他忽然发现车头上有一排"英文"字母时，问我们："这是啥子意思？"饶斌同志说："这是用新文字拼写的'东风'二字。"尚昆同志说："这不大好，人们认不得，还以为是外国车呢！"并征求我们意见说："能不能换上汉字？"大家表示可以。我们当时只觉得尚昆同志的指示有道理，但没有想到时间这样短，能不能来得及？首先遇到的问题是"东风"这两个字找谁写？正在发愁时，忽然想起毛主席有一个"东风压倒西风"的题词。可是到哪里去找呢？我提议到人民日报社去试试吧！我们来到人民日报社，向领导同志说明来意后，得到热情的支持，立即指示摄影室以最快的速度按我们要求的尺寸影印出毛主席写的"东风"二字手迹。我们又怀着喜悦而又担心的心情驶进灯市口一家汽车修理厂，向他们提出更换车头上标牌镶字的要求。他们一看是国产第一辆小轿车，高兴得不得了，便非常愉快地接受了这一艰巨的任务。这个任务实在太艰巨了，首先得把"东风"二字用锉刀一点一点地雕刻出来，再去电镀。同时还要把车头上的七个新文字字母卸下来，把原来的洞眼补好，调出同样颜色的漆补上，然后重新打眼，把"东风"两字镶配上。那时已是下午，明天一早就要开往中南海，能工作的时间实际上只有一个夜晚。可是厂领导和老师傅们一点也没叫苦，连忙分头组织人去办。经过一整夜紧张的工作，第二天一早，镀上纯金的闪闪发光的"东风"二字已取代了"英文"字而被镶配在金龙下面的车头上，小轿车按时驶进了中南海。尚昆同志看了很高兴，让我们把带来的资料和照片给八大二次会议主席团的桌子上每人放一套。我们几个高兴地开玩笑说："我们的'东风'说明书也成大会文件了。"他还指示警卫局的领导同志好好招待我们，把车停放在怀仁堂前的草坪上，供参加大会的中央领导同志和代表同志们参观。我们在中南海的那几天，真是毕生难忘的几天。每逢开会休息时，到院子里来散步休息的领导同志总是围着"东风"看，高兴地问这问那。特别是有一次，中央的林老等六位老同志挤挤地坐上车，让司机同志绕草坪开了两圈，下车后高兴地笑着说："坐上了自己造的轿车了，好，好！"还有一次，我正背着轿车在侧面站着，听到有人连续按喇叭，便转过身来随便说了一声："谁呀？"话刚出口，发现是陈毅同志。我正有些不好意思，站在一旁的吴冷西同志向我介绍说："这是陈毅外长。"陈毅同志笑着向我伸出手来，并热情地询问了汽车的结构和性能。更难忘的是，有一天毛主席向大会作报告，警卫局的领导同志见我们坐在院子里没事，便走过来轻声对我们说："现在毛主席作报告，你们想听吗？"还没有等我们回答，他便招招手把我们引向怀仁堂边的一个侧厅里，对我们说："这里有喇叭，你们就坐在这里听吧！"我们在那里能直接听到毛主席十分重要而又风趣的有历史意义的讲话，是第一次，也是唯一的一次。在中南海短短的几天里，我们几乎见到了除毛主席和少奇同志以外的所有中央领导同志，这是多么幸运啊，然而正好不是我值班的那天，毛主席在散会后的一个傍晚出来看车了。每想起这一点，总感到有些遗憾。

关于 50 年代我国从苏联进口技术和成套设备的回顾

宿世芳

1949年秋，我在中央贸易部国外贸易司工作，担任林海云司长的秘书，于1952年秋调往莫斯科，担任驻苏联大使馆商务参赞处李强同志（外贸部副部长兼驻苏商务参赞）的秘书。从苏联进口技术和成套设备以及军事物资都是李强副部长主管的，所以在莫斯科同苏联谈判的情况，我是比较了解的。后来于1955年，我调回北京在中国技术公司工作（任处长），该公司就是主管上述工作的。时过多年，现将回忆起来的大概情况写在下面。

新中国成立后，国家百废待兴，迫切需要在自力更生的基础上，广泛开展内外交流，以求迅速恢复在旧中国遭受严重破坏的国民经济，而美国政府不甘心其在中国的失败，纠集西方国家操纵联合国对我实行全面"封锁、禁运"，企图在经济上扼杀新中国。当时，中国奉行的是"倒向社会主义一边"的方针，并同苏联结盟，也就是常说的"一边倒"。1949年10月1日毛主席一宣布中华人民共和国成立，苏联是第一个承认新中国并互派大使的国家。1949年10月2日苏联副外长通知我方，苏联政府决定建立苏联与中华人民共和国之间的外交关系，并互派大使。在当时的历史条件下，这对巩固新中国、恢复和发展饱经战争创伤的国民经济，具有重大意义。

中苏建交后，周恩来总理率中国政府代表团赴苏谈判，双方于1950年2月14日签订了《中苏友好同盟互助条约》《关于苏联贷款给中华人民共和国的协定》等文件。《中苏友好同盟互助条约》规定："双方保证以友好合作的精神，并遵照平等、互利、互相尊重国家主权与领土完整及不干涉对方内政的原则，发展和巩固中苏两国之间的经济与文化联系，彼此给予一切可能的经济援助，并进行必要的经济合作。"《关于苏联贷款给中华人民共和国的协定》规定："苏联以年利1%的优惠条件，向中国提供3亿美元的贷款，供中国偿付苏联为帮助恢复和发展中国经济而出售给中国的设备和器材。"[1]

根据上述条约和协定的精神,1950年中苏签订的协议有50个项目,重点是引进煤炭、电力、冶金、化工等原材料工业和军工项目,以适应恢复和发展国民经济的需要。1953年春,李富春副总理率中国政府代表团赴苏联谈判,于5月15日,同苏联签订了关于苏联援助中国发展国民经济的协定和议定书,苏联承诺援助中国建设一大批规模巨大的工程项目,其中包括钢铁联合企业、有色冶金企业、煤矿、炼油厂、机器制造厂、汽车制造厂、拖拉机制造厂和电站等,共91个项目。当时抗美援朝已经开始,1950年10月15日中国人民志愿军渡江抗美援朝作战。中朝两国一衣带水,唇亡齿寒,户破堂危。为了保卫国家,巩固国防,并为制定和实行第一个五年计划,这些项目是以国防军事工业及其有关配套项目为重点。这个时期是中苏关系最友好的时期。

斯大林逝世后,赫鲁晓夫执政初期,继续向中国提供贷款,并扩大上述两批项目的成套设备供应范围,于1954年10月12日签订包括能源工业和原材料工业等15个项目的成套设备议定书。

以上这三批项目,即通常所讲的156项。

在第一个五年计划期间,苏联援建的156项填补了我国工业的空白,大大提高了原有工业的水平。此后,中苏双方于1956年4月7日、1958年8月8日和1959年2月7日先后又签订了三个协定,包括158个成套设备项目。连同前述的156项,共计304项。其中包括:冶金工业46项、电站52项、煤炭工业30项、石油工业11项、化学工业19项、国防工业87项、民用机械工业47项,其余12项为建工、林业、纺织、商业、广播等项目。除上述304个项目,苏联还供应有64个单独车间、研究所及装置,其中主要包括列车电站33个、锅炉机电站4个、柴油机电站2个、无线电研究所4个、短波无线电发射台4个、船用电机车间1个,等等。苏联向中国提供这些成套设备项目,对于中国基础工业的建设与发展,起了重要作用。

20世纪50年代,苏联援建的项目中,完成和基本完成设计、设备交付

---

[1]《当代中国》丛书编辑部编:《当代中国外交》,中国社会科学出版社1988年版,第25、28页。

任务的有149个成套项目,其中主要项目具有年生产能力为:炼钢620万吨,轧钢460万吨,发电设备60万千瓦,发电813万千瓦,重型设备和重型机床12万吨,原煤2490万吨,合成氨45万吨,原油加工200万吨,飞机1500架,坦克1800辆,各种炮9300门,等等。

50年代,苏联向中国提供成套设备项目内容包括:交付设计、供应设备、提交技术资料、派遣专家和接受实习生等五个方面。在1957年以前苏方是认真承担上述义务的,但是从1958年起,苏方逐步改变上述义务范围,其目的是限制中国国防尖端工业的发展。

在50年代,我对苏贸易额占我对外贸易总额的一半以上,而对苏贸易中成套设备进口又占对苏贸易的60%以上。

60年代,苏联背信弃义,中苏关系恶化。

1960年,赫鲁晓夫执政的苏联政府单方面决定撤走在华全部专家,并撕毁协议和合同,致使304个成套项目未能全部执行。

1960年7月,苏联单方面决定撤走在华专家1390人,撕毁343个专家合同和合同补充书,废除了257个科学技术合作项目并带走了全部设计图纸和有关资料。

1961年上半年,中苏双方进行谈判。中国技术进口公司高竞生副经理及魏逸才、宿世芳、吴逢周等同志参加了谈判,对中国自苏联进口的成套设备项目和撤走专家的人数进行了全面清理,并于1961年6月19日签订了协定。根据清理的结果,截至签订"六一九"协定时为止,在304个项目中,完成设计、设备交货的有122个项目,设计、设备基本交完的有27个项目,正在陆续交付设计、设备的有89项,尚未开始进行工作的有66项。

按照"六一九"协定规定,对正在陆续交付设计、设备和尚未开始进行工作的项目(即89项加66项)中,撤销89个项目,保留66个项目。1962年5月13日中苏双方又议定保留的66个项目推迟到1964年再议。当时天灾人祸,我国人民处于非常困难时期,党中央提出了"调整、巩固、充实、提高"的八字方针。鉴于当时的情况,后来中苏双方又经过多次商谈,于1965年2月11日周恩来总理同苏联部长会议主席柯西金在北京会晤,双方同意把过去的建设项目取消,以后在新的基础上重新开始。据此,中苏双方主管部门于1965年4月21日在北京交换了《中苏一九六五年关于成套项目问题的备忘录》，撤销了全部项目。

回顾过去，既使我们愉快地想到在20世纪50年代中苏两国关系友好、两国贸易大发展的情形，也使我们痛心地想到苏联专家的突然撤退，使我国40个部门的250个企业和事业单位陷入瘫痪的状况。苏联政府背信弃义的行为，不仅破坏了我国这些部门的设计、设备的安装和生产，而且打乱了中国整个国民经济计划，给中国的经济建设和国防建设带来了巨大的损失。

历史是昨天的足迹。前事不忘，后事之师。当然，有值得回忆的过去，更有值得追求的未来。我们正在党的"一个中心、两个基本点"的基本路线指引下，高举邓小平理论的伟大旗帜，沿着建设有中国特色的社会主义道路前进！

我所了解的一汽选址工作

吴式铎

1949年10月1日，中华人民共和国诞生了。作为一名从旧社会过来的青年知识分子，我曾目睹国民党政府的腐朽，也亲眼看到新中国成立后，人民群众欢欣鼓舞，在战争废墟上重建家园，呈现一派万象更新的大好局面。我怀着欣喜的心情，迫切希望能为国家建设贡献一份力量。1950年7月，经人介绍，我到重工业部汽车工业筹备组参加了工作。

旧中国没有汽车工业，各种汽车均依赖进口，马路上跑的都是进口汽车，被戏称为"万国汽车博览会"。

中国汽车工业是中华人民共和国成立之初开始创建的。1949年12月，中央人民政府主席毛泽东访问苏联。访苏期间，毛泽东与斯大林就《中苏友好同盟互助条约》的签订与苏联援助中国建设一批重点工业建设项目进行了会谈。苏方建议中国尽快建设一座综合性的汽车制造厂。1950年1月，毛泽东主席、周恩来总理在莫斯科同苏方领导人商定，由苏联援助中国建设一座现代化的载货汽车制造厂。这个决策表现了国家对建设汽车工业的决心和魄力。同年2月14日，中苏两国政府签订了《中苏友好同盟互助条约》，敲定了一批苏联援助中国建设的重点工业项目。1950年为第一批，共50项，其中包括建设汽车厂项目。

1950年4月，重工业部成立了汽车工业筹备组。筹备组成立后，开始酝酿汽车厂建设方案。1950年7月，筹备组开始为新中国第一座汽车厂选择厂址。那时我刚参加工作，有幸参与了选址工作。下面将我所了解的有关一汽选址情况回顾如下：

1950年，我国还是一个落后的农业国，工业化起点低，重工业占工业总产值比重只有三分之一，且大部位于沿海。为改变旧中国形成的工业过分偏于沿海的不合理布局，汽车厂的选址在内陆进行。我国幅员广阔，选择厂址要考虑原料、交通、工业、地理等各方面条件。筹备组先后派工作组到北京、石家庄、太原、太谷、平遥、祁县、西安、宝鸡、湘潭、株洲等10多个城市和区域做调查，征求当地政府意见，并勘测多处。经研究认为，平遥地面水位过高，石家庄和湘潭工业条件欠缺，西安建厂存在电力、木材、运输等问题，只有北京可供选择。1950年12月28日，政务院财经委员会计划局在北京召开会议，听取选厂址的汇报，认为在北京、沈阳、武汉、包头四地区选择厂址较为适合。当时对北京、武汉两地作了较详细的分析比较，认为北京西部较适合建设汽车厂，我曾参加在京西衙门口地区的勘测工作，后经综合考虑北京也不适合建设大型汽车厂，钢材供应是难题之一。

1950年夏末，中方陆续同苏方签署了关于苏联派专家来华选择工厂厂址的协议、派往汽车工业筹备组的专家的协议。同年12月，苏联汽车拖拉机工业部委派的工厂设计专家小组总设计师沃罗涅斯基、设计师基涅谢夫到达北京。他们是根据毛泽东和斯大林签订的条约来中国援建汽车厂的，并带来苏联援助中国建设汽车厂的协议。苏联汽车拖拉机工业部的建设目标是年产3万辆吉斯150型载货汽车的完整汽车厂。苏联专家计划在三个月内了解中国汽车工业情况，选定厂址，收集设计资料，拟任务书，完成厂址初步测量与工程地质勘探。根据苏联专家提出的大纲，筹备组组织力量，调查勘测和收集进行工厂设计所需的全部技术资料。其中包括：当地的气候、地形、地质、水文、交通运输、资源、动力、城市建设、文化教育、医疗卫生、工业和农业基础、生产及基建材料来源等。经过讨论，最后确定，从电力、钢铁、木材、动力等各方面条件来看，新中国的第一座汽车制造厂只能够设在条件比较好的东北。1951年1月18日，政务院财经委员会由陈云主任主持，听取重工业部关于建设汽车厂的汇报，根据当时的战略考虑和苏方关于建设汽车厂的意见，陈云决定：建设目标同意苏方的意见——厂址定在东北，在长春至四平之间选择。会后，派胡亮等三人在长春至四平间选择厂址，对四平、公主岭、长春三个城市的人口、规模、供电能力、交通条件和地下水面符合6市尺至8市尺以下无地震史等情况做了调查，初步决定以长春为主要目标。

1951年2月10日，根据胡亮去东北预选厂址的结果，汽车工业筹备组副主任孟少农陪同苏联专家沃罗涅斯基来长春，在孟家屯车站铁路东西两侧考察，认为铁路东西两处都可供选择。孟少农认为铁路西侧接近城市，有几十万平方米破损的楼房，道路、上下水、供电条件都好，有发展年产7万辆的余地，只是当时有一个军事仓库占据了大片面积，名叫"饮河部队"。专家看了回来，在地图上摆了两个方案，第二天又去看过，认为可以定下一个。孟少农与专家商量，将铁路西侧作为厂址第一个选择对象。这里原是日寇投降前关东军盘踞的地方，残存着细菌工厂的建筑物，我们将在这片废墟上建设一座现代化的汽车制造厂。1951年3月19日，政务院财经委员会下文批准，汽车制造厂在长春孟家屯车站西侧兴建。

长春地处东北三省中心。东北地区有丰富的矿产资源、较为雄厚的工业基础，且京哈铁路紧临厂区，将汽车制造厂设于长春，既便于建厂时大量苏联设备的输入，也便于投产后就近利用东北的钢铁、煤炭、木材、水电资源，这些都为工厂的建设与发展提供了有利条件。

厂址确定之后，1953年7月15日，第一汽车制造厂正式破土动工，仅仅用了三年时间，就在昔日的荒原上矗立起一座宏伟的汽车城。

光阴似箭，回首往事，我为能参与新中国的汽车工业建设而自豪，并衷心希望一汽在实现"规模百万化、管理数字化、经营国际化"的奋斗目标中取得新成就。

我参加了新中国汽车工业的筹建

陈祖涛

我是 1939 年随父亲（父亲陈昌浩，红军高级将领，曾任红四方面军政委）一起离开祖国去苏联的，那时我不到 11 岁，是一个什么都不懂的小孩子。在苏联度过了 12 年后，成长为一个有专业知识、充满朝气、一心想报效祖国的有志青年。苏联鲍曼学院的学制是六年，我本应于 1951 年 6 月毕业，因为急于要回国参加新中国的建设，我于 1951 年 2 月提前毕业。我和赵施格（父亲赵世炎是革命烈士，母亲夏之栩是中共老一辈革命家）办好了各项手续，就直接从莫斯科飞回了祖国。

刚到北京住在蔡畅家，李富春、蔡畅夫妇带着我们见了周总理、朱德、刘少奇、帅孟奇等许多老革命家和领导。因我们在苏联的时间太长，对国内的情况不了解，周总理让我们在国内走一走、看一看。我们先后到了武汉、广州、杭州、上海、太原等地，看到了祖国人民那种在新社会生活的兴奋感溢于言表，和我小时候见到的那种压抑、痛苦、绝望的表情形成鲜明的对照。

一汽的第一名职工

7 月我们回到北京，住在南河沿的中组部招待所。当时招待所里还住着"48·21"（即党中央在 1948 年送到苏联去留学的 21 个人，包括李鹏、邹家华、叶选平、叶正大等人）的全部同学，我们在苏联都认识，我在莫斯科给他们办过进大学的手续，大家一见面都很兴奋，这也算是当时的"海归派"吧。到 9 月份，他们都回莫斯科去上学，这里只剩下我和赵施格两人了。

1951 年正是抗美援朝战争的关键时刻，我见到的中央领导一个个忙得不可开交，国内人民支援抗美援朝战争、医治国内战争创伤、恢复经济建设情绪高涨。我作为一个20多岁的年轻人，回来了这么久，在国内跑了很多地方，见到了自己的亲人和很多领导，感受到了中国人民建设新中国高涨的热情，受国内政治环境的鼓舞，也觉得热血沸腾，希望早日参加工作。但干什么呢？我也该认真地考虑我将来的去向了。就在这个关键时刻，我们见到了周总理。总理说，你们出去看了一圈，对国内的情况有了一点认识，下一步有些什么打算？

我们同声表示要参加新中国的建设。总理很高兴，问我们：你们学什么专业的？

赵施格说：我是学钢铁的。

总理说：那好，鞍钢正在恢复建设，你就到鞍钢去吧。

我说：我是学机械的，我的主攻方向是汽车，我的实习都是在苏联的汽车厂进行的。

总理说：那好极了，你再回苏联去，苏联援建我们100多个项目，其中有汽车项目，你以第一汽车厂的代表身份去参加他们的谈判，你大学刚毕业，顺便再到苏联的汽车厂去实习。说完，他当场给我国驻苏大使张闻天同志写了一封亲笔信交给我。就这样，在总理的亲自安排下，我成了第一汽车厂的第一名职工和中国派往苏联的第一名汽车工业的实习生，从此开始了我为之奋斗终生的汽车生涯。

筹建新中国汽车工业

新中国的汽车工业是在旧中国一穷二白的基础上进行的。新中国成立初期，在讨论中国经济建设的时候，毛主席说了一段意味深长的话："现在我们能造什么？能造桌子椅子，能造茶碗茶壶，能种粮食，还能磨成面粉，还能造纸，但是，一辆汽车、一架飞机、一辆坦克、一辆拖拉机都不能造。"要建设社会主义新中国，尽快改变我国农业国的地位，尽早建立我国的重工业基础，就成了新中国建设的当务之急。而在那个时候，以美国为首的西方资本主义国家对新中国进行全面封锁，企图将新中国掐死在摇篮里。环顾全球，只有以苏联为首的社会主义国家在支持我们。于是，1949年12月，新中国成立刚刚两个月，毛主席就去到苏联见斯大林，与苏方商讨两个社会主义大国之间的关系，寻求苏联对中国经济建设的全面帮助，用毛主席的话说，就是要搞一个"既好吃，又好看"的有实际内容的援助方案。访苏期间，毛主席与斯大林就《中苏友好同盟互助条约》和苏联援助中国建设一批重点工业建设项目进行了会谈，最后定下了156个重点工业援建项目，其中就有建设一座综合性的汽车制造厂。苏联方面表示，苏联将按照"斯大林汽车厂"的规模援建中国，"斯大林汽车厂"有什么设备，援建中国的就有什么设备；"斯大林汽车厂"有什么样的生产水平，中国的就有什么水平。

1950年12月2日，苏联汽车拖拉机工业部派遣工厂设计小组总设计师沃罗涅斯基、设计师涅谢夫到达北京，苏联方面的建设目标是年产3万辆吉斯150型载重汽车。中央经过谨慎选择，1951年3月，周总理批示，吉斯（指一汽）厂设于东北长春附近。

东北地区资源丰富、交通发达，长春位于东北三省的中心，工业基础较为雄厚，根据周总理的指示和东北的交通、经济发展水平、水与电的供应情况，陈云同志决定，一汽定于长春兴建。1951年3月19日，政务院财经委员会正式下文批准，第一汽车厂厂址定在长春孟家屯。工厂设计由苏联汽车拖拉机设计院总承包。1952年4月，重工业部任命郭力为汽车工业筹备组652厂（一汽代号）厂长，1952年根据郭力的推荐，第一机械工业部任命饶斌为652厂厂长，郭力任副厂长兼总工程师。第一汽车制造厂援建项目就此启动。

真诚的援助

1951年9月，我带着周总理的信再次来到莫斯科。总理给我的任务有两个，一是作为第一汽车厂的代表参与和苏联的谈判，第二个是到苏联实习。当时驻苏大使是张闻天，他是中国革命的元老，著名的"28个半布尔什维克"之一，党内著名的理论家，在延安时叫洛甫，担任中国的第二任驻苏大使。张闻天和我的父亲是老战友，他为人和善，温文尔雅，讲话不急不慢，平易近人，一点架子也没有。他看了周总理的信，高兴地说：好，你就到商务代表处去报到吧。因为使馆当时没有管理实习生、留学生的组织（1952年后，中国来苏联实习、留学的人日益增多，于是成立了"实习生、留学生处"，第一任处长是李涛），所以我到了商务处。商务代表处的负责人叫高竞生，第一任商务参赞是江泽民，还有一个叫李强，后来当过外贸部部长。我在那里具有几重身份：一是第一汽车厂的代表。当时苏联援建的156个项目，每个项目都有人常驻商务处，随时处理各种事务。二是使馆的翻译。我的俄文好，经常参加使馆的一些对外交往活动。三是为国内临时来苏联的各个代表团充当中苏双方的联系人。我年轻，对苏联、莫斯科的人文地理都很熟，帮助他们开展工作。

一汽的设计由苏联汽车工业部委托全苏汽车工业设计院设计，整个汽车厂的设计分初步、技术和施工图三个阶段。1951年12月份，初步设计做完了，设计院通知我去，把厚厚的几十本设计书和图纸交给我。当时中苏双方关系很好，这么多的设计资料交给我，既无什么仪式，也不要繁杂的交接手续，就这么直接交给我，连收条都没有。此时我的身份又变成外交部的信使。我用外交邮袋装上设计资料，一个人搭乘飞机直飞北京，下了飞机后，专车接我直奔汽车局筹备处（后来的北京鼓楼扁担厂的一个小四合院内），把图纸交给郭力和江泽民。他们立刻组织翻译组开始进行紧张的翻译审核工作。花了两个半月的时间，到1952年1月下旬，翻译完成。3月底，当时中央财经工作小组的组长陈云同志召集中央各相关部委的领导开会，对苏方的设计进行审核。汽车局筹备组的组长郭力向审查组的领导报告，大家基本上没怎么讨论就完全通过了。从当时的情况来看，苏联对我国的援助确实是大公无私，没有任何附带条件，完全是无偿帮助，我方对苏联也是完全的相信。就这样，中国的第一汽车制造厂的初步设计就正式通过了。审查完了后，汽车局筹备组代表中国政府出了一个文件，大意是：中华人民共和国政府同意苏联政府对汽车厂的初步设计。然后，盖上鲜红的大印。全部手续就算完成了。

由于新中国刚刚成立，我们也没有技术人才来对苏联的设计进行技术审查，基本上是苏联提供什么样的设计，我们就同意什么样的设计，再加上苏联也确实是实心实意地援助我们建设，所以，为了节省时间，财经委同意重工业部的意见，下一步的技术设计就不再送北京审查，而由重工业部派代表到莫斯科在中国驻苏大使馆的领导下办理审批手续。实际上就是孟少农、李刚和我三个人代表中国政府在那里处理。

4月初，我带着中国政府回复的意见回到莫斯科，来到苏联汽车工业部，交给此项目的负责人古谢夫，由苏联方面在此基础上进行技术设计。1953年底，苏联方面在初步设计基础上的各项细化设计全部完成，再次通知中方审查。根据财经委上次的意见，为了节省时间，国内通知不用回国了，由沈鸿同志带领郭力、孟少农、李刚和我等几个人在莫斯科就地审核。这些做法在今天看来不可思议，但在当时就是正常的，双方互相信任。我记得当时沈鸿带领我们到苏联汽车工业部办公室向他们说：审核完了，没意见。同时，我们立刻向中央汇报了我们的审核意见。

不久，中方为了加强力量，孟少农、李刚、潘承烈和窦英伟也作为一汽的代表来到莫斯科，参加与苏方谈判和具体工作的协调。一汽筹备建设的步伐进一步加快了，在技术设计的基础上开始进行施工图设计。汽车厂的施工图设计是非常复杂的，它要按照技术设计的要求，把每一个车间、每一台设备的摆放都精确地定位，所有的工模夹具，以及厂房结构、供电、供水等都要定下来。由于设计的工作量太大，苏联政府决定由"斯大林汽车厂"担任施工图设计。"斯大林汽车厂"的总工艺师兼工艺处处长赤维特可夫担任一汽施工图设计组的组长，专门成立了"AZ—1"设计组和援建中国一汽办公室。每个车间的技术科长都作为设计组的成员参加进来。在这里我既作为一汽的代表又作为赤维特可夫的助理，也加入了施工图设计组。我因为读书实习时就在这里，和他们的厂长克雷罗夫、总工程师史特罗格罗夫都很熟，所以，他们把我的办公室也设在"斯大林汽车厂"，这样我就有了全程参与施工图设计的机会。这种设计经验是极为可贵的，无论在哪个国家，全面建设汽车厂毕竟是少之又少，全世界也没有几家，而我作为一个刚参加工作没几天的青年，就赶上了这种全面的学习机会，在世界上就是花钱也买不来的。这既得益于我们国家初建，急需技术人才，给了我在建设中学习的宝贵机会，又显现出当时苏联政府的无私援助，在技术上毫无保留，真心帮助我们建设，帮助我们培养人才，比起那些西方资本主义国家在技术上的封锁、设卡真是天壤之别。我也充分利用这个宝贵的机会，在几十个车间里跑了几个遍，从前方的机床设备、人员定位到后方的供电、供水、压缩空气、燃油，甚至办公楼、工人宿舍、厂区环境等都参与进去，人虽然很累，但却积累了大型汽车厂设计的全面经验。这些宝贵的经验对后来我在国内参与建设新汽车厂的设计起到了极为有益的作用。

一汽开始设计后，各项建设准备工作也就紧锣密鼓地展开了。

忆一汽筹建前期的驻莫斯科工作小组

李 刚

在长春第一汽车制造厂（以下简称一汽）筹建的前期，为适应中苏双方开展工作，当时的重工业部授权汽车工业筹备组成立驻莫斯科一汽工作小组。它是派往中国驻苏联大使馆商务参赞处（以下简称商参处）专门处理有关苏联成套援建一汽项目和相关事宜的外事机构，是当时两国间有关援建项目的人流、物流和信息流的重要传递管道和枢纽。它的任务是：保证按照建厂进度和要求，及时地沟通和协调两国间各种设计文件和资料的转达，设备和装备材料的供应，专家和实习生的派遣等。由1952年7月开始至1954年底两年半的时间里，小组先后有五人参加工作。组长是资深专家、教授孟少农同志，也是中方的总订货人代表。组员有当时年富力强、名校毕业的陈祖涛、潘承烈、窦英伟和我四名同志。

我和我们的小组

1948年我从北平清华大学毕业后，为了躲避国民党的迫害，地下党把我和另两位同学送到河北沧县冀中解放区城市工作部工作。1949年初，天津解放时我随部队作为军代表郭栋材同志（以后任一机部机械设计研究院院长，早年留学日本）的助手接管天津所有机械制造厂。1950年后转业至天津汽车制配厂任技术员和机工部（车间）主任。该厂原由日本丰田公司建立，专门生产汽车发动机的各种维修配件。1951年，我们曾用自制的配件造出几台发动机，并装成一辆吉普车，作为国庆节献礼，送给朱德总司令。当时该厂规模和技术力量在全国汽车配件制造业中算是领先的。汽车工业筹备组副组长孟少农同志曾多次来厂考察和派人前来实习。他向我们介绍了美国汽车制造业的技术水平，相比之下，我们的技术真是十分落后。如成品曲轴的轴颈居然不经过淬火，万能设备加工不能保证产品精度等，根本不具备制造汽车的能力。他透露在苏联的援助下国家正准备建设一个大型汽车厂的消息，令我十分鼓舞。

1952年初，汽车工业筹备组对我发出工作调令，使我喜出望外。到京后，即将上任的一机部汽车局副局长江泽民同志找我谈话，要我学好俄文，准备和俄文翻译窦英伟同志一起到莫斯科商参处协助孟少农同志工作。窦英伟当年23岁，因急需人才，在中国人民大学俄语系提前毕业，被紧急抽调支援汽车工业，参加一汽项目的设计任务书和初步设计的突击翻译工作。他待人热情、诚恳。在他的辅导下，我开始日夜苦读俄文。大约用了半年的时间，我由俄文字母学起，居然已能掌握一般技术词汇和简单的生活用语。同年12月2日，我们俩终于由北京乘火车经满洲里赴苏。在苏联境内，一路上白雪皑皑的原野，一望无垠的西伯利亚森林，茫茫弥漫的贝加尔湖风光和列车上美味的西餐，陪伴我们度过了七昼夜的漫长旅程。12月11日安抵莫斯科。大使馆派人接我们，直奔驻地第三小市民街向孟少农同志和商参处报到。

孟少农同志1941年留学美国，是美国名校麻省理工学院的硕士，后在福特、斯蒂贝克（Studebaker）等汽车厂任工程师，对美国的汽车制造技术了如指掌。1946年他回归报效祖国，任母校清华大学的教授，开"机械制造"等课，曾是我汽车专业毕业论文的导师。当时他传授给我很多有关美国汽车制造厂的新设备和新技术知识。他掌握精湛的汽车设计和制造理论，是我党内一位不可多得的高级技术专家。1948年他到冀中解放区工作。1950年至1951年间他作为副组长，协助郭力同志组建汽车工业筹备组，并参与了苏联援建的一汽项目设计任务书、初步设计和厂址的审批工作。1952年，他的工作重点转移至苏联，当年7月，他以重工业部一汽项目的总订货人代表名义来到莫斯科。1952年底，他又被任命为一汽的副厂长。我们小组的另外两位成员是：即将在莫斯科鲍曼大学毕业的陈祖涛同志，以十几年来长期生活在苏联的经历和熟练的俄语，擅于打通在苏联的人际关系；1950年清华大学毕业的潘承烈同志，工作仔细认真，有文字功底，有志于企业管理。我们师生重逢，又是校友相聚，几个青年人志同道合，相互配合，积极、热情地投入到工作中去。

商参处是集体的家

中国驻苏大使馆的商务参赞是李强同志。他身兼外贸部副部长,著名的留苏无线电专家,是我们在莫斯科的直接领导。商参处是他的办事机构。我吃、住、办公都在这里,每月还领取生活补贴。那时驻苏大使是张闻天,他和蔼可亲,接近群众,多次听取我们的工作汇报,平时还给我们上党课,和大家一起跳俄罗斯集体舞和交际舞。

在邻近的第一小市民街还驻有来自燃料工业部、冶金部、石油化工部和其他几个机械工业部派来的、苏联第一批45项援建项目的总订货人代表小组,有二三十人,也大多是年轻人。我们集体过组织生活、参加政治学习和社会活动。在援建项目中,鞍钢和一汽的项目最大也最复杂,受到各方面的青睐和重视。我也感到十分自豪和责任的重大。

那时,我们的生活和工作沉浸在一片浓郁的中苏友好的政治气氛中。1950年两国政府签订了《中苏友好同盟互助条约》后,苏联政府和人民真心诚意地帮助我们搞好经济建设。我们也一心一意地向苏联老大哥学习。1953年3月在莫斯科红场圆柱大厅悼念斯大林逝世时,我们中国代表团抬着花圈,排在队伍最前面瞻仰他的遗容,心情十分悲痛。十月革命节安排我们和苏联老百姓一起参加红场的群众游行队伍,共享胜利的欢快。苏共中央政治局委员米高扬和布琼尼元帅,还以苏中友好协会的名义在克里姆林宫举行盛大宴会,专门宴请我国驻莫斯科的各界代表。我有幸和他们见面,感到十分荣幸。这是我第一次参加国宴,见到金碧辉煌的大厅和品尝装在巨型瓷盘中的整只烤乳猪等佳肴,印象特别深刻。

雄伟的一汽工程

鞍钢的项目虽大,但它是在原有基础上改扩建的。一汽项目是平地起家,更为艰巨。在长春市孟家屯火车站西北约300公顷寒冷冰冻的荒野上,计划用6亿元人民币建设一座全新的、年产3万辆4吨载重车的大规模综合性的汽车城。除少数电器配件和化油器,汽车上的3000多种零件和总成全部自制,产品达到"二战"后水平。生产工艺先进,种类齐全,包括机械制造业中的铸、锻、冲、焊、机械加工、木材加工、油漆、装配等各种先进工艺。后方具有发电、供暖、供气,能生产几万种特殊刀、量、模、夹、辅具和设备修造的车间和设施。另外还要新建一个能容纳四五万人居住的生活区及相应的学校、医院等福利设施。工厂规模和技术水平当时堪称亚洲第一,建厂的难度很大。苏方的援建采用的是所谓的"成套交货"的方式。即提供全套产品图纸和技术资料;全套的工厂设计资料,包括土建设计、工艺设计以及组织设计等;提供全部关键设备和工艺装备;提供土建和我方制造设备和装备用的特种钢材;派遣100名各类援建技术专家指导施工建设和调试生产,接纳600名(实派518名)不同专业和岗位的中国实习生前来培训。他们把生产技术和管理方法传授给我们,直至中国人自己能掌握技术、生产出合格的产品来为止。援建方式很像今天西方所说的"交钥匙"工程。但在苏方指导下,我们自己也得分担一部分力所能及的建设项目和工程,如全部的土建施工和提供部分设备、装备等。为此苏政府指定汽车拖拉机工业部总负责,其对外联络司司长古谢夫,作为苏方一汽项目的"总交货人代表",和中方孟少农同志的"项目总订货人代表"对口协调工作。他们动员了全苏汽车、外贸、电站、机器、铁道等8个工业部门参加。工厂设计由全苏汽车工业工厂设计院总承包,由工业建筑、城市建设、热电、弱电、化学、煤气、贸易等26家设计院和斯大林汽车厂分包。专家由各有关部门选派。设备由全苏的设备制造厂制造。我方也在毛主席、周总理的关怀下,开始集结上万人的施工队伍和社会精英,在第一机械工业部、汽车局的直接领导下和吉林省、长春市地方领导的关怀和支持下,由各方配合,按照苏方的工厂设计实施建厂工作。这是20世纪50年代中苏合作的一项巨大的系统工程。当时孟少农同志把该项目和美国的汽车制造厂做了一些对比后说,援建这样一个先进大规模汽车厂的任务十分艰巨,苏联人对我们算是尽力了。只可惜它是一个综合性的厂而不是一群专业化分工的厂,但现在我们是一穷二白,什么基础都没有,开始时只能如此。以后我们汽车工业发展了,还是要走专业化工厂建设道路。今天看来,正是如此。他还说,遗憾的是吉斯150型的产品不是当时世界最先进的，当然先进的欧美也不会给我们。这是一汽 1956 年投产后他立即领导开展新产品开发的原因之一。

紧张的小组工作

在我到莫斯科之前，苏方设计的任务和进度体现在由我重工业部和苏汽车拖拉机工业部在 1951 年 11 月签订的 00831 号的工厂设计合同中。我政府已经在 1952 年 4 月批准了苏方的工厂初步设计，技术设计也已开始编制。我原来以为我们小组的工作应该十分简单，我们只要向国内转交苏方总交货人交来的设计资料就成了，但事实并非如此。由于双方的工作系统和关系都很复杂，配合之间的节点过多，无论在工作内容还是衔接进度上都需要动态地改进和补充，如：苏方陆续要我方补充地质勘探数据；收集国产钢材、煤炭、煤气、型砂、焦炭、黏土、黏合剂、橡胶等材料的物理化学性能甚至样品；了解长春市自来水、煤气的压力和成分；转送国产设备和标准配件的规格、品种；索取第一汽车厂的中文铭牌和解放牌车型的标志；提供实习人员的名单、专业；要求通报我方施工现场的进展情况等。在双方协商和政府授权下，我们还要在国外和苏方补充签订各种协议书和合同。同时我们也不断向对方以书面或口头方式，转达我国政府和工厂所提出的各项业务咨询和催交设计资料等。由于项目本身的综合性和成套性强，再加上中苏双方以前都没有这方面的经验，所以小组工作牵涉面广、政策性强，几乎涵盖建设汽车厂的所有业务和专业技术知识。完成各项任务的时间要求又紧，这就要求我们面对的不仅是和总交货人代表一个人进行外事谈判，还要和许多相关设计专家打交道。工作头绪多而且繁重、紧张，我们往往学习和工作到深夜。我和小组的同志们在孟少农同志的带领下，边干、边学习、边摸索，终于完成了历史任务。现在看来，我有幸参加小组的工作，打开了眼界，增加了才干，丰富了知识，积累了经验，为我以后报效祖国的汽车工业建设奠定了良好基础，让我终身受益。

三年建厂决策的震动

1953年3月底，我小组向国内转交了苏方交付的第一批木工车间的施工图设计。4月初，一汽开始突击组织翻译、积极备料、按图施工。当时全厂的一切工作都是按照国家计委原定四年完成建厂任务的总进度安排的。随着苏方技术设计的进一步开展，经过分析和评估，苏联政府认为争取三年建厂的条件已经具备，加快进度对中苏双方都是有利的。苏总交货人代表古谢夫以苏联政府的名义向我们建议，要安排一个三年完成建厂的进度表。我们小组经过各方面的咨询和调查研究后，认为此建议积极可行。但当时，这样大规模高度综合性的汽车厂在三年之内建成难度很大，也实属罕见，会牵动国内工业建设的全局部署。我们随即通过张闻天大使和汽车局这两个渠道，向党中央和我国政府请示。当时的汽车局张逢时局长在1983年写的《历史的壮举》一文中回忆说："我感到这个建议非同小可"，"即时向黄敬部长和段君毅副部长汇报"，"由我起草，部长们亲自修改，于1953年5月27日以部党组名义报告了毛主席和党中央"。报告被"提到政治局会议上进行讨论。会上毛主席和刘少奇、周恩来、朱德、邓小平等同志都发了言，一致支持一汽三年建成出车。6月9日，毛主席亲自签发了《中共中央关于力争三年建设长春汽车厂的指示》，并要求全国支援一汽"。"从我们报告至中央下达指示，中间仅仅隔了12天，这是多么快的速度啊！"

中央文件的指示精神给我们极大的鼓舞，6月中旬，我们工作小组书面通知苏方总交货人："我们同意贵方意见，本厂将于1953年开始建筑施工。1955年建筑完毕，1956年出车，确定三年的总建厂期限。"苏方随即编制了新的全部设计交付总进度。7月11日，孟少农同志把总进度表带回长春，作为重新安排建厂工作的依据。他结束了一年的莫斯科生活，行前他把驻苏一汽项目总订货人代表的任务交代给我。

三年建厂总进度的实施给中苏双方都增添了很大的动力和压力。一汽动员全厂和建筑大军，掀起了响应中央三年建厂号召的高潮。他们争分夺秒抢施工进度，并组织冬季施工。他们不能满足于苏方粗略的最后图纸交付进度，而是要求明确每个车间按施工顺序具体的图纸，如地槽图、基础图、柱子图、金属结构图等的详细开始交付日期。为了准备每年一次的对苏贸易订货，还要求苏方提前估算出下一年度所需钢材和建筑器材清单。这些逆程序和过于仔细的进度要求，往往在和总交货人谈判时遭到对方的婉言拒绝。但国内又确实需要，紧急时孟少农和饶斌同志还从现场亲自打电话来催办。我们怎么办？只能据理力争，说服对方。同时大家分工，想方设法，分头深入到各设计院、斯大林汽车厂等设计单位去摸第一手资料寄回国内。

参赞出马解困

1953年土建施工开始后，我方发现冬季施工蒸汽供热是关键。热电站必须当年施工，提前得到热力供应，满足下一年冬季施工之用，才能保证全局的施工进度。10月26日国内发电报来催。而全苏电站部认为我国委托设计的大电站太多，他们的任务太重，这一个是厂内附设的电站，无关紧要，就排到后面了。总交货人代表也无能为力。在这紧急关头，我们一方面报告国内，一方面向李强参赞汇报求助。最后他通过外事途径，亲自出马才解决问题。当年11月6日，前后仅用了10天时间，苏方就交出了电站施工所需的全部图纸，保证了当年开工。并且补签了设备订货合同，保证下一年发电机组的安装调试任务。

"一汽设计管理处"（AZ—1）是好参谋

为了编制好制造工艺的施工图设计，斯大林汽车厂在该厂总工艺师茨威特科夫的主持下专门成立了一个叫作"AZ—1"（一汽设计管理处）的机构。里面有二三十位在各专业中具有丰富理论知识和生产经验的工艺专家，其中大多是资深的技术科长。他们为一汽各车间的工艺设计审查、把关。工艺设计是工厂设计的基础和灵魂，它的设计水平决定了今后工厂的生产效率、产品质量和企业的科学管理水平。诸如加工选择什么设备和装备，如何布置，如何操作，如何检查质量，如何估算储备量和选用运输工具，占用多少面积，工时、工具定额等都是他们说了算。斯大林汽车厂的工艺和设备很多来源于美国，经过多年使用，有的已经陈旧过时，他们当时都是选用已经改进过的给我们。"AZ—1"处是我们小组几个人经常跑的地方，茨威特科夫和AZ—1处的专家们对我们十分热情友好，有很多重要的信息都是他们提供或建议的，如在设计厂房时必须要预留扩建面积；自制工、夹、模具时需要苏方提供二级工具；试生产前5000辆汽车所需的关键工艺装备需要苏方提供，我们来不及自己制造等。对这些建议，事后双方在正式协议中都作了完善和补充。有一次，一汽计划处要我们了解该处科室应该如何分工和设置问题，茨威特科夫详细地给我们做了解答。同时，提醒我们应该向苏方提出编制一整套工厂"组织设计"的要求，作为将来全厂各部门组织分工和运营管理的依据。不然工厂建成后也不能正常运转，将会十分被动。我们认为这是一个非常重要的建议，立即向国内反映。在郭力同志支持下，由政府授权我小组和苏总交货人古谢夫签订了补充协议。以后的实践证明：斯大林汽车厂的组织设计虽然来源于美国的"一长制"管理，但在以后的运作中结合了我国的国情，奠定了一汽科学管理的基础。这套办法后来传至二汽和"洛拖"以及全国的机械工厂，影响十分深远。

综上所述，由于种种涉及工厂设计内容和进度上的补充和更改，1953年在00831号设计合同的基础上，由政府授权我们又和总交货人代表谈判，续签了6个补充协议书。苏方及时修改了交付进度。我们小组将每一批苏方交来的设计资料进行验收、封装，然后委托外交信使转送国内，确保了一汽开工第一年建筑施工要求。据1953年底第一机械工业部《新建厂简报》登载，"今年本厂建筑工程超额完成的第一个原因就是施工设计图的及时到达"。

复杂的设备供货工作

和苏总交货人签订设备供货议定书也是一个十分复杂的大问题。首先，严格地讲，准确的设备清册要等斯大林汽车厂"AZ—1"处的工艺施工图设计完成后才能最终确定。但设备制造周期很长，很多设备如大型模锻锤、多轴立式半自动机床、3500吨大梁压床等，苏方要仿照西方设备进行改进和试制，需要三四年的时间。为了保证三年建厂进度，苏方又不得不根据估算的清单向苏方上百家设备制造厂预先订货，但可能留有一些不确定因素。事后证明，有的设备在东欧采购，个别设备如气缸体鼓型铣床等只能用大修后的美国设备交付我方，这也是难免的。其次是设备分交问题。有些工具或维修用的标准通用设备和简单或笨重的非标准设备，如清洗机、热处理炉等，由苏方供图和提供精密控制仪表，由我方制造组装。有几台稀缺的美制格里森螺旋伞齿轮加工机床，则采用新中国成立前进口的设备。有关设备如何由中苏双方分交的准备工作，事实上1952年初就已开始筹划了。那时苏方就派工程师基切夫来华，在京、沪一带考察我国国产设备的生产能力和技术性能。同年孟少农同志到莫斯科考察斯大林汽车厂的设备后，又和苏方商定了中苏双方设备分交的原则意见。我们到苏后，又多次把我国现生产和计划生产的各种设备的产品目录和说明书提交给对方，供其参考和选择。但全部设备供货方案很难确定，最后不得不采用急用先订、逐步补充续订的方法来解决。1953年3月12日，在全厂设备供货议定书未签订以前，政府授权我们和总交货人先签了一个091873号设备供货合同及后续的4个设备补充协议书，确定了当年苏方必须交货的660台设备和中方必须交货的314台设备。半年后的9月22日苏方才交来全厂的设备总清册。经国内中财委、计委和一机部、汽车局及工厂审核批准后，于10月31日来电授权，和总交货人代表签订了全厂总设备供货议定书。议定书中列出：本厂主厂房全部大小设备共计10364台，其中苏方供应5923台，我方供应4441台，我方占42.85%，苏方供图2266套。中苏双方供货价格比约为三七开。设备分交供货工作前后经过两年的时间，至此暂告一段落。此后在1954年又签过多次合同和补充协议。

专家和实习生姗姗来迟

苏方派送专家的问题在工厂建设开工后也一度紧张。虽然合同早已签署，并在1953年7月底我们送走了希格乔夫总专家（他原是"莫斯科人"汽车厂的生产处长，汽车生产的经验很丰富）到一汽，解决了不少问题，但对建筑上出现的问题也很难解决，如冬季表皮土是否应该铲去；土壤荷载力太低，基础是否应加固；铁路支线是否应增加等问题。厂方只好来电话要我们转向设计院咨询。后来苏方临时请在鞍钢的苏联专家到长春支援，直到12月底才正式派去两名建筑专家到一汽工地工作。

苏方对我方选送实习生的问题非常重视，曾多次催问我们。孟少农同志在苏时就和我们经常盘算实习岗位如何配置问题。7月回国后他又多次在人选上仔细推敲，亲自动员介绍苏联和斯大林汽车厂情况。希格乔夫专家在离苏前和我谈了话，他特别关心我们实习人员的技术素质问题，并嘱咐我们"要尽快派出，不然实习生回国后就赶不上设备调试和生产准备了"。按1952年底备忘录规定，我方应派送250名实习生赴苏。苏方多次催促签订合同，甚至答应我们不签合同也可以来。我们也频繁向国内转达，并请张闻天大使向国内人事部门反映情况。但是由于当时国内各种政治审查、组织批准等原因，直到1953年9月才授权签订了112176号实习生合同。以后又提出补增至630名，但截至1953年11月才送来47名，与计划相差甚远。

1953年是一汽由筹建转入土建开工的关键一年、开局的一年，是孟少农同志的工作重点由国外转入国内的一年，也是我们小组的工作千头万绪、最为繁忙的一年。一年中处理了由国内中财委、计委发来的公文、电报22份和部、局来往的信件、报告137件。与总交货人代表正式谈判53次，深入地与设计单位和斯大林汽车厂联系工作不计其数。

丰收和结尾的1954年

1954年2月，郭力同志以一汽实习团长的名义带领第二批实习生来到莫斯科，开始他一年的实习总工程师和副厂长岗位的生活。我们向他做了工作汇报。此后他疏通了选送实习生的渠道，做到分批陆续到达，使之走向正轨。随后他又代表我国政府和我们小组成员一起，在苏汽车拖拉机工业部正式签署批准了一汽全部的工厂技术设计。为了加深他对全苏汽车工业的感性认识，我、陈祖涛和潘承烈在三四月间曾陪他和黄一然同志（同年底任一汽副厂长）一起到高尔基汽车厂、哈尔科夫拖拉机厂、莫斯科人汽车厂等处参观考察，受到苏方的热情接待。

1954年，一汽的厂区和住宅区的土建工程已基本完成，只有铸造车间的地下室工程还在收尾。电站首台机组已调试完毕，准备锅炉点火。工具和机修车间已经投入生产，加工出第一批工具。设备陆续到达，车厢、锻造、冲压、发动机、底盘等主要生产车间已开始安装。我们小组的工作重点也逐渐转入配合解决设备发货、催请苏联专家和生产调试中所发现的问题。工作虽然还很紧张，但已走上轨道。我们每旬向国内作一次书面汇报。全年共发送国内130余批次设计资料，很多是外交信使乘火车直送长春的。陈祖涛、潘承烈、窦英伟等几位同志也在年初先后正式转入实习或参加实习团的工作。后来我也抽空到斯大林汽车厂的发动机车间技术科作短暂的学习。

1954年11月，饶斌同志带着一汽一批重要的结尾问题，到莫斯科来做两个月的催办和视察。年底，我奉命将遗留工作交代给一机部的驻苏工作组组长吴述三同志，结束了我在莫斯科的两年生活，回到北京一机部汽车局报到。在局里被提升为工程师，正式调至一汽，分配到发动机车间技术科工作，我立即投入到当时轰轰烈烈的场地"三通一平"、设备安装和相继的生产调试的高潮中。

中国要建一座汽车厂

孟少农

中国汽车工业是在人民共和国成立之初开始创建的。第一汽车制造厂的建设是创建的主体工程，但筹备工作比建厂开始要早三年。

1949年12月，共和国刚刚成立两个多月，中央人民政府主席毛泽东就前往苏联访问，与苏方商讨两国大计。当时，稳定形势、恢复生产、发展经济，是关系到新中国能否站稳脚跟的重大问题。访苏期间，毛泽东与斯大林就《中苏友好同盟互助条约》的签订与苏联援助中国建设一批重点工业建设项目，进行了会谈。毛泽东还参观了工厂、学校和集体农庄。在参观斯大林汽车厂时，那一座座高大的厂房、一辆辆驶下装配线的汽车给毛泽东留下了深刻的印象，他对随行的同志说：我们也要有这样的工厂。在双方商谈工业建设项目时，苏方领导人建议中国尽快建设一座综合性的汽车制造厂，像斯大林汽车厂那样，并表示：斯大林汽车厂有什么样的设备，中国就该有什么样的设备；斯大林汽车厂有什么样的水平，中国的汽车厂就要有什么样的水平。

1950年1月，毛泽东主席、周恩来总理在莫斯科同苏方领导人商定，由苏联援助中国建设一座现代化的载货汽车制造厂。2月14日，中苏两国政府签订了《中苏友好同盟互助条约》，敲定了一批苏联援助中国建设的重点工业项目。1950年为第一批，共50项，其中包括建设汽车厂项目。随后，第一汽车制造厂的建设列入第一个五年计划，成为156项重点工业建设项目之一。

为了加快重点工程建设，中央人民政府成立了重工业部。重工业部的人员主要来自原华北人民政府公营企业部（新中国前一阶段称为中央金属工业处）。陈云同志兼部长，何长工、刘鼎、钟林同志任副部长。徐驰同志任计划司司长。我当时在徐驰同志手下工作。

1950年1月10日，刘鼎同志把我叫去，谈着手筹建汽车工业的事。我对此事全无思想准备，以为至少还要等经济恢复几年后才有条件搞汽车工业。刘鼎同志说，形势的发展比你估计的要快，我们有一定的工业基础，国民经济需要汽车，你提个意见吧！这样，在3月初就在重工业部下成立了汽车筹备组。

筹备组最初只有30来人，在灯市口西口的原工程师学会会址内办公。最早的人员中，一部分是从晋察冀的干部中调来的，包括胡亮、吴彦儒等；一部分是进城后新参加工作的知识分子，包括吴敬业、王玉京、张致中等；还有一批老工人，包括马浩然；一批青年，如冯银玉、王环等同志。郭力同志原在部里任专家办公室主任，三四月间，部里为加强领导，把他调了过来。这样，人员不久增加到100余人。

我们用一千匹五幅布在鼓楼东扁担厂买了一栋旧房，原主是湖北军阀萧耀南的后代。苏联斯大林汽车厂的总设计师斯莫林等专家也和我们一起搬了进去。

筹备组成立后最初的工作是开了两个会议，第一个是全国机器工业会议（从1950年2月22日开到5月23日），第二个是汽车工业会议（从8月2日开到7日）。两个会议交换了各地的情况，酝酿了恢复生产和发展的方向，确定先恢复后建设、先前方后后方、先关外后关内的方针。

筹备组的主要工作有两方面。第一方面是调查研究，收集过去有关汽车和汽车工业的情况，作为制订建设汽车工业计划的基础。我们看过北到哈尔滨、南到昆明、西到重庆、东到上海，由日伪和国民党官僚资本遗留下来的汽车修配工业；了解了原宋子文集团设立的"中国汽车公司"设在株洲、凭祥、重庆等地的工厂和人员的下落，找到资源委员会委托美国Reo汽车公司制作的五卷建设汽车厂的设计；也在昆明山洞里发现了资委会买的美国Sterling公司的汽车图纸。为寻找建厂地址，我们看过北京、石家庄、太原、西安、宝鸡、武汉、株洲等地，并在京西石景山附近的衙门口做了地质钻探。第二方面的工作是集结和培养技术骨干。中国要建设汽车工业的喜讯迅速传遍全国。北京、上海、其他各地的工程技术人员纷纷要求调来汽车筹备组；从国外归来了留学生；筹备组并且和京津的几所大学联合举办了高年级学生的下厂实习，为汽车工业培训了一批技术干部。为容纳和培养这些人员,在南池子建设了一个千余平方米的实验室。这个南池子实验室后来发展成为汽车研究所,迁到长春。

在解放战争期间,美国有一批援蒋物资存在上海,其中有1835台机器设备。1950年年中,把这些设备分配给需要的单位。汽车筹备组也分到若干设备、样本和仪器。有一套格里申16号等螺旋伞齿轮加工机床,分得后就放在南池子实验室,由工程师杨南生同志带上李龙天、张学孟等青年学生和从上海虬江机器厂(后改为上海机床厂)调来的八级老师傅蔡继常,研究掌握齿轮技术。这个组后来曾迁入长春636厂和西安大路的四联,最后迁入底盘工厂,成为中国汽车齿轮行业的第一个技术核心。

1950年12月2日,由沃罗涅斯基和基涅谢夫二人组成的汽车厂设计专家组来到北京。他们是根据毛主席与斯大林同志签订的协议来中国援建汽车厂的。据他们说,苏联汽车工业部向他们交代,建设目标是:年产三万辆吉斯150货车的完整汽车厂,苏联承担成套设备交付。他们并详细介绍了工厂的内容。从这时起,转入具体建设第一汽车厂的准备阶段。

1951年1月18日晚,中财委由陈云同志主持会议,听取重工业部关于建设汽车厂的汇报。参加者还有陈郁、滕代远等四五位部长。由刘鼎副部长和我作汇报。最后,陈云同志作出决定:建设目标同意苏方的意见;厂址定在东北,在四平至长春之间选择;建设开始期定为1953年,一次建成;协作配套问题由有关部门解决。会后由重工业部起草了决定文件,由中财委下达。

会后,根据胡亮同志去东北预选厂址的结果,汽车筹备组与专家们研究,初步决定以长春为主要目标。春节前,我陪同专家去长春,市里由建设局局长宋均出面与我们联系。当时长春市的战争破坏尚未恢复,全市只有两辆吉普,全部提供给我们使用。我们看了铁路西边,发现地势很好,空旷,有几十万平方米的破损的楼房,道路、上下水、供电条件都好,只是当时有一个军事仓库占据了大片面积,名称叫"饮河部队"。专家们看了回来,晚上在地图上摆了两个方案,第二天又去看过,认为可以定下一个,很满意。原来胡亮同志选过的市南一片空地上的另一厂址就不看了。我与宋均同志谈定,于1951年2月22日交换了协议,就和专家回京。

厂址一定下来,马上联系请"饮河部队"搬家,并组织力量进行测量和地质勘探。派遣了胡云方等一批同志作为先遣队伍去长春主持工作。按照专家提出的要求，着手收集各种设计资料。专家们于初夏才回莫斯科去制作初步设计。

初步设计于1952年1月23日送到北京。留学苏联的陈祖涛同志同时回国。江泽民同志（时任汽车工业筹备组副主任，人们习惯地称为"老江泽民"）也在这时来筹备组工作。经过翻译、研究、审查，中财委于3月25日批准初步设计，并同意重工业部的意见：技术设计不再送北京批准，而由重工业部派代表去莫斯科，在驻苏联大使馆领导下办理此事。对于轮胎、滚珠轴承等配套厂，对重工业部拟向苏联提出的事项，也都作了原则决定。

初步设计批准后，现场的建设准备工作和苏方的设计工作迅速开展。郭力同志去了长春，我和李刚、陈祖涛、潘承烈四人组成驻莫斯科订货代表小组，办理设计联络、设备分交、聘请专家、派送实习人员等事宜。重工业部给工厂起名为第一汽车制造厂，代号为652厂。

中央调来两万多人的施工队伍，包括建工部直属工程公司、安装公司、建筑五师和强大的施工机械队。宿舍的设计按苏联设计的统一规划由上海华东设计院承担。经过一年的准备，现场施工于1953年7月15日开始。

关于建厂进度，苏联设计专家组在审批初步设计时没有提出具体意见。重工业部的意见是四年建成，但觉得没有把握。我去苏联的任务之一，就是要与苏方协商一个共同的进度。当我与苏联汽车工业部对外联络司司长古谢夫谈此事时，他表示，苏联最高领导人十分重视援建中国汽车厂一事，重大问题都亲自过问，他们的工作是按三年建成安排的。他希望我们集中力量建设这个厂，把时间安排得与他们一致，并建议重工业部原考虑的在北京建汽车装配厂的事应予放弃。这件事关系重大，请示重工业部后，接到指示，等周总理率领的政府代表团到莫斯科后，请代表团指示处理。

代表团到后，李富春同志听取了我的汇报，指定由宋劭文同志与苏方会谈。会谈后，代表团致电中央，建议接受苏方意见。1月份，我携带苏方建议的总进度表回国报告。根据代表团的建议和重工业部的报告，中央作出三年建成一汽的决定。这一决定开创了全国支援一汽建设的热火朝天的局面，大大地加快了工作速度。在此之前不久，饶斌同志从东北局调来一汽任厂长。他的到来也是促进一汽建设的一个重要因素。

到 1953 年 7 月，在莫斯科办理的事已经大部就绪，而现场工作亟待展开，我于是回国，留下李刚同志继续工作。我的工作关系转到长春，把家搬去。由于长沈间铁路水害，耽搁了几天，我没有赶上 7 月 15 日的开工典礼。

从 1953 年 7 月 15 日破土动工，到 1956 年 7 月 15 日总装线上出第一批解放牌汽车，为期整整三年，如期完成中央下达的任务。这三年中，在长春的西南部汽车厂区内，不但进行了大规模的建设工作，而且进行了细致复杂的生产准备工作。这就使新建成的工厂能迅速投入生产，充分地发挥出国家投资的效益。这两项工作当时都是新事物，完成得这样好，应当归功于中央和各级领导决策的正确，也是现场几万名干部群众忘我劳动的成果。

从全国各地调来的干部、工人和技术人员，组成了各车间、处、室；对设计文件进行了翻译、学习、应用；作为甲方代表注视着每天都在变化的工地；验收每一台装好的设备；抓毛坯、工装、技术文件各方面的进度；等到新车间一建成，就调整、试车、出产品；每天早晨上班前还学习一小时。极大的工作热情浸透了汽车厂的每一寸土地。这是中国汽车工业创建时期的峥嵘岁月。

到 1956 年 7 月 15 日止，中国用引进技术和设备的办法，从无到有，成功地建设起自己的汽车工业。在当时的历史条件下，这种做法是完全正确的。当时给我们技术支援的，是在斯大林领导下的苏联人民。对此，我们是永志不忘的。

洛阳矿山机器厂建厂回忆

江 风

洛阳矿山机器厂（简称"洛矿"）是我国第一个五年计划期间156项重点建设工程之一，是我国重型机械行业的骨干工厂。

洛矿的建设在党中央的领导下，得到全国各地一些老厂的大力支持；全厂职工发扬了艰苦创业的革命传统，仅用5年时间就建成了。它是当时一个投资9000多万元、年产能力2.6万多吨的重型矿山机器厂。建厂前期准备工作用了两年多时间，从开工到建成又用了两年多时间，比计划提前一年两个月，于1958年投产。经国家验收，质量优良。

我是1953年1月调干转工业的，到武汉中南局机械办事处报到，分配到武汉矿山机器厂筹备处（在武昌）。经过选厂，由于当地水位高等原因决定不在武汉建厂。同年5月，矿山厂筹备处同武汉重型机械厂筹备处合并，时间不长又一分为三，即洛矿、洛拖和富拉尔基重机厂，原有干部多数去富拉尔基重机厂，洛矿次之，仅少部分去洛拖。

这时，一机部规划在河南建三个厂（矿山厂、拖拉机厂、轴承厂）。1953年7月，我参加了由一机部部长助理江泽民带队的建厂组，厂址选择在郑州和洛阳两地进行，前后共选了七个地方，对两地的条件进行了比较，看法不够一致。一机部向中央汇报后，12月李富春同志（当时兼国家计委副主任）、一机部段君毅副部长、河南省经委负责同志，以及洛阳市委负责人苏挺、白安平等同志，亲临现场观察，听取了选厂组的汇报。大家认为在洛阳市涧西一带建厂有利条件比较多，这里地势平坦、村庄少，古墓虽然比较多，但处理也不困难。最后经中央正式批准，决定在洛阳涧西区建厂。

筹建开始，三个厂联合组成筹建组，统一收集资料，包括气象、水文、地质、交通、能源、城市条件等。中共河南省委从各地陆续抽调大批干部支援三个厂的建设。大家很快进入现场，冒着酷暑严寒，参加测量、勘查、探墓工作，钻取地层土样，送北京化验；对收集到的各种资料，进行分析汇总，尽快提供给国内外设计单位。1954年，苏联两次派专家到洛阳察看场地，听取情况介绍，具体地指导选厂建厂工作，表现了苏联工人阶级和苏联人民对中国人民的情谊。

探墓，是选厂中的一项特别繁重的工作。古墓多，造成了厂区的复杂地质条件，必须认真搞清楚，这一工作量很大，不仅要查清，还要处理好。我们依靠本地群众，在厂区33万平方米的范围内进行钻探，发现有古墓1500多个，按照工程要求都逐个进行了处理，为工厂设计及时提供了可靠的地质资料。

当时，现场工作和生活条件十分艰苦，涧西这一片土地上村庄很少，没有足够借用的民房，主要靠自己搭的十分简陋的工棚，吃、住、工作都在这里。道路都是土路，雨又多，大家都赤着脚来往于工地。交通工具也很少，筹备处仅有一辆旧吉普车和几辆自行车，每天钻探取来的土样，要用人拉架子车运到火车站（洛阳东站），再送到北京。由于交通困难，有时粮食、副食品也不能及时运到工地。尽管条件如此艰苦，但上上下下精神振奋，什么困难都不怕，如果没有这样的精神，提前完成这样艰巨的任务是办不到的。

除了物质条件差的困难，工作中最大的困难，还是技术人员少。组织工作的重点是调集技术人员和技术工人，我们得到上海矿山机器厂、沈阳重型机器厂、沈阳矿山机器厂、大连工矿车辆厂、大连起重机厂、抚顺挖掘机厂、太原重型机器厂、太原矿山机器厂、开封机器厂等省内外几十个老厂的大力支援。他们为我们输送了技术力量，培训了干部、工人，办翻译和描图人员训练班等。由地方调来的干部，按照生产组织的需要，分别到一些老厂实习，接受培训。年轻一些的干部选送到学校学习，还派出一部分干部到苏联对口工厂去学习和收集资料。他们都决心从头学起，经过艰苦的努力，初步学到许多工业建设的知识，完成了组织上交给的任务，保证了开工生产的人员需要。洛矿这样规模的工厂，当时是国内少有的，建好这个厂，还要做好充分的生产准备，以便及时地转入生产。这就需要花大力气消化、掌握苏联提供的技术资料，同时着眼于迅速发展自己的技术力量，放手发挥他们的作用。实践表明，我们的技术人员虚心学习先进技术，并能够做到有所作为、有所创新。例如工厂基本建成时，还有几台设备没有到货，能不能先开工生产呢？当时我们自己的技术人员认为可以采用迂回工艺提前开工生产。这个建议引起争论，苏联专家开始表示不同意，后来才采纳了这项建议。工厂开工生产了，事实证明是成功的。

　　回顾建厂初期的这段历史，当时之所以能在比较短的时间内完成如此艰巨的任务，主要是认真贯彻执行了党的路线、方针、政策，实事求是，尊重科学，尊重知识，尊重人才。

建厂初期的"从头学起"

纪登奎

洛阳矿山机器厂建厂以来，虽然经历艰辛，但她一直发展着，前进着，不仅为国家提供了大量的产品，而且为国家培养了大批人才。在牡丹城中，她是工业战线上受人瞩目的花朵。我曾经在这个厂创建时期工作过五年。

这个厂是我国第一个五年计划期间，苏联援建的 156 项重点工程之一。当时，全国已由战争转入经济建设，党的工作重点已经转入城市，首先要建设我们自己的社会主义现代工业。为此，党抽调了一大批干部转到工业战线。这是一个带有战略性的转移。我就是在这个时候从农村转到工厂工作的。过去几十年，我们搞的是战争，是土地改革、三大改造。现在要创建一个现代化的大型企业，要在平地上盖厂子，安装和使用现代化的机器设备，生产矿山机器。我作为厂长，要组织实施这样艰巨而复杂的任务，面对这样陌生的课题，感觉是十分困难的。但是几十年党的教育和革命斗争实践，使我们懂得一条简单的道理：我们共产党人能够依靠人民推翻三座大山，就一定可以在中国这片广大土地上建设成一个社会主义的工业国家。为人民服务的宗旨，愚公移山的精神，鼓舞着我们去克服困难，去赢得胜利。但是，搞工业毕竟比过去搞农村工作复杂得多，必须掌握科学技术知识和现代化的管理知识。出路何在？只有学习，不懂就学，边学边干。

1954 年 5 月中旬，我向当时的第一机械工业部部长黄敬同志请教怎样当厂长。黄敬同志是我的老上级，他花了两个多小时的时间回答了我的问题，我至今记忆犹新。

黄敬同志头一句话就说，必须从头学起。他说，现在碰到的问题，正如毛主席说的那样，我们熟悉的东西快要闲起来了，我们不熟悉的东西正强迫我们去做。这就是困难。必须克服困难，学会自己不懂的东西，学会办工厂。

学什么？黄敬同志当时强调要学好五门课，两本书。他说，首先要学习基础知识：（一）数学。这是基础。（二）物理。这是重点，特别要学好力学。（三）化学。（四）机械学。（五）金属学。他还建议先学两本书，一本是工业经济；一本是工厂企业的计划与组织管理。学好五门课，取得基础知识，提高文化水平；学好两本书，取得管理常识。

怎样学？黄敬同志说，学习有三条路：一条到工厂实习；第二条，上学校；第三条，边做边学。上大学我不反对，但这不可能，总不能等人家把工厂盖好了，你从学校回来再当厂长，可能的还是边做边学。

黄敬同志强调，不要背包袱，只要有决心，一定能学好。每日两小时，十年如一日，"神圣不可侵犯"。如果一个人工作忙得连两小时都抽不出来，你还能活下去吗？他说，一个工厂的厂长总要做到，你布置工作人家执行得通；人家讲技术，你听得懂。这两条是起码的要求。如果连这两条都办不到，那这个厂长就很难胜任了。

黄敬同志的这次谈话，使我的脑筋开了窍。回去传达后，转业的老干部热烈拥护。全厂干部都迅速掀起了学文化、学管理的热潮。当时，我们按照干部的不同情况和任务，选派一批干部到苏联学习，一批干部到国内兄弟厂实习，送一批有条件的干部去上大学。留在工厂的同志，一边搞基本建设，作生产准备，一边按不同的文化程度，分小学班、中学班、大学班，学习文化。还办了两个俄语班。对各种技术人员，组织了工艺、设计、动力、焊接、铸造等20多个专业小组。为了培训技术工人，开办了技工学校。这样，在建设的全过程中，工厂实际上就成了一所具有相当规模的培养人才的大学校。这是工厂提前建成投产的重要原因之一，是办好工厂的决定性条件，也为工厂的发展打下了牢固的基础。

革命导师列宁的名言是：学习、学习、再学习。毛泽东同志历来强调学习，在全国胜利之后，他提出了全党要重新学习的任务，特别是必须学习经济工作。有了学习的愿望和要求，还必须刻苦认真，持之以恒。什么事情，就怕认真，学习也一样，决心下了，坚持不懈，必有成效。全厂涌现了一批学习的先进人物，焦裕禄同志就是其中的一个代表。我的工作当然很忙，但始终和大家一样坚持学习。厂里给我优厚的待遇，专门给我配了教员。我很尊重我的老师，老老实实地学，恭恭敬敬地学。工作时我是厂长，学习时我是小学生，认真听课，仔细记笔记，每天完成老师留的作业，到实验室做实验。后来，又派我到苏联去学习。经过三年的业余学习，我学完了五门自然科学的基础课程和有关管理的两本书。这不仅对我当时的工作，而且对我以后的工作，都是大有益处的。

1957年，正当学习进入新的阶段之时，由于政治运动的不断冲击，批判学习业务是不问政治，学习文化是"白专道路"，从而中断了文化和科学技术的学习计划。回过头来看，这是一个战略性的失误。作为当时的厂长兼党委书记，这是一个永远值得记取的历史教训。

几十年过去了，洛阳矿山机器厂呈现着新的面貌。厂领导多数是受过高等教育的中青年干部，文化和业务水平比我们当时的那些人高得多了。工厂的改革又取得初战之胜。这是执行党的十一届三中全会正确路线取得的丰硕成果。当今时代，情况与20世纪50年代已经大不相同了，我们的工厂面对世界新技术革命的挑战，这又向我们提出了新的学习任务，要求我们必须掌握现代化的科学技术知识和最新的管理知识。但就重新学习的这个意义上说，也和我们建厂初期有相同之处。我坚决相信，新一代的工业战线的工作者，在党中央"面向世界，面向未来，面向现代化"的正确方针指导下，必能顽强学习，使自己成为既坚决执行党的路线，坚持四项基本原则，又精通本职业务，具有专业知识和现代化管理能力的又红又专的行家，为祖国四化大业做出新贡献。

我离开洛阳矿山机器厂已经几十年，但我仍然怀念这个厂，怀念那一段和我共同工作、学习过的同志们。我写了以上这一段对我印象最深、受益良多的追忆，和同志们共勉。

洛阳轴承厂建厂回忆

阎济民

洛阳轴承厂是"一五"时期国家156项重点建设工程之一。当时,我是该厂基建副厂长,后又任生产副厂长兼总工程师、厂长、党委书记,参加了建设、生产的全过程。在建厂中贯彻执行了毛主席和党中央的指示,完成了建厂任务,有些往事给我留下美好回忆。

一、建厂是"多、快、好、省"

洛阳轴承厂设计生产汽车、拖拉机专用轴承,年产品种226种,产量1000万套,产值7300万元(1980年不变价),利税3400万元。该厂工艺设计由苏联负责,土建工程设计由国内负责,一期工程占地面积516363平方米,厂区276484平方米,福利区239877平方米;建筑面积176718万平方米,其中生产面积73074平方米、生活建筑面积103644平方米;各种管线15万米;机械设备4864台,其中工艺设备1870台,其中金切机床1050台、锻压设备63台,由苏联成套提供,非标准设备由苏联提供图纸,国内制造;投资总预算11077万元;职工5697人。当时,在我国建设这样大的现代化的轴承厂难度很大,但在党的正确领导下,全国支援,经过全体职工的努力,完成了上述任务。该厂于1954年7月1日在符家屯前的一块庄稼地上破土动工,1957年建成试生产,1958年7月1日国家正式验收,实际投资10510万元,比预算节余567万元。建筑安装质量优良,生产的产品达到设计标准,并于1959年产量达到1142万套,超过设计水平,1969年12月收回全部建厂投资,各项经济技术指标位居全国轴承行业先进行列。

二、集中优势兵力，打歼灭战

洛阳轴承厂（简称"洛轴"）于 1952 年 2 月在北京衙门口成立筹建处，由白耀卿同志负责，先后到北京、西安、洛阳、郑州选择厂址，最后由李富春同志请示毛主席后建在洛阳。毛主席说：要把轴承、拖拉机等大厂建在洛阳，将九朝古都复兴起来。此后经过具体勘察论证，厂址定在洛阳符家屯以南。并抓紧收集整理资料，组织国内外设计，编制预算，签订国外设备成套分交合同，委托施工单位，探墓、三通一平，进行施工准备。在党中央的号召下，全国支援 156 项重点工程，为洛阳轴承厂提供三大主要建筑材料，全国有 31 个厂为洛轴制造设备工装，有 26 个省支援洛轴重点建设。仅抽调干部、专业人员、技术工人，就有 1000 多人，并进行培训。河南各级党委、政府动员人民一切为了工业化建设，抽调大批优秀干部，充实洛轴领导班子，大力发展砖、瓦、灰、沙、石等地方建筑材料和运输支援建设。洛阳市建立了上海市场、广州市场，积极发展商业和服务行业，为职工生活创造有利条件。同时，工厂抓紧筹建科室、车间机构，组织学习，派出培训，大力进行生产准备。这样，全国支援大家动手，兵马未动，粮草先行，充分做好了施工和生产准备。

施工有了充分准备，仗怎么打、采用什么战术，是当时要解决的重要问题。经过大家研究，按照毛主席的教导"集中优势兵力，打歼灭战"，施工逐个进行，工程一个一个吃掉，而且把关键工程的首要生产工序排在前头，优先施工，如上下水、强弱电、煤气、压缩空气管网动力和道路、铁路专用线、防洪工程等先行施工。锻工车间、机修车间、工具车间为生产的第一道工序和生产后方，优先施工。同时，对各加工车间集中优势兵力进行施工，这样，各个工程按计划完成，就形成了综合生产能力，可以成套投入生产。打歼灭战比较麻烦的事是立体交叉施工，当土建工程基本完工、安装队伍进入施工现场时，形成了立体交叉施工的场面，我们对各个施工部位妥善安排、严密组织，使之有序地进行，充分发挥了不同工种联合作战的作用。同时针对尾工不值钱、麻烦多、容易忽视的情况，我们一方面做好思想工作，说明一点尾工影响生产全局,引起有关施工单位的重视,另一方面对尾工一项项清理,进行排队,做出计划由专人负责,限期完成。最后,对少数零星尾工,由厂组织力量,自己动手完成,交付生产。

三、转业将士建设现代厂房

承担土建施工的队伍是建八师,师长芦显扬。建八师原是解放军某军某师,解放大西南后,集体转到地方建设。他们经过努力,使得一幢幢厂房拔地而起,质量优良。其中的奥妙是:一是发扬解放军的优良传统,全心全意为人民服务,他们能吃苦耐劳,纪律性强,肯学习钻研。二是派进一批工程技术人员、技工、苏联专家作教师,传授技术,进行指导。干部、工人、知识分子三结合,提高了施工队伍素质。三是从一点做起,典型示范,进行学习练兵。如:为了练砌墙技术,芦师长向我提出,请厂里把砌围墙的任务交给战士,只要吃饭钱,不要工钱。技术人员教战士练砌墙技术,不合格的推倒重来,再砌坏,再推倒,反复多次,直到合格为止,练出了砌墙的真本领,保证了各厂房的墙体工程砌得又快又好。又如安装机器设备,有些设备国内不生产,安装工人也没有见过,我们就拿出一台叫他们练兵,拆了安,安了拆,直到合格为止。工人练出了安装真本领,保证了全部设备安装的质量。

四、施工讲政治、讲友谊

当时,施工体制是甲乙丙三方,土建施工单位是乙方,设备安装是丙方,甲乙丙三方之间经常发生矛盾,不断扯皮,甲方说乙方、丙方的质量不好,要求进度快,造价低。乙方、丙方说甲方图纸不全,材料规格不齐。各说各的理,不能扭成一股劲,影响施工进度。解决这个矛盾采取两个方法。一是,甲乙丙三方为了一个共同目标,讲大局、讲友谊、互相谅解、互相支持,甲方为乙方、丙方提供方便,乙方、丙方也主动克服困难,分力变成合力，遇到问题也就好解决了。二是，政治解决，市委主管建设工程的王维群书记每周开一次会议，听取甲乙丙三方意见，对不同意见，经大家申述协商，最后由王维群书记从大局出发，实事求是地做结论或仲裁，甲乙丙三方分别去执行。当时叫作"政治解决"。这有利于工程施工，大家都比较满意。

五、发挥政治优势，为了一个共同目标团结到一起来

洛阳轴承厂1957年职工共4492人，来自全国26个省、市、自治区，可谓"五湖四海"。南方人到洛阳没大米吃，广东人冬天仍铺凉席，冻得难过，东北人怕洛阳热，出痱子，痒得难受；上海等大城市的人下火车，没有公共汽车，要步行去厂，有意见；各行业、企业来的技术人员和工人各有各的加工工艺和操作方法，都说自己的好，难以统一；领导干部也是来自各方，多是不懂工业生产的外行，又各有各的思想作风和工作方法，难于协调；大家为了支援重点建设，接到通知，马上出发，仓促上阵，个人生活、家庭安排方面遗留不少问题，有后顾之忧；有些工人来自农村，由农民转化为工人阶级，需要脱胎换骨；等等。总之，这支队伍虽然带来这样那样的问题，但都是响应党中央毛主席提出的加速重点建设、实现工业化的号召，走到一起来的。在这个大前提下，团结起来，艰苦奋斗，努力学习，积极工作，互帮互助，形成觉悟高、纪律严、作风好、讲实干的工人阶级队伍。后来，在苏联撤走专家、三年困难、"文化大革命"中经受了一次又一次的考验，证明这支队伍是坚强的，闪耀着工人阶级的本色。

六、依靠工人阶级，同工人打成一片

1954年，大部分干部来自农村，由做农民工作转做工人工作。有些干部到车间，穿着干部服，说着外行话，手拿芭蕉扇，溜溜逛逛。工人说："工头"来了，"监工"的来了，把干部当外人，同干部保持一定距离，不愿接近，不说心里话。我们脱离了工人群众，使工作难于落实。针对这一情况，

我们领导干部带头脱下干部服，换上工作服（自己出钱、自交布票）。全厂干部都这样做了，从表面上群众化了。又进一步参加劳动，哪里有困难，哪里就有干部，工人身上有多少油，干部身上也有多少油；到工人中去，参加班前班后会，值夜班，巡回检查，听取工人意见；同工人一起排队买饭、排队理发，一个池子洗澡，互相擦背，不搞特殊化；关心和改善职工食堂、宿舍、浴室等生活条件和文化娱乐设施；走群众路线，向工人学习、请教，干部不仅不说外行话了，而且说到了点子上，受到工人的称赞；那时没有奖金，干活靠政治觉悟，讲奉献，讲为人民服务，后来虽然发点奖金，但科以上干部把奖金全部让给工人。我们就是这样同工人心连心，打成一片，取得工人的信任和支持，充分调动群众的生产积极性。

七、拜内行为师，变外行为内行

全国胜利后，毛主席要我们学会自己不熟悉的东西；转行工业后，又号召大家钻进去，变外行为内行，如果不好好学习，长期居于外行，就要调出工厂。全厂广大职工响应毛主席的号召，迅速掀起学习热潮，大家都有一个强烈的求知进取的愿望，学文化、学技术、学业务、学操作、学理论，拜师学艺，参加劳动。据不完全统计，全厂参加学习的干部2988人次，1965年参加劳动的1568人都掌握了本岗位业务技术，变成了内行。我同大家一样，并带头学习。开始学基建施工，熟悉了厂房建设和设备安装调试，后又学习生产的全过程，拜机械技术员李良村、王某某为师，对各种设备逐台了解它的结构、性能；拜王仁同志为师，学习轴承加工工艺；拜苏立樾同志为师，学习轴承设计原理；拜车工师傅芦成良同志为师，学习车工，学习操作车床，做出合格产品；同时，学习文化，向薛老师学数学几何代数，向张滑学物理，向吴金玉老师学化学等。这些可敬的老师使我提高了文化水平，增长了技术业务知识，为由外行转为内行打下了基础。我取得的工作成绩，应归功于各位老师的帮助，对此我永远不会忘记。

八、尊重知识，尊重人才

建厂需要大量的工程技术人员，特别需要懂轴承生产的技术人员。当时技术队伍的实际情况是：一是苏联专家 100 多人，从总专家到各专业工种专家全套配备，这是苏联援助的技术骨干力量。二是国民党和旧社会给我们留下的工程技术人员，共有几十人。他们没有去台湾，他们都热爱祖国，拥护共产党和社会主义，有建设祖国的强烈愿望；他们有知识、有经验，但搞轴承专业的只有毛萃初、王仁两人。这是中国自己的比较老的技术骨干力量。三是新中国成立后的大专毕业生。他们年轻有为，但缺乏实践经验，这是新中国培养的青年后备力量，共有本科大专学历 193 人、中专学历 278 人。四是从瓦房店轴承厂、哈尔滨轴承厂抽调一批技术骨干共 200 多人，这是轴承生产有实践经验的技术骨干。五是从全国有关机械厂选调机修、工具、动力等技术人员共 100 多人，充实了技术后方。由上述五个方面组成了技术大军，这是建厂和生产的基础骨干。我们充分发挥他们的作用，采取了以下措施：一是，各级领导在思想上尊重人才。对技术人员，我们尊重他们，信任他们，拜他们为师，使他们心情舒畅，多做奉献。二是，他们在工作上有职有权，工厂大力支持他们的工作，特别是专家建议、工程师意见，都要认真组织落实。三是，关心他们的工作和生活条件，如苏联专家住在友谊宾馆，由专家办公室协助专家活动。本厂工程技术人员住房和福利与同级领导干部同等待遇，单身住一间房，最多不超过两人，灯泡要加大一些，便于看书。四是，组织大批技术人员出国学习和到老厂实习共 2412 人，培养了一大批新生后备力量，成为正式投入生产的技术和管理骨干。1957 年反右，"以阶级斗争为纲"，伤害了一些知识分子。后来一旦拨乱反正，平反昭雪，大家仍团结在党的周围，为人民尽职尽责。

九、两参一改三结合

"两参一改三结合"是毛主席总结的有中国特色的企业管理经验，当时叫"鞍钢宪法"。我们学习与推广了这一经验。

"两参"即干部参加劳动，工人参加管理。全厂科以上干部每周2200多人次，除突出性的义务劳动，他们都有自己的固定劳动岗位，同工人师傅结成对。有的干服务性的劳动，如清除铁屑等；有的操作机床，从事产品生产。"工人参加管理"，即工厂生产在统一指挥下实行民主管理，发挥工人主人翁的作用和集体智慧。一是工厂建立了职工代表大会制，厂长向职工代表大会汇报工作，重大计划和措施，请工人代表审议。二是针对生产的问题，在职工中开展技术革命和合理化建议活动。对于被采纳的建议，进行表扬和奖励，这解决了生产的难题，提高了经济效益。三是加强班组民主管理，工厂一切任务都要通过班组去落实，班组设八大员，在班组长的领导下分工负责，解决生产中的问题，向上反映大家的意见。1965年在全厂123个"五好"先进班组的带动下，很多问题在基层得以解决，厂长与车间主任感到工作顺利、领导好当。

"一改"即改革不合理的设计。苏联设计有些不符合中国国情，如工厂保卫工作用狼狗，有的产品公差标准照搬美国已淘汰的标准，组织设计按照一长制的原则削弱了政治工作等，我们都从中国实际出发进行了改正。

"三结合"即领导干部、技术人员、工人三结合，既发挥各自的专长，又发挥群团优势。苏联的组织设计规定第一副厂长兼总工程师，总工程师实际是工作职务，不是学术职称，便于生产技术统一发挥。当时，由我担任第一副厂长兼总工程师，还引起一场争论。有的说：阎济民没有大专学历，不懂技术，不能当总工程师。有的说：党要领导技术，不懂可以学。"三结合"遇到了阻力。经过一段实践证明，一些专家工程技术人员在技术上确实有特长，但在解决技术问题时遇到各种人际关系、思想问题和复杂的组织工作，他们就无能为力。我虽然是外行，但通过学习，对技术逐渐可以听懂，能分清是非，敢于支持正确的意见。同时，我会做思想工作和组织工作，这样，就弥补了专家的不足，使专家的正确意见得以实施。在不断的实践中，大家互相取长补短，共同提高，使"三结合"更加完善，并提高到新的水平。

十、政治是灵魂，是一切经济工作的生命线

建厂以人为本，做好思想政治工作提高人的政治觉悟，充分发挥职工的积极性和创造性。

1. 建厂要建党。厂党委非常重视党的建设，对党员进行马克思主义毛泽东思想教育，使之树立正确的人生观，全心全意为人民服务，增强无产阶级党性，在各条战线和生产中发挥战斗堡垒和模范带头作用。团结群众，共同前进，保证了各项任务的顺利进行。

2. 思想政治工作结合生产去做。当时转经济建设，实现工业化是最大的政治，政治工作使大家提高服务中心的自觉性，为完成各项任务提供了动力和保证。

3. 思想政治工作做到职工心中。学习英雄模范人物，如学雷锋办好事，学大庆做铁人；树立"三老四严四个一样"的作风，全厂展开"为谁劳动"的大讨论，树立爱国主义、集体主义、社会主义、以厂为家的思想。思想政治工作要深入细致，如做好家属和家访工作、单身职工工作，领导干部轮流到单身宿舍同工人同住，交心谈心了解情况，解决问题。做好班组和班长的思想工作，总结推广了保持器车间王力学、工具车间王广泗等班组做思想工作的经验。

4. 在党委领导下，大家分工做思想工作，特别是各级行政干部以身作则，结合生产做政治工作，起了很好的作用。

十一、树立群众路线的工作作风

1. 依靠群众抓技术和生产。如：全厂开展技术革命和提合理化建议的

活动，群策群力解决生产技术问题。如技术员罗序松同志用铬锰氮铸件代替耐热钢，解决了热处炉传送带关键问题，厂里决定破格提升他为工程师。

2. 领导注意抓典型，以点代面。如：推广滚子车间终磨小组信得过的经验，提高全厂质量水平。

3. 领导注重深入一线。如：每天上午，厂长上班不进办公室，先到车间的关键和薄弱环节了解情况，同工人商议解决意见，然后督促有关科室、车间领导去解决，第二天上午再下去检查问题是否落实。这种从群众中来、到群众中去的工作方法，非常有效。

4. 注意培养群众领袖、工人积极分子。全厂党员、团员、劳模、老师傅、先进工作者等约有3315人，占职工总数的34%，形成先进层。我们依靠他们，带领广大职工，保证各项任务的完成。

十二、自力更生，艰苦奋斗，开拓前进

1. 在生活上艰苦奋斗，勤俭办厂。建厂是先生产后生活，先建单身宿舍，后建家属宿舍，家属逐步搬来。办公室利用民房、临时房、单身宿舍进行办公，指挥建厂。小轿车、旅行车专供苏联专家上下班使用，厂领导干部都是步行或骑自行车上下班。三年困难时期，职工吃不饱，用杂草、小球藻、瓜菜等代用品充饥。不少职工营养不良，患肝炎、浮肿病，但职工仍坚守岗位，照常完成生产任务。为了减轻城市供应压力，保证最低生活水平，职工响应党的号召，一个月内就返乡1000多人，占全厂职工10%左右，为国家分忧。"文化大革命"初期广大职工自觉遵守劳动纪律，顶着挨打受骂的风险，坚守生产岗位，完成国家交给的各项任务。

2. 坚持自力更生，立足于国内，争取外援。我厂虽由苏联援助成套设备，但我们抓紧消化吸收，尽快掌握，并对生产用的轴承钢、砂轮、工具、维修备件和辅助材料等，逐步实行了国产化，保证了正常生产。

3. 刻苦学习。大家白天工作，跟班劳动，夜里学文化，很快学会了自己不懂的东西，变外行为内行，在各领导岗位和关键工作方面都有了自己的人才，把来自各行各业的人员和农民培育成一支由无产阶级先锋队领导的工

人阶级队伍。因此，在苏联背信弃义、撤走全部专家时，我厂不仅损失不大，而且把这个厂管得更好，1966年2月荣获全国"大庆式企业"的光荣称号。

4. 我厂原苏联设计只生产汽车、拖拉机专用轴承，不能适应我国国民经济发展的需要。如：全国重型机械急需大型、特大型轴承，我厂一方面去苏联参观学习制造特大型轴承工艺，另一方面厂内动手研制出落地车床、磨床和组合磨床，生产出第一套特大型轴承。又如：为了加强国防和科研急需军工轴承、航空、航天轴承、精密轴承等，我们就自己动手，建成了坦克轴承、精密轴承生产线。我们在生产实践中发现苏联提供的工艺和设计有很多不合理和落后的地方，大家动手进行了技术改造创新，提高了精度、效益和自动化程度。

上述实践，是毛泽东思想与当时历史条件相结合的产物，我们要用历史唯物主义的观点去看待它，既要继承和发扬党的优良传统，又要在社会主义市场经济不断发展的新形势下体现时代特色，并创新和发展，使社会主义事业有所发展，有所发明，有所创造，有所前进。总之，谁要忘记过去就意味着背叛，谁若僵化腐败则将被人民淘汰。人生自古谁无老，喜看后人超前人，这就是我的愿望。

周恩来总理视察洛阳第一拖拉机厂

段国栋

洛阳第一拖拉机厂（以下简称一拖）是我国在发展国民经济第一个五年计划期间兴建的 156 项重点工程之一。一拖从 1955 年 10 月 1 日正式动工兴建到 1959 年 8 月，第一期工程已基本建成，并已试制出设计产品——54 马力东方红牌拖拉机。在全面开工生产之前，于 1959 年 8 月 25 日，一拖第一期工程向国家交工验收的申请报告送往国家有关部门。

中共中央副主席、国务院总理周恩来对一拖的建设十分关心。早在 1954 年 1 月 8 日，经毛泽东主席批示，决定在洛阳涧河西建立由国外设计的、规模较大的拖拉机制造厂时，就是周总理指示，及时把这个特大喜讯传达到一拖筹备处的。周总理看到一拖向国家交工验收，并申请举行落成典礼大会的报告后，在百忙中又决定到一拖来看看，于是 1959 年 10 月 12 日周总理在中共中央委员、河南省省长吴芝圃的陪同下视察了一拖。我作为《拖拉机报》记者，距离总理很近，总理的音容笑貌，至今还深深地印在我的脑海里。

12 日下午两点多，周总理来到拖拉机总装配线旁。正在那里忙碌的外国（苏联）专家和工人们都情不自禁地欢呼起来："周总理来了，周总理来了！"总理在春雷般的热烈掌声中向大家挥手致意。总理看到了外国专家，上去就用俄语说："您好！"接着亲切地问专家们："厂里一共有几个专家？""爱人带来了没有？""生活习惯不习惯？"专家们愉快地回答着。总理还问专家："厂里工作怎样，有什么意见？"萨莫伊洛卡回答说："好，很好！"总理听完笑了起来，并建议和专家们一起照相。照相时，总理很和蔼地对摄影者说："要照好。"并用手指着从那边照。照完后，总理同专家们一一握手告别，谦虚地说："谢谢！"

这时候，掌声沸腾起来。原来在总装配线北边的机械加工工人不知道，一听说总理来了，便飞一般地跑过来，围得水泄不通，有的上到架子上和装备装配的履带板上。当总理挥手时，几百双幸福的眼睛全集中在总理的脸上，大家拼命地鼓掌。这时，总理站住了，提议与大家一起照相。就在大家拥向总理照相的片刻，有多少人的眼眶里流出了幸福的热泪。

照了相，总理登上东方红拖拉机，和司机在驾驶室里有说有笑。

周总理对一拖建设者们的智慧和劳动热情给予高度赞扬。当他听了一拖厂长杨立功汇报说，一拖第一期工程已基本建成，具备了开工生产的条件，并于1958年7月20日生产出我国第一台54型履带式拖拉机，较整体计划规定的出产进度提前一年时，他笑容满面，并语重心长地叮咛：你们要记着，你们是"中国第一"啊！要出"中国第一"的产品，出"中国第一"的人才，创造"中国第一"的业绩！周总理每讲一个"第一"，就用手挥动一下。多年来，一拖人把周总理的教导当作前进的动力。"三个第一"被尊为一拖厂训并在实践中成为一拖的企业精神。

周总理深入细致地了解和视察一拖后，回到北京，于10月26日在农业机械部部长陈正人关于举行一拖落成典礼的报告上批示："请谭副总理主持剪彩典礼。"

在周总理的安排下，中共中央政治局委员、国务院副总理谭震林于1959年10月31日到一拖视察，并于1959年11月1日参加了一拖落成典礼大会。谭副总理代表党中央和国务院郑重地在大会上宣布：一拖是"我国第一流的、具有最新技术设备的、规模宏大的工厂。它象征着我国建国十年以来工业建设的辉煌成就。它的建成并投入生产，是今后我国沿着农业机械化、现代化道路迈进的一个胜利的开端，我国农民早已盼望'耕田不用牛，点灯不用油'的伟大时代已经开始到来了"。

我当时和新华社、《人民日报》、《河南日报》以及苏联塔斯社、《真理报》的记者一起坐在典礼大会主席台右边的席位上，听着谭副总理的讲话，我似乎看到在广阔的田野和觉醒的土地上，处处是一拖"东方红"，并将红遍全世界。

株洲发电厂创建经过

朱远明

1956年5月至1959年9月，我在株洲发电厂任党委书记。回忆起在电厂工作生活的一千多个日日夜夜，我感慨万端，难以忘怀。

那是一个满目疮痍、百废待兴的年代，饱经战争创伤的新中国刚刚成立，中国共产党领导中国人民致力于国民经济恢复和建设工作，并制订出了宏伟的第一个五年计划。"一五"期间，湘中地区工业发展很快，建设项目如雨后春笋般地涌现，电力必须先行。因此，早在1952年，中央就决定在湘中地区建造一座具有相当规模的现代化火力发电厂，并成立了湘中新厂筹建处。我虽然没有参加最初的筹建工作，也没有参加具体的选址工作，但对这些情况比较了解，并亲身经历了一、二期工程建设。往事虽已过去多年，但在我的记忆中，仍历历在目，犹似昨天。

一、艰难的筹建工作

1952年2月，中南燃管局根据中央燃料工业部关于在湘中地区选择一个能够承建一座相当规模的火力发电厂（当时叫湘中新厂，包括新一厂4×12000千瓦和新二厂2×6000千瓦）的指示精神，成立了湘中新厂筹建处，派出技术人员会同湘中电业局进行勘察选址工作。当时初步拟定厂址可选在湘潭的昭山、下摄司上游1公里处、株洲的白石港（后来的奔龙公园处）和四眼塘4个地方。由于新厂规模较大，需要的占地面积也相当多，而昭山平地少，水的条件不理想，四眼塘地方也小，不够用。所以，勘察组只选取白石港和下摄司两处作经济比较，初步认为白石港较为合适。1952年10月因国外机组分配计划变更，湘中新厂建设计划推迟。同年12月，湘中电业局重新组织选厂委员会，对上述厂址复勘研究，认为还是白石港较为合适，并将意见提交中燃部。中燃部认为：白石港地形高低不平，土石方工程大，花钱花时太多，希望能再找一个更好的地方来。1953年6月上旬，中燃部（53）燃设处字第3430文件指示重新选择厂址。6月下旬，电业设计局程本生、张朗竹两同志组成工作组，会同湘中局基建科长王云以及特约部尔顺、齐姆良斯基两位苏联专家来指导，一同再寻找新厂址。根据当时电力负荷资料以及将来发展情况，选择厂址的位置拟在长沙以南、株洲以北、湘潭以东、沿湘江及其支流的邻近铁路地带为宜。1953年6月28日，复勘组沿江上溯查勘，经过为期7天的勘察，根据勘察所掌握的情况，对选定中的白石港与下摄司作了建厂费用、发电成本、负荷分配、线路输出、城市卫生、铁路运输等情况的比较。复勘小组认为，将4800千瓦的发电厂建在白石港较建在下摄司优越。1953年底，新一厂的厂址就这样确定在白石港。后因机组计划没落实，四川的两台1200千瓦机组又不肯分一台给湖南，所以，新一厂被迫停止筹建。

由于国民经济恢复和发展的速度异常迅猛，1954年1月，湘中新厂的筹备工作又重新开始，最初定名为"湘中电业局株洲新厂筹建处"，不久，改名为"湘中新二厂"，最后定名为"湘中电业局株洲发电厂筹建处"。湖南省委任命王俊臣、李越之、冯景平、李子才、刘健五人组成筹建处党委会，王俊臣任党委书记，李越之任筹建处主任，冯景平任副主任。当时，我在湘潭发电厂任厂长和总支书记。1956年5月10日，长沙电业局党组任命我为株洲发电厂筹建处党委书记兼主任职务。当时的筹建条件相当艰苦，我未到任之前，筹建处设在长沙，过的是游击生活：1954年1月，临时在六铺街基建科办公室办公；2月上旬，搬到大椿桥紧靠铁路边的原长沙线路工区营业所旧址集中办公，工作人员在长沙电厂食堂搭餐；4月，搬到坡子街口原长沙线路工区营业所新址后楼办公；同年9月，又搬到下六铺街办公；直到1955年2月，筹建处在株洲市建设南路修建的招待所新房（后来的株洲电业局办公楼）落成，才全部搬迁到株洲新址楼下办公。同时，在现在的邮电大楼南侧修建四栋简易平房作家属宿舍。我刚来筹建处的时候，住的就是土筑平房。

1955年2月27日，燃料工业部电管局设计管理局局长逯玉昆陪同苏联专家组组长克林果夫等7人风尘仆仆地来株洲进行选厂工作。具体由逯玉昆局长、湘中电业局杨子云副局长、筹建处成员李子才及中南电管局基建处长李芳4人负责，参加人员除设计管理局北京分局随行工作人员20余人，另有湖南省基建办公室刘主任、省城市规划委员会修工程师、广州铁路管理局设计处杨工程师、省水利厅胡工程师及武汉电业设计局、湖南省工业厅、省交通厅航运局等单位的代表、株洲市和湘潭市的党政负责人等。选厂工作是根据苏联专家提出的活动程序进行的，为期一周，自始至终得到了中共株洲市委、市政府的支持。选厂过程中，苏联专家组组长克林果夫对选定火力发电厂厂址提出下列意见：一是尽量靠近负荷中心，发电厂供电以35千伏较为经济，如离负荷中心太远，线路损耗增大，采用110千伏供电也不经济。二是保证发电厂冷却水的可靠性。凝汽式电厂用水以采取一次性循环为好，任何时刻均有足够水量。三是尽可能靠近煤源。一个区域性电厂要能燃用劣质煤，离煤源太远，运输干线势必很长，投资大、运输不便。克林果夫还从选厂地理位置上提出9点具体要求：1.地势要高出最高洪水位，保证厂址在任何洪水情况下无被淹没的危险；2.具备一定的扩建条件，能满足地区用电的发展；3.铁路接岔方便；4.有较好的地质水文条件；5.排灰方便；6.地势平坦；7.靠近水源，取水方便；8.出线方便；9.尽可能靠近市区，利用某些市区建设，便利职工生活。本着克林果夫提出的这些原则和要求，在选址过程中，选址人员翻山越岭、乘风摆渡，对株洲市范围内的樟树坡、茶园里、铜塘湾、喻家垅，湘潭市范围内的滴水埠、解放村等地实地勘察，获得大量的一手资料，于1955年3月5日在株洲市人民政府会议室内召开选厂工作会议。逯玉昆局长主持会议。参加会议的有：中共株洲市委、市人民政府领导，株洲硬质合金厂、株洲洗煤厂、株洲机车车辆修理工厂、株洲市卫生防疫站等单位的代表。会上，对初步选择的6个厂址作反复比较和论证，一致认为茶园里建厂优势较大，最后，他们确定：将株洲工业的心脏——株洲发电厂建设在株洲市白石港小河以北的茶园里，也就是现在的株洲电厂所在地。从此，株洲发电厂步入紧张的基建施工阶段。

二、第一、二、三期工程建设

一期工程：由于经济建设的需要，株洲发电厂工程的建设引起了中央各有关部门的高度重视。株洲发电厂工程被列为我国第一个五年计划苏联援建的156项工程之一，也是当时我省最大的火电建设工程。

1955年2月，燃料工业部在第20号文件下达"株洲发电厂设计任务书"中规定：株洲发电厂按凝汽式电厂设计，无热力负荷，向331厂、硬质合金厂以及株洲地区各工矿企业供电。最初容量为12000千瓦，最终容量为48000千瓦，燃用株洲洗煤厂洗中煤和萍乡、资兴煤，拟以6千伏和35千伏电压供给用户，且与湘潭、长沙地区电力系统相连接。

一期工程共安装两台6000千瓦汽轮发电机和三台35吨/时中温中压煤粉锅炉，由苏联莫斯科电力设计院设计，设备全由苏联提供，基建施工由中建部中南工程管理局第五工程公司第二工程处担任，机电安装由武汉基建局第四十二工程处担任，苏联专家到现场指导安装。当时的基建工地，到处是荒山坟地，杂草丛生；白石港无桥，要摆舟过渡；生活差，工作条件艰苦；晴天一身汗，雨天一身泥，夜晚上工地，真还有几分胆战。但我们毫无怨言，一心扑在筹建工作上。

我刚来株洲发电厂，正赶上破土动工兴建之时，当时的工作繁重，困难很多。从这个时候起，大批的建筑材料从全国各地运来，大批的劳动大军向建设工地涌来，工棚密布，灯火辉煌，炮声隆隆，地动山摇，2000多名参与施工的建设者，用艰辛的劳动搬走了高山，填平了沟壑。在施工现场，施工单位多达五个以上，不但人多、工种多，而且交叉作业面广。为了在一个整体工程建设中各施工单位能互相协调，配合默契，加快工程进度，我甲方工作人员主动和乙方合作，成立了联合办公室。每日上班前开一次碰头会，使土建、安装、水电三方步调一致，工地上从未出现过扯皮现象。安装单位来工地施工时，职工居住条件困难，我们主动协助解决职工家属住房问题。土建施工进入高峰时，土建单位缺少焊机和吊车，安装单位则主动帮助解决。安装单位赶砌炉墙，劳动力不足，土建单位又愉快地接受任务，大力支援。

几个单位的职工互相谅解、互相尊重、互相协作、互相支援,相互把对方的困难当作自己的困难,想别人之所想,急他人之所急,真正体现了社会主义大协作精神。1957年上半年,水泵房工程进入施工紧张阶段,特别是吸水口至切换井的两根循环水管,必须抢在洪水到来之前下沉江底,进行安装。此时,安装、土建和上海潜水队员三方交叉作业,我们主动和他们合作,经过三昼夜的拼搏,终于将两根母管沉入江底,赢得了时间,保证了整个工程的顺利进行。由于各施工单位树立了整体观念,加快了工程进度,提高了工程质量,从破土动工时起,经过一年三个月的艰苦努力,一期工程终于胜利竣工。望着这刚刚落成的巨大红色厂房,耸入云霄的高大烟囱,一排排伸向远方的高压输电线路,崭新的现代化发电设备,我的心情格外激动!株洲人民就要告别"洋油"、松明照明的时代,这里既有党的关怀,全国人民的支援,还有苏联专家的一份功劳。他们同工地建设者们一道,夜以继日,战晴天,斗雨天,废寝忘食,忘我工作,给我们留下了深刻的印象。

1957年9月28日下午2时,这是我一生中最难忘的时刻。株洲发电厂第一台机组正式并网发电。工厂为此举行了隆重的庆祝大会,会议由我主持,李子才厂长宣布正式接受和发布投入生产的命令,中共湖南省委书记胡继宗和苏联专家费里波夫讲话祝贺。株洲市市长吴占魁在汽轮发电机前剪彩。会场鼓乐喧天,掌声雷鸣,人们欢欣鼓舞,奔走相告,全厂充满着新生命诞生的喜悦。从此,株洲发电厂像一颗璀璨的明珠,镶嵌在古老的湘江之滨。白石港附近的老人曾说:"株洲发电厂兴建之日,就是白石港重新兴旺之时。"株洲发电厂的建成,吹响了株洲新城建设的号角。

第一台机组发电以后,第二台机组相继投产。

二期工程:一期工程的建成发电,虽然满足了一些用户急需,但远远不能改变湘中地区生产发展的用电状况,湘中地区用电紧张局面仍未缓解。特别是全国工农业生产大跃进的开展,提出了我国电力工业15年赶上和超过英国的口号。为此,株洲发电厂第二期工程决定提前兴建,由原计划的1959年第二季度末开始建设提前到1958年3月中旬动工,预计在1959年4月中旬发电。

1953年12月1日,电力工业部第158号文件针对株洲发电厂扩建初步设计批准书关于工程设计意见指出:"株洲发电厂扩建安装2×6000千瓦的三号和四号机组是不适合的，兹建议扩建到 48000 千瓦，再安装三部 12000 千瓦机组……"所以，二期工程投入生产后，发电量比一期工程增加三倍，基本上可以满足当时株洲清水塘工业区的用电需要。

二期工程主设备汽轮发电机组、锅炉变压器等均系国产设备，由西安电力设计院设计，中建部中南工程管理局第五工程公司继续施工，省机电局第一工程处担任机电安装任务。

二期工程建设得到中央领导同志的重视。1958 年，北戴河会议确定先将广西柳州所订 12000 千瓦汽轮发电机组调拨给株洲发电厂安装。这一决定，给株洲发电厂职工极大鼓舞，干部群众振奋精神、鼓足干劲，加速了工程建设进度。由于施工单位与株洲发电厂紧密配合、协调工作，工程进度较快，电厂抽出车间主任、技术干部和技术工人 80 多名参加安装。中共株洲市委领导同志和市内兄弟单位给予大力支援，因此，主要建筑部分于 1958 年底基本完成，后期工作亦于 1959 年初竣工，三号机组于 1959 年 2 月 22 日发电，四号、五号机组分别于 1959 年 7 月 26 日和 1960 年 1 月投产。

三期工程：株洲发电厂的第三期工程建设是我调离株洲发电厂后进行的，它是株洲发电厂的主力工程，共安装 4 台 25000 千瓦汽轮发电机组和 4 台 120 吨 / 时的煤粉锅炉，从 1959 年初动工至 1972 年 3 月 31 日工程全部竣工，坚持边发电边基建，充分发挥了设备效能，挖掘了设备潜力，取得了良好的经济效益。

我在株洲发电厂任职期间，和党委一班人一道，注意把思想政治工作和安全生产放在首位，要求职工树立"安全第一"的思想，组织职工认真学习安全生产规程。1958 年，实现安全生产 172 天的好成绩。1959 年又创 202 天安全生产新纪录。特别是运行乙组，严格执行操作规程，坚持检查制度，实现了安全运行 600 天，锅炉乙班安全生产 700 天。为了增产节约，我们组织职工开展义务劳动，工程股的同志主动将一栋单身宿舍、仓库和厨房的水电卫生设施安装好，为国家节约 1700 多元。在生产上，我们组织职工消灭"五漏"，反对浪费，保证安全经济发电。输煤班在反浪费中提出为国家节约一度电、一斤煤的响亮口号，向领导提出意见 30 多条，揭发了一些浪费现象。如三号皮带栈桥照明 30 多盏 150W 的电灯，只用一个开关控制，后来改进安装，变集中控制为分组控制，每天节电 30 多度。由于开展增产节约运动，仅

1958年，原材料、检修费用降低20%，增加发电量1040万度，煤耗率降到540克/度，共节约资金140多万元。

1958年，我代表厂党委在湖南省工业交通工作会议上作题为《两参一改三结合，推动生产大跃进》的经验介绍。1959年9月，吴秀涛副厂长代表我赴北京出席全国群英会，吴副厂长回来汇报说："我们与会代表受到刘少奇主席、周恩来总理等党和国家领导人的亲切接见；听取了周恩来总理长达三个多小时的政治形势报告，参观了北京名胜古迹，大会奖给我厂一面大锦旗，我感到莫大的光荣，但这更是株洲发电厂全体职工的光荣。"

我在331厂任职期间的工作

牛荫冠

新中国成立后，摆在全党全国人民面前的基本任务就是要建设一个现代化工业、农业、科学技术和国防的社会主义强国。为了实现这一目标，新中国成立后不久，中共中央主席毛泽东同志专程到世界上第一个社会主义国家——苏联访问，与斯大林签订了《中苏友好同盟互助条约》。接着在我国第一个五年计划期间，苏联帮助我国建设156个骨干企业。为搞好这批重点项目，党中央提出向苏联学习的号召，并组织大批人力物力投入这些企业的建设。我就是在这种情况下被中央调到156个骨干企业之一的株洲331厂任厂长兼党委书记的。

株洲国营331厂的前身是一个生产炮弹的兵工厂，后来与其他几个军工厂合并成为航空发动机厂。在我去之前，已经搞了两三年的修理工作，并为仿制"埃姆—11"航空发动机做了大量准备。1954年1月，我到331厂任职时，它的主要任务是修理和仿制"雅克—18"飞机（主要作为军用）的发动机"埃姆—11"，有20名左右的苏联专家在进行指导。当时的厂长陈再励是一位红军老干部，是从湖南省民政厅厅长职务上调来的，我到厂后接替了他的工作。总工程师言乃昌原是湖南省总工会的一位领导干部，他对生产技术不熟悉，开始工作时，一面靠苏联专家指导，一面靠一位翻译同志边学习边对他进行帮助。厂党委书记郭固邦原是湖南省的一位地委书记，我来之后，他就成为专职的党委副书记了。

331厂的领导骨干都是从其他岗位上调来的一些老干部。这些同志参加革命战争多年，对人民有过贡献，但对搞现代化工业都缺乏经验。331厂的工人队伍组成基本上是两部分：一部分是原来老厂留下和从外面调来的老工人，另一部分是上级机关从航空技工学校输送来的毕业生。技术人员也基本上由两部分组成：少数是新中国成立以前的大学毕业生，多数是新中国成立后培养的青年学生。这个厂的设备大都是从苏联购买来的。厂房除利用原有的老房子，大部分专用厂房如装配、试车、热加工等，是由苏联专家设计的。关键器材，如高级合金钢和一些先进的附件，都由苏联进口。总之，为了给这个厂提供人力、物力，国家花了很大力量。至于我自己，尽管受过大学教育，可是水平不高。当年在清华虽然学的是工科，是电机系学生，但后来因为从事党的地下工作，时间与精力都不能兼顾，学了一年就转入经济系了。离开大学后，多年搞政治活动，我在科学技术方面没有继续深造，现代化生产知识是很有限的。所以担任331厂厂长之后，事事都要从头学起。

试制"埃姆—11"发动机是一项光荣而艰巨的任务，是关系到新中国能不能自己制造飞机的一件大事。要胜利完成这一使命，务必在全厂上下掀起一个学习与钻研科学技术的高潮，同时还必须在组织领导和企业管理方面采取一系列有效措施。所以，在我任职的那段时间里，我们厂着重抓了以下几项工作。

努力学习苏联的企业管理经验

我们初到工厂的领导干部，都以甘当小学生的态度，向苏联专家学习管理生产的能力。首先阅读了苏联人著的《工业企业组织与技术》一书，并且反复进行研究，在实际工作中逐项照办。遇到问题，随时向苏联专家请教。当时党中央曾向干部们打过这样的招呼：凡是不听苏联专家意见的人，就是党性不纯的表现。所以我们对苏联专家的意见，都是极为认真执行的。按照苏联专家的意见，工厂实行了"一长制"的组织领导原则。"一长制"的精神，贯彻到厂部、车间和工段，贯彻到行政、计划、劳资、财务、生产、技术等各方面的工作。当时我们对"一长制"一概不懂，我去331厂之前，还专门到辽宁省的111厂向厂长莫文祥同志请教过"一长制"问题，他为此还画了一个图，按图一项一项地给我们作了讲解。这种工业企业管理，我们感受比较深的有这样几个方面：

（一）"一长制"把工厂中很复杂的各项事务与各个部门，都科学地组织到一起，使各项工作能够有条不紊地、不停顿地向前推进。工厂的生产与技术工作都有明确的岗位责任，重大工序都有人签字，出了问题随时可以找到经手人。可以说是事事有人负责，人人有岗位责任。这是331厂当时的实际情况。虽然厂里没有颁布一套成文的条例和指令，但事实上已经形成一种不成文法，全厂上下都能自觉遵守。

（二）"一长制"的权威在工厂里是很大的。每天的生产调度会上，厂长的命令说到就要做到，人人都得服从，马上就得兑现。这种制度，好的一面是工作效率高，不拖拉、不误事；坏的一面是厂长下达命令，缺乏充分的时间考虑，缺乏集体研究。在调度会上，遇事就不由分说地作决定、下命令，难免有不符合实际之处；而下错了命令，又无人及时纠正，也无法尽快得到弥补，这就是"一长制"的缺陷。车间主任也是按"一长制"的精神，指导车间的生产技术以及其他活动，也有上述的优点与缺点。

（三）政治思想工作十分被动，很不得力。工厂党委成了厂长的帮手，往往还帮不上忙，更谈不上党的领导了。干部与工人执行厂长的命令时，往往不是出于自觉的认识，对于厂长的命令无权提出不同意见。整个工厂的政治空气淡薄，全厂职工只知道航空工业十分重要，自己的工作岗位非常光彩，而缺乏自己是国家的主人、工厂的主人的意识。我们在建厂过程中，虽然通过其他途径如工、青、妇，做了一些工作，但就整体来说，思想工作不够有力。

提拔重用科技知识分子

我在去331厂之前，曾到北京向部领导演示过工作，当时四局的领导同志也在座。我提出：怎样才能领导好331厂？到工厂后应当注意一些什么问题？关于这些，赵尔陆部长、张连奎副部长、王西萍局长和段子俊、油江副局长的一致意见是，要我到工厂后，大胆提拔重用知识分子。这是在当时大规模建设的新形势下提出的新问题。由于我们党长期以来从事革命战争以及新中国成立初期的特定历史情况，提拔重用知识分子一事，无论在社会上还是领导机关内部，阻力都相当大。我到331厂以后，即向党内领导骨干传达了赵尔陆等领导同志的指示，组织有关领导成员把工厂当时生产、技术部门的领导干部，一个个地进行了审查。只要不是科学技术学校毕业的人，或者在科学技术方面没有实际经历的人，一律调动到别的部门工作。当时，总工程师言乃昌同志不熟悉生产技术，为了弥补这个缺陷，我就给他的翻译朱传千同志（朱是1948年交大化学系毕业生）一个任务，交代他：既要尊重和服从总工程师的领导，凡是必须总工程师知道和签署的问题，一定要通过总工程师；同时要大胆地、热情地帮助或代表总工程师处理一些技术问题。对于总工艺师，决定仍由陈少力同志担任。陈是新中国成立以前上海工业专家沈鸿的大徒弟，曾随沈到过延安，并在延安学了些科学技术，但水平不高。为了使技术上更有保证，又提拔新中国成立前大学理工科毕业的费秉方同志以副总工艺师名义执行总工艺师职责。总冶金师提拔王图成同志担任，他也是新中国成立前大学理工科的毕业生。总设计师由王玉京同志担任，王是一位老知识分子，新中国成立前曾到国外专门学过航空技术。生产长改由新中国成立后从大学毕业的夏武祥同志担任。原来的生产长范学民同志调离岗位去补习文化。总检验师由于一时找不到合适对象，仍由一个工农干部担任，但他文化低，不能胜任工作，维持了一段时间，最后还是调了个知识分子接替他的工作。各总工程师下边的副总工程师，也都照此原则办理，调了一些技术水平较高的同志担任。各车间主任不少是工农干部，凡是在生产技术上没有前途的，都换成科技人员去接管。也有些车间主任，如42车间（生产准备车间）主任曲日慈同志，有培养前途，就没有调动他的工作。

　　由于这次干部大变动，许多工农干部一时没有职务，便临时成立了一个文化补习所，送他们去学文化。开始有些人思想不通，如范学民同志过去在革命战争时期有功、有成绩，担任生产长也是日夜埋头苦干，是个工作勤奋、能团结同志的好干部。最初调他到文化补习班时，他想不通，由于想得太多，曾晕倒过一次。但后来他学习很努力，文化水平很快有所提高，结业后改调其他岗位，就工作得比较好。事后，他对这次工作调动和送他去学习文化感受很深，认为组织上这样决定是对的，不论对革命工作还是对他本人都有利，是一件好事。自从这次干部大调动之后，全厂上下形成了一种学习气氛，大家都争当知识分子，都努力钻研科学技术。但是，对于这些做法也有人不以为然，他们局限于"公安六条"的规定，认为有些知识分子社会关系复杂，不能重用。如对王玉京就是一例。王玉京是北平大学校长李蒸的女婿，李蒸是个政客式的人物，与国民党关系密切，而王玉京又到资本主义国家留过学，所以有人认为他实在不可靠，政治上不放心。我在审干运动中，特别抓了王玉京的历史审查，经过查证，认为王玉京没有政治上不可靠的问题。我还亲笔写了一个材料报送上级机关。

狠抓质量第一和文明生产

我到331厂不久，老二机部四局就下了一个命令，要求严格执行工艺规程。当时，我们还不大懂得工艺规程的重要作用，由陈少力向苏联专家请教。专家指出，工艺规程有10项内容，包括产品工序的技术要求（如多长、多厚、多宽、角度多大等）、关键性技术要求（如光洁区是△△△还是△△△△等）、使用什么设备（如车、铣、镗等）、使用什么材料（是高级合金钢还是普通钢材或一般铝材）以及切削用量和冷却液等。于是我们号召全厂上上下下都要认真学习这10条工艺规程的一般内容，并进行考试。党委书记、厂长带头学习，各车间主任、技术人员和工人以及一般干部都要参加学习、考试。学习结果是，一般领导干部差不多都能把这10项工艺规程的一般内容背诵下来。至于每个产品、每道工序的具体工艺规程，就写在图纸上和工艺文件上，由操作者严格掌握，不得违反。苏联专家还着重指出，即使发现工艺规程某个具体规定不合适，需要修改时，也必须由技术领导部门发书面通知才能修改，操作者个人不能自行修改。理由是，一个人自行修改以后，下道工序不知道，就必然产生质量上的差错。这是指那些应该修改的个别内容，至于大量不应修改的内容，那就更是任何个人都不能改动的。这是一种工艺上的纪律，谁违反了，谁就要受到处分。在开展严格执行工艺规程的运动中，各级领导与工程技术人员，都要亲自到每个车间、每个工人操作的地方进行检查，发现不按工艺规程办事的人，就令他立即停止操作。有的工人操作时，没有把工艺规程摆出来，也要受到指责。这一运动之后，331厂的产品质量就大大提高了。

苏联专家还向厂长建议，要在生产调度室的会议桌上铺一条大的细绒毯，并且宣布凡来参加会议的人，谁也不能对毯子有一点损坏，特别是不准吸烟。不论任何人，损坏一点儿，就要他赔偿。这种毯子价钱很贵，因此人人小心翼翼，不敢有任何损坏。这样有助于养成文明生产的习惯。苏联专家还建议，每个参加生产调度会议的人，都要穿得干干净净、整整齐齐，要把裤腿烫得有一条直线。可是我们多数人没有穿直线裤的习惯和能力，结果这一条办不到。经与苏联专家研究，把这一条要求取消了。但是从此大家衣着都明显地整洁起来了，这也是养成文明生产的一种表现。与此同时，每周还要检查一次车间、工段的清洁卫生，每月进行一次评比，评比结果张榜公布，优良者给奖，不卫生者受罚。这不仅是口头上的表扬与批评，而且要在物质上发给个人与集体奖金。至于在生产厂房内禁止吸烟的要求早有明文规定，全厂都认真执行了。

工艺规程与文明生产是保证产品质量的基本条件。围绕"埃姆—11"发动机的试制和航空产品"质量第一"方针的贯彻，工厂对这方面工作狠抓了一段时间。从此遵守工艺规程、讲究文明生产的要求深入人心，全厂形成了一种好的作风和习惯。

注意发挥物质奖励的作用

331厂属于机械行业，但按部里的规定，航空工业执行冶金行业的工资标准。此外，还有10%保密津贴（行政人员5%），再加上一些奖金，所以职工的收入一般是比较高的。有的工人还实行计件工资，只要技术有改进，产量就会有提高，收入就会增加，有的工人产量成倍增加，甚至好几倍地增加，他们的收入也就随之更多。这种优厚的工资待遇，对331厂生产者的鼓励作用也是很大的。

因为当时生产发展很快，工人来源跟不上需要，经上级批准，我们便在本厂的职工家属中吸收了一些工人。只要文化技术考试合格，就可以录取，不必经过政治审查，这就省掉了按"公安六条"进行政审的一套手续。因为职工本人经过审查合格，他们的家属也就可以信任，这就使一些人专心地去钻研生产技术。

此外工厂还狠抓了环境绿化和开展文娱活动，使常年生活在山沟里的职工能够安心工作。

1954年8月间，经全厂干部职工的共同努力，"雅克—18"飞机的发动机"埃姆—11"终于制造出来。"雅克—18"虽然是一种主要用于军事训练的教练机，但它却是我国航空史上第一架全面由自己制造的飞机。这种飞机的制造成功，对各有关部门都起到一定的带动作用。如材料部门、附件成品部门以及有关的科学技术研究部门，为保证"雅克—18"上天，在工作上都向前迈进了一大步。1949年毛泽东主席在天安门城楼上向全世界宣告"中国人民从此站起来了"。通过我国第一架飞机的成功制造和因它而带来的其他方面的进步，我们更加体会到毛主席这一庄严宣告的伟大意义。

331厂在制造"埃姆—11"发动机过程中，中央领导同志十分关心，陈云同志曾来厂视察。对当时飞机制造中哪些材料国内还不能生产，他都一一作了详细询问。"埃姆—11"发动机制造成功以后，受到党中央和毛主席的及时表扬。1954年10月25日毛主席给331厂写来一封勉励信。

第二机械工业部转

国营三三一厂全体职工同志们：

  八月二十八日报告阅悉。祝贺你们试制第一批爱姆—十一型航空发动机成功的胜利。这在建立我国的飞机制造业和增强国防力量上都是一个良好的开端。希望你们继续努力，在苏联专家的指导下，进一步地掌握技术和提高质量，保证完成正式生产的任务。

毛泽东

一九五四年十月廿五日

我于1955年秋离开331厂，调到112厂。我离开331厂之前，参加了部里召开的一次各军工厂领导干部会议。在会上，赵尔陆部长说，应该表扬331厂制造飞机发动机的成绩，但是不能表扬得过多，还应该批评他们的缺点。赵部长还指出，我在331厂工作中的缺点，就是不注意经济核算，产品成本太高。从那次会后，我才注意到，管理工业企业不仅要抓好生产技术，还要狠抓经济核算，提高经济效益。这对我是一次很好的教育。回想起赵部长的这番话，意义仍然是很深远的。

回顾包钢建设

苏晓明　苏小河　云世英

1953年开始的包钢建设,是新中国建立之初百废待兴、抗美援朝胜利后党的第一个五年计划的重点建设项目。包钢的建设得到了全党全国人民的巨大支持。

敖包迁址

包钢是在完全没有一点工业基础的条件下建设的。之所以建这座塞外钢城,很大的原因是因为包头的北部有座宝山——白云鄂博。1954年6月,中央财委批准包钢厂址勘测报告。根据史料,包头地区曾是一片荒凉,这儿根本没有工业,基本的农机具也要到外省市购买。当时在昆都仑河两岸进行工程地质、水文地质勘探的技术人员和专家,大部分是在荒野上临时支起帐篷,席棚居住,也有的租住在当地农民的凉房或磨坊。他们风餐露宿,对北起阴山脚下、南到黄河岸边、东起包头旧城、西至哈德门沟的几百平方公里范围进行了水文地质普查。其间,先后有200多人的勘探队伍和苏联专家对白云鄂博铁矿进行了地质勘探,探明那儿蕴含了丰富的铁矿石和稀土矿。

1953年初,时任包头工业基地建设委员会副主任的苏谦益带领专家组开始包钢的选址工作。他们顶着凛冽的寒风,一路从武川、百灵庙到达白云鄂博。这些地区正是苏谦益曾经领导大青山游击队与敌人殊死战斗过的地方。如今一座草原钢城将崛起于工业基础非常薄弱的内蒙古高原,相信为革命牺牲的战友们也会含笑九泉了。

考察后,包头被认为是个理想之选。它的地理位置很优越,北挨白云鄂博,有丰富的铁矿石和煤炭,南临黄河,有丰富的水资源,西靠"黄河百害唯富一套"的河套产粮区，东有京包铁路和富饶的土默川平原。

然而，白云鄂博不是座普通的山，山上有蒙古族的"敖包"。"敖包"是蒙古族祭祀的地方。挖祭祀的"敖包"是蒙古族最忌讳的事情，会受到整个民族的反对。抗日战争时期，日本人曾多次派人考察白云鄂博的矿产资源，正是由于受到蒙古族僧侣和牧民的强烈反对及抗争才作罢。从这一点看，在保卫祖国资源上，蒙古族同胞是立了大功劳的。

开发白云鄂博铁矿，虽然是建设自己家园的需要，但出于对民族的尊重理解的原则，苏谦益明白，必须谨慎行事，做好方方面面的工作，决不能简单地下令迁敖包。于是，他协同自治区领导乌兰夫同志，多次深入牧区，召集僧侣和牧民代表座谈，诚恳地讲道，几百年来我们受尽外敌欺凌，就是因为我们的国家贫穷，工业落后，没有钢铁，不能造机器，不能造精良的武器。党领导人民浴血奋战，千千万万先烈为了新中国献出了他们的生命，今天，为了建设包钢，需要我们搬迁敖包，这是我们国家民族的千秋大计。

很快，蒙古族同胞的思想工作顺利做通。蒙古族活佛按照宗教传统来选择吉地。经过反复商谈，决定迁到离白云鄂博40多里的白云查干山。敖包的移址仪式十分隆重，乌兰夫同志主持了迁址仪式，牧民们身着民族服装，静听喇嘛诵经，场面庄严肃穆。许多老牧民还虔诚地跪在路旁。由于整个迁址仪式非常慎重并严格按照宗教传统进行，蒙古族群众非常满意。这个消息一经传开，便引起社会的广泛关注，人们高度评价蒙古族人民顾大局、明大义的可贵精神。同时这也是党的民族政策的又一胜利。

队伍建设 知人善任

1955年11月，中共中央正式批准了包头城市建设方案，包钢的技术人员主要来自北京黑色冶金设计院，生产工人大都来自鞍钢。到1960年，包钢大规模建设阶段时，职工总数已达到11万以上。

为加强蒙汉民族的团结，自1952年兼任内蒙古军区党委常委的苏谦益同志，提议从蒙古族骑兵部队中挑选一批有文化的年轻军人转业到包钢当工人。打江山有蒙古族同胞的贡献，建设新中国自然少不了他们。蒙古族人民为了配合包钢建设，连自己的敖包都能搬迁，他们的这种爱国精神令人钦佩。所以，包钢建设中有蒙古族同胞的参与也就是理所当然的事情了。第一代的炼钢工人中有我们这个马背上的民族同胞，这是我们全蒙古族人民的骄傲。内蒙古军区的领导孔飞、王再天积极支持苏谦益的建议，请军区政治部主任廷懋具体办理此事。

华北局陆续从华北各省、市调集了大批厅、局级干部和工作人员支援包钢。包钢的总经理刘耀宗不仅拥有大学本科学历，而且还有在鞍钢实习的经历。副总经理乌力吉那仁是蒙古族，既熟悉专业技术，又善于管理。炼钢厂厂长黄汉炎是上过大学的炼钢专家。包钢的总工程师杨炜，是冶金部派来的专家，我国稀土工业的创建人之一。

专家们对白云鄂博的勘查证实，白云鄂博的多金属共生矿蕴藏的稀土资源约占中国已探明储量的87%，世界的30%。稀土广泛应用于电子、机械制造、核工业、新能源、航空航天等尖端科技领域，被誉为新材料之母。杨炜曾就稀土的性质、广泛的用途和发展前景向苏谦益做过详细的汇报。苏谦益按照自治区主席乌兰夫同志的指示，责成设立了专门机构，拨专款，派专人研究稀土提炼，请专家朱言负责此事。苏谦益说过，我们谈包头的稀土，应该提到杨炜和朱言，他们为稀土的提炼贡献了才华和智慧。

然而杨炜却在1958年"大跃进"中险遭不测。在全民大炼钢铁的年代，小土炉炼钢的浓雾弥漫了天空，这不仅有巨大的安全隐患，客观上也抢夺了宝贵的炼钢资源。杨炜对此很有看法，说小高炉是"一脚踢"。这样的话不知被什么人反映到上级部门，一直弄到中央。中央组织部几次派人来包头调查，要停止杨炜的工作，苏谦益都没有同意。后来，冶金部来了两位副部长，要把杨炜调回中央处理，苏谦益据理力争，强调杨炜的问题没有任何事实根据，我们办事要按党的实事求是的原则。两位副部长无奈，这件事就不了了之了。

举全国之力　支援包钢建设

1958年，国家步入"二五"计划时期，同年召开的八大二次会议提出要继续进行以重工业为中心的工业建设。在全国统一计划下，保证重点，照顾一般，把包头作为国家建设的重点地区。要求同包钢有协作关系的各地区、各部门、各企业给包钢以大力支援。包钢以1959年出铁为目标，掀起大规模建设高潮。从白云鄂博铁矿到黄河水源地工程，洗煤、焦化、炼铁、运输、水、电、气线路等工程全面开工。相继施工的主体厂矿和附属设施共有20多个工程系列，113个建设项目。时间紧，工程量大，财力、人力、物力都非常紧张。

针对包钢建设中物资材料、设备和生活设施严重缺乏的问题，乌兰夫主席分别致函周边省份，呈请他们提前交付包钢的订货，并向中央就包钢建设提出了建议。

在党中央的关怀和号召下，全国掀起了支援包钢建设的高潮。铁道部及有关路局打破常规，优先安排支援包钢的物资发运。全国各地支援包钢的设备、材料源源不断地运至包头，民航总局也承担了空运包钢紧急物资的任务。

包钢黄河水源地建设急需水面施工船舶，东海舰队调运登陆艇支援包钢。北京军区派出运输部队帮助完成运输任务。辽宁军区541医院的全体医务人员集体转业到包钢，并将医院的全部医疗设备移交包钢。

同行业的鞍山钢铁公司在支援包钢建设方面，从人力、物力、技术等方面都给予了大力支持。石景山钢铁公司让出了自己急需的铸铁支援包钢。北京、天津、上海等一些服务性质的、能够迁出的小型企业和手工业合作社也迁到包头。

内蒙古自治区和包头市各族人民，更是把支援包钢建设作为光荣的任务。自治区成立了支援包钢建设委员会，了解包钢对各种非标准设备的需要，了解包钢职工所需的日用物资和劳保用品，安排优先供应。包头地方工业部门供应包钢优质的煤炭、充足的电力、大批基建材料。地方工业部门还承担了包钢一号高炉、三号焦炉标准设备的制造。为保证包钢生产建设安全，免受洪水灾害，全市集结各方人力，从设计到施工，用短短一年时间，建成昆都仑水库。

钢铁工人们日夜奋战，挥汗在上千度的高温高炉前工作。为了有效补充体液，他们喝的都是加了盐的汽水。包头市派出医务人员到工地服务，市工会和青年团组织职工们参加义务劳动。

1959年10月15日，包钢一号高炉正式出铁，周恩来总理参加了出铁仪式，并为包钢一号高炉出铁剪彩。包钢从1953年开始筹备，1954年兴建，短短的5年多时间就出铁了，这与全国人民的支持是分不开的。据1959年10月统计，全国有22个省市自治区的40多个城市、727个单位对包钢建设给予了不同程度的支援。包钢经过1958年到1960年的大规模建设，建成了年产上百万吨钢铁的生产规模，取得了包钢初期建设的巨大成就，为包钢生产建设的发展奠定了坚实基础，为我国的重工业建设做出了贡献。

包钢的稀土工业也伴随着白云鄂博的多金属矿的开发而逐渐发展起来。邓小平同志曾赞誉过包头是"中东有石油，中国有稀土"，充分肯定了稀土工业的重要地位。经过多年来的创业奋斗，包钢逐步建成了世界最大的稀土精矿生产厂和稀土中间合金生产厂。包钢稀土公司已成为国内稀土生产、科研、贸易、资本运营为一体的龙头企业。

生产和生活两手抓

包钢是在环境极其艰苦、物资极度匮乏的条件下建设的。开始时建设者们都是住在简陋的工棚和土坯垒起的"干打垒"的低矮的土房中，蔬菜和副食品供应都十分紧张。物质生活的困难没有减退建设者的热情，而对于领导者来说，关心群众生活、保护人民群众的积极性则是非常重要的。针对这样的情况，在1956年召开的党的第八次代表大会上，苏谦益作了重点发言，阐述了包钢建设过程中生产建设应与职工生活并重的思想，规划了钢城的全面和持续发展。

建厂伊始，苏联专家协同我国工程技术人员为包钢设计了符合环保要求的污水排放和废气处理装置。同时包头市抽调人力物力，在包钢生活区设立综合商场，供应粮油等副食品和生活用品，设置了小型服务摊点、食堂、流动书店，建立了中小学。这些措施对安定职工生活起了很大的作用。

以培养钢铁技术人才为目标而建立的包头钢铁学院、职工专业技术学校和职工夜大学，为钢都的发展培养了一代又一代专业人才。钢城初建，人员情况复杂、流动人口多等负面因素的存在不可避免。包头市的公、检、法机关在市委、市政府的坚强领导下，治理社会治安很有成效，为钢都的建设提供了稳定的社会环境。

包钢初建时，由于重工业要求以男职工为主体的工作环境特点，大部分的职工都是男同志，很多还是从部队转业下来的，这就造成男女比例上的失衡。而关系到队伍稳定的男职工的成家问题也就接踵而来。为此，苏谦益呈请上级领导，希望在包头市建立一个以女同志为主体的棉纺厂，然而意见未被采纳。后来，乌兰夫同志直接向周总理作了汇报，建立棉纺厂的计划才得以批准。

乌兰夫同志曾经说过，应该关心群众生活，不能光想着叫人劳动，不能让男职工永远是单身，应为他们创造组织家庭的条件。还应考虑为职工建立电影院、剧院、俱乐部、公园等娱乐休闲场所。今天，乌兰夫同志所说皆已成为现实。气魄宏伟的钢铁大街东西横亘包头青山区和昆都仑区两个新建区，全长 7.3 公里的钢铁大街两旁碧树参天，现代化的酒店、银行和办公大楼比比皆是，整齐宽敞的职工居住楼房早已代替了昔日"干打垒"的土坯房，树木和花草环绕在楼群间和大街旁。直通包头火车站的双向 10 车道的阿尔丁大街旁有林立的商业建筑，包钢稀土研究院和宏伟的稀土大厦，以及一座座街心花园使钢城的生活情趣盎然，去过包头的人们夸赞这历史上的"鹿城"如今更是个绿城。而钢铁工人们的豪情多年未变，依旧是那么的炙热。

包头的钢铁就是这样炼成的。

大事记

奠基：苏联援华156项工程始末

大 事 记

(1949—1969)

1949 年

6月中旬　毛泽东、刘少奇、周恩来在香山接见苏联驻北平总领事齐赫文斯基和苏联政府铁道部副部长柯瓦廖夫。

6月21日　刘少奇率中共中央代表团离开北平赴苏联访问。26日，代表团抵达莫斯科。

6月　刘少奇为准备访问苏联，与苏共中央领导人会谈，就新中国的经济建设方针问题撰写报告提纲。

7月3日　本钢恢复工作取得重大进展，二号高炉流出第一炉铁水。

7月29日　东北人民政府工业部发布《关于加强经济核算制开展反对浪费斗争的决定》，指出，加强经济核算制与开展反浪费斗争，是我们目前工业部门经营管理上的中心一环。

7月30日　刘少奇和马林科夫分别代表中国和苏联签订贷款协定。

8月14日　刘少奇离开莫斯科回国。随同他一起的还有来华的柯瓦廖夫和苏联专家220人，于25日抵达沈阳。

9月13日　陈云在中央财政经济委员会所属部委联合办公会上讲话，指出，必须认识到苏联的帮助对我国革命的重要性，以老老实实的态度向苏联学习，搞好与苏联专家的合作。

9月29日　《中国人民政治协商会议共同纲领》第35条规定：关于工业：应以有计划有步骤地恢复和发展重工业为重点，例如矿业、钢铁业、动力工业、机械制造业、电器工业和主要化学工业等，以创立国家工业化的基础。同时，应恢复和增加纺织业及其他有利于国计民生的轻工业的生产，以供应人民日常消费的需要。

同日　陈云主持中央财政经济委员会关于研究苏联专家工作问题的会

议。会议认为，由于缺乏全国性的系统资料，致使苏联专家不能开展工作。根本解决办法是迅速建立全国性的部门，系统收集资料。目前只有通过各级财委收集几种重要资料，争取于 10 月份内初步理出头绪；并请苏联专家参加各种会议，以了解情况。

10 月 1 日　中央人民政府政务院财政经济委员会（简称中财委）成立。中财委是政务院统一领导全国财政经济的机构。主任陈云，副主任薄一波、马寅初，秘书长薛暮桥。中财委是原党中央财经部和华北财经办事处合并组成的。1949 年 5 月陈云调到中央主持财经工作，筹组中财委机构，即着手研究解决全国面临的严重经济困难问题。8 月在上海召开了五个大区财政、金融、贸易部门领导干部参加的财经会议。这次会议研究确定了财经工作方针，即全力支持解放战争彻底胜利和维持新解放区首先是大城市人民生活。根据这一方针，统筹安排了 1949 年下半年和 1950 年全国财政收支概算，并初步研究和部署了统一全国财政经济，控制市场物价的措施和步骤。此外，还决定由各部门以召开专业会议的方式，具体研究本行业的计划，以便指导和统一安排生产建设。

同日　本钢一号炉修复投入生产。

同日　中央财经计划局成立。这个机构曾被确定为政务院的直属单位，但因计划局的许多工作离开中财委很难独立进行，因而实际上是作为中财委的下属机构。这个机构成立初期，主要负责综合处理财经日常工作。计划局局长为宋劭文，副局长为曹菊如等。

10 月 6 日　东北人民政府工业部发布《关于继续贯彻经济核算制的指示》。指出，经过初步的经济核算制，将工业建设从根本上提高和推进一步，给明年的更有计划有组织地进行工业的恢复和发展创造有利的条件和可靠的基础。

10 月 21 日　中财委召开成立会议。

11 月 17 日—30 日　燃料工业部召开全国首届煤矿会议，研究国营煤矿生产方针，确定煤矿生产和建设计划。到 1950 年 5 月止，燃料工业部、重工业部又先后召开专业会议，研究确定了 1950 年钢铁、有色金属、化工、石油、电力、机器制造等生产资料的生产与建设计划。

12 月 16 日—25 日　重工业部召开全国钢铁会议。陈云在会上讲话。

他说，现在国家财政困难，下决心在东北建设钢铁工业，这是国家大事。各地区要克服本位打算，动员专家去东北。东北方面对各地送去的人要妥善安排。技术人员是实现国家工业化不可缺少的力量，是我们的"国宝"，对他们要采取信任态度，在物质上也应有必要的保证。

12月16日 毛泽东抵达莫斯科，访问苏联。

1950年

1月5日—19日 轻工业部召开首届全国纸张会议，了解全国纸张产销情况，确定1950年纸张生产计划。

1月26日—2月7日 全国化学工业会议开幕。

1月31日 东北人民政府工业部作出《关于保证与提高产品质量建立严格的检查制度的决定》。

2月6日 《人民日报》发表社论《学会管理企业》。社论指出，新民主主义的经济与官僚资本主义和一般资本主义经济的根本区别之一，就是新民主主义经济应当实行一定的计划性。这就首先要求国营经济各部门有统一的管理以及生产组织，有经济核算、业务经营、企业管理、工资待遇等各方面的统一的制度。现在中央人民政府已建立起各产业部门的统一管理机关。各管理机关的首要任务，不仅要根据需要和客观的可能，将工厂企业的管理逐渐统一起来，而且要赶紧制定可能实行的各方面的统一的制度，以便制定全国统一的经济计划。

2月13日 新华社发布《接受苏联专家改进重工业技术作业建议》。

2月14日 中华人民共和国中央人民政府与苏维埃社会主义共和国联合政府签订《关于贷款给中华人民共和国的协定》。由苏联帮助中国建设与改造50个企业。其中在国民经济恢复时期开始由苏联帮助建设与改造的企业达19项。

又据中财委1952年2月9日向中央的报告，两年来，苏联帮助设计的项目共42个，其中东北30个，关内6个，新疆5个，内蒙古1个。东北30个项目中，电力、钢铁、煤炭、制铝等20个，机械、化学、造纸等10个。

关内是太原、重庆、西安、郑州 4 个电站、太原肥料厂及染料厂。新疆是几个电厂和医院。在 42 个项目中已作出初步设计并已批准的有 15 个。总投资额，仅就关内、东北 36 个项目估算，共需 34 亿元，其中国外订货占 30%。

2 月 19 日—3 月 2 日　燃料工业部召开全国电业会议。

2 月 21 日　贸易部发布《关于出口货物统购统销的决定》。

2 月 28 日　中财委发布《关于国营、公营工厂建立工厂管理委员会的指示》，同时，重新颁布了 1949 年 8 月 10 日华北人民政府公布的《关于在国营、公营企业中建立工厂管理委员会与工厂职工代表会议实施条例》。文件说：全国大部分地区中，解放战争已告结束，1950 年的中心任务是恢复与发展生产。要达成这一伟大任务，需进行有计划有步骤的一系列改革。这种改革的中心环节就是建立工厂管理委员会，实行工厂管理民主化，使工人亲身感到自己是企业的主人，改变其劳动态度，发挥其生产积极性与创造性。

同日　东北人民政府工业部发布《关于普遍建立生产责任制的决定》。

3 月 3 日　政务院通过并颁布了《关于统一国家财政经济工作的决定》。

3 月 10 日　《人民日报》发表社论《为什么要统一国家财政经济工作》。社论指出，我们的战时财经工作从抗日战争开始直至 1949 年的 12 年间都是分散经营的。这种完全分散经营的政策，是适应当时解放区被分割的情况的，因此获得了极大成绩。目前，除西藏外，全国大陆全部解放，全国都成了解放区。为适应这种情况，财经工作上统一的范围和程度也随之增加。如果国家收入不作统一使用，如果国家支出不按统一制度并在节省原则下支付，如果现有资金不加集中使用，则后果必然是浪费财力、通货膨胀。这就不但有害于战争和军政人员的供应，而且有害于国家经济和人民生活。统一国家财经工作，将不仅克服今天的财政困难，也为战后的经济建设不失时机地创造必要的前提。

3 月　据中财委整理的《全国财政经济状况》统计，我国煤炭、钢、铁、电力等基本工业大都在东北，按原有设备计，全国炼铁能力年为 300 万吨，东北占 71%；炼钢能力年为 147 万吨，东北占 91%；轧钢能力年为 70 万吨，东北占 50%；全国现有发电设备为 207 万千瓦（包括台湾地区），东北占 30%。中财委认为，全国各项主要化工工业比重大，东北资源又比较丰富，目前工业建设的重点，应放在东北。

4月13日—24日　燃料工业部召开全国石油会议。

5月11日　重工业部发出《关于建立与加强计划工作机构的指示》。

5月22日　重工业部召开全国机器业会议。

5月　政务院财政经济委员会试编出《1950年国民经济计划概要》。

6月5日—8日　轻工业部召开全国火柴会议。

6月8日　东北人民政府颁发经政务院批准的《人民经济计划委员会组织条例》，东北地区正式成立了计划委员会。东北人民政府早在1949年就指定专门机构负责计划工作，并编制了带有纲要性质的1949年东北地区国民经济计划。

6月27日—7月11日　食品工业部召开全国油脂会议。

6月30日　重工业部副部长、代部长何长工签发《中央重工业部所属企业及经济机构统一会计制度》，自7月1日起试行。

7月11日—8月6日　贸易部、食品工业部召开全国粮食加工会议。

7月15日　《人民日报》发表社论《克服工业生产中的严重浪费》。社论指出，我们财政经济工作中还存在许多严重的浪费现象。主要的浪费有三种：第一，在财经工作中，由于管理不善、运用不当而产生的现金、物资与人力的浪费；第二，工业生产中的浪费；第三，某些公务人员和经济工作人员，不爱惜国家财产，贪污腐化或铺张浪费。为了消灭工业生产中的浪费现象，必须建立经济核算制度。应该让所有工业部门的负责人完全懂得，只求完成生产任务、不计算生产成本的做法是极端有害的。实行经济核算，最重要的是解决两个问题：一是定额管理，一是生产责任制。社论最后指出，厉行节约以积累工业化资金，这是一个长期而艰苦的斗争任务。只要把广大职工吸引到节约运动中来，认真实行经济核算制度，那么，我们就一定能够克服浪费现象，一定能够加速我们国家工业化的进程。

7月15日—27日　全国橡胶工业会议召开。

7月18日—29日　食品工业部召开全国卷烟会议。

8月25日　中财委发出《关于全国公营及公私合营工矿企业建立统一的定期统计报表制度的训令》。

8月25日—9月1日　轻工业部、卫生部联合召开全国制药会议。

8月　中财委召开计划会议，讨论编制1951年计划和三年奋斗目标。这次计划编制包括东北地区，从而形成全国统一的计划。工作步骤是：首先各部门订出三年奋斗目标和一年的计划，然后中财委计划局依据各部门的计划综合拟出全国计划纲要。三年奋斗目标没有形成正式计划文件；1951年计划编制了带有纲要性的年度国民经济计划。

9月29日 中苏有色金属及稀有金属股份公司在新疆乌鲁木齐成立。

11月7日 中共中央转发中财委《关于限期清理企业资产与确定企业资金的建议报告》，要求进一步摸清国营企业家底，为有计划地组织经济建设创造条件。

12月1日 政务院通过《关于决算制度、预算审核、投资的施工计划和货币管理的决定》，进一步加强财政信贷计划的管理。

12月 辽宁杨家杖子钼矿恢复投产。1951年秋至1952年，该矿务局进行了第一次生产扩建工程。1953年8月，开始第二次改扩建工程。

1951年

1月1日 海州露天矿正式开发建设。该项目是156项重点建设项目之一。1951年，委托苏联设计，1953年4月设计完成。在建设中，采取了边设计边施工的方法。1951年4月，破土动工。1953年6月22日，正式验收投入生产。

1月4日 中财委发布《关于统购棉纱的决定》。实行统购棉纱以后，对有计划供应人民需要、保持市场价格稳定、防止市场的投机行为，起了重要作用。

1月21日 中华人民共和国中央人民政府贸易部与匈牙利人民共和国政府商务代表团在北京签订了1951年《中华人民共和国和匈牙利人民共和国货物交换及付款协定》。

2月2日 政务院通过《关于一九五一年农林生产的决定》，公布农林生产计划指标，号召农林战线为努力完成这一计划任务而奋斗。

2月12日 中财委召开全国工业会议。主要讨论了1951年的工业生产与基本建设计划，以及与此相联系的企业经营管理和基本建设管理问题。还讨论了中央与地方工业的划分问题。根据此次会议的讨论意见，4月6日，政务院通过了《关于一九五一年国营工业生产建设的决定》。

2月14日—16日 中共中央召开政治局扩大会议。会议强调：进行大规模计划经济建设的准备时间，从现在起，还有22个月，必须从各方面加紧进行工作。会议根据周恩来的提议，决定由周恩来、陈云、薄一波、李富春、聂荣臻、宋劭文6人组成领导小组，负责组织领导第一个五年计划的制定工作。

2月18日 中共中央发出《中共中央政治局扩大会议决议要点的党内通报》。《通报》提出要确立"三年准备、十年计划经济建设"的思想。关于五年计划，毛泽东主张以重工业为中心。关于五年计划的编制经周恩来提议，组织了一个领导小组，参加成员有周恩来、陈云、薄一波、李富春、聂荣臻、宋劭文。19日，朱德在全国工业会议上着重讲了编制五年计划问题。他说五年计划不但必须研究工业农业等各方面的配合，还要与苏联、东欧等国相配合，使我们的订货纳入他们的计划。

2月27日 东北人民政府提出1951年东北地区改进计划工作的几点要求：一是加强计划的全面观点，二是加强经济发展观点，三是搞好规划与掌握好季度与月度计划，四是严肃执行计划。

3月13日 政务院批准下达全国第一套计划表格。9月15日，中财委又拟定了《编制国民经济计划的方法》，使经济计划的基础性工作有了初步发展。

3月20日 政务院决定进一步统一币制。收回东北银行和内蒙古人民银行发行的地方流通券。4月1日起，东北银行和内蒙古人民银行改组为中国人民银行的下级机构。10月1日起，又限期收回新疆省银行发行的银元票。从此，人民币成为中国大陆唯一流通的货币。

3月29日 政务院公布1951年度财政收支系统划分的决定。决定规定，在中央人民政府统一领导下，将财政分为中央、大行政区和省（市）三级来管理。

5月4日 政务院作出《关于划分中央与地方在财政经济工作上管理职权的决定》，于24日公布施行。

5月12日 《人民日报》报道，重工业部日前指示各直属企业实行经济核算制。该部直属各企业接管两年以来，清洗了坏分子，对工人技术人员进行了政治教育，初步地推行了民主管理，工人群众已基本上发动起来。随着竞赛运动的发展，不断地出现新纪录。各企业都制定了各种初步定额。1950年第3季颁发和试行了统一会计制度。并已确定企业为独立会计单位，独立计算盈亏。为了确定企业资金，各企业曾进行了二次清点、三次估价，为实行经济核算制准备了条件。重工业部规定各企业在1951年上半年以编好企业计划为中心环节，应在1950年清理仓库估价的基础上，适当调整不合理的估价。在5月底以前，将资金初步确定。审定现有定额，逐步调整现有机构，建立以企业为独立经营单位的会计制度。结合各业务部门的要求，健全与整理车间原始记录。1951年下半年，应根据企业的具体情况，逐步建立责任制。争取实行八级工资制，在可能条件下试行计件工资制。吸取先进工人经验，制定技术操作规程等。

5月 中财委计划局试编出1951年国民经济计划要点。这是我国第一次编制出全国性的经济计划。

6月1日 中财委发布《关于国营企业清理资产核定资金的决定》。

6月4日 《人民日报》发表社论《清理资产核定资金是实行经济核算制的第一步》。社论说，我们现有的国营企业，小部分是在解放战争中人民政府自己建立起来的，大部分是随着战争的胜利自日伪和国民党官僚资本手中接收过来的。前者，大部分是军事工业，是在解放战争过程中为了满足不同时期的军事需要，建立与发展起来的。在经营上，一般都带着供给制的特点。在供给制下面培养起来的一部分企业管理人员，不重视资产的清理估价与资金的管理运用。至于原属官僚资本的企业，在过去长期的恶性通货膨胀的过程中，对资产的估价已无从做起，官僚资本家主要的精力又是用在囤积居奇与投机倒把上面，而不是用在企业经营的本身。我们接管了这些企业之后，初步地进行了一些清理资产的工作。但由于供给制思想的影响以及清点经验不足和方法不一，对资产的清理与估价，大都是不准确的。关于流动资金的情况，则更加混乱。很多企业的经营者总以为流动资金越多越好，存料越多越方便，这完全是在流动资金问题上的供给制观点。换句话说，我们大部分的国营企业，基本上还是在"心中无数"的基础上进行经营管理的。清理资产与核定资金在技术上最重要的是估价工作。资产估价的高低，严重地影响了正常的正确的计算。这不仅影响成本的计算,而且影响到资产的重新购置。

6月28日 中财委为求及时检查基本建设计划执行情况,避免严重的损失和浪费现象,发出《关于加强基本建设定期统计报告工作的指示》,颁发了统一的基本建设定期统计报告表式、说明及实施办法。表式较过去简化。实施范围除原定工业系统建筑单位须实行外,并扩大于中央的铁道部、交通部、邮电部、水利部、农业部所属建设单位。

6月29日 国营112厂(1986年更名为沈阳飞机制造公司)正式命名。其前身是"满洲航空株式会社"。1952年7月,国家决定将112厂扩建成为新中国第一个歼击机制造厂,并将其列为苏联援建的156项重点工程之一,计划在1957年前建成。1956年7月13日完成了第一架歼5飞机的总装。9月8日,国家验收委员会验收签字。9月9日,《人民日报》以《我国试制成功新型的喷气式飞机》为题,在头版头条作了报道。

7月7日 中财委发出《关于编制1952年国民经济计划程序的通知》。具体要求如下:7月30日前,中央财经各部及大区财委(包括东北计委、华北财经工委)提出对1952年控制数字意见。9月15日由政务院批准中财委编制的控制数字草案。11月15日前,中央财经各部及大区财委根据控制数字编制计划草案。经中财委综合平衡后,12月30日政务院批准颁发1952年国民经济计划。《通知》还规定了1952年控制数字的内容及中央财经各部与各大区之间的关系。

7月15日 重工业部发出《关于直属厂矿基本建设的检查报告》。《报告》提出,1950年及1951年上半年,我们在基本建设中主要发生以下缺点或错误:在旧企业的恢复发展中,(一)不经批准预算即行施工;(二)不切实际的"好大"倾向;(三)调查研究不确,仓促施工,事后改变计划;(四)计划不周全,数次追加预算。在新建企业中,(一)产品品种中途改变,设计方针中途改变,以致前功半弃,重新开始;(二)工作步骤不够适当,有某些前后倒置现象;(三)指导思想中有"一面设计一面施工"的倾向。

7月 第一个五年计划草案第二次编制完成。1952年,由于国民经济的恢复比预想的顺利得多,朝鲜战争大局已定,中央决定加快第一个五年计划的编制，并决定计划编制好后，8月份拿到苏联，征求意见，争取他们的帮助。

在陈云领导下，中财委开始第二次编制第一个五年计划草案。7月，该计划草案第二次编制完成。尽管时间仓促，经验和数据不足，但这个计划还是较为详细。计划印出来以后，共有25本小册子，主要包括《关于五年计划轮廓的方针》《中国经济状况和五年建设的任务》以及钢铁、有色金属、机器、汽车、船舶、电器、化学、建筑材料、电力、煤矿、石油、纺织、轻工业、交通、邮电等发展计划。5年基本建设计划投资505亿元，拟请苏联援助我国工业建设项目91个。

7月1日，计划草案印出来后，陈云致信毛泽东，对这个五年计划的编制情况进行了说明。他说："这次写的五年计划的主要点是在今后五年中要办些什么新的工厂。因此在这一方面花的工夫较多。原有工厂的生产方面，也写进去了。但估计这一方面的生产数字一般是低的，可能超过。将来需要好好再讨论的。所以首先集中力量研究今后五年中新办工厂，是为了七八月间可以向苏联提出一个五年中供我装备的要求。"这个计划提到中央后，中央政治局进行了讨论，认为可以将这个计划带到苏联征求意见，并作为向苏联提出援助的基本根据。

8月9日—22日　轻工业部召开首届轻工会议，确定了目前轻工业生产的任务和方针，拟定了1952年各种主要轻工业生产控制数字的草案。轻工业的任务第一是保证军需；第二是适当满足民用，特别是农民的需要；第三是降低成本和价格，加速资金积累。

8月10日　中财委发布《关于改进与加强基本建设计划工作的指示》。

8月15日　周恩来率中国政府代表团前往苏联访问。周恩来为团长，陈云、李富春为副团长，带领30多名专家访问苏联。

8月17日—30日　第一次全国国营企业清理资产核定资金会议在京召开，讨论了该工作的方针和任务、条例和办法，组织了报表、估价、会计三个小组。会议决定，从9月至12月，中心任务是编制1952年计划与清产核资工作。如能做好这两件事，全国国营企业即有可能于明年实行计划管理和经济核算制。

9月26日—10月5日　燃料工业部召开全国煤矿基本建设会议，决定今后数年内以恢复改建为主，发挥现有设备的潜在能力，有步骤地选择重点进行新井建设的准备工作。

9月28日 中共中央作出《关于管理国营工厂的决定（初步草案）》。

11月 中财委召开全国计划工作会议。12月19日将会议研究确定的1952年工业生产和基建控制数字向中央作了报告。

12月24日—31日 中财委召开全国财经会议，主要讨论了1952年财经工作方针、财政概算和物资调拨计划。

12月 中苏双方批准铝厂初步设计任务书，设计任务由全苏铝镁设计院列宁格勒分院承担。

1952年

1月9日 中财委颁发《基本建设工作暂行办法》。决定将建设单位分为"限额以上"和"限额以下"两种，限额以上又分为甲、乙两类，限额以下分丙、丁两类。并规定了各种事业基本建设的限额。

1月26日 中共中央发出《关于在城市中限期展开大规模的坚决彻底的"五反"斗争的指示》，要求在全国大中城市，向违法的资本家开展一个大规模的坚决的反对行贿、反对偷税漏税、反对盗窃国家财产、反对偷工减料和反对盗窃经济情报的斗争。

1月 中财委颁发《关于国民经济计划编制暂行办法》，这是我国第一个比较系统的计划工作制度。

2月1日 阜新发电厂恢复建设工程正式动工。该扩建工程是156项重点建设项目之一。至9月17日，一号汽轮机和一号锅炉安装完毕。9月25日，毛泽东主席给阜新发电厂全体职工发来了嘉勉电。阜新发电厂改扩建工程，至1961年4月末正式完成，是当时全国具有中温中压和高温高压综合性的最大的火力发电厂之一。

2月9日 中共中央批准中财委党组关于哈尔滨铝合金加工工厂初步设计的审查报告。

同日 中财委向中央报告两年来苏联帮助改建和新建工厂的设计情况。

报告指出，两年来，我国工业恢复的规模，是在解放战争胜利后工厂原有装备的基础上进行的。从抗日战争胜利到全国解放战争期间，关内工厂装备未受损失，关外工厂装备则失散甚多。东北两年来在工业恢复上虽然做了大量工作，取得了很多成绩，但就装备而论，远未恢复到日本占领时期的水平。两年来，苏联帮助设计的项目共42个，其中东北30个，关内6个，新疆5个，内蒙古1个；东北30个项目中，电力、钢铁、煤炭、制铝等占20个，其他10个是机械、化工、造纸等。关内是太原、重庆、西安、郑州4个电站及太原肥料厂和染料厂。新疆是几个电厂和医院。总投资额仅关内和东北36个项目估算，共需34亿元，其中国外订货约占30%。报告提到，在42个设计项目中，目前已作出初步设计并已经批准的有15个，其中已签订订货合同的，只有一部分。

2月20日 陈云致信李富春，同意发出中财委草拟的《关于加强计划工作大纲》，请各大区提补充意见。3月7日，中财委发出此《大纲》，并要求各大区财委于6月底分别作出本区五年计划，十年远景的方针任务、主要指标及轮廓计划，提出对全国长远计划的建议。

同日 陈云致电东北工业部负责人，指出：在与苏联商谈援助项目过程中，苏方再三建议我们，要派被援助项目的厂长和工程师作为总订货人常驻苏联，与他们指定的总交货人密切联系。建设一个工厂，从勘察、设计、施工、安装、试运转到开始生产，需要几年时间，如果参加了整个设计工作，也就学会了今后如何设计与建厂。但今天，中国不仅没有胜任的总订货人，连一些零星辅助材料也要苏联供给，这更增加了双方工作的困难。对这些问题，我们应慎重考虑。

3月5日 陈云同薄一波、李富春向周恩来并中共中央作出中财委党组干事会讨论张闻天两封来信的情况报告。报告说，张闻天所提的意见基本精神是正确的。为改正在请苏联专家设计和对苏订货工作中的缺点，决定了下列办法:（一）凡要建设重要性质、其产品在我国尚未生产过的新工厂，或改建和重新安装设备而我无改建把握者，均应聘请苏联设计组。（二）初步设计批准后，凡我不能自制的装备必须依靠苏联供应，凡我能如期制成又符合质量者，不应推脱自制的责任。（三）为了做好向苏联、东欧国家订货的工作，贸易部进口公司在业务知识和业务分工上要尽快适应需要。（四）凡属向苏订购成套设备或订购大量器材的厂矿，必须派出该厂矿的第二负责人常驻苏联接洽订货和催货。（五）对于重要工厂的设计和订购装备工作，财经各部负责人必须十分重视，必要时要亲自赴苏接洽。（六）在中苏商务谈判中，我方订货单一经双方签订协议书后，不能随意变更。（七）各部门各厂矿向苏联提出的订货单的金额和主要装备，必须由中财委批准。（八）加派四位来往于我国和苏联的外交信使，专送财经信件。（九）派往苏联接洽订货问题的旧技术人员，在政治上必须倾向我们，在"三反"中确系愿意进步，并必须在驻苏商务参赞处的领导下工作。（十）克服满洲里口岸接受分拨进口货物的紊乱现象。7日，中央向张闻天和各中央局转发了这个报告。

3月7日 中财委下发《关于加强计划工作大纲（初稿）》，征求各地、各部意见。

3月19日 中财委党组向毛泽东并中央提交《关于全国钢铁工业的发展方针、速度与地区分布问题的报告》。《报告》指出，鉴于钢铁工业在国家工业化中的重要性，在第一个五年计划期间，必须把鞍钢的建设作为首要任务，集中全国力量如期完成，以奠定全国钢铁工业进一步发展的基础。除此以外，为了改变我国钢铁工业的落后状态，于八年之内达到年产500万至600万吨钢，于十二三年之后达到1200万吨钢，有必要进行第二个大钢铁厂的建设。从经济上、国防上考虑，第二个钢厂以放在大冶为宜。5月6日，中央批转了这个报告。

3月20日 中央批准抚顺铝厂初步设计。1950年6月，苏联专家组来到抚顺铝厂调查有关资料，着手工厂的恢复工作。

4月1日 航空工业管理局决定，将121厂飞机修理部划分出来，正式成立122厂，即国营伟建机器厂（1985年改名为哈尔滨飞机制造公司）。1953年，伟建机器厂被列为国家"一五"计划确定的156项重点建设项目之一。至1957年，工厂已初具规模，成为航空轰炸机修理基地，并为从单纯修理飞机过渡到飞机制造创造了条件。

5月5日 中共中央批转中财委《关于全国钢铁工业的发展方针、速度与地区分布问题的报告》。中财委认为，钢铁工业是企业工业的骨干，没有钢铁工业就谈不到机械制造工业，也就谈不到国家的工业化。钢铁工业的方针和地区分布问题决定了，才能对其他工业，特别是机械工业作合理的配置。在第一个五年计划时期，必须把鞍钢的建设作为首要任务，集中全国的力量，如期完成。

5月15日 周恩来在中共中央军委会议上传达中央根据朝鲜局势和国内情况而提出的"边打、边稳、边建"方针。

5月21日—6月5日 中财委召开全国财政会议。会议比较详细地研究了第一个五年计划。李富春报告了五年计划的指导思想和分行业计划的提要。

6月14日 《人民日报》发表社论《把专门技术人才放到经济建设最需要的岗位上去》。社论指出，我们伟大的祖国即将开始大规模的经济建设，而大规模的经济建设必须有足够数量的专门技术人才。没有足够数量的技术人才，就不可能使我们的国家由农业国变成为工业国。但是，目前我国技术人才的数量，远不能适应经济建设的需要。我们在短时期固然不能培养出大批由工农出身的技术干部，而更明显的是在目前十分缺乏技术人才的情况下，却又有一部分技术人员和高等学校的理、工、农、医各科毕业的学生，被不合理地使用着、浪费着。为了合理地使用专门技术人才，各个部门的领导干部和掌管干部工作的机关，首先应该切实了解本部门专门技术人才的使用情况，如有不合理的现象，应决心加以调整，而不应有丝毫犹豫。必须把专门技术人才放到经济建设最需要的岗位上去，放到基本建设和直接进行生产的工厂矿山中去。

6月16日 阜新平安竖井（投产时叫新平安矿）主井破土动工。该项目是苏联帮助建设的156项重点工程之一，是新中国成立后建设的第一对年产150万吨的现代化大型竖井，设计服务年限90年。该矿从掘进、采煤到井上，全部采用机械化设备，设备大部分是从苏联引进的。1957年6月16日经国家验收后正式移交生产。

7月13日 抚顺发电厂第一期扩建工程拉开序幕。该工程为我国第一个五年计划时期苏联援建156项工程之一。整个扩建共分为五期。1952年7月至1957年底为一至四期，1957年底至1959年为第五期。至第四期完成时，抚顺发电厂已成为东北电网的主力发电厂之一。

7月14日 鞍钢无缝钢管厂破土动工。

7月 沈阳风动工具厂扩建工程正式破土动工。该厂是苏联援建的156

项重点工程之一。按照计划，将该厂扩建为年产 2 万台凿岩机械和气动工具的专业化工厂。1955 年 1 月 21 日，改扩建工程结束，经国家验收，即日开工生产。

8 月 1 日　鞍钢大型轧钢厂破土动工。

8 月 10 日　鹤岗兴安台竖井建设工程破土动工。此矿是苏联援建的 156 项重点建设项目之一。1956 年 7 月 20 日，年设计能力为 150 万吨的兴安台竖井移交生产，并改称兴安台煤矿。

8 月 15 日　以周恩来为首席代表，陈云、李富春、张闻天、粟裕为代表的中华人民共和国政府代表团启程前往苏联访问。17 日，代表团抵达莫斯科。

8 月　中财委颁发《关于编制五年计划轮廓的方针》《中国经济状况和五年建设的任务及附表》。文件规定今后五年建设的基本任务是：为国家工业化打下基础，以巩固国防，提高人民的物质与文化生活，并保证国家经济向社会主义前进。建设方针是：工业建设以重工业为主、轻工业为辅，工业的发展速度应在可能的条件下力求迅速，工业的地区分布应有利于我国国防和长期建设。

9 月 3 日　中国政府代表团征询苏联政府对于中国第一个五年计划草案的意见。斯大林表示：中国三年恢复时期的工作给我们的印象很好，但五年计划规定的工业总产值年递增速度是勉强的，应由 20% 降为 15% 或 14%；要按照一定可以办到的原则来作计划，不能打得太满，要留有后备力量，以应付意外的困难和事变；对中国第一个五年计划所需要的设备、贷款和专家，一定给予援助，但具体给什么不给什么，现在还不能说，还需要工作人员用两个月时间加以计算后才能说。

9 月 6 日　周恩来将抗美援朝作战订货单、委托苏联帮助设计的建设项目名单、聘请专家名单、国防工业各系统的发展计划、各军兵种五年建设计划所需装备的订货单等项文件送交苏联方面。

9 月 8 日　政务院发布《关于各级政府所经营的企业名称的规定》指出：（一）凡中央及大区各部门所经营的企业（包括大区委托省市代管的企业），称"国营企业"；（二）凡省以下人民政府所经营的企业，称"地方国营企业"；（三）政府与私人资本合资，政府参加经营管理的企业，称"公私合营企业"。

9月15日 中苏两国政府代表团举行有关协定的签字仪式。

9月22日 周恩来等中国代表团成员离开莫斯科回国。李富春和代表团的部分工作人员留在苏联，继续同苏方有关部门广泛接触，征询对中国五年计划的意见，商谈苏联援助中国的具体项目。

9月24日 中共中央召开书记处扩大会议，会议听取周恩来关于就"一五"计划轮廓问题同苏联商谈情况的汇报，讨论了"一五"计划的方针和任务。

10月2日 李富春在《人民日报》发表《三年来我国工业的恢复与发展》。

10月10日 中财委颁发《1953年对35种重要物资实行全国统一分配办法（试行草案）》。凡需用国家统一分配物资的企业部门，均应按照其生产计划与基本建设计划以原材料、燃料、电力的消费定额，核算其全部需要量，逐级审核汇总，分别由中央各部及大区财委、计委向中财委统一申请并负责供应。

10月22日—23日 中财委召开1953年基本建设工作会议。陈云到会讲话，指出：1953年将是大规模进行经济建设的一年，其任务较以往任何一年都要复杂和繁重。今后几年，基本建设将在经济工作中占头等重要的地位，有关部、局应把领导重点放在基本建设工作上。目前的主要矛盾是基本建设任务重，而力量十分薄弱。因此，要从生产部门抽调所需人员，迅速建立和充实基本建设机构。生产和基本建设二者比较起来，生产部门的干部和技术人员比基本建设部门多得多。如果不从生产部门大量抽调干部和技术人员到基本建设方面去，基本建设必垮无疑。陈云在总结讲话中又强调指出，工业与交通部门必须纠正两种错误思想：等待人事部门分配干部，而不积极地从生产方面抽调；依赖建筑工程部门给设计、施工，而不积极地组织自己的设计和施工力量。

10月 陈云副总理代表中央正式批准齐齐哈尔钢厂第一期工程初步设计，开始了中国最大的、设备先进的特殊钢厂的建设。

同月 据东北人民政府编发的《三年来东北工业建设获得伟大成就》，东北地区的工业建设，经过三年多来的艰辛努力，已经获得了伟大的成就。

到1952年底，东北工业的恢复改造工作基本完成，工业生产总值超过战前（1943年）最高生产水平的10%以上，各种主要工业，如钢、机械、电器、化学、纺织、橡胶、造纸和玻璃等的生产量，以固定价格计算，已超过了历史上的最高生产水平，煤、铁、发电也接近战前最高水平。自1952年起，全区开始了有重点的大规模基本建设，基本建设工作提到了首要的地位。

11月3日 中财委下达1953年工业农业生产、交通运输及贸易控制数字。因为没有经验，以及组织不好、力量薄弱等原因，1952年基本建设完成较差。为此，1953年国家大力组织培养基本建设的力量，进行有重点的建设，并为今后大规模建设创造条件。

11月7日 《人民日报》发表社论《加强国家工作的集中性迎接大规模经济建设》。社论指出，经过了三年来的各项社会改革运动及经济恢复与改建工作，目前我们正面临着一种新的形势和新的任务。这就是从1953年开始，我们即将结束国家经济的恢复和改建工作，开始全国大规模的有计划的经济建设与文化建设，以便尽快地使我国走上工业化的道路。

为了顺利地进行国家的经济建设，我们需要做很多的准备工作。首先必须加强国家经济的计划性。对于经济建设有计划的领导，乃是新民主主义和社会主义国家经济优越性的集中表现。我们必须根据计划经济的原则，来组织我们的生产。而为了加强计划性，又必须加强中央的统一和集中的领导，以便及时了解各方面的情况，确保各个经济环节之间的应有的合作。因此，三年来地方分权较多的情况，就不再能够适合于今天的形势了。过去，军事工作的领导、外交工作的领导、公安工作的领导都是统一和集中的。今后，其他各方面的工作也都要进一步加强统一和集中。经济工作如此，文化教育工作如此，政治工作也应如此。

加强统一和集中的第一个措施，就是精简政权层次，加强中央和省、市的领导。加强统一和集中的另一方面工作，就是调整与增设中央机构，保证中央领导机构的充实和健全。社论最后指出，中央人民政府委员会的各项决定和决议，完全符合目前形势的需要，这些都是进一步加强国家统一和集中的重要措施。因此，我们必须保证其彻底实现，以便接受国家大规模的经济建设的任务。

11月9日 中财委党组发出《关于迅速准备基本建设的指示》。《指示》

指出，基本建设工作已经在经济工作中占有头等重要的地位，过去从来没有过的、复杂的、规模庞大的、对中国工业化具有决定意义的工厂，要在今后几年建设起来。要改变基本建设力量十分薄弱的状况，迅速建立或健全基本建设机构，充实基本建设力量，从生产部门抽调人员，克服等待依赖思想。

11月11日 东北工业部提出《关于基本建设情形的报告》。中财委于12月3日将该报告批转中央各部及各大区财委。批语指出：这一报告系统地总结了东北工业三年多来基本建设的历史，并详细叙述了为1953年基本建设所必需的今冬准备工作。

11月15日 中央人民政府委员会第十九次会议通过决议，决定增设中央人民政府国家计划委员会。高岗任主席，邓子恢任副主席，陈云、彭德怀、林彪、邓小平、饶漱石、薄一波、彭真、李富春、习仲勋、黄克诚、刘澜涛、张玺、安志文、马洪、薛暮桥任委员。秘书长马洪，副秘书长王光伟。

11月16日 《人民日报》发表中央人民政府燃料工业部煤矿管理总局局长刘向三的报告《苏联专家的帮助对中国煤矿工业的恢复和发展起了巨大作用》。

11月17日—12月8日 全国地质工作会召开。决定地质工作要有个大转变，要根据国家建设的需要，在一定时间内，探明一定储量。

11月18日 《人民日报》发表社论《把基本建设放在首要地位》。社论指出，目前我国国民经济的恢复阶段即将宣告结束，新的大规模的建设即将开始。今后我国的建设，其规模是空前的，我们要完成过去几十年的工作量。我国前所未有的、规模巨大的、对于我国工业化有决定意义的某些复杂的现代化企业，将在今后逐渐地建设起来。这些企业建立得迟或早，将决定我国工业化的程度和速度。因此，把基本建设放在整个国家工作中的首要地位，是今后全国要共同执行的方针。要贯彻这一方针，我们必须反对两种倾向：一种是左的冒进倾向，另一种属于右的保守倾向。这两种倾向都是错误的。我们必须继续反对左的冒进倾向，同时又必须反对右的保守倾向。

11月19日 第一机械工业部党组提出《机械工业的主要情况及当前任务与工作布置报告》。12月4日，中财委将该报告转呈中共中央，并表示原则同意该报告，但认为1953年新建任务过重，拟削减部分项目，集中力量搞必要的和大的工厂。

12月12日 财政部在《三年来使用苏联专家的检查报告》中指出，三年来，在苏联专家的帮助下，我们已有一套自己的基本财政法规，涉及20多种重要法规。如果没有苏联专家的帮助，是不可能取得如此成绩的。

12月15日 全国统计工作会议召开。要求加强统计工作，在集中统一的原则下，建立科学的统计制度。

12月21日 东北计划委员会在《财经部门三年来苏联专家工作检查报告》中指出，苏联专家对于我们提高自己的业务水平帮助很大，对节约人力、物力、财力和发掘潜在力量，做了重要的贡献。苏联专家通过讲课、著述、开办训练班、带徒弟等办法帮助我们培养了大批开始熟悉业务的干部。

12月22日 中共中央发出《关于编制1953年计划及长期计划纲要若干问题的指示》。

12月23日 中财委提出：到明年第一季度，应该抓紧三个环节进行基本建设的准备工作：勘察设计，组织与训练施工力量，进行工程材料的准备与运输。当前工作的重点是设计。

12月26日 《人民日报》发表社论《抓住决定环节，发掘潜在力量》。社论指出，正确地制订国家建设计划，是我国政治生活中头等重要的工作。正确地制订国家建设计划的两个关键性问题，就是善于抓住决定环节，善于发掘潜在力量。决定的环节就是发展重工业，特别是那些对我们的国防建设和国民经济起决定作用的重工业。事情很明白，首先发展重工业，即五金、燃料、电力和机械工业等，是我们实现国家工业化唯一正确的道路。正是重工业这一环节，才足以对我们国家国防的巩固和经济的全面发展起决定的作用，才足以改变我们国家的面貌，使我们的国民经济起质的变化——变农业国为工业国，达到经济上的独立。我们的建设必须集中力量去进行，把有限的资金和建设力量使用于主要的和急需的地方，坚决削减那些可以推迟的建设的投资、削减那些对国家建设并不起重要作用的工程的投资，以全力保证重工业建设，特别是那些对国家起决定作用的、能迅速增强国家工业的基础和国防力量的工程。

12月28日 《人民日报》发表社论《推广五三工厂的经验》。社论指出：全国国营企业的恢复与改造工作已经完成，大规模的经济建设工作业已开始。建立厂矿企业和基本建设中的基层工作的正常秩序，并取得一套企业管理和党与群众工作的完备经验，是当前的一项刻不容缓的任务。

东北五三工厂在三年来的工作中，初步掌握了现代化企业的领导艺术，建立了基层工作的正常秩序，在经济工作与政治工作方面都取得了卓著的成绩，并积累了一套比较完备的经验。在全国多数厂矿企业由改革运动转向生产并开始进行大规模基本建设的当前时期，这些经验，对于推动厂矿企业基层工作及早走上正常轨道，具有重大意义。

社论指出：五三工厂已经解决的许多问题，正是目前许多厂矿企业中所没有解决或正在摸索的问题。为了适应大规模经济建设的需要，推广五三工厂的经验是十分切合时宜的。

12月31日 基本建设投资原计划15亿元，因基本上没有设计及施工计划，加以缺乏经验，实际完成10.4亿元，计划没有完成。

同日 中苏两国关于苏联将中国长春铁路移交我国最后议定书的签署仪式在哈尔滨举行。

1952年底 经济工作的重点开始从恢复生产和进行生产改革转移到基本建设方面。1952年11月，中共中央和政务院发出了"把基本建设放在一切工作的首位"的号召。

1952年 中国第一个大型轻合金加工厂成立建厂机构，定厂名为哈尔滨铝加工厂，代号101厂。

同年 中共中央在《关于编制1953年计划及长期计划纲要若干问题的指示》中明确指出：工业化的速度首先决定于重工业的发展，因此必须以发展重工业为大规模建设的重点，以有限的资金和建设力量首先保证重点工业的基本建设。特别是确保那些对国家起决定作用的，能迅速增强国家工业基础的主要工程的完成。一些次要的、可以推迟的建设必须推迟，一切对国家不起重要作用的工程投资必须削减，盲目铺摊子的现象必须克服。

1953年

1月1日 《人民日报》发表社论《迎接一九五三年的伟大任务》。社论指出，1953年向全国人民提出了三项伟大的任务：第一，继续加强抗美援朝的斗争，争取更大的胜利；第二，开始执行国家建设的第一个五年计划，完成和超额完成1953年度建设计划；第三，召集全国人民代表大会，通过宪法，通过国家建设计划。

同日 东川矿务局成立。

1月6日 中财委召开中央财经各部部长会议。薄一波发言，要求各部钻研业务，加强对财经工作的具体领导。他说，中央财经各部门的领导干部，责任十分重大，领导干部问题在我国建设中已居重要地位。他对财政部、农业部、商业部等部的工作提出针砭。

1月8日 政务院发布《关于充实统计机构加强统计工作的决定》。《决定》指出：国家大规模的、有计划的经济建设即将开始，没有比较健全的、系统的统计机构和比较完整的、科学的统计制度，就不可能制订正确的计划，不可能及时检查计划的执行情况。为此，必须加强各级政府及各业务部门的统计机构和统计工作，并须统一制定全国性的统计制度和统计方法，使我们的统计工作能适应大规模经济建设的需要，逐步发挥统计工作在经济建设中的监督作用。

2月13日 中共中央发出《关于建立计划机构的通知》。《通知》说，为适应国家有计划的大规模建设的需要，中央人民政府已成立国家计划委员会，中央以及各经济部门和文教部门，必须迅速加强计划工作，建立起基层企业和基础工作部门的计划机构。各大区行政委员会和各省、市人民政府的财经委员会应担负计划任务，其有关业务的计划，应受国家计委的指导。各省、市的财经委员会，应按照国家计委与省、市党委及人民政府的指示，综合编制各行业长期和年度计划，并检查计划执行情况，积极推动国营经济和合作社经济的发展壮大，保证各社会经济成分逐步按比例发展。

2月14日 《人民日报》发表社论《掀起学习苏联的高潮，建设我们的国家——庆祝中苏友好同盟互助条约签订三周年》。社论指出，在《中苏友好同盟互助条约》签订之后，苏联政府就以优惠条件贷款给我国，大批的苏联专家应邀来到我国，帮助我们迅速修复了京汉、粤汉等铁路，迅速建成了成渝、天兰等铁路，迅速完成了第一期治淮的工程和荆江分洪等水利工程，迅速完成了塘沽新港的建设工程，迅速扑灭了内蒙古等地的鼠疫，并将苏联的各种先进经验无保留地介绍给我们，引起了我国许多企业部门在生产技术和经营管理方面的一系列的改革，取得了很大的成绩。苏联的同志们以忘我的劳动和自我牺牲的精神，带动和培养了我国工人阶级的大批积极分子和不少的劳动模范，为我国今后大规模的五年计划的建设创造了良好的条件。社论援引毛泽东主席在中国人民政协会议第一届全国委员会第四次会议上发出的"向苏联学习"的号召，呼吁要在全国范围内掀起学习苏联的高潮，来建设我们的国家。

3月28日　《人民日报》发表社论《中苏经济合作关系的新发展》。社论指出，中苏两国间一系列议定书和协定规定了中苏间贸易的进一步扩大。苏联在1953年内将供给我国冶金、采掘、机器制造、化工、电力和其他工业部门所需要的设备，以及工业和运输所需要的材料，新式的农业机械、种畜、种子和许多其他货物。我国则以有色金属、大米、植物油、油籽、肉、烟叶、茶叶、水果、绒毛、黄麻、生丝、绸缎、皮革及其他货物供给苏联。

3月30日　李富春与苏联领导人会谈中国五年计划问题。1952年8月，以周恩来为首的我国政府代表团，到莫斯科与苏联政府商谈苏联政府对我国经济建设予以援助的问题。原则确定后，周恩来、陈云等先行回国，李富春和若干助手继续与苏联领导人商谈对我国经济建设援助的具体细节。前后历时八个月，对每个项目都进行了比较详细周密的研究。

3月　辽宁省抚顺发电厂扩建的五万千瓦机组投产发电。

4月25日　我国第一台自动化大型水力发电机组（7.25万千瓦水轮发电机组）在吉林丰满电厂安装成功，27日开始送电。

同日　中央批准下达1953年国民经济计划提要。该提要是根据中央"边打、边稳、边建"的方针和党在过渡时期总路线的精神编制的。该提要要求，为了完成1953年计划，必须做好下列几项工作：一、建立和加强计划管理。健全全国自上而下的计划、统计系统，加强企业的计划统计机构。二、建立和健全责任制。一切经济部门均应逐步地建立科学的管理制度，特别要注意建立安全生产、产品质量、设计工作、原材料和设备供应、施工等项责任制。三、大力提倡学习苏联和推广先进经验。四、一切国营企业应逐步实行严格的经济核算制度。五、加强基本建设工作，保证基本建设任务的完成。

4月28日 国家计委向中共中央报告《关于工业、运输技术人员的现状和培养办法》。

同日 《人民日报》发表社论《必须量力而行》。社论指出，在我们的基本建设中，由于有些计划不切合实际，每年都有大量应该完工的工程不能完工，尤其是一些主要工程不能完工，这样不仅积压了国家大量的资金，而且影响到其他重要工程的进行和其他部门的正常生产。我们必须进行许多具体而复杂的工作，必须采取一些具体的措施来克服贪多冒进、盲目建设的倾向。这些措施是：调查和研究每个新建的或扩充建设的单位的建设条件——资源埋藏、资源品质、资源的配合条件、可能达到的技术力量及技术水平、设备供应的可能，等等；排好每年每季每月的具体工程进度计划，努力争取解决必须解决的问题；计算各种定额——投资定额、建筑安装中的定额、劳动定额、所需技术人员的类别及定额等，以便摸清计划的根据；研究主要工程逐年的进度和逐年工作量的各种平衡；还必须采取有效措施，壮大基本建设力量特别是壮大设计力量和提高设计水平。社论最后指出：计划工作和经济工作中的贪多冒进倾向，不仅存在于工业基本建设部门，而且也存在于农业生产的领导部门和其他部门，它已成为我们当前主要的危险。

5月15日 中苏两国政府签订《关于苏维埃社会主义共和国联盟政府援助中华人民共和国中央人民政府发展中国国民经济的协定》（简称"五一五协定"）。《协定》规定，对涉及项目，苏联负责完成各项设计工作和设备供应，在施工过程中给予技术援助，帮助培养这些企业所需的干部，并提交在上述各企业中组织生产产品所需的制造特许权及技术资料。中国政府组织现有企业生产一部分供141项所需配套用的和辅助性的半制品、成品和材料，完成建设上述企业的技术设计与施工图的20%—30%的设计工作。

同日 以协定议定书的形式规定苏联对中国35个国防工业项目保证完成各项设计工作和设备供应，并给予其他各种技术援助。为了保证我国国民经济各部门的互相配合及需要，并根据苏联政府派来我国的五个综合专家组对发展各该部门工业远景计划的研究，1954年10月12日，苏联政府又增加设计和帮助建设15个项目。中国并聘请了北京市规划顾问、铁道设计与施工专家。至此，中苏共签订了156个苏联援助我国的建设项目。

5月28日 重工业部发出《关于在生产厂矿建立责任制的指示》。

5月30日 中共中央批转第一机械工业部党组《对目前国营机械工业基本情况和今后工作部署的意见》。《意见》指出我国机械工业今后的任务是对现有工厂的基础加以调整和进行可能的技术改造，配合苏联援助，为国家实现第一个五年计划提供必要的设备，并把原有企业的改造和生产活动与新企业的建设很好地结合起来，使机械工业成为独立、完整的机械制造工业。

5月 沈阳第一机床厂作为苏联援建的156项工程之一，其改扩建工程正式破土动工。1955年12月29日，沈阳第一机床厂举行隆重的开工剪彩典礼。改建后的沈阳第一机床厂，是全国最大的车床制造厂，当时企业管理水平、技术水平和产品质量水平均居全国领先地位。

6月9日 中共中央批转国家计委《关于编制一九五三年度计划工作的总结报告》。《报告》在肯定成绩的同时，着重检查了编制工作中存在的缺点及问题。

6月14日 全国财经工作会议在北京召开。这次会议听取了高岗《关于编制五年计划几个问题的意见》的报告和李富春作的题为《在苏联商谈我们五年计划问题的几点体会》的副报告，以及李维汉《关于利用、限制、改造资本主义工商业的意见》的报告。会上，发生了高岗利用对财经工作的意见，攻击刘少奇、周恩来的分裂党的阴谋活动，使会议偏离了原定的方向。

6月15日 毛泽东在中共中央政治局会议上讲话，提出了党在过渡时期的总路线和总任务，要在十年到十五年或者更多一些时间内，基本上完成国家工业化和对农业、手工业、资本主义工商业的社会主义改造。他批评了"确立新民主主义社会秩序""由新民主主义走向社会主义""确保私有财产"的三种说法。

6月21日 李富春在全国第二次财经会议上介绍商谈五年计划的几点体会。其中谈道：学习苏联，以求达到自力更生。苏联对我们的技术援助是从确定企业的设计任务书、进行设计到新产品的制造，但我国建设毕竟是我们自己的事情。我们自己需要担负地质勘察，供给设计基础资料，选定厂址，制定设计任务书，担负20%—30%的设计工作和30%—50%的设备制造，用自己的人力物力进行建筑安装，组织现有企业生产配套用和辅助性半制品、成品和材料，培养自己的专家和技术工人掌握生产。

7月1日 辽宁阜新海州露天煤矿竣工投产。该矿于1950年1月开始施工，建设规模年产原煤 300 万吨；建设周期三年半，投资 1.9 亿元，吨煤投资 65 元。

7月6日 齐齐哈尔市富拉尔基发电厂一期工程破土动工。此项目是苏联援建的 156 项重点工程之一。1955 年 12 月 10 日，完成了第一期工程建设任务。

8月1日 政务院下达《关于 1953 年暑期全国高等学校毕业生统筹分配工作的指示》，基本方针仍是"集中使用，重点配备"。配备的重点是基本建设的施工、设计方面和高等学校的助教、研究生。

8月5日 中共中央批转试行国家计委《关于编制经济年度计划暂行办法（草案）》。

8月17日 国家计委召集各大区、省、市及中央有关各部对计划工作、地方工业、物资调拨和统计工作等问题进行座谈。

9月4日 中共中央发出《关于城市建设中几个问题的指示》。

9月7日 中共中央做出《关于中央建筑工程部工作的决定》。为了使建筑工程部集中力量执行工业建设任务，决定将该部担负的国防工程任务，移交军委有关部门；一般民用建筑企业的管理，移交地方。同意建筑工程部报告中提出的整顿队伍的意见，以现有 8 个建筑工程师及一部分较有基础的企业为骨干，组织一支具有良好政治素质与高度技术的工业建筑队伍。

9月17日 国家计委会同中财委初步确定了 1954 年国家财政预算方案。决定发行 6 亿元公债，做到财政收支平衡。1954 年全国职工平均工资拟增加 4%，重点在重工业及知识分子。

9月25日 中共中央发出《关于颁发 1954 年度国民经济计划控制数字的指示》，指出了 1953 年经济工作出现的六个问题，提出编制 1954 年国民经济计划的具体方针。首先要坚定不移地不断增长社会主义经济比重和集中力量发展重工业，从各方面积累资金，适当提高经济建设投资比重，优先保证工业建设。1954 年国民经济计划的控制数字为：经济建设拨款 72 亿元，较 1953 年略低。重点保证 141 项中续建的 28 个项目和新开工的 12 个项目。

9月 沈阳电缆厂的改扩建工程正式开始施工。沈阳电缆厂的改扩建工程是 156 项重点工程建设项目之一。该厂原名沈阳电线厂，前身是"满洲电线株式会社"，1956 年 7 月 14 日被正式命名为"中华人民共和国第一机械工业部沈阳电缆厂"。1956年9月12日，沈阳电缆厂改扩建工程验收开工生产典礼大会隆重举行。

10月1日 《人民日报》发表国庆社论《为着社会主义工业化的远大目标而奋斗》。社论说，在今年国庆节的前夜，在我国经济发展方面有两件令人注意和兴奋的事：一件是国家统计局发表了1952年国民经济和文化教育恢复与发展情况的公报，一件是人民政协全国委员会和中央人民政府委员会讨论了我国过渡时期的经济建设的总路线。根据国家统计局的公报，以1952年和1951年相比，全国国营工业的总产值增加了45%，粮食总产量增加了13%，棉花产量增加了24%，铁道运输发送货物吨数增加了19%，国营商业国内收购总值增加了56%，销售总值增加了62%。国家基本建设的规模也扩大了，去年中央六个工业部完成的投资总数，较1951年增加了210%。我国社会主义经济的迅速发展保障了国民经济的迅速恢复。1952年国营和公私合营的大型工业的总产值，占全国大型工业总产值的66%，国营和合作社商业在国内商品销售总额中占50%以上。社论指出，我们正在执行第一个五年计划的第一个年度计划。上半年的执行情况，一般说来是令人满意的。但在个别工业生产部门中有几种产品没有完成计划，也有些部门的利润上缴计划没有完成；基本建设工程大部分挤在下半年，时间很紧；税收任务有半数以上要在下半年内加紧完成。本年度的时间只剩下三个月了，要在最后一个季度内保证完成并争取超过计划，就必须加紧开展增产节约运动。我们的增产节约运动不但是解决目前的问题所必需的，而且也是今后长期建设所必需的。

10月9日 我国西北第一座现代化自动火力发电厂——西安第二发电厂建成发电。该厂于1952年11月动工兴建。

10月10日 陈云在全国粮食会议上讲话，要求实行粮食统购统销。

10月16日 中共中央作出《关于实行粮食的计划收购与计划供应的决议》。

10月30日 《人民日报》发表社论《为了建设祖国，提倡艰苦奋斗和服从计划的精神》。社论指出，从今年开始实行的第一个五年计划，目的是要首先集中主要的力量来发展重工业，为社会主义的国家工业化打下巩固的基础。苏联政府帮助我们建设的141项大规模的工程，大部分也就包括在我们的第一个五年计划当中。这些都是非常重要的重工业，比如新建的钢铁公司、机器制造厂、拖拉机制造厂、汽车制造厂、炼油厂、煤矿、铝矿、锡矿、发电站等。这些重工业建设完成以后，我们将不但能够制造各种轻工业的机器，去发展纺织、食品等轻工业生产，以满足人民日常生活的需要；并且能够制造拖拉机等农业机器和化学肥料，使新式的农业生产大规模地发展起来。同时，有了这些重工业，我们的现代化的交通运输业也将大大发展，我们的国防也将更加巩固。

要得到工业化所需要的大量资金，当然是不容易的。苏联人民为了进行工业化建设，全国精兵简政，节衣缩食，艰苦奋斗，积累资金，并且竭力做到严格地合理使用资金，一个钱也不浪费。苏联在第一个五年计划时期，国家用于经济建设的支出增至国家总支出的59.7%，连同文化建设的支出合占84.3%，而行政费则降至5%。由于人民生活改善，购买力提高，由于城市人口随着建设发展而迅速增加，又由于农业的发展赶不上人民的需要，和工业生产必须首先着重于生产资料而不能着重于消费资料，苏联人民在国家工业化时期曾经遭受农产品和日用品不足的困难，并且由于这种情况而长期实行购物证制度和配给制度。正是因为苏联的艰苦奋斗、勤俭节约，他们才能够在帝国主义包围当中，在极端困难的条件下，没有外来的帮助，完全依靠自己的努力，迅速地把苏联建设成了伟大的富强的社会主义国家。我们要学习苏联，集中力量进行建设，实行适当的节约，来推进我国的工业化建设。

11月8日 中共中央同意国家计委关于有新厂建设的城市中组成城市规划与工业建设委员会的建议。

11月12日 《东北日报》发表《重视与培养生产革新者的首创精神　进一步发挥工人阶级的积极性与创造性》。

11月20日 国家计委批准成立全国矿产储量委员会。

11月25日 《人民日报》发表社论《巩固工农联盟是实现总路线的保证》。社论指出，我们必须首先着重发展工业特别是重工业，并且必须保持现在的工业发展速度，因为只有这样才能保证我国走向富强，人民走向幸福。不这样做，整个国家都要受损失，农民也要受损失。我们国家并没有采取加重农业税、降低农产品价格和提高工业品价格的政策；而是恰恰相反，采取了稳定农业税、保持农产品的合理价格和逐渐降低工业品价格的政策。工业化的资金主要依靠国营企业自身的积累。我们国家的财政收入中，国营企业和合作社缴纳的税和利润，1950年占34.8%，1952年已经达到56.33%，在今年预算中占59.79%；农民缴纳的农业税，1950年占29.63%，1952年占17.08%，在今年预算中只占14.56%。当然农民除了缴纳公粮还把大量粮食棉花和别的农产品卖给了国家，农民对国家是有功劳的；但国家收购农产品的价格是完全公平的，决不会让农民吃亏。

11月27日　哈尔滨电机厂试制成功我国第一台大型的6000千瓦水轮发电机。

11月28日　轻工业部党组提出《轻工业部三年来基本建设总结报告》。

11月30日　国家计委向中共中央报送《关于各工业部检查和总结1953年工作，抓紧进行1954年计划草案编制工作的部署报告》。

12月9日　我国决定发售6亿元公债。

12月12日　国家计委报送关于出国实习生派遣工作的报告。三年来，我国派遣出国的实习人员共计354人。

12月26日　中央人民政府重工业部鞍山钢铁公司大型轧钢厂、无缝钢管厂、七号炼铁炉开工典礼，在钢都鞍山隆重举行。这是我国五年建设计划中苏联帮助建设的重点工程首批开工生产的喜日。人们热烈地庆祝我国第一个五年建设计划第一年的重大胜利。

12月31日　中国建成第一座现代化纺织机械厂——国营山西榆次经纬纺织机械制造厂。

12月　中苏两国政府换文，苏联将制造喷气式飞机米格15（含发动机）和教练机雅克18（含发动机）的制造权转让给中国，并提供成套技术资料和样机。

1954年

1月1日　《人民日报》发表元旦献辞《一切为了实现国家的总路线》。献辞说，1953年国家在基本建设方面的投资约占全部财政支出的三分之一，重要的建设项目有130个，其中包括最近已经开工生产的我国第一个完全自动化的鞍山无缝钢管厂、大型轧钢厂和七号炼铁炉。九条新的铁路和五千多公里的公路也已经施工。1954年国家将进一步集中力量进行重工业的建设和铁路的建设，将有近70个新建和扩建完成了的工厂、矿山投入生产，其中包括煤矿、发电厂、油矿、钢铁厂、有色金属矿、机器厂、纺织厂、造纸厂等。这些工厂矿山的投入生产，就有可能使工业生产进一步提高，进一步满足国家建设和人民群众在生产上、生活上的需要。为了进一步达到工业增产的目的，我们要用最大努力去提高质量，降低成本，挖掘现有企业的潜在力量，保证工业生产进一步地增长。

同日 重工业部发出《关于学习王崇伦首创精神的通报》。

1月4日 中共中央批转中财委《关于一九五四年扩展公私合营工业计划会议的报告》和《关于有步骤地将十个工人以上的资本主义工业基本上改造为公私合营企业的意见》。

1月13日 《人民日报》发表社论《加强国民经济各部门间的配合和协作》。社论指出，某些新建、扩建的企业，由于在地质、设备、材料、交通等方面得不到其他部门的密切配合，就拖延了设计或施工的期限，无法确定设计任务书；某些生产厂矿，由于在原材料供应和产品推销方面得不到其他部门的配合，设备效能不能充分发挥，甚至要停工减产，使那些为国家和人民所急需的产品不能得到充分的供应；某些基本建设项目的地质勘察、搜集资料及设计等工作由于没有互相协作进行，往往工作重复，浪费人力财力，而且因为技术力量的分散使用，不能很好地完成任务。

从整个国民经济部门来说，在工业和农业之间，工农业生产和商品流转及交通运输之间，经济建设和其他各项建设之间，在配合和协作上尚存在着不少问题。从工业内部来说，采掘工业和加工工业之间，或这一采掘工业和那一采掘工业之间，这一加工工业和那一加工工业之间，也常发生缺乏协作配合或协作配合得不好的问题。社论指出，加强国家计划对国民经济活动的控制和指导作用，对克服国民经济各部门之间、各项经济工作之间的某些脱节现象是有重要意义的。

同日 中共中央批转鞍山钢铁公司赴苏实习团《关于实习经验的报告》。指出，一切苏联设计的和供给设备的新的重要企业，凡不能掌握新的操作技术者，主管部门必须正确及时地挑选人员成批成套地组织赴苏学习，以便保证新建企业及时、顺利地进行生产。1954年赴苏实习生约有1300人。

1月21日 政务院通过《关于修建武汉长江大桥的决定》。该项目1955年正式开工，1957年9月建成。

2月1日 中共中央发出《关于建立与充实各级计划机构的指示》。

2月12日 中共中央政治局召开扩大会议。会议决定成立由陈云（主持人）、高岗、李富春、邓小平、邓子恢、习仲勋、陈伯达、贾拓夫组成的编制五年计划纲要八人工作小组。

2月20日 陈云主持中央编制五年计划纲要八人工作小组会议并讲话，指出：五年计划已在1952年初、1953年2月和6月编过三次，这次是第四次，年内必须编好，提交全国人民代表大会。现在的问题是，财政收入越算越少，而投资越算越多，因此要确实计算每个项目的单价。各部门不要把次要项目算进去，而把重要项目有意漏掉。如果财源真的不够，就要考虑哪些项目缩小，哪些项目延期。

2月 吉林化工厂、吉林染料厂、吉林电石厂开始建设。

3月19日 《人民日报》发表社论《充分发挥技术人员在国家工业化建设中的作用》。社论指出，国家实现社会主义工业化，在有了一定的资金、有了苏联的技术装备援助之后，人才问题，特别是技术人才问题，就被提到了头等重要的地位。苏联援助我国建设的141项巨大工程，都配有世界上最新的技术设备。要使这些技术设备能够安装成一个个工厂，而且在安装起来以后能够顺利地进行生产，就需要有一大批熟悉技术和使用这些技术设备的人才。建设一个年产三万辆汽车的汽车制造厂，在苏联帮助设计的条件下，大约需要总工程师、工程师和技术人员600多人，助手（大、中学毕业生）800人；开工生产又需要工程技术人员1600多人。鞍钢大型轧钢厂、无缝钢管厂、七号炼铁炉三大工程，仅在基本建设中，就组织了一支数千人的技术队伍。因此要完成141项工程，并进行正常生产，就需要很多的技术人才，其数字不是几千，也不是几万，而是更多。因此技术人才问题，已成了当前国家工业化中主要问题之一。

解决技术人才问题，一方面要在学校和厂矿中不断地培养新的技术人才，这是主要的，但是需要较长的时间；另一方面，就是要团结与教育已有的技术人员，迅速提高其思想与业务水平，使其能够担负更多的工作，这是立即可以做到的，也是目前的迫切任务。

3月20日 中财委决定地方国营企业超额利润可以作为地方工业投资。

3月31日 国营410厂成立。该厂即为后来的沈阳黎明发动机制造公司，是专门生产航空涡轮喷气发动机的军工厂。该厂被列为第一个五年计划时期由苏联援建的156项重点工程之一。该厂的基建工程，于1954年6月1日破土动工到1956年9月底止，历时两年多。1956年5月，生产出首批发动机。6月2日，国家验收委员会签字验收。至此，该厂提前一年零四个月完成了第一个五年计划中规定的任务。

3月 大连第二发电厂开工扩建。该项目是苏联援建的156项重点工程之一。大连第二发电厂先后进行了三期扩建工程。第一期工程于1955年12月竣工。1957年8月30日，大连第二发电厂进行第二期扩建工程，于1959年1月13日投产。该电厂的改扩建，为缓解辽南地区，特别是大连地区的工业、军事用电，做出了巨大贡献。

同月 白银有色金属公司开始筹建。1954年11月，确定距矿区较近的郝家川为建厂区和生活区。白银公司是"一五"计划期间全国156个重点项目之一。1956年3月2日，露天矿开始施工。1958年3月，选矿厂、冶炼厂的电解系统、硫酸系统全面开工；机修、电修、供水供电等辅助设施也陆续开工。1959年10月1日，露天矿提前5个月建成投产；1960年6月14日，冶炼厂比计划提前9个月建成投产，炼出了第一炉铜水。至此，一座拥有采、选、冶现代化设备的大型铜基地初具规模，巍然屹立于陇中黄土高原之上。

4月10日 哈尔滨铝合金加工厂基本建设第一期工程正式破土动工。该工厂是苏联援建的156项重点工程之一，也即后来的东北轻合金加工厂。工厂于1950年初开始筹建，1954年破土动工，1956年第一期工程完成投产，1962年完成第二期工程。该厂是国家的特大型企业，是全国最大的铝镁加工基地。

4月19日 中共中央正式发出关于成立编制五年计划纲要草案八人工作小组的决定，陈云任组长。决定指出工作小组的任务是：进一步研究第一个五年计划纲要的工业发展速度，苏联援助的141个建设项目，投资比例，农业、手工业和私营工商业社会主义改造的程度及稳定市场等问题。

4月22日 陈云主持召开编制五年计划纲要草案工作小组第一次会议，

并对五年计划纲要编制过程中的一些主要问题作了说明，主要是：与苏联的计划相比，我国的计划间接部分很大，对农业、手工业和资本主义工商业都是间接计划，这可能影响计划的可靠程度。五年计划的主要内容，一是苏联援建的 141 个项目和限额以上的 598 个项目，二是工业发展速度，三是对农业、手工业和私营工商业社会主义改造的速度，四是市场的稳定。这四个方面也是将来检查五年计划落实情况的主要内容。

4 月 29 日　兰州炼油厂开工建设，1959 年 6 月该厂建成投产。

5 月 1 日　《人民日报》发表社论《庆祝"五一"，争取全面完成国家的计划》。社论号召全国的工人、工程技术人员和职员们，必须高度发挥积极性和创造性，进一步开展技术革新运动，使劳动竞赛和科学技术相联系，并把它推向更高的阶段。这是实现国家计划的重要保证，也是生产技术上的重大变革。我国目前技术革新的技术基础和运动的广阔程度，还远不及苏联的斯达哈诺夫运动，但是，全国著名的生产革新者张明山、王崇伦、唐立言、黄荣昌、刘祖威、朱顺馀、傅景文等的经验，也充分说明了技术革新的重大意义。张明山改造旧有设备，减少劳动力 44.4%，提高生产率 22.5%；王崇伦改进工具，提高工作效率 6 至 7 倍，一年完成四年多的工作量。如果全国工人都能以他们为学习的榜样，我国现有企业的生产面貌将发生空前巨大的变化，国家的建设计划将更有保证地加速实现。

5 月 3 日　陈云主持召开编制五年计划纲要草案工作小组第二次会议。陈云在发言中指出：中国还很穷，计划搞到现在这样的建设规模已经不得了了，不可能再增加建设投资。我们要避免冒险主义，当然，也要防止有钱不用的保守主义。

5 月 6 日　陈云主持召开编制五年计划纲要草案工作小组第三次会议。会议着重研究了计划中的重大问题和纲要草案如何修改。陈云指出：农业增产靠大规模开荒和兴修水利，现在都不具备条件，而且投资多，时间长。剩下的办法只有搞合作化。只要工业建设的 292 亿元投资计划不被超过很多，财政就没有大问题。熬过第一个五年计划，第二、第三个五年计划就有了稳固基础。

5 月 12 日　李富春在第二次全国宣传工作会议上作《关于社会主义工业化问题的报告》，论述了 141 项工程对我国社会主义工业化的作用。这 141

个建设项目全部建成需要140亿元投资，建成以后将奠定我国社会主义工业化的基础。

5月28日 中共中央转发华北局《关于在国营厂矿企业中实行厂长负责制的决定》。中央要求在条件允许的情况下，全国各国营厂矿实行厂长负责制。

6月10日—28日 建筑工程部召开第一次全国性的城市建设会议。会议明确了：（1）城市建设必须贯彻国家过渡时期总路线、总任务，采取与工业建设相适应的重点建设、稳步前进的方针。（2）第一个五年计划时期，城市建设应把力量集中在141项工程所在地的重点工业城市，以保证这些重要工业建设与生产的主要工程项目。

6月29日—7月1日 中共中央召开政治局扩大会议。会议讨论了编制第一个五年计划的问题。29日、30日，陈云就计划编制情况向会议作了汇报。其中在对五年计划执行情况的估计中谈道：五年中，工业生产速度的增长主要靠原有工厂和自己设计的工厂，这些企业增加的产值约占全部增加产值的75%；新建和改建的工厂增加的产值仅占25%。工业基本建设方面，在141项工程的建设全面铺开后，全国支持的力量会更加分散；而在"一五"后两年基本建设大规模铺开，会遇到更多困难。因此，有些项目（包括141项工程）要推迟。轻工业目前主要问题是缺少原料。五年计划中规定的轻重工业投资1：7.3的比例，仍维持不变。重工业内部存在的主要问题是：国防工业突出，石油工业落后，煤、电紧张。这种状况目前无法改变。

7月26日 南昌教练机制造厂（后来的南昌飞机制造公司，曾用名国营洪都机械厂）制造的首架国产飞机试飞成功。第二机械工业部部长赵尔陆参加剪彩。试飞员为24岁的段祥录和刁家平。8月1日，毛泽东兴奋地签发了给全体职工的嘉勉电。

8月3日 中共中央批准国家计委于4月份提出的《关于1953年度国民经济计划执行的基本情况及1954年度国民经济计划中的几个问题向中央的报告》和《1954年度国民经济计划提要（草案）》。其中指出：基本建设以141项工程的建设和准备工作为中心，更有效地集中地使用资金。基本建设投资76.2亿元，占56.6%（其中生产生产资料的企业建设投资占86.3%，生产生活资料的占13.7%）；农林水利投资5.9亿元，占7.8%；交通运输邮电部门投资 15.2 亿元，占 20%。12 月 26 日，中共中央同意国家计委根据上述精神和各地区、各部门对 1954 年国民经济计划作出的修改。其中包括：基本建设投资由 76.2 亿元增加为 78.3 亿元，限额以上项目由 418 个增加为 437 个。

8 月 5 日 《人民日报》发表社论《节约物资，克服浪费》。社论指出，节约是领导社会主义经济的最重要原则之一。实行严格的节约，对于扩大资金积累、加速国家的社会主义工业化有着决定作用。社论指出，目前在我们国家中，节约并没有成为一切部门所严格遵循的管理经济的原则。许多技术上管理上的先进节约经验，没有被系统地总结和推广；物资技术供应工作，就全国范围来看，仍然是一个极为薄弱的环节。一方面经常出现供应脱节的现象，使某些生产单位的设备能力不能充分发挥；另一方面，材料、设备的积压和浪费现象又极其严重。根据中央一些部门的统计，1953 年基本建设中积压的建筑材料占全年材料预算的 30% 以上；不少部门的生产储备大大超过正常的储备量。东北地区 1953 年的统计，只中央各部所属企业和基本建设单位的呆滞物资，经过东北地区大力组织调剂之后，到年底仍有三亿多元。这都是由于缺乏严格的计划管理，计划不周，盲目备料的结果。这种情况，不仅妨碍了企业资金的正常周转，使大量的资材不能发挥应有的效能；而且使许多物资因积存日久、保管不善，逐渐腐蚀变质，造成了极大的损失。物资使用上的浪费也是严重的。许多厂矿和建筑工地往往是凭生产、施工部门随便要材料，要多少就给多少，至于该用不该用、实际用了多少，就不进行监督和检查。社论最后指出，各企业生产部门和基本建设单位，应经常地检查材料管理和材料使用情况，动员职工群众揭发官僚主义、本位主义，向浪费国家资财的现象进行不懈的斗争。同时，还应制定奖励办法，对节约物资有显著成绩者，给以必要的奖励。

8 月 11 日 《人民日报》发表社论《贯彻重点建设城市的方针》。

8 月 13 日 《人民日报》发表社论《大力加强新工业区的建设》。社论说，以 141 项工程为主的重点建设工程，是我国第一个五年建设的中心。这些重点工程有一些是在原有的工业城市中改建、扩建和新建的，而更多的工程则将在原来没有近代大工业的城市附近建设起来。这些新建企业不仅对保证我国工业发展的速度、初步奠定我国工业化基础有着决定的作用，而且将大大改变旧中国生产力分布不合理的状况，能更有效地发挥国民经济各方面的潜力。

我国过去从来没有进行过有计划的工业建设,现在要从平地上一下子建立起来许多个新工业区,因为缺乏建设经验和技术干部,而且各方面的工作都是一齐开始,齐头并进,就更使得时间十分紧促,大大加重了工作中的困难。再加上对厂外工程和新城市建设工作的复杂性认识不足,对现有的技术力量也没有及时地集中和很好地组织起来,有些单位在配合协作上又强调困难,不积极主动,表现了或多或少的本位主义思想,结果就使得目前厂外工程的建设准备工作很多都不能按照计划进行,处于十分落后的状态,远不能适应工厂建设的需要。

9月9日 政务院第224次会议通过《关于设立中国人民建设银行的决定》。

9月15日—28日 第一届全国人民代表大会第一次会议通过《中华人民共和国宪法》。宪法承认五种经济成分。政府工作报告指出:第一个五年计划集中力量发展重工业,即冶金工业、燃料工业、化学工业、动力工业、机械制造工业。

9月20日 第一次全国计划会议召开。会议讨论了1955年计划控制数字,指出:继续贯彻重点使用投资的方针,抓紧重点工程及其配套设施的建设。1955年计划投资88.79亿元,比上年预计完成增长25.9%。中央8个工业部计划投资50.6亿元,比上年预计完成增长43%。141项工程中,有30个继续施工,有35个开始施工。中共中央10月13日和11月10日先后批转了国家计委《关于1955年国民经济计划控制数字的报告》和《关于召开第一次全国省(市)计划会议的报告》。关于1955年的计划,中共中央强调指出:1955年国民经济各方面,特别是以141项工程为骨干的工业建设必须达到五年计划所要求的进度和速度,同时还要克服1954年水灾所造成的困难,这就使1955年国民经济各方面,尤其是国家财政收支颇为紧张,农业生产发展不能适应工业发展的矛盾也将扩大。

9月29日—10月2日 苏共中央第一书记赫鲁晓夫率领的苏联政府代表团访问我国。双方举行了会谈,并签署了一系列宣言和公报。

9月 白银有色金属公司在甘肃兰州成立。

同月 石家庄华北制药厂开工,1958年6月投产。华北制药厂是当时我国最大的一个以生产抗菌素为主的联合企业，它是第一个五年计划期间由苏联和德意志民主共和国帮助设计和建成的，是苏联援建的156项重点工程之一。该厂主要生产青霉素（盘尼西林）、链霉素、维生素乙$_{12}$和医用葡萄糖、淀粉等。

10月12日 中苏两国签署《对于1953年5月15日关于苏联政府援助中华人民共和国中央人民政府发展中国国民经济的协定的议定书》，在这份议定书的备忘录中又新增加了15项工程。

10月13日 《人民日报》发表社论《无比深厚的伟大友谊》。社论指出，在以赫鲁晓夫同志为首的苏联政府代表团访问我国期间，中苏双方举行了会谈，取得了具有重大意义的成果。这次会谈，公布了下列文件：《中华人民共和国政府和苏联政府关于中苏关系和国际形势各项问题的联合宣言》《关于对日本关系问题的联合宣言》《中苏关于苏联军队自共同使用的中国旅顺口海军根据地撤退并将该根据地交还中华人民共和国完全支配的联合公报》《中苏关于将各股份公司中的苏联股份移交给中华人民共和国的联合公报》《中苏关于签订科学技术合作协定的联合公报》《中苏关于修建兰州—乌鲁木齐—阿拉木图铁路并组织联运的联合公报》《中华人民共和国政府、苏维埃社会主义共和国联盟政府和蒙古人民共和国政府关于修建从集宁到乌兰巴托的铁路并组织联运的联合公报》；同时还签订了《中苏关于苏联政府给予中华人民共和国政府五亿两千万卢布长期贷款的协定》《中苏关于苏联政府帮助中华人民共和国政府新建十五项中国工业企业和扩大原有协定规定的一百四十一项企业设备的供应范围的议定书》。这是中苏两国之间无比深厚的伟大友谊的新发展的标志。

10月19日 抚顺铝厂生产出新中国第一批铝锭。

10月29日 中共中央将五年计划草案（初稿）发给各地区各部门进行讨论，征求意见。提出，根据党在过渡时期的总任务，第一个五年计划的基本任务是：集中主要力量进行以苏联帮助我国设计的141个项目为中心的工业建设，建立我国的社会主义工业化和国防现代化基础。

10月 根据苏联政府建议，中国政府决定停止试制米格15，改为试制米格17及其发动机。

11月8日 国家建设委员会正式成立。薄一波任主任，王世泰、孔祥祯、孙志远、安志文等任副主任。

11月12日 据《人民日报》报道,属于156项重点工程之一的沈阳风动工具厂的改建工程,经两年零十个多月的施工,除厂内马路工程外现已基本竣工。新建和改建的机械装配、热处理、锻压、切料、工具等车间和中央化验室都已正式投入生产。

11月15日—25日 陈云主持中共中央讨论五年计划草案的会议。会议对五年计划纲要草案所规定的方针任务、发展速度、投资规模、工农业关系、建设重点和地区布局等问题进行了仔细的讨论。

12月3日 中共中央发出《关于进一步编制地方经济五年计划纲要的工作的指示》。

12月10日 中共中央书记处召开会议。会议讨论了有关五年计划的准备问题。

12月20日 我国煤炭建设重点工程之一的抚顺老虎台矿扩建工程完工投产。

12月25日 辽宁新邱竖井正式开工。该项目是苏联援建重点建设项目,但由于苏联第一次初步设计作废,第二次初步设计1954年5月才正式完成,因此开工时间比原来设想推迟了两年。

12月31日 我国当时规模最大的火力发电厂——太原热电厂建成发电。它于1953年10月24日动工兴建。

1955年

1月1日 《人民日报》发表社论《迎接一九五五年的任务》。社论指出,1954年的工业生产和基本建设有了显著的发展。在这一年,新建、改建和续建的有300个重大工业建设项目。其中有鞍钢薄板厂、太原电热厂、量具刃具厂、风动工具厂等许多规模巨大的新建工厂,也有抚顺石油二厂、丰满水电站、玉门油矿等许多改建和扩建的工厂,它们正在为国家和人民的需要而生产。700多公里的新建铁路线按计划完成了,康藏、青藏两公路最近已正式通车。

1955年之所以是我国第一个五年计划建设具有决定意义的一年，首先因为1955年基本建设的工作量将远比过去任何一年为多，国家对基本建设的投资，比去年增加40%以上；我国第一个五年计划的骨干——苏联政府帮助我国建设的141项重点工程，已经开工的今年将进入最紧张的施工阶段，未开工的今年大部要完成准备工作。同时，五年计划的最后两年还将完成基本建设的50%左右的工作量，如果今年赶不上进度，把工程推迟下去，就会严重影响后两年基本建设计划的完成。社论指出，为了完成1955年的建设任务，我们必须加强计划性；必须厉行节约，克服浪费；必须努力提高技术水平，增强技术力量。

1月6日—8日 第二次全国省（市）计划会议确定1955年计划方针是：全国平衡，统筹安排，增产节约，重点建设。针对经济建设要求有更多的资金而国家财力又有限的情况，会议要求增收节支，保持建设规模和国家财力的平衡。国家财力应主要用在保证重点建设，要严格控制基本建设规模和标准。4月12日，中共中央批准李富春在这次会议上的总结报告。指出：解决国家资金积累的缓慢同集中力量建设重工业的矛盾，最主要的办法是"在进一步发展生产的基础上增加收入和在保证建设事业的条件下厉行节约"。要求一切基本建设项目必须分别编入计划，按规定经一定领导机关审查批准。在建设速度上，必须作全盘的合理安排。一切工作必须坚决地降低造价，今后三年在原有预算标准的基础上，至少降低造价10%。

1月18日 我国第一座精密机械工具制造厂——哈尔滨量具刃具厂，隆重举行工程验收和开工生产典礼大会。该厂是以苏联最先进的技术和苏联头等机械设备装备起来的，其中有些设备是1954年出品的第一号。产品品种规格繁多，仅刃具的规格即达2000余种。该厂于1953年5月开工，建设周期一年半，投资5500万元，生产各种量具、刃具1000吨。

1月 沈阳风动工具厂建成投产，设计规模为凿岩机、风动工具万台，6050吨。该厂于1952年兴建。

2月20日 毛泽东致信刘少奇、周恩来、陈云、邓小平、彭真。信中说："五年计划纲要第二稿，我已看过一遍，有些意见，已告陈伯达同志。请你们即于日内分别找伯达谈一次，将你们看过后的意见告诉他，或将你们修改的本子交给他，连同其他同志的意见，由他汇集起来，加以修改，加上地方计划一章，于本月底或下月初印出第三稿。那时我们可以看第三遍，可于三月十日左右印第四稿，即可作为基本定论。"

3月14日 中共中央书记处召开扩大会议。会议讨论了有关第一个五年计划（草案）的修改问题。

3月15日 重工业部召开基本建设工作会议。会议指出，重工业部过去两年中完成了五年计划草案中26%的任务，还有74%的任务要在今后三年完成。1955年工业建筑和设备安装的工作量，比1954年增加一倍以上。根据基建规模扩大和技术日趋复杂的情况，会议认为，今后重工业部基本建设部门的基本任务是：改进基本建设单位及建设安装企业的组织和工作方式，使它们从过去适合于民用建筑及一般的工业建设的组织形式和工作方式，走向更适合于担负复杂的工业建设，并努力争取全面完成国家建设计划，保证建设工程按期投产。

会议指出，一些单位在执行国家计划中存在保守倾向和本位主义；有些干部对重工业建设的复杂性认识不足，实际工作中缺乏通盘筹划，缺乏按期完工的计划观念，因而许多工程未能按计划要求投入生产，在计划、设计、施工方面仍然存在着许多严重的浪费现象和违反财政纪律的现象。今后必须首先加强基本建设工作中的通盘筹划和相互协作，使地质、设计、科研、施工、生产准备等各部门，都按照统一的计划和进度协调地进行工作，保证使固定资产按期投入生产。特别要求各级领导干部十分注意合理地动用国家资金，掌握国家投资计划，加强投资效果的分析，纠正和避免投资使用上的浪费现象。

3月18日 中共中央政治局会议决定基本通过陈云《关于发展国民经济的第一个五年计划的报告》，提交党的全国代表会议讨论；基本通过《发展国民经济第一个五年计划（草案）》。

3月21日 中共全国代表会议开幕。陈云在会上作了《关于发展国民经济的第一个五年计划的报告》。

4月7日 《人民日报》发表社论《第一个五年计划的基本任务》。社论指出，第一个五年计划的基本任务，概括地说来就是：集中主要力量进行以苏联帮助我国设计的156个单位为中心的、由限额以上的694个建设单位组成的工业建设，建立我国的社会主义工业化的初步基础；发展部分集体所有制的农业生产合作社和手工业生产合作社，建立对于农业和手工业的社会主义改造的初步基础；基本上把资本主义经济分别地纳入各种形式的国家资本主义的轨道，建立对于私营工商业的社会主义改造的初步基础。为了在我国建立社会主义工业化的初步基础，我们的首要任务就是要迅速地建立和扩建电力工业、煤矿工业和石油工业；建立和扩建现代化的钢铁工业、有色金属工业和基本化学工业；建立制造大型工作母机、动力机械、冶金机械、矿山机械和汽车、拖拉机、飞机的机械制造工业。一句话，就是要进行以重工业为主的工业基本建设。

4月8日　中共中央批转国务院副总理陈毅《关于全国扩展公私合营工业计划会议和关于召开私营工商业问题座谈会的报告》。

4月25日　中共中央批准国家计委党组提出的1955年度国民经济计划草案，同意计委党组《关于1954年国民经济计划执行基本情况和1955年国民经济计划中几个问题的报告》。《报告》提出：1955年基本建设的特点是基本建设任务大。基本建设总投资额为98亿元，比1954年增长31.5%，占五年计划纲要草案总投资额的22.9%。当年施工的限额以上的建设单位有1079个，其中苏联为我国设计的有91个。为保证1955年计划的完成，建议各级党政部门加强对经济工作的领导，并要求国家工作人员和国营企业部门如同对待法律一样来执行国家计划，合作社营和公私合营企业部门也应逐步做到这点。

5月5日　《人民日报》发表社论《贯彻重点建设的方针》。社论说，工业的基本建设，特别是以苏联帮助我国设计的156个企业为中心的工业建设，是我国第一个五年计划的中心和重点。我们必须集中力量，保证如期完成这些工程。但是，建设这些企业，并不是一件容易的事。它需要大量的资金、设备和技术力量。例如建设一个年产150万吨规模的钢铁联合企业，就需要18亿到20亿元的投资，15万吨重的设备，需要3000到4000人设计6—7年，1.8万到2万人施工6年。资源勘探所需的人力还不在内。因此，我们应集中主要力量首先建设重点工程，并按照比例地发展为保证重工业建设所不可缺少的其他经济的和文化的建设，除此以外的建设则暂时放下不办。采取这种做法，我们就能够保证按照既定计划建成这些重点工程，在第一个五年计划期间为我国的社会主义工业化奠定初步的基础。

5月12日 中共中央批转国家计委《关于重工业产品价高利大问题的报告》。由于解放前重工业产品绝大部分从国外进口，解放后，西方国家封锁禁运、抗美援朝和各地开展基本建设，重工业产品供不应求；加之这几年成本有所下降，税金又较轻工业少，因此，重工业产品价高利大问题普遍存在。如钢铁产品的平均利润率为57%，机械产品的平均利润率为37%，重化工产品平均利润率为38%。为此，中央同意国家计委提出的方案，即1956和1957两年，重工业各部门调拨价格每年下降5%—10%，经过两三年后基本上达到合理的比价。9月，国家计委党组向中央提出的《关于1956年度国民经济计划的控制数字的报告》，提议国营工业主要产品的出厂价格比1955年总的平均价格降低6.2%，总降低额8亿元。

5月14日 《人民日报》发表社论《展开全面节约运动》。社论指出，到1954年，我国现代工业的总产值已等于1949年的4倍多，工农业总产值等于1949年的2倍多。经过几个五年计划，我们就能够建成一个强大的现代化的社会主义的工业国家。但是，实现我国的社会主义工业化，决不是一件轻而易举的事。我国社会主义工业化的计划，是以大力发展重工业为中心的计划。根据五年计划草案的规定，五年中国家拨给重工业部、燃料工业部和机械工业各部的基本建设投资，约占工业基本建设投资总数的80%，其中三分之二以上是集中在后三年支出。一方面投资数量一年比一年增多，一方面新的企业又不能很快地发挥投资效果，这一矛盾应当怎样克服呢？唯一的办法就是要动员全国的力量，在进一步发展生产的基础上增加资金的积累和在保证重点建设的条件下厉行节约。目前的浪费现象是相当普遍的，特别是在工业、交通运输业和商业部门中，又特别是在这些部门的基本建设工程中，浪费更是严重。为了建设我们的祖国，各部门和各地方的领导机关必须合理地、节约地分配和使用国家的资金；必须充分地利用原有的生产、运输和商品流转的设备；必须最大限度地降低建设和生产成本，降低各种流通费用；必须立即着手精简机构，确定定员定额制度，合理地使用人力；必须从各方面设法提高工作效率和劳动生产率。

5月 兰州化肥厂、兰州合成橡胶厂、兰州热电站开始建设。

同月 按照苏联专家为该厂改扩建所制定的组织、技术措施计划，沈阳第二机床厂开始了第一期改建工程。该项目被列入苏联援建的156项重点工程之一。计划在1956至1958年进行总体改扩建，使之成为一个现代化的中型机床加工厂。但在1954年，国家有关部门抽查产品质量，发现该厂所有的产成品质量均不合格。调查发现，该厂在组织和技术管理等方面都十分落后，所以后来国家有关部门推迟了该厂的改扩建计划。1956年11月，党中央提出勤俭办企业的方针后，沈阳第二机床厂建议，一机部转报国家计委同意，取消了沈阳第二机床厂作为国外援助的总体改建项目，改由国内自行设计，并继续采取组织、技术措施，进行企业技术改造，填平补齐。到1957年5月，沈阳第二机床厂第一个五年计划的各项指标全面完成。

6月28日 薄一波向中央报告关于《目前重工业生产中的几个重要问题》。

7月4日 中共中央发布《关于厉行节约的决定》。指出，在基本建设中存在着严重的浪费现象，这是违背社会主义工业化和社会主义改造要求的，是同中央历来强调的厉行节约的方针和我党一贯的艰苦奋斗作风不相容的，必须坚决加以纠正。《决定》要求，从1955年下半年到1957年的基本建设投资（生产用的必需设备和国外设计的厂房投资除外）和各种费用，必须在现有计划的基础上，再削减15%—20%。要求各经济部门改善经营管理，贯彻经济核算制，加强财务成本工作，节约资金，杜绝浪费，降低成本，增加上缴利润。严格遵守老企业、老单位增收不增人，新企业、新单位增人从老企业、老单位多余人员中调配和优先录用复员退伍军人的原则。

7月12日 国务院常务会议通过颁布关于《基本建设工程设计和预算文件审核批准暂行办法》的通知。指出，按照管理程序严格审核批准基本建设工程设计和预算文件，是国家统一管理基本建设工作、保证工程质量、节省建设资金、避免浪费现象的一项重要制度。

7月21日 陈云在一届全国人大二次会议上作《坚持和改进粮食的统购统销》的发言。

7月30日 一届全国人大二次会议通过中华人民共和国发展国民经济的第一个五年计划，并同意李富春副总理作的《关于发展国民经济的第一个五年计划的报告》。指出，第一个五年计划的基本任务之一是：集中主要力量进行以苏联帮助我国设计的156个建设项目为中心的、由限额以上的694个建设单位组成的工业建设，建立我国的社会主义工业化的初步基础。

五年内，全国经济和文化教育建设的支出总额为766.4亿元。其中，基本建设投资为427.4亿元。工业是建设的重点，占总投资的58.2%；农林水利占7.6%；运输和邮电占19.2%。五年内，我国限额以上的基建单位共有1600个，其中建成1271个。限额以下的建设单位6000多个，绝大多数可以建成。运输方面，五年内新建铁路干线和支线共4000公里以上，加上恢复改造，共增加约1万公里。农业和水利方面，新建国营机械化农场91个，建设13个大型水库，并开始进行黄河的治本工程。五年内房屋建筑面积约1.5亿平方米。

同日 《人民日报》发表社论《努力培养建设干部》。社论指出，要建设，第一要有资金，第二要有干部。国家建设事业需要大量的各种专门人才，特别是工业建设所必需的科学技术人才和管理人才。我国的社会主义工业化建设，不仅规模很大，而且在苏联援助下的技术装备，也是世界上最先进的。这就是说，我们不仅需要大量的技术人才，而且需要掌握现代最先进科学的高级技术人才。为了逐步满足我国建设事业对各种专门人才的需要，发展国民经济的第一个五年计划规定了巨大的培养建设干部的任务。这个任务的完成，首先要依靠高等学校和中等专业学校。根据五年计划的指标，1957年的在校学生要达到43.4万多人，比1952年增加127%，作为发展重点的高等工科学校则增加166.8%，综合大学理科增加183.4%。其中为工业化迫切需要的专业，如电机制造和电气器材制造增加770.2%，冶金增加298.4%，机器制造和工具制造增加295.2%。

8月5日 国务院全体会议第17次会议通过《农村粮食统购统销暂行办法》和《市镇粮食定量供应凭证印制使用暂行办法》，并于25日发布执行。

8月8日 黄河规划委员会根据国家批准的黄河综合利用技术经验报告，上报《黄河三门峡水力枢纽（包括水电站）设计任务书》和《初步设计编制工作分工》两个文件，作为治黄的第一期工程。三门峡水力枢纽工程确定1957年开工，1961年竣工。水电站分两期修建，第一期装机容量为40万千瓦，第一台机组投入运行的时间确定在1961年的一季度。水电站总的装机容量约为100万千瓦。后来，由于含沙量太高，水库淤积，1969年三门峡水利枢纽工程改造第2次会议决定，放弃原设计高坝蓄水方案，改为径流发电，装机容量为25万千瓦（5×5万千瓦），1973年12月第一台机组投产，

1978年12月26日最后一台机组投产发电。至此，全部工程竣工。

8月9日 《人民日报》发表社论《做好设计预算是节约资金的重要环节》。社论说，编制设计预算，在我国基本建设部门中还是一项新的工作。1954年以前，由于编制设计预算的经验和条件都不具备，我国的很多建设单位只有设计工作量而没有周密的预算，花钱是采用实报实销的办法，用多少算多少。这种情况，曾经造成了很大的浪费，例如辽源中央竖井，于1950年动工，预计1955年底移交生产，投资达5000万元，如果在开工前能做好设计预算的编审工作，则至少可节约投资600万元。1954年下半年开始，各部门和某些省市的设计机构同预算机构开始建立起来了，工程没有预算的现象开始有了改变，但是由于编制设计预算的组织机构仍不充实、制度还不健全，没有设计预算或预算没有批准就开工的现象仍然没有完全消除。今年到5月底为止，已开工建设的4100多个单位中，就有一半是只凭施工文件甚至连施工文件也没有就拨款施工了。这种情况当然是极其严重的和极其有害的。

8月26日 我国第一座高温高压热电站在苏联专家协助下正式投产。

9月15日 中国第一个拖拉机厂动工兴建。

9月 国家计委党组向中央提出《关于1956年度国民经济计划的控制数字的报告》，并于10月4日经中央批准。为了保证五年计划的完成，《报告》要求各部门和各地方提出的1956年计划"应该在可靠的基础上订得更积极些，尽可能地超过控制数字所规定的指标"。1956年计划控制数字中提出：全国基本建设总投资额为112.7亿元，施工的限额以上厂矿建设单位为555个（包括新开工的161个），其中年内建设完工的162个。鉴于前三年共完成计划总投资额的51%左右的情况，为了保证五年计划的完成，并避免建设任务过多地集中到1957年，《报告》要求，各部门不仅应达到控制数字的指标，而且应该把那些在五年计划内有条件提前施工的建设单位提早施工。社会商品零售总额为451亿元，商品的供应量同社会购买力还存在一定差额。

同月 我国第一座大型立井——鹤岗东山煤矿移交生产。

10月4日 中共中央下达《关于编制1956年度国民经济计划草案的指示》，批准国家计委党组提出的1956年度国民经济计划的控制数字及其报告。中央指示：鉴于有些经济部门1955年预计完成的主要计划指标有可能达不到"一五"计划所规定的当年水平，同时，"一五"计划又只剩下两年的时间，因此，各部门、各地方在编制1956年度计划草案时，必须具体地分析情况，利用各种有利因素，发掘潜力，克服困难，在全国平衡的基础上，尽可能地提高计划指标，努力争取实现。

10月26日 国务院常务会议批准《中华人民共和国国家计划委员会暂行工作条例》，12月7日发布依照执行。

10月 太原化工厂动工兴建。该厂与太原肥料厂、太原制药厂三大化学工厂组成太原化工区。这三个项目都是苏联援建的156项重点建设项目。从厂址选择到设计、施工，都得到苏联的帮助。苏联还供应大批关键性的机械、电气设备。1958年，太原化工厂、太原制药厂建成，至1960年，太原肥料厂建成投产。

11月1日 国务院发出《关于试行轻工业计划产品分工管理办法的通知》。

11月19日 国务院发布《基本建设工程设计任务书审查批准暂行办法》的通知。《暂行办法》规定了设计任务书的审查和批准权限。

11月29日 中央同意国家计委党组《关于修改1955年国民经济计划的请求报告》。其中提出：由于贯彻厉行节约的方针，削减了非生产性工程的投资和降低了工程造价，减少了投资，全国基本建设总投资额计划由97.9亿元，修改为91.7亿元。

11月 沈阳冶炼厂在冶金系统首先研制出硒。

12月29日 改建完成的沈阳第一机床厂举行了开工生产典礼大会。该厂是我国第一座新型的工作母机制造厂。苏联政府对沈阳第一机床厂不仅提供了最先进的设计和最新型的设备，而且派出了三批专家，具体指导建设工作。该厂是从1953年4月16日开始改建的。这个厂从原材料入厂到成品出厂，完全是流水作业。全厂80.1%的机器设备，都是苏联、德意志民主共和国、捷克斯洛伐克等兄弟国家供给的。这个厂达到设计水平以后，生产能力将比改建前的1953年至少提高6倍。它不但可以生产速度快、能力强、用途广、精密度高的各种规格的中型车床，还可生产我国国民经济各部门迫切需要的特殊机床。

12月 国务院将大连造船厂第一期扩建改造工程列入156项重点建设项

目。到 1960 年，项目基本完成，1962 年完成了扫尾工程。项目完成后，该厂改变了以修船为主的局面，成为中国北方的造船工业基地。

1956 年

年初 渤海造船厂生活区建设正式破土动工。渤海造船厂于 1953 年开始筹建，1956 年破土动工，是苏联援建的 156 项重点建设项目之一，是新中国成立后，我国自行建设的唯一的军工船舶生产基地。

1月10日—2月7日 第三次全国计划会议在北京召开。国家计委提出 1956 年全国基本建设总投资为 148.5 亿元，比控制数字增加 31.9%，一年之内要完成五年计划的总投资额的 36.95%。

1月 云南锡业公司试炼一号锡（纯度 99.9%）成功。

2月1日 国家计委根据第一届全国人民代表大会第二次会议的决定，发出《关于第一个五年计划下达问题的意见》。

2月14日 苏共二十大在莫斯科召开。赫鲁晓夫向大会作了长篇总结报告，但在内部又作了一个全面否定斯大林的"秘密报告"。

2月18日 国务院常务会议批准《地方各级人民委员会计划委员会暂行组织通则》。

2月22日 国家计委向中共中央报送《关于 1956 年度国民经济计划草案的报告》。其中指出，1956 年度国民经济计划草案，是在国民经济全面高涨的新情况下根据中共中央关于反对右倾保守主义，计划既要积极又要可靠的指示和提前完成五年计划的精神编制的。基本建设总额 147.35 亿元，增长 70.6%。鉴于基本建设投资增长过快，当年要完成五年计划总投资额的 35% 左右，报告指出，设备和建筑材料的供应同需要还有相当的差额，资金、技术力量和人民负担能力也有限度。

2月22日—3月4日 国家建委在北京召开全国第一次基本建设会议。会议着重讨论了今后若干年内设计、建筑、城市建设的初步规划以及改进基本建设工作的基本措施。会议拟定了《关于加强新工业区和新工业城市建设工作几个问题的决定》《关于加强和发展建筑工业的决定》《关于加强设计工作的决定》等草案。5月8日,国务院常务会议批准下达。

2月26日　《人民日报》发表社论《加强整体观念,反对本位主义》。社论说,各工业部门最近的工作检查告诉我们,不少单位和企业由于缺乏整体观念,而按照本位主义思想去处理局部和整体、这一单位和那一单位的关系,使我国的工业生产和基本建设受到了一些严重的损害:有些单位的建设进度推迟了,生产速度降低了,产品质量也变坏了。社论最后指出,本位主义在思想上破坏整体观念,在组织上妨碍集中统一,在经济上损害责任制、经济核算和协作制,这种思想对我国社会主义工业化和社会主义经济的发展,在客观上起着破坏和危害的作用。

3月18日　哈尔滨电刷厂正式动工兴建。该厂是苏联援建的156项重点工程之一。1958年6月28日,经国家验收,正式生产。同年8月,根据工厂已初具综合性电碳制品研制和生产能力,第一机械工业部决定将该厂更名为哈尔滨电碳厂。

3月28日　内蒙古第一座热电厂——包头第二热电厂破土动工。该厂第一台机组（2.5万千瓦）于1958年7月建成投产。

4月6日　中国和苏联政府签订经济合作协议,规定建设55个新的工业企业,作为对根据以往签订的中苏协定正在建设中的156个项目的补充。

4月14日　国务院批准国家计委《关于1956年度基本建设和物资平衡问题的补充报告》。国务院指示指出：1956年度物资供应情况是很紧张的,钢材和水泥的供应情况尤为严重。各有关部门应该从努力提高生产、节约使用等方面来缩小物资供应和需要之间的差额,并且尽可能解决品种和时间方面的矛盾。同时,各部门、各地方必须根据现在已经确定的分配数目,核实需要,精打细算,降低消耗定额和克服某些人为的紧张现象。

4月25日　毛泽东在中共中央政治局扩大会议上作了《论十大关系》的报告。他说："提出这十个问题,都是围绕着一个基本方针,就是要把国内外一切积极因素调动起来,为社会主义事业服务。"这十大关系具体是指：一是重工业和轻工业、农业的关系,二是沿海工业和内地工业的关系,三是经济建设和国防建设的关系,四是国家、生产单位和生产者个人的关系,五是中央和地方的关系,六是汉族和少数民族的关系,七是党和非党的关系,八是革命和反革命的关系,九是是非关系,十是中国和外国的关系。《论十大关系》初步总结了我国社会主义建设的经验，提出了探索适合中国国情的社会主义建设道路的任务。

5月19日 国家计委向国务院提出《关于1956年度计划的修改问题和编制1957年计划控制数字的进度安排问题的报告》。

5月 哈尔滨电表仪器厂建成投产。该厂于1954年4月兴建。

同月 国务院召开全国体制会议。

6月1日 国务院常务会议通过《国务院关于检查第一个五年计划执行情况的几项规定》。

6月8日 国务院发布《关于委托各部、委、局和各省、自治区、直辖市人民委员会审批设计任务书的通知》。《通知》指出，根据以往经验和基本建设项目逐年增多的情况，限额以上基本建设工程的设计任务书如全部由国家计划委员会审查报国务院批准，难免发生误时误事的现象从而影响设计工作的进度。国务院同意国家计委的提议：设计任务书的审批主要根据建设工程的资源、协作配合条件等审批其规模和设计能力，以便及早设计。至于建设项目的审批及其建设进度、总投资、分年投资等问题，应该在审查长期计划和年度计划时确定。

6月18日 李富春在第一届全国人大第三次会议上谈《关于我国发展国民经济第一个五年计划的执行情况》。他提出，根据过去三个年度计划的执行结果和1956年计划的预计，"一五"计划所规定的任务，能够提前完成和超额完成；但也发生过一些缺点和错误，主要是：对人民群众的社会主义积极性估计不足，社会主义改造的进度和某些生产指标的增长速度规定得低了一点；在基本建设方面，对于勘察、设计、供应设备和材料、组织施工等环节的衔接和平衡注意不够，全面的组织工作做得不好。

6月20日 《人民日报》发表社论：《要反对保守主义，也要反对急躁情绪》。

6月21日 薄一波在一届全国人大三次会议上作《今年是国民经济趋于全面高涨的一年》的发言。

6月23日 王鹤寿在一届全国人大三次会议上作《执行1956年基本建设计划中的情况和问题》的发言。

6月29日 据新华社报道，哈尔滨电表仪器厂基本建设工程验收完毕，国家验收委员会委员们在验收鉴定书上签字。验收鉴定为：这个厂的工程质量是优等的，工艺是先进的，技术装备和生产组织合乎现代化的技术要求，土木建筑和设备安装工程的质量也符合质量标准。哈尔滨电表仪器厂的建设工程，从1954年4月动工到1956年5月基本建成，历时两年零一个月。这个厂在建设当中，由于采用了68%的国内设备，并且采取有效的节约措施，使建设投资比原计划节约了304万多元。

6月30日 上午和下午，哈尔滨电表仪器厂分别举行了开工剪彩仪式和庆祝开工生产的典礼大会。

7月6日 我国第一座自动控制的高温高压热电厂——吉林热电厂第一台锅炉和透平发电机投入生产。

7月15日 长春第一汽车制造厂生产出中国第一辆"解放"牌汽车，从此结束了中国不能生产汽车的历史。

7月 黑龙江兴安台10号立井建成投产。

8月28日 据新华社报道，四台1.2万千瓦大型水轮发电机组（包括水轮机、发电机等），已经全部在哈尔滨电机厂试制成功。

9月12日 我国改建的最大的电缆工厂——沈阳电缆厂正式投入生产。上午9时，在厂里举行正式移交生产的剪彩仪式后，全厂的机器都迅速转动起来。沈阳电缆厂是在1953年7月开始改建的。在几十位苏联专家相继帮助下，用了短短三年时间，沈阳电缆厂由一座破旧不堪的工厂改建成为一座现代化的工厂。电缆厂的主要车间和辅助车间共13个。在改建过程中，这个厂共安装了1500多台新机器。改建工程完成以后，它可以生产出30多种电缆、电线，每年产量将比改建以前增加六倍。

10月15日 长春第一汽车制造厂正式建成移交，开始了大批量生产。该厂投资总额6.5亿元，年产载重汽车3万辆。长春第一汽车制造厂是中国第一个大型汽车制造厂，被誉为中国汽车工业的摇篮，它的建成投产揭开了中国汽车制造工业的第一页。

同日 156项重点建设项目之一的北京电子管厂正式开工生产。这是我国第一座现代化的电子管厂。国务院副总理李富春出席开工典礼庆祝大会。他说：为了在我国实现社会主义工业化，我们必须积极地建立和发展无线电工业。北京电子管厂的建设成功，就为我国无线电工业的发展创立了一个良好的开端。

10月18日 国家经委向国务院提出《关于1956年度国民经济计划执行情况的估计和对1957年度计划控制数字意见的报告》。

11月7日 国家计委拟出《计划方法工作的初步总结》。

12月4日 国务院下达关于编制1957年度国民经济计划草案的指示。

12月13日 洛阳滚珠轴承厂厂区建筑工程已经基本完成。该厂的生产车间正在安装机器设备,辅助车间在三个月以前已经开始投入生产。该厂是苏联援建的156项重点建设项目之一,该厂全面投入生产以后,能够生产标准级的滚珠轴承。按照它的设计能力,一年生产出来的滚珠轴承可以装配十多万辆拖拉机。

12月19日 《人民日报》发表社论《增产节约必须保证质量》。社论说,对于质量问题,各地曾一度引起注意,但后来又不很重视了。今年的产品质量和工程质量,虽然比去年有所改进,但是,有的质量很不稳定,有的反而下降了。

在重工业产品方面,今年有不少单位生产的生铁、转炉钢、优质钢材、水泥、原煤等,完成产量计划的情况很好,而质量却比去年下降。太原钢铁厂在第一季度内电炉钢的废品率,占钢铁工业管理局全季特殊钢废品总额的四分之一。大连机车车辆制造厂在今年第一季度制造的15台机车中有三分之一需要返修,全季废品损失达20多万元。特别值得注意的是,原煤质量自1954年以来一直没有达到国家计划指标,1954年平均灰分为20.46%,1955年上升到21.53%,今年1月到9月份实际灰分为21.19%,比1955年降低0.34%,但与国家要求的国营煤矿原煤灰分20.4%的指标比较,还未达到要求。

在轻工业方面,据辽宁、广东、陕西、上海、天津、重庆等十个省、市第一季度对产品质量的检查,在600多种主要产品中,有40%处于落后状态或者是质量低。工程方面,今年质量事故还很多。建筑工程部统计,今年1月到10月建筑安装工程共发生大小事故11188次,损失41万余元。

12月 石油工业部25号文正式批准《石油二厂页岩加工扩建和原油加工第一期改建工程设计任务书》。按照设计任务书,第一期改扩建工程完工后,年处理油母页岩1600万吨,生产页岩原油60万吨。同年,国家计委批准了页岩油扩建工程,并列为国家 156 项重点工程之一,由苏联援建。抚顺石油二厂六、七部页岩干馏装置的建设于 1959 年底开始,但由于中苏关系恶化,苏联单方面撕毁合同,撤走专家,停止提供技术、装备、器材,致使改扩建工程被迫停止。1962 年,随着大庆油田的开发,石油二厂也由生产页岩原油转向加工大庆原油。

1957 年

1 月 1 日　《人民日报》发表元旦社论《新年的展望》。社论说,1957 年是我国第一个五年计划的最后一年。在这一年内,我们将有充分的可能完成和超额完成国民经济发展的各项指标。1956 年的基本建设比 1955 年提高 64% 左右,相当于 1953 和 1954 两年工作量的总和。基本建设战线上的全体职工做了巨大努力,使第一个五年计划规定的重点工程,特别是 156 项工程,绝大部分可以如期完成。社论最后指出,我们应该总结过去一年的经验和教训,合理地安排今年的工作,把 1957 年的年度计划放在充分可靠的基础上。我们要保证完成和超额完成第一个五年计划,并且积极为第二个五年计划做好各种准备。

1 月 3 日　国家计委提出《关于第一个五年计划执行情况和十五年远景计划及第二个五年计划的基本任务的报告》,并经周恩来审阅。

1 月 18 日　陈云在全国省、自治区、直辖市党委书记会议上发表题为《建设规模要和国力相适应》的讲话。

1 月 27 日　陈云在省、自治区、直辖市党委书记会议上讲中央和地方体制问题。

2 月 22 日—3 月 11 日　第四次全国计划会议召开,会议安排了 1957 年计划。

3 月 29 日　国家计委关于检查国营企业第一个五年计划完成情况的标准问题向省、市、自治区和各部发出通知。

4 月 14 日　中共中央批转国家计委党组《关于初步总结"一五"计划和研究"二五"计划的有关重大问题的报告》。

5月1日 《人民日报》发表社论《勤俭建国》。社论说，今年是我国的第一个五年计划的最后一年。我们要在今年完成第一个五年计划，并且为第二个五年计划做好准备。四年多来，开始施工的限额以上的建设项目累计达到750个左右（包括非工业部门的建设项目），预计到今年年底将达到820多个，其中竣工的将有400多个。这就大大改变了我国落后的经济面貌。钢铁的年产量，已经由解放以前最高的90多万吨增加到400多万吨。机器制造工业，已经能够制造过去我国根本不能制造的飞机，汽车，若干大型和精密的工作母机、冶金设备、矿山机械、发电设备，精密仪器，等等。电力、煤炭、石油、化学工业，也都获得了显著的发展。轻工业部门的投资逐年有所增加，单是纺织工业，第一个五年计划期间建设限额以上的项目由36个增加到46个，棉布的年产量已从5000多万匹提高到1亿7000多万匹。到今年第一季度，五年计划规定的工业部门基本建设投资254亿元（包括原计划以外的新的工业部门的投资），已经完成了200亿元左右，预计到今年年底将超额完成4.5%。社论要求，全国人民要艰苦奋斗，辛勤劳动，精打细算，少花钱，多办事，发挥每一元资金最大的作用，认真执行党的勤俭建国的方针，尽快地把我国建成先进的工业国。

5月22日 《人民日报》发表社论《在建设中要注意组织企业之间的协作》说，许多企业在进行建设的时候都要求"全能""单干"，都要求建设可以共同使用的辅助车间和实验室，而不肯同有关单位组织协作。例如，中央有一个工业部在西安新建的11个工厂，几乎都有很大的近代化的木工车间和机修车间以及实验室。把各个工厂的木工车间的建筑面积加在一起就有七万平方公尺，等于一个大型工厂的全部建筑面积。而这些辅助车间的生产任务，本来应该而且完全可能依靠地方原有的企业来解决，或者只要一个或两个工厂建设，其他工厂协作共用，就完全可以了。但是，许多紧邻的工厂却各自建设了一套完整的木工车间和机修车间。这些工厂虽然机器之声相闻，彼此却老死不相往来。由于重复建设辅助车间，不仅原有的同类工厂的生产能力不能充分发挥，而且新建的这些辅助车间也闹"吃不饱"的问题。社论最后指出，在社会主义制度下，每个生产单位和事业单位都是社会主义社会有机的组成部分，只有相互支援、相互协作，才能搞好社会主义建设。任何把自己的企业和事业单位看作"独立的小天地"，而对要求协作的单位拒之门外的态度，对社会主义建设事业的发展都是有害的。

6月5日 在苏联帮助下，我国设计了第一座水力采煤的开滦唐家庄矿，该矿年产量为60万吨。该矿于1958年7月31日建成投产。

6月11日 辽宁省阜新煤矿一座年产150万吨的大型矿井平安竖井建成投产。

7月1日 国务院副总理兼国家经委主任薄一波向一届全国人大四次会议提出关于1956年度国民经济计划的执行结果和1957年度国民经济计划草案的报告。7月15日，大会批准了该报告。

7月17日 哈尔滨锅炉厂首期工程建成投产。它是国家在第一个五年计划中新建的头一个现代化的锅炉厂。该厂将同哈尔滨汽轮机厂、哈尔滨电机厂配合，向新建、扩建的电站供应全套的发电设备。该厂开工生产以后，从根本上改变了国家不能制造中压、高压锅炉的落后局面。

哈尔滨锅炉厂是国家的重点建设工程之一，分两期建成。第一期工程在1954年10月4日正式开工，1956年底基本建成。该厂是苏联以最先进的技术标准进行设计的，并以头等的设备装备了这个工厂。该厂的诞生，使我国的锅炉制造能力一跃而具有世界上最先进的技术水平。

8月15日 我国第一座现代化的新型机车制造工厂——大同机车厂正式破土动工。

8月16日 据《人民日报》报道，大连造船厂开始大规模扩建。扩建工程是按照建造13000匹马力、排水量22000吨的大型货轮设计的。扩建完工后，这个厂年产船舶的排水量可达十万吨。

8月20日 我国新建的一座最新型的电厂——武汉热电厂一号机组试运转后，正式移交有关部门开始发电。该机组投入发电使武汉电力增加一倍。

8月25日 我国第一座制造合成纤维的工厂——国营北京合成纤维厂动工兴建。

9月19日 我国第一座现代化的制造自动电话交换机工厂——国营北京有线电厂，提前两个半月正式开工生产。

9月23日 我国第一座现代化的炼油化工设备厂——兰州炼油化工设备厂动工兴建。

10月1日 我国第一座高水头电站——以礼河水电站的第三级电站，正式公开兴建。

10月5日 国营华北无线电器材联合厂正式投产。这是我国第一座制造无线电器材的综合性工厂。

10月8日 我国第一个天然石油基地——玉门油矿已经基本建成，它是一座拥有地质勘探、钻井、采油、炼油、机械修配、油田建设和石油科学研究部门的大型石油联合企业。

10月15日 中苏两国政府协议决定，苏联对中国无线电工业部门建立四个研究所给予技术援助和技术资料。苏方指定695号无线电研究所负责帮助我方西南电子技术研究所，34号无线电零件研究所负责帮助我方北京无线电零件与材料研究所，160号电子管研究所负责帮助我方北京电子管和半导体晶体管研究所，244号雷达研究所负责帮助我方南京电子技术研究所。

10月25日 苏联帮助我国建设的吉林肥料厂、吉林染料厂、吉林电石厂三大化工厂提前完工投产，举行了开工生产典礼。这标志着我国的化学工业由此向前迈进了一步。这三个规模巨大的、现代化的化学工业企业的建成，不仅将供给农村大量的化学肥料，供给人民大量色彩鲜艳、不会褪色的染料，而且还为发展合成纤维、塑料、合成橡胶等有机合成化学工业提供了原料，使得其他工业部门所需要的某些原料和人民生活所需要的某些日常用品可以获得新的来源。因此，吉林化工区的建成，对于发展国民经济，对于满足人民生活的需要，对于发展化学工业本身，都具有深远的影响。

10月 甘肃玉门油矿基本建成。

11月6日 我国当时最大的新闻纸厂——广州造纸厂扩建完成，举行开工典礼。

11月7日 我国第一对水力采煤竖井——河南鹤壁四矿的风井工程动工兴建。

11月16日 甘肃工业的主要动力基地——兰州热电站正式发电。兰州热电站是苏联援建的156项重点建设项目之一。建成后，该厂成为当时西北最大的热电站，它的机器设备是当时世界上最先进的。

11月23日 佳木斯综合纸浆造纸厂隆重举行了工程验收和开工生产典礼大会。该厂是第一个五年计划时期由苏联援建的156项重点建设工程之一。该工厂于1950年开始选择厂址，1953年动工兴建。这座现代化工厂投入生产以后，每年生产五万吨工业技术用纸。

12月4日　国家计委传达了毛泽东关于"二五"计划的指示。

12月12日　我国最大的变压器制造厂——沈阳变压器厂已经改建完成，投入生产。

12月16日　我国最大的火力发电厂——辽宁发电厂正式破土动工。

1958年

3月18日　新华社报道，我国最大的现代化精密机械工具制造厂——成都量具刃具厂建成投产。

3月28日　吉林热电厂第一期工程的最后一台锅炉，正式投入运行。至此，这个厂的第一期工程已全部建成。吉林热电厂是在1955年1月动工建设的。随着吉林地区工业发展的需要，这个厂还将继续进行扩建。该厂是我国第一座电子自动控制的热电厂。

5月12日　国产第一部"东风"牌小轿车在一汽诞生。

6月28日　我国第一座现代化的哈尔滨电碳厂开工生产。哈尔滨电碳厂的建成和开工生产，将从根本上改变我国在电碳制品方面依赖国外进口的局面，它是我国工业走向独立自主、全面发展的又一重大胜利。哈尔滨电碳厂分两期建成。第一期工程在1956年3月8日正式开工，提前半年建成。由于采取了边建设、边试制、边生产的办法，它已经在建设过程中试制成功18种产品，供给许多厂矿企业。第二期扩建工程在1960年建成。

6月30日　据新华社报道，我国第一座规模最大的现代化综合性绝缘材料制造工厂——哈尔滨绝缘材料厂，已经建成并正式开工生产。哈尔滨绝缘材料厂投入生产后，可以生产电机、电器、开关、仪表和航空工业用的高级绝缘材料。它为我国今后电气工业的发展提供了条件。

哈尔滨绝缘材料厂从1956年7月1日正式开工兴建，两年来采取边建设边生产的措施，不仅如期完成了建设任务，而且试制成功了95个品种、1700种规格的绝缘材料。该厂是我国工程技术人员自己设计，用苏联、捷克斯洛伐克、民主德国的现代化的设备装配起来的，绝大多数设备都是高度机械化、自动化的。这个厂生产的绝缘材料，有一部分还销到苏联、朝鲜、越南、缅甸、英国等国家。

7月1日 中国第一座现代化滚珠轴承制造厂——洛阳轴承厂建成投产。该厂于1955年5月兴建。

7月15日 我国当时最大的炼钢厂——武汉炼钢厂开工兴建。

7月19日 我国第一个水力采煤矿井在开滦唐家庄试验成功。

7月30日 我国自制的第一艘载重五千吨的海轮在大连造船厂全部完工，比计划提前八个多月。这艘海轮的建成，标志着我国造船工业的技术有了飞跃的发展。这艘海轮在设计和制造过程中，采用了世界造船的新技术。船上的主机、辅机、发电机、锅炉、尾轴等，都是由国内工厂自制的。该船建造的质量很好。船长115.5公尺，宽16公尺，满载排水量为8730吨，船速每小时12.5海里，主机为2400马力。

9月13日 武汉钢铁公司一号高炉炼出第一炉铁水。武钢一号高炉是苏联帮助我国设计的世界第一流的高炉。它一天可出生铁2000吨以上，等烧结车间投入生产后，可以达到2500吨以上。曾被英国几种冶金杂志称为"西欧最大的高炉"的英国威尔思公司四号高炉，日产量仅为1500多吨。美国最大高炉当时的平均日产量，最高也不多于2000吨。武钢一号高炉的生产调整正常后，它的生产能力就超过英美，站在世界高炉的前列。在此期间，近百位苏联专家热情帮助，全国共18个省市200多个工厂倾力支援武钢。

9月26日 武汉重型机床厂建成投产。

9月28日 据新华社报道，我国第一艘万吨级远洋巨轮在大连造船厂开工建造，这使我国造船业一跃进入世界造船业的先进行列。

10月 兰州氮肥厂建成。

同月 洛阳热电站投产。

11月25日 黄河机器制造厂建成，经国家验收，正式投产。

12月10日 哈尔滨汽轮机厂经过国家验收投入生产。在这以前，这个厂根据边建设边生产的方针，已经试制成功2.5万千瓦汽轮机2台。

12月31日 哈尔滨电机厂职工生产出了我国第一台7.25万千瓦的水轮发电机，作为向1959年元旦的献礼。这台当时国产最大的水轮发电机，是为当时正在建设中的浙江省新安江水电站制造的。这台水轮发电机安装发电后，每天能发出 160 万度电，可供 500 多万人口的大城市照明用。

1959 年

1 月 4 日　我国第一台高温高压 5 万千瓦汽轮机，在哈尔滨汽轮机厂试制成功。经过多次试验，证明质量良好。

5 月 15 日　据新华社报道，哈尔滨电机厂为新安江水电站制造的我国第一套 7.25 万千瓦的水力发电设备，已在 14 日全部完成。这套大型发电设备重达 1000 多吨，它发出的电力足够拥有 500 万人口的大城市照明之用。这套重大设备的试制成功，标志着我国动力机械工业在制造大型水力发电设备方面向前迈进了一大步。

6 月 4 日　新华社报道，我国第一台 2800 千瓦大型直流电动机已在哈尔滨电机厂试制成功。这台电动机的总重量达 100 吨，用它带动 700 公厘的轧钢机，每年可以为国家轧制 50 万吨到 70 万吨钢材。

9 月 26 日　包头钢铁公司一号自动化巨大高炉投入生产。它比原计划建成时间提前了一年。包钢一号高炉是我国当时最大的自动化大型高炉之一。它的生产规模只有鞍钢十号高炉可以与之相比，但在技术上，它比鞍钢十号高炉还先进。它采用了炭砖炉底、炉底强烈通风冷却、高压炉顶等最新技术，装料、出铁和调剂鼓风等都采用电气自动化操作，开闭出铁口和运输设施等也全部是机械化的。无论从哪一方面讲，它都称得上是当时世界第一流的大高炉。

9 月 27 日　据新华社报道，我国第一台 5 万千瓦用氢气冷却的汽轮发电机本月 26 日在哈尔滨电机厂试制成功。各项性能试验，加上第一机械工业部组织的鉴定委员会的鉴定，证明这台发电机的质量合乎要求，可以成批投入生产。这台汽轮发电机的试制成功，标志着我国电机制造技术水平又向前推进了一大步。

11 月 1 日　洛阳第一拖拉机制造厂已经建成，正式动用，投入生产。中共中央政治局委员、国务院副总理谭震林参加了 11 月 1 日的落成典礼大会，并且讲了话。他说：第一拖拉机制造厂的建成投入生产，是我国今后十年沿着农业现代化道路迈进的一个胜利的开端。我国农民早已盼望着的"耕田不用牛，点灯不用油"的伟大时代已经来到了。该厂是一座现代化的年产1.5万台54马力柴油拖拉机的工厂，生产"东方红"牌拖拉机。

12月 富拉尔基第一重型机器厂建成投产。该厂是苏联援建的以生产大型轧机、冶炼设备、锻压设备和大型铸锻件为主的重型机器厂（简称第一重机厂）。

1960年

1月 哈尔滨汽轮机厂试制成功中国第一台10万千瓦汽轮发电机。

3月 哈尔滨锅炉厂试制成功中国第一台高压每小时410吨蒸汽的锅炉。

4月 西安仪表厂建成投产。该厂于1956年兴建，是民主德国设计的项目之一。

5月18日 大众机械厂建成投产。

6月 河北峰峰三号立井建成投产。该矿于1957年11月兴建，总规模为120万吨，建设周期为3.5年，总投资4100万元，平均每吨煤投资34元。

7月16日 苏联政府突然照会中国政府，单方面决定召回苏联专家。这是1960年6月底布加勒斯特会议结束以后，苏共领导把两党关系的恶化扩大到国家关系上来，对中国施加的压力。7月25日，未等我方答复，苏方又通知中国政府：自7月28日至9月1日期间，将撤回全部在华专家1390人，终止派遣专家900多名，并撕毁了343个专家合同和合同补充书，废除了257个科学技术合作项目。据统计，第一个五年计划以来，苏联援助中国的项目共304项。到1960年上半年，已建成103项，还有201项正在建设中。苏联在华专家分布在中国经济、国防、文化教育和科学研究等部门的250多个企事业单位中，在技术设计、工程施工、设备安装、产品试制和科学研究等方面担负着重要任务。这些苏联专家聘期未满，合同没有到期，中国政府虽然多次挽留，苏方始终坚持其决定。苏联专家撤走时，带走了全部图纸、计划和资料，并停止供给中国建设急需的重要设备，大量减少成套设备和各种设备中关键部件的供应。苏联的这一举动，使中国一些重大设计项目和科研项目被迫中断，一些正在试验生产的厂矿不能按期投入生产，250多个企业和事业单位处于停顿、半停顿状态。苏联政府这种背信弃义的行动，不仅严重地打乱了中国发展国民经济的计划，加重了中国当时的经济困难，给中国的社会主义经济建设事业造成了重大损失，而且进一步破坏了中苏两国之间的关系。

12月　西安绝缘材料厂建成投产。该厂于1955年兴建，建设规模6000吨，建设周期6年，投资2500万元。

同月　西安电瓷厂建成投产。该厂于1956年兴建。

同月　洛阳矿山机器厂制成中国第一台5米双筒卷扬机。该机自重175吨，在500米左右的深井可以一次提升8—10吨原煤。

1961年

8月3日　北京电子管厂与三机部精密机械研究所、一机部机械研究院共同研制成功电火花仿形线切割机。

1964年

1月20日　西安电力电容器厂试制成功中国第一套11万伏和22万伏的电容式电压互感器。

9月　以8000吨车轮模锻水压机为主体设备的整体锻轧火车轮生产线在马鞍山钢铁公司车轮轮箍厂建成投产。这是中国第一条火车车轮生产线。参加这项工种设计、制造的有太原重型机器厂、沈阳重型机器厂等192个单位。

12月　第二砂轮厂建成投产。该厂于1956年兴建，是民主德国设计项目之一。

1965 年

年初　在新中国建设初期,特别是在抗美援朝期间,当时斯大林领导下的苏联曾向我国提供过一些援助贷款,本息总共 14.06 亿新卢布。此项外债,我国一直按期归还,并且在 1965 年初提前全部还清。

12 月　兰州石油化工机器厂建成。该厂于 1956 年 10 月兴建,建设规模为年产石油化工机器设备 41510 吨,建设工期 11 年半,完成投资 1.7 亿元。

1969 年

三门峡水利枢纽工程竣工。该项目是全面治理黄河的第一个工程。在 1957 年 4 月 13 日举行开工典礼。1973 年 12 月第一台机组投产,1978 年 12 月 26 日最后一台机组投产发电。至此,全部工程竣工。它是苏联援建的 156 项重点建设工程项目中最后竣工的项目。